高等学校电子商务专业系列教材

E-MARKETING

网络营销

主 编 冯英健

高等教育出版社·北京

内容简介

本书基于作者二十多年网络营销实践和研究的积累,在继承和发展多部有一定影响力的网络营销著作的基础上,构建了以网络营销信息传递理论为基础、以网络营销策略及实施路径为主导的内容体系,明确了网络营销内容的范畴,总结了网络营销策略体系设计原则与实现方法,实现了理论体系与实践应用体系的密切关联并相互支撑。

本书共7章。第1章是网络营销的理论基础与指导思想;第2章是有关网络营销策略体系的构成及各子系统的功能属性研究;第3~5章是网络营销策略及其实施路径与方法,包括信息源策略、信息传递渠道策略、用户及交互策略;第6~7章是网络营销策略的支持系统,包括网络营销环境与资源策略、网络营销管理与诊断。

本书可作为高等院校电子商务、市场营销、工商管理、新闻传播、新媒体等相关专业本科及以上层次的教材,也可作为企业管理及网络营销工作人员的参考用书。

图书在版编目(CIP)数据

网络营销/冯英健主编. --北京:高等教育出版社,2021.3(2024.9重印)

ISBN 978-7-04-055489-2

Ⅰ. ①网… Ⅱ. ①冯… Ⅲ. ①网络营销-高等学校-教材 Ⅳ. ①F713.365.2

中国版本图书馆CIP数据核字(2021)第024000号

策划编辑 曾飞华　　责任编辑 曾飞华　　封面设计 李小璐　　版式设计 杨 树
责任校对 陈 杨　　责任印制 张益豪

出版发行	高等教育出版社	网　　址	http://www.hep.edu.cn
社　　址	北京市西城区德外大街4号		http://www.hep.com.cn
邮政编码	100120	网上订购	http://www.hepmall.com.cn
印　　刷	河北鹏盛贤印刷有限公司		http://www.hepmall.com
开　　本	787 mm×1092 mm 1/16		http://www.hepmall.cn
印　　张	17.25		
字　　数	390千字	版　　次	2021年3月第1版
购书热线	010-58581118	印　　次	2024年9月第6次印刷
咨询电话	400-810-0598	定　　价	37.00元

本书如有缺页、倒页、脱页等质量问题,请到所购图书销售部门联系调换
版权所有　侵权必究
物　料　号　55489-00

前言

完成本书写作,心情和近年来完成其他著作时的情形迥然不同,既无欣喜若狂,又无疲惫不堪的感觉,而是超乎寻常的平静,这种体验连自己也觉得有些诧异。几天后终于悟出此中缘由:二十多年网络营销实践和研究的积累,本书作为一个阶段性成果,一切都是水到渠成,我只是做了一件这个时间该做的事情而已。

一、关于本书内容的两大特色

第一,这是一部浓缩的网络营销经典。历史总是随着时间的延伸而不断被浓缩,记录和传承下来的都是精华和要点。网络营销诞生至今已有近三十年的历史,本书作者的实践与研究几乎与中国网络营销的发展同步,自称为网络营销的实践者和思考者,亲历了中国网络营销的发展历程,记录了各个时期网络营销的重要事件,总结了不同阶段网络营销发展的特点和实践应用方法,二十多年来在网上发布了大量的原创网络营销文章和研究报告,出版了多部有一定影响力的网络营销著作,被数以百计的高等院校选为网络营销教材。网络营销至今仍在快速发展中,实践应用也在不断更新,已出版的著作中有些内容已经被历史所遗忘,有些正在被浓缩,有些已成为不可替代的经典,迫切需要把这一切的变化更新、归纳到新的网络营销著作中。

第二,这是网络营销内容体系新的起点。在本书第1章中,总结了网络营销内容体系的发展演变历程,在继承经典、提炼精华的基础上,构建了以网络营销信息传递为理论基础、以网络营销策略及实施路径为主导的内容体系。这是网络营销内容体系的一个新阶段,同时也是新的起点。网络营销是从实践应用中发展起来的,内容体系经历了从实践到认识再到实践的反复检验,理论和实践都达到了一定的高度。回头来看,网络营销的认识历程完全遵循了毛泽东《实践论》中的哲学思想:"实践、认识、再实践、再认识,这种形式,循环往复以至无穷,而实践和认识之每一循环的内容,都比较地进到了高一级的程度。"

二、关于网络营销教材选择的建议

网络营销内容体系逐步向多元化发展,为网络营销教学研究及策略制定提供了更多的思路和路径,同时也为选择合适的内容体系带来了一定的困难,尤其是高校网络营销教学,面对不同的教学目标,需要在不同内容体系的教材中进行选择。关于教材体系选择的问题,我同许多网络营销教师交流过。在此将我个人的建议总结为三个方面:

第一,有用而且长期有用。网络营销教材不仅要对学生有用,对教师也要有用。网络营销的意义不只是一门课程,而是终身受益的知识。网络营销的内容不断发展变化,作为教师不可能对网络营销的所有领域都跟踪实践并熟练应用,每次课程讲授对教师也是一次加深认识的过程,作为学生同样不可能在有限的时间内掌握所有的专业知识,更重要的是掌握思维方法和一般规律。这就要求教材必须具备这样的特点:系统性、实用性、可扩展性。

第二,注重实践性但不仅仅是操作方法。离开实践应用谈网络营销毫无意义,但局限于实践操作而缺乏系统认识,同样难以体现网络营销的实用价值。于是,有实用价值的网络营销内容体系必然不是简单的罗列和操作说明,重要的是具备这样的特征:目标明确,分类清晰,具有可操作性及一般规律性。

第三,有发展和提升的空间。网络营销课程开启了进入研究或专业应用的大门,课程结束只是一个新的开端,或进入专业研究领域,或从事高级应用领域。这就要求教材内容必须具有经得起实践检验的理论基础、明确的研究路径和方法、系统的策略设计及实现能力。

以上三个方面,前两者是基础,无论是以工具和方法为主导的网络营销内容体系,还是理论与实践相关联的内容体系,都具备这样的基础条件,选择这种内容体系可以实现的网络营销教学目标已卓有成效。如果有更高的目标,培养更高层次的网络营销人才,则还需要关注第三个方面。本书的内容体系设计同时具有上述三个方面的基本要求,具有更广泛的适用性,对网络营销人才培养具有充分的实践自信、理论自信和目标自信。

三、致谢

本书受益于二十多年来众多对我的网络营销实践和研究给予支持的人们,包括许多早期的网络营销研究者、知名网站负责人,行业协会、网络营销服务和研究机构的工作人员,众多高校电子商务与网络营销教师等,如高新民、江旭平、李琪、魏修建、刘琪、平文胜、王海涛、方兴东、张静君、王峻涛、陈锐、赵旭、许长智……虽然无法在此一一列出他们的名字,但我都铭记于心;多年来与我一起工作在网络营销实践第一线的同事们,是你们的深入探究,通过点滴智慧的积累,终于汇成了网络营销知识的江河,本书是我们大家的心血,在此一并感谢所有为探索网络营销付出努力的同仁们!还要感谢中国网络营销大会执行人、北京博导前程信息技术股份有限公司创始人段建及其团队的长期支持,他们为促成本书出版及教学资源制作做了许多工作。

特别感谢高等教育出版社的领导、编辑和所有工作人员,为本书出版发行付出了大量心血,尤其是曾飞华老师给予的鼓励和鞭策以及严谨的工作,使得本书如期出版,并且积极协助为网络营销教学提供高质量、高水平的综合资源,进一步提升了本书的实用价值。

四、结束语

受新冠疫情影响,2020年春节后的非常时期,整个世界似乎都进入缓进甚至暂停模式,相当长的时间只能闭门不出。我利用这段时间精雕细琢本书的体系结构和关键点的表述，力争做到简洁清晰，至少做到将问题表达清楚。尽管已尽我所能，但本书还远未达到完善的程度，难免有疏漏和不足之处，还望各位专家和读者不吝指正。

感谢所有的读者！您是本书的起点，也是本书的终点。正如本书所强调的：用户是网络营销的起点，也是网络营销的终点。

冯英健

2020 年 9 月

Email：fyj@wm23.com；微信号：fengyingjian

目录

第1章 网络营销概述 1

1.1 网络营销的本质问题 2
- 1.1.1 网络营销的诞生 2
- 1.1.2 网络营销的发展历程 6
- 1.1.3 网络营销的定义 12

1.2 网络营销的理论基础与指导思想 14
- 1.2.1 网络营销理论研究的三个层次 14
- 1.2.2 网络营销的职能体系 15
- 1.2.3 网络营销的信息传递 17
- 1.2.4 网络营销的顾客价值 21

1.3 网络营销的内容体系 23
- 1.3.1 网络营销发展初期部分有代表性的内容体系 23
- 1.3.2 以实践应用为导向的网络营销内容体系 25
- 1.3.3 网络营销理论与实践内容体系的新探索 27
- 1.3.4 多元化的网络营销内容体系和知识体系 28

本章小结 29
复习思考与实践 30

第2章 网络营销策略体系 31

2.1 网络营销策略体系概览 32
- 2.1.1 网络营销策略的系统性 32
- 2.1.2 网络营销系统的组成 33
- 2.1.3 网络营销策略体系的基本内容 35

2.2 网络营销信息源研究 37
- 2.2.1 网络营销信息源的常见形式 37
- 2.2.2 网络营销信息源的基本要素 39

2.2.3　网络营销信息源的类别　　42
　2.3　网络营销信息传递渠道研究　　43
　　　2.3.1　网络信息发布渠道与传递渠道的关系　　43
　　　2.3.2　网络信息传递渠道的功能　　45
　2.4　网络营销的用户及交互研究　　47
　　　2.4.1　网络营销中用户的意义　　47
　　　2.4.2　网络营销信息传递中的用户交互　　48
　2.5　网络营销的技术支持体系　　49
　　　2.5.1　网络营销工具的一般特征　　50
　　　2.5.2　网络营销工具的类别　　50
本章小结　　52
复习思考与实践　　53

第3章　网络营销的信息源策略　　54

　3.1　网络营销信息源策略概述　　54
　　　3.1.1　网络营销信息源策略的基本内容　　55
　　　3.1.2　网络营销信息源策略的意义与实施路径　　55
　3.2　可控型信息源：企业网站内容运营　　57
　　　3.2.1　企业网站的功能与一般特征　　57
　　　3.2.2　企业网站内容运营的地位及作用　　61
　　　3.2.3　制定企业网站内容运营方案　　63
　　　3.2.4　企业网站内容选题与创建方法　　67
　　　3.2.5　企业网站内容运营规范　　70
　3.3　可控型信息源的扩展：博客内容运营　　71
　　　3.3.1　博客的特点及在网络营销中的应用　　71
　　　3.3.2　博客内容运营策略　　75
　　　3.3.3　博客内容运营方案、选题思路及内容运营　　76
　3.4　开放型网络信息源：网络百科词条　　82
　　　3.4.1　网络百科词条的一般特点与网络营销价值　　82
　　　3.4.2　WIKI词条的基本元素　　85
　　　3.4.3　网络百科词条创建与编辑方法　　86
　　　3.4.4　网络百科词条的维护及常见问题　　89
　3.5　社交型网络营销信息源运营策略　　90
　　　3.5.1　社交分享型信息源的一般特点　　91
　　　3.5.2　社交型信息发布与传递：企业微博及其网络营销功能　　91
　　　3.5.3　实践应用：企业微博内容运营策略　　94
　3.6　订阅型网络营销信息源运营策略　　100
　　　3.6.1　订阅型内容运营的基本流程　　100

3.6.2　示例:微信公众号运营的基本流程　　　　　　　　　　　　101
　　　3.6.3　实践应用:微信公众号内容运营　　　　　　　　　　　　102
3.7　智能分发型网络营销信息源运营策略　　　　　　　　　　　　　　105
　　　3.7.1　基于智能分发型内容平台的自媒体及其网络营销特点　　　106
　　　3.7.2　自媒体内容运营策略　　　　　　　　　　　　　　　　　107
3.8　不可控型网络营销信息源:企业新闻与负面信息　　　　　　　　　109
　　　3.8.1　企业新闻的特点及创作思路　　　　　　　　　　　　　　109
　　　3.8.2　企业负面信息的形式与处理方法　　　　　　　　　　　　112
本章小结　　　　　　　　　　　　　　　　　　　　　　　　　　　　113
复习思考与实践　　　　　　　　　　　　　　　　　　　　　　　　　114

第4章　网络营销信息传递渠道策略　　　　　　　　　　　　　　　115

4.1　网络营销信息传递渠道策略概述　　　　　　　　　　　　　　　　115
　　　4.1.1　网络营销信息传递渠道策略的基本内容　　　　　　　　　116
　　　4.1.2　网络推广的系统性思维　　　　　　　　　　　　　　　　117
4.2　搜索引擎营销——基于信息获取工具的网络推广　　　　　　　　　119
　　　4.2.1　搜索引擎营销的基本原理　　　　　　　　　　　　　　　119
　　　4.2.2　搜索引擎的网络营销价值　　　　　　　　　　　　　　　121
　　　4.2.3　搜索引擎优化及价值传递关系　　　　　　　　　　　　　124
　　　4.2.4　信息源网站搜索引擎优化的表现　　　　　　　　　　　　126
　　　4.2.5　搜索引擎优化的基本内容　　　　　　　　　　　　　　　128
　　　4.2.6　搜索引擎关键词广告　　　　　　　　　　　　　　　　　136
4.3　网站平台内部资源营销:思想与方法　　　　　　　　　　　　　　140
　　　4.3.1　网站平台内部资源的形式及网络营销价值　　　　　　　　140
　　　4.3.2　企业网站站内资源推广方法　　　　　　　　　　　　　　141
　　　4.3.3　电子商务网站平台内部资源推广方法　　　　　　　　　　142
4.4　社会化网络营销——基于社交关系资源的网络推广　　　　　　　　144
　　　4.4.1　社会化网络营销概述　　　　　　　　　　　　　　　　　145
　　　4.4.2　应用:微博推广的常见方式　　　　　　　　　　　　　　149
　　　4.4.3　网络社群营销:概念与方法　　　　　　　　　　　　　　152
　　　4.4.4　基于个人社交网络资源的社会化营销　　　　　　　　　　157
4.5　网络资源合作营销——基于合作资源的网络推广　　　　　　　　　159
　　　4.5.1　网络资源合作推广方法的起源　　　　　　　　　　　　　159
　　　4.5.2　简单实用的网络资源合作方法——交换链接　　　　　　　160
　　　4.5.3　网站交换链接的实施　　　　　　　　　　　　　　　　　162
4.6　病毒性营销——综合性网络推广方法　　　　　　　　　　　　　　166
　　　4.6.1　什么是病毒性营销　　　　　　　　　　　　　　　　　　166
　　　4.6.2　病毒性营销的常见类型　　　　　　　　　　　　　　　　170

    4.6.3 实施病毒性营销的五个步骤 171
  本章小结 173
  复习思考与实践 174

第 5 章 网络营销的用户及交互策略 175

  5.1 用户的来源渠道及类别特征 175
    5.1.1 用户来源渠道 176
    5.1.2 用户类别及连接方式 177
  5.2 用户策略的基本内容 178
    5.2.1 用户连接：建立企业与用户的关联关系 178
    5.2.2 用户服务：建立与维护用户关系 181
    5.2.3 用户价值：构建用户价值体系 184
    5.2.4 用户利益：创造用户利益生态关系 186
    5.2.5 用户分析：通过用户数据分析获得用户长期资源价值 187
  5.3 网络营销中的用户数据类型及应用领域 188
    5.3.1 用户数据的类型及来源 188
    5.3.2 用户数据分析的常用领域 192
  5.4 用户数据分析应用：网站访问统计分析 194
    5.4.1 网站访问统计中的数据信息 195
    5.4.2 网站统计指标的网络营销意义 197
    5.4.3 网站访问数据分析方法：一个实例 203
  本章小结 208
  复习思考与实践 208

第 6 章 网络营销环境与资源策略 209

  6.1 网络营销环境策略概述 209
  6.2 网络营销服务市场资源概述 211
    6.2.1 网络营销服务市场的基本组成及特点 212
    6.2.2 网络广告市场资源简介 213
    6.2.3 KOL 营销 224
  6.3 网络营销的资源合作策略 227
    6.3.1 网络营销资源的基本形态 227
    6.3.2 网络营销资源的扩展 228
    6.3.3 网络营销资源合作的模式 230
  6.4 网络营销的竞争策略 231
    6.4.1 网络营销竞争的表现与本质 232
    6.4.2 网络营销竞争战略模型 232
  6.5 环境与资源策略应用：构建生态型网络营销系统 234

	6.5.1 经典生态型网络营销系统——网络会员制营销	234
	6.5.2 基于社会化网络的生态型网络营销——微分销系统	243
本章小结		246
复习思考与实践		247

第7章 网络营销管理与诊断 248

7.1 网络营销管理概述 249
- 7.1.1 网络营销运营与网络营销管理的关系 249
- 7.1.2 网络营销管理体系的基本内容 250

7.2 网络营销诊断 252
- 7.2.1 网络营销诊断的起源 253
- 7.2.2 网络营销诊断的常用方法 256
- 7.2.3 网络营销诊断应用中的问题 258

7.3 网络营销管理规范简介 259

本章小结 261

复习思考与实践 261

参考文献 262

第1章
网络营销概述

从20世纪90年代中期诞生至今的将近30年间,网络营销经历了从探索到成熟、从边缘到主流、从片面到系统的发展历程,无论实践应用还是认识层次都达到了一定的高度。

在互联网的不同发展时期,网络营销的内容体系及工具和方法在不断变化,但网络营销的本质并没有改变。网络营销是以互联网为基础实现的信息构建与发布、信息传递与交互、用户连接与服务等一系列营销活动,为用户创造价值是网络营销的核心思想,基于互联网工具的各种方法是开展网络营销的基本手段。

本章的核心内容包括:网络营销的发展及本质、网络营销的理论基础及网络营销的内容体系,如图1-1所示。

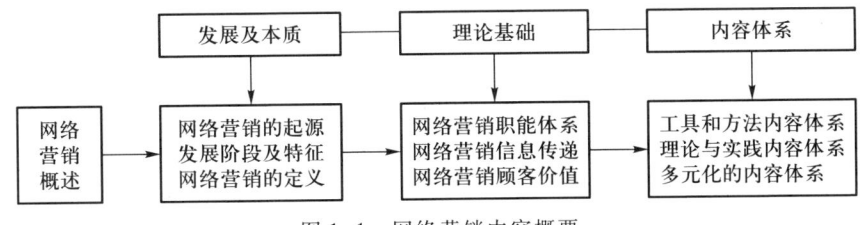

图1-1 网络营销内容概要

网络营销伴随着互联网的发展应用,从1994年诞生到21世纪20年代,经历近30年的发展,已从曾经的新生事物逐步进入成熟,不过网络营销的具体形式至今仍在快速发展之中。可以说,网络营销这个概念大家都不陌生,除了日常互联网应用之外,可能在其他课程里也多次提到,如电子商务概论、市场营销、网络广告、网店运营等。互联网应用中有太多的网络营销应用场景,如网上团购、网络直播、在线优惠券、网络红包、社交网络转发信息、搜索结果及朋友圈信息流中的广告等,几乎可以说,只要上网,就离不开网络营销。

但是如果从专业的角度来看网络营销,可能很多人的理解是朦朦胧胧的,对很多问题不知如何回答,例如:网络营销包括哪些内容,开展网络营销需要具备什么条件,如何设计企业的网络营销策略,如何在繁多的网络营销方法中进行合理的选择,等等。这些有关网络营销基本认识和实践应用的重要问题,本书都将做出系统的分析和介绍。第1章主要关注网络营销认识层面的基础问题。

1.1 网络营销的本质问题

网络营销与我们的生活和工作息息相关,每个互联网用户都可能是网络营销的对象,我们可能每天都主动或被动地参与到某种网络营销活动中,如通过网页浏览某个新产品信息,观看含有广告内容的微视频,在网上商店购物,下载在线优惠券,通过媒体平台发布文章,在社交平台分享产品体验,在分类广告网站发布供求信息,在外卖网站订餐,等等。在这些网络信息和服务的背后,都可能与某些企业的网络营销活动相关。只要一打开计算机浏览器或手机应用软件,作为互联网用户,通常已经处于网络营销环境之中,尽管我们可能并不关心是什么企业采取的什么网络营销方式,只要获得自己所需要的信息和服务,就得到了某种程度的满足。

作为企业经营者来说,通过适当的方式为互联网用户提供有价值的信息和服务,将其转化为顾客,并最终获得企业的利益,这一系列活动就是企业开展网络营销的过程。将这个过程的基本内容、实现方式及理论依据等弄清楚,这就是网络营销这门课程的基本任务。为了阐述这些问题,我们首先有必要从本质上弄清楚到底什么是网络营销。

关于网络营销,每个互联网用户都可能会有自己的感受和认识,也可能存在一些困惑或疑虑。例如,网络营销是不是颠覆了传统市场营销思想?网络营销就是在网上卖东西吗?网络营销与电子商务是一回事吗?网络广告就是网络营销吗?微商算是电子商务吗?网络营销与网络传销有什么区别?……诸如此类的问题,实际上都是对网络营销的本质缺乏清晰的认识。

为了系统认识网络营销,还需要从网络营销的起源说起,通过从简单到复杂的发展过程,了解网络营销的发展规律,把握网络营销的本质和发展规律。

1.1.1 网络营销的诞生

现在普遍认为,1994年是网络营销诞生的年份。那一年发生了多起对网络营销具有深远意义的事件,比如出现了全球第一幅网络广告,产生了第一个影响力巨大的搜索引擎——YAHOO。在网络广告诞生6个月之前,美国还发生了第一起通过互联网发布广告信息实现网络赚钱的事情,于是让人们对互联网的商业价值充满期待,网络营销也很快受到重视并成为新兴的营销手段。

1.1.1.1 对网络营销具有重要影响的三个历史事件

网络广告、搜索引擎、电子邮件,这三个重要的互联网应用领域不仅具有长期生命力,而且对网络营销的诞生与发展具有非常重要的意义。

1. 网络广告与网络营销

上网浏览网站信息离不开浏览器,网页上经常充斥着各种网络广告,对目前的上网者来说早已是司空见惯。而在1995年之前,如果你能在网上看到网络广告,这不仅仅是新闻,还是重要的历史事件。

互联网历史上第一个网页浏览器诞生于1990年,其发明人为提姆·伯纳-李(Tim Berners-Lee),该浏览器名为WorldWideWeb(后改名为Nexus)。1993年,马克·安德森发布Mosaic浏览器,进一步推动了浏览器的创新,不久之后他成立网景公司(Netscape)。1994年12月,网景浏览器(Netscape Navigator 1.0)正式发布,这是互联网发展的重要里程碑。这个版本的浏览器支持所有的HTML2语言的元素和部分HTML3语言的功能,使得图片显示和超级链接更为便捷,因而使得在网页上展示丰富多彩的内容成为现实。很多人正是通过浏览器开始了上网历程。不过网景浏览器并没有风光多久,IE浏览器很快就占据了绝对主导地位,成为浏览器市场的领先者。浏览器实际上也是一种非常重要的网络营销工具——基于网络可见度的网络营销方法,大多围绕着浏览器来进行。

就在网景浏览器1.0版本发布前不久,即1994年10月27日,互联网史上第一个网络广告诞生了!这就是美国连线杂志网站(wired.com)上发布的长468像素、高60像素的横幅(BANNER)广告,这个规格也成为网络广告的第一个标准尺寸,因而被称为标准标志广告(见图1-2)。这个广告的广告主是美国AT&T公司,广告条上的文字是"Have you ever clicked your mouse right HERE? YOU WILL"。

图1-2 互联网上第一个BANNER广告

网络广告一经出现,就引起了巨大关注,其标志性意义主要体现在以下三点:

第一,网络广告的出现,表明互联网网站也可以成为广告媒体,从而使得传统的广播电视及报纸杂志成为传统媒体,从这个角度来看,BANNER广告的确具有革命性的意义。

第二,网络广告改写了广告的历史。从广告展示及效果计量方面来看,网络广告第一次使得广告效果可计量,可以记录有多少人浏览过广告,以及多少人点击过这个广告,甚至可以记录用户的来源;从广告的传播流程来看,网络广告通过超级链接将广告媒体、广告主及用户连接起来,第一次实现了用户与广告主之间的关联关系。

第三,网络广告诞生更大的意义在于展示了互联网的广阔前景,吸引了大量风险投资进入互联网领域,引发了早期互联网门户网站的蓬勃发展。

事实上,网络广告一直是互联网经济中最重要的组成部分,直到现在,尽管已经有近30年的历史,网络广告仍然是最重要的网络营销方式之一。网络广告的形式不断创新,网络广告市场规模也仍在持续增长中。

根据第一幅网络广告设计师的介绍,"YOU WILL"是AT&T公司在网络广告发布之前2年启动的一个以未来科技奇迹为主题的广告活动计划。其中包括:"你有过不停车就完成通行费支付的经历吗？你驾驶汽车时能够在仪表盘屏幕上查看地图吗？你无须出门就能从3 000英里[①]外的图书馆借阅书籍吗？"这幅广告让用户"获得一种梦幻般的、变革性的体验"，用户几乎是怀着期待心情而点击广告并来到广告主的页面。

可见，网络广告的初衷，首先考虑的是用户体验，也就是为用户带来价值，并不仅仅是捕捉用户的注意力。同时，是否点击广告完全出于用户自愿，这与传统电视广告的感觉完全不同。由此可以说明，最初的网络广告是一种符合用户期望、为用户带来价值的营销模式。

因此我们可以得出这样的推论：网络广告的出现，开创了互联网在为用户提供有价值信息的同时实现企业的营销目标的先河。

2. 搜索引擎与网络营销

随着互联网信息的日益丰富，出现了如何帮助用户获取所需要信息的巨大需求，搜索引擎也就应运而生，同时也理所当然地成为网络推广的常用工具之一。直到现在，搜索引擎营销仍然是常用的网络营销方法。从搜索引擎的发展历程中，不难看出其对网络营销的价值。

1993年6月，美国麻省理工学院学生 Matthew Gray 开发了一个名为"WWW Wanderer"的网络机器手程序。这个程序并不是真正意义上的搜索引擎，当时开发的目的在于协助估计互联网的规模，如联网计算机数量等，但是这种机器手程序后来发展成为搜索引擎的核心，至今仍被广泛应用于搜索引擎中。在这种搜索程序出现之前，也出现过一些搜索工具，如诞生于1990年主要适用于 FTP 网站匿名文件索引的 Archie 等，但这些搜索工具并非应用于万维网（WWW），因为当时万维网还没有诞生。Archie 是一个可搜索的 FTP 文件名列表，用户必须输入精确的文件名进行搜索，然后 Archie 会告诉用户哪一个 FTP 地址可以下载该文件。由于基于 http 与 WWW 技术的迅猛发展，后来的搜索引擎主要应用于 WWW 上的检索，从这种意义上说，"WWW Wanderer"程序的出现才标志着搜索引擎的诞生。

从1993年开始，各种搜索引擎不断诞生，有些中途夭折，也有一些发展成为全球著名的搜索引擎，至今仍然在搜索引擎领域发挥着重要作用，如我们熟知的 Yahoo（1994年2月）、Lycos（1994年7月）、Google（1998年9月）等。其中对网络营销诞生最有象征意义的搜索引擎包括 Yahoo 和 Infoseek。Infoseek 最早将搜索引擎作为可赢利的商业模式经营（1998年被迪士尼公司收购整合到新的品牌 go.com），Yahoo 则发展成为当时最大的分类目录网站，成为众多用户上网的第一入口，对被收录的网站发挥了重要的推广作用。早期的网络营销，将网站提交到 Yahoo 分类目录是最重要的工作内容之一。从搜索引擎发展的相关资料可以看出，1994—1998年是国外搜索引擎的快速发展时期，出现了许多至今已成为全球知名品牌的搜索引擎，而在2001年之后，几乎没有新的搜索引擎出现。

搜索引擎的蓬勃发展对网络营销的意义在于：

第一，为用户获取有价值的信息提供了基本工具，打开了信息传递的渠道；

第二，为网站推广方式提供了基本的手段，初步形成了网络推广的常用方法；

第三，搜索引擎在一定程度上促进了网站数量的增长及网页内容质量的提升。

关于搜索引擎与网络营销，我们可以得出的初步结论是：搜索引擎通过信息引导为用户

---

① 1英里=1 609.344米

和网站建立了链接,为用户主动获取信息提供了有效的互联网工具,对企业则意味着提供了网站推广的工具,而且只有符合用户需求的信息才有网络营销的价值。

3. 电子邮件与网络营销

与网络广告和搜索引擎对用户提供有价值的信息不同,历史上第一起利用互联网赚钱的事件与用户价值背道而驰,可以说是网络营销的反面形象。这一事件与电子邮件(Email)相关。

电子邮件早在1971年就已经诞生了,但在互联网普及应用之前,电子邮件的应用范围非常有限,并没有被应用于营销领域。在Email和WWW得到普遍应用之前,新闻讨论组(Newsgroup,Usenet Discussion Groups)是人们获取信息和互相交流的主要方式之一。新闻组也是早期网络营销信息发布渠道,对Email营销方法的产生具有重要影响。

第一起利用互联网赚钱的事件发生于1994年,尽管这是一起非合理的网络营销手段,但却获得了切实的效果,引发了人们对互联网赚钱效应的思考和探索,这个事件,也成为后期许可Email营销理念的对照。

1994年4月12日,美国亚利桑那州两位从事移民签证咨询服务的律师Laurence Canter和Martha Siegel(两人为夫妻)把一封"绿卡抽奖"的广告信发到他们可以发现的每个新闻组,这在当时引起了轩然大波。他们的"邮件炸弹"让6 000多个新闻组的服务瘫痪。在互联网史上这是第一次发布大量的广告信息,对很多用户造成了广告滋扰。

这两位律师在1996年合作写了一本书——《网络赚钱术》(*How to Make a Fortune on the Internet Superhighway*),书中介绍了他们的这次辉煌经历:通过互联网发布广告信息,只花费了20美元的上网通信费用就吸引来25 000个客户,赚了10万美元。他们认为,通过互联网进行营销是前所未有几乎无需任何成本的营销方式。当然他们并没有考虑别人的感受,也没有计算别人因此而遭受的损失。更大的负面影响在于,这一事件引发了很多人的效仿,出现了大量的垃圾邮件,严重影响人们正常的互联网通信,造成了巨大的资源浪费。

从网络营销的发展历程来看,第一起网络赚钱事件的积极意义在于,尽管这种未经许可的信息发送与正规的网络营销思想相去甚远,但由于"通过互联网赚钱效应"所产生的影响,人们才开始认真思考和研究网络营销的有关问题,网络营销的概念也逐渐开始形成。此后,随着企业网站数量和上网人数的日益增加,各种网络营销方法也开始陆续出现,许多企业开始尝试利用网络营销手段来开拓市场。

关于电子邮件与网络营销,我们可以得出的结论是:电子邮件是传递信息的工具,同时具有两面性,既可以为用户传递有价值的信息,也可能为用户带来滋扰,这取决于信息的内容及发布方式,也取决于信息发布者的价值观。

1.1.1.2 网络营销的基础条件

前述对网络营销诞生具有直接影响的三个事件,看似互不相干,实际上却有着内在的联系。例如:

(1) 网络广告连接了用户和企业,为企业提供了通过网站发布广告信息的渠道;

(2) 从用户的角度看,搜索引擎是获取信息的工具,而从企业的角度则是网站推广的工具,也就是说搜索引擎是信息传递的渠道;

（3）电子邮件将企业的信息直接传递给用户,实现了信息发布、信息传递与用户交互的一体化。

互联网发展初期诞生的网站、网络广告、搜索引擎、电子邮件等,都成为企业开展网络营销的互联网工具,在此后很多年一直发挥着重要的作用。正因为如此,将1994年认为是网络营销诞生的年份也就顺理成章了。

随着互联网的发展,后来出现了更多可用于开展网络营销的工具和服务,例如在线论坛、网络黄页、在线聊天工具、博客、网络百科、网络问答社区、社交平台等,不过这些工具与利用网站、搜索引擎及电子邮件开展网络营销具有类似的特征,例如：

（1）都需要通过一定的渠道发布信息（如网站、新闻组服务器、博客平台、网络社区等）；

（2）都是通过互联网工具向用户传递信息,但信息的具体形式和发布方式可能有区别（如网络广告的图片及链接、电子邮件内容、网页内容等）；

（3）用户通过常用的互联网工具可以获取这些信息（如浏览网页、登录邮箱、客户端软件等）；

（4）用户对收到的信息可采取一定的行为（如点击广告、浏览邮件并直接联系、评论等）。

事实上,这也是所有网络营销活动所必备的基本条件,无论是网络营销早期的搜索引擎、电子邮件,还是后来逐步发展起来的博客、电子商务平台、网络社区、社交网络软件等,各种网络营销方法所依赖的互联网工具不同,但总体特征是类似的。一般地,我们可以将网络营销的基本条件归纳为如下四个方面：

（1）具备适合通过互联网传播的网络信息的内容及形式；

（2）有实用价值的互联网工具及一定数量的互联网用户；

（3）用户接收或浏览信息后可产生后续行动；

（4）网络信息的传播对网络信息发布者及浏览者都是有价值的。

由此看来,常用的互联网服务大多都具有这样的特征。互联网的发展表明,每一种具有信息传递功能的互联网应用,都具有一定的网络营销价值,因而都可能成为一种网络营销工具,并且可以出现相应的方法及形成可遵循的规律,如分类目录、搜索引擎、电子邮件、论坛、博客等。可见,网络营销的发展及内容体系的形成取决于互联网工具和服务的发展,网络营销是互联网工具和服务在营销领域中的应用,研究互联网工具及其网络营销价值,也就成为网络营销知识体系的基础。

1.1.2 网络营销的发展历程

在网络营销诞生后近30年的发展历程中（1994—2020年）,由于互联网技术的突破或应用的发展,从不同的视角对网络营销的发展历程进行分析,可以看出各阶段的侧重点及阶段特征。

本书从三个方面描述网络营销的发展历程,如图1-3所示。

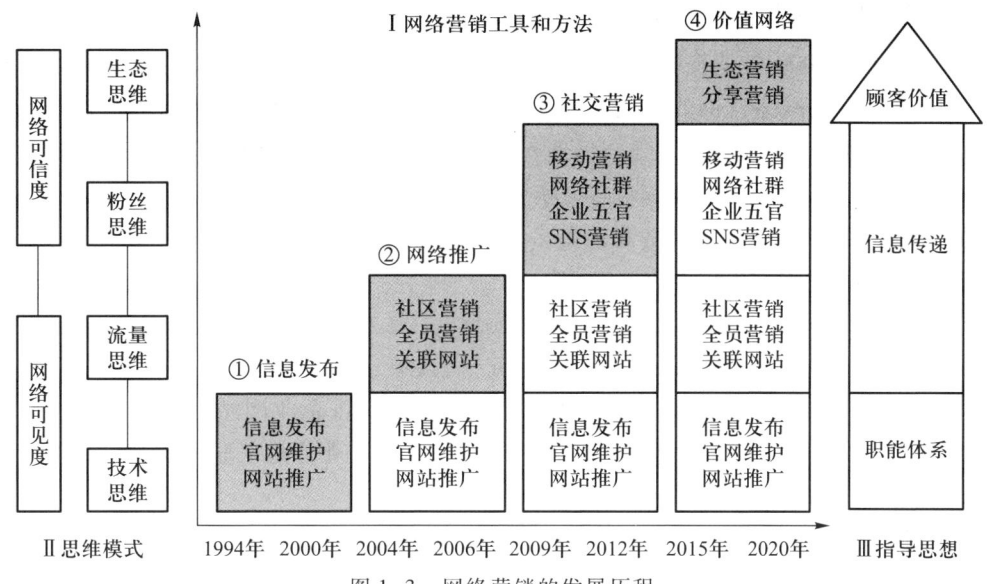

图 1-3 网络营销的发展历程

第一,从工具和方法的角度来看,网络营销经历了大致四个阶段:信息发布、网络推广、社交营销、价值网络。每个阶段都在原有工具和方法的基础上出现新的叠加,网络营销的方法体系经历了从简单到复杂的发展过程,在这个过程中也有部分不能适应发展的工具和方法被淘汰。2020年后,随着5G网络应用的日益成熟,对网络营销的发展必将产生深远的影响和变革。

第二,从网络营销思维模式来看,随着网络营销方法的增加,网络营销思维也在发展演变之中,经历了四个阶段:技术思维、流量思维、粉丝思维和生态思维。网络营销思维模式的发展阶段与网络营销工具和方法大致相对应,工具方法与思维模式相互影响,相随而生。其中技术思维和流量思维大致属于网络可见度的营销思想,而粉丝思维和生态思维大致可认为是网络可信度营销思想。

第三,从理论基础及相应的指导思想来看,网络营销研究可归纳为三个层次:网络营销的职能体系、网络营销的信息传递、网络营销的顾客价值。这三个层次相互关联,分别解释了网络营销的职能范围、网络营销的一般指导思想以及网络营销的最终价值,为构建网络营销策略体系指明了基本方向。

本节介绍网络营销发展的阶段特征及思维模式演变规律,有关网络营销的理论基础将在后续内容中系统介绍。

1.1.2.1 网络营销方法演变与发展阶段

网络营销是从实践应用中逐步发展起来的,因此通常是先有实践探索然后才有相应的规范及理论支持,从最早的搜索引擎到近年的社交网络,虽然这些互联网应用并非为网络营销而生,但因为具有网络信息发布与传递的营销功能而成为网络营销的工具。因此以网络营销工具和方法为主线对网络营销的发展阶段进行分析,有其合理性及实践特征。从工具和方法的角度分析,可将网络营销发展分为以下四个阶段。

1. 网络信息发布与传播阶段

从 1994 年到 2000 年是互联网快速发展的阶段,各种基础互联网应用和服务如雨后春笋般出现,也为形成网络营销的主流工具和方法奠定了基础,如网络广告、搜索引擎营销、许可 Email 营销、网上商店等,之后至今仍然对网络营销具有重要影响。不过,这个阶段尽管网络营销看似已经具备了相当的基础,但实际上应用层面并不深入,而且具备开展网络营销条件的企业所占比例并不高,网络营销更多带有体验的成分,网络营销效果不可预期,在很大程度上具有偶然性。

这个阶段企业开展网络营销的方式比较简单,主要方式为企业信息发布。信息发布渠道包括自建企业网站、网络黄页、B2B 电子商务平台、第三方论坛、分类广告网站、门户网站投放网络广告等。当时的网络推广方式比较简单,主要是将企业网站信息提交到搜索引擎(分类目录),其他可做的推广非常有限。总体来说,是以企业通过互联网发布信息的方式为主,等待用户的访问和咨询联系。

中国网络营销的发展比美国稍迟一些,不过并未缺席这一启蒙时期。1997—2000 年,中国互联网进入快速发展阶段,多个有重要影响力的网站相继诞生,并且至今仍是中国互联网领域最有影响力的网站,如三大门户网站(新浪、搜狐、网易)、第一电商平台(阿里巴巴)、第一网上书店(当当网)、第一批企业上网服务商(万网、新网、中国频道)、第一网上聊天软件腾讯 QQ(最初叫 Oicq)等。同时,多种网络营销服务平台及网络营销模式也陆续出现并进入应用阶段。

2. 以扩大网络可见度为目标的网络推广阶段

随着企业对网络营销认识的深入以及对效果的期望不断提升,被动等待用户访问信息的方式已经不能满足企业的要求,于是网络营销从以信息发布为主发展到信息发布与网络推广并重的阶段。这个阶段大致在 2000 年到 2009 年之间,这是网络营销发展最快的阶段,尤其中小企业的应用更加活跃。

这个阶段的主要特点表现在:第三方网络营销服务市场蓬勃兴起,包括网站建设、网站推广、网络营销顾问等付费网络营销服务都获得了快速发展;企业对网络营销的认识和需求提高;网络营销服务专业化;企业可以利用的网络营销资源越来越多;新型网络营销方法不断出现。例如,百度搜索引擎关键词广告(最初叫竞价排名)等开始快速扩张,成为企业付费网络推广的主要方式之一;传统的门户网站各种形式的网络广告等也在持续高速发展;一些网络营销管理工具(如网站访问统计分析系统、实时在线服务工具等),以及专业的网络营销顾问咨询服务和网络营销培训等,也逐步为企业所接受。

也是在此期间,博客(BLOG)及各类 WEB2.0 网站发展成为主流的网络营销工具,为企业在官方网站之外的信息发布和传播发挥了重要作用。到 2008 年之后,博客营销已经成为国内企业网络营销的主流方法之一,其他 WEB2.0 营销如基于开放式在线百科平台的 WIKI 营销和问答式社区营销等也逐步为企业所了解,出现了网络营销社会化的萌芽。这些社会化网络服务的应用,也为进入网络营销社会化阶段打下了基础。

总体来说,这类网络推广及相关的网络营销活动目的在于扩大企业信息的网络可见度,即通过扩展信息发布的渠道,增加信息发布的数量,并通过一定的推广手段,获得更多用户的关注并转化为最终的顾客。

3. 基于网络可信度的社会化网络营销阶段

由于 WEB2.0 技术的不断发展,用户对信息创建与传播的参与度越来越大,并且出现了以智能手机为载体的移动终端,社交网络应用出现了爆发式的增长,网络营销也逐步进入了社会化营销阶段。从时间来看,大致发生于 2010—2014 年。

如前所述,网络营销社会化是社会化网络应用发展到一定阶段的必然结果。正如本书作者在 2009 年 7 月 11 日于西安召开的第二届中国网络营销大会上首次提出"网络营销社会化"的观点时所解释的:"网络营销社会化的表现是网络营销从专业知识领域向社会化普及知识发展演变,这是互联网应用环境发展演变的必然结果,这种趋势反映了网络营销主体必须与网络环境相适应的网络营销社会化实质。需要说明的是,网络营销社会化并不简单等同于基于 SNS 的社会化网络营销,社会化网络营销,只是网络营销社会化所反映的一个现象而已。"

正是由于网络营销社会化趋势,加之移动互联网对社会化网络营销的促进,网络营销逐渐从流量导向向粉丝导向演变,尤其是微博、微信等移动社交网络的普及,为粉丝经济环境的形成提供了技术和工具基础。

以网络营销社会化为基本特征,这个阶段的网络营销特点大致可归纳为六个方面:全员网络营销的兴起,出现 WEB2.0 网络营销平台和方法,社会化媒体营销日益普遍,网络营销与网上销售的紧密结合,移动网络营销崛起,部分传统网络营销方法开始衰落。

在社会化网络营销阶段,由于用户获取信息方式的转变,基于移动互联网的新型网络营销方式受到更多的关注,部分传统网络营销模式逐步走向衰退,例如 B2B 电子商务平台和搜索引擎优化(SEO)逐渐被冷落;微博出现之后,博客的被关注程度有一定的弱化;微信的出现则对微博又产生一定的影响。随着越来越多移动网络营销工具的出现,部分传统网络营销模式受到较大的影响,网络营销思想也随之进入新的发展阶段。

4. 以价值为导向的生态型网络营销阶段

社会化网络营销的基本思想是利用用户的社交关系资源实现信息传播,发展到一定阶段,仅仅依赖自发信息传播难以维持用户持久的参与,因此,以用户社会关系网络资源为基础,为用户创造价值和利益的营销思想受到重视,并且出现相应的网络营销方法,如微分销、众筹营销等。本书作者于 2015 年 7 月首次提出"网络营销的生态思维",并认为 2015—2020 年可认为是生态型网络营销逐步走向成熟的阶段。

至于 2020 年之后网络营销的发展趋势,很大程度上将取决于 5G 网络应用的发展和突破。由于 5G 时代万物互联成为可能,网络信息的数量呈爆发式增长,信息形式也可能从传统的文字、图片、小视频等向实时实景及智能化等全信息方式演变,用户获取及利用信息的方式发生重大改变,也必将带来网络营销信息传递渠道的突破。

这就意味着,5G 时代的网络营销将发生革命性的变化,网络营销思维模式及相应的策略方法也将进入新的阶段,但基于网络营销生态思维的用户价值营销理念仍将有持续的生命力,并在实践应用中不断升级和完善。

1.1.2.2 网络营销的思维模式及演变

根据网络营销的发展历程分析,每个重要的历史阶段都会伴随相应的指导思想和思维模式。网络营销的思维模式大致经历了技术思维(2000年前)、流量思维(2000—2009年)、粉丝思维(2010—2014年)、生态思维(2015—2020年)四个层次,如图1-4所示。

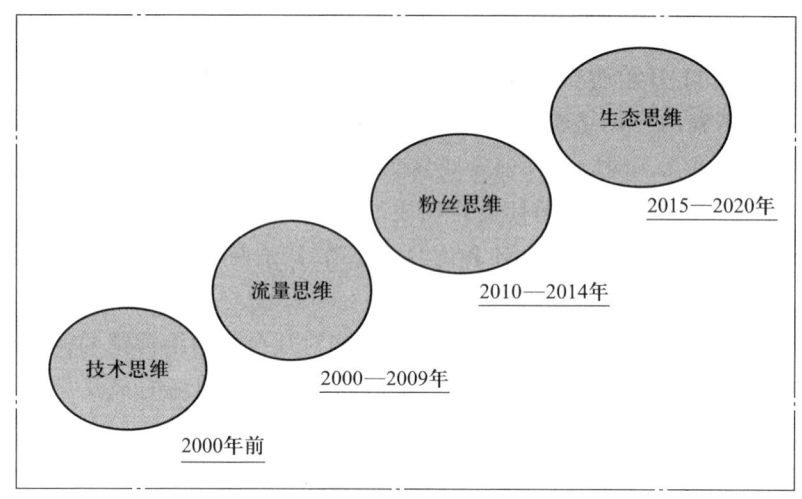

图1-4 网络营销思维模式的演变

资料来源:冯英健.互联网+时代的网络营销.中国网络营销大会,2015年7月30日.

1. 网络营销的技术思维

技术思维,就是以技术为导向,将网络营销的基本内容作为技术问题来处理,如网站建设及推广等,认为只要解决了技术问题网络营销的任务也就完成了。在现在来看,这种思维方式是非常片面的,不过这是符合当时的网络营销应用状况的。

网络营销思维模式取决于当时的互联网应用环境、企业的营销目标、策略和可采用的方法等因素。在网络营销发展初期,无论企业网站建设、网页制作还是网站信息发布、搜索引擎登录,都有一定的技术门槛。因此技术问题是第一位的,当时专业的网络营销岗位还不成熟,网络营销工作通常由技术人员来操作。这与网络营销发展处于初期以信息发布为主的阶段是相适应的。

2. 网络营销的流量思维

随着对网络信息可见度及网站访问量提升的要求,网络推广成为网络营销的主要目标,这也是网络营销逐步从技术部门脱离的开始,网络营销开始成为专门的部门或岗位,有了更多的工作内容。在以扩大网络可见度为目标的网络推广阶段,流量思维占据主要地位。

即使进入后来的发展阶段,对流量的要求仍然是网络营销的基本任务。对于网络营销来说,仅有流量是不够的,但是没有流量是万万不能的。可以说,网络营销的大部分运营及管理工作,都是围绕着流量进行的。

3. 网络营销的粉丝思维

网络营销的粉丝思维,与网络营销进入社会化营销阶段相对应,基本思想是通过获取尽可能多的粉丝(用户)关注,向粉丝传递网络营销信息,并通过粉丝的社交网络资源继续扩大信息传递范围。

粉丝思维模式与社交网络的快速发展密不可分,尤其是移动互联网的快速普及为社会化网络营销带来了新的发展机会。可以说,粉丝思维是流量思维在信息传递方式上的延伸。传统的基于个人计算机的网络营销,主要通过互联网工具如搜索引擎、网站、电子邮件等传递营销信息,而在社会化网络中每个用户都可以成为信息传递的渠道,通过用户的再次传播,进一步扩大了信息传递的范围,并且提高了信息传递效率。

如前所述,流量是网络营销的基本任务,粉丝思维模式下的网络营销同样离不开对流量的需求,通过社会化网络资源,仍然要实现流量的增长。

4. 网络营销的生态思维

网络营销的生态思维是在粉丝思维的基础上,构建用户关系网络的价值体系,让用户成为网络营销体系的一部分,并且用户可以获得应有的价值和利益。生态思维与网络营销的生态化阶段相适应,生态思维模式下必然出现生态型网络营销方法。

与网络营销的流量思维相比,粉丝思维模式下人的重要性进一步突出,并且逐渐从企业员工发展到整个社会关系网络,网络营销的导向是通过集聚粉丝资源,通过向粉丝传递网络信息及粉丝的再次传播,实现网络信息传递的放大效应,从而获得网络营销的价值。但总体说来,粉丝思维属于单向价值模式,即基本出发点是用户为企业创造价值。

网络营销的生态思维是对粉丝思维的发展,其核心思想是:在吸引粉丝关注的基础上,进一步建立用户之间、用户与企业之间的价值关系网络,明确用户之间的关联关系及用户价值体现,使得用户成为企业价值链的组成部分,通过社会关系网络互联及全维度价值传递,从而最大化实现用户价值。因此,网络营销的生态思维可简单描述为用户价值型网络营销。

网络营销生态思维与企业生态思维、行业生态思维等都有一定的共性,同时又有自身特定的含义。在企业生态中,注重产品系列的关联,网络营销生态思维的重点在于用户价值的关联关系。随着5G网络的普及应用,基于生态思维模式的用户价值型网络营销将成为网络营销社会化的高级形态,也必将出现更多以用户价值为导向的网络营销方法。

1.1.2.3 移动通信发展与网络营销演变:从2G到5G

前面总结分析网络营销演变及思维模式的发展,并未明确基于个人计算机互联网的网络营销与移动互联网营销的关系,实际上两者并非相互独立的,而是相互融合、难以明确区分的。不过将移动通信的发展与网络营销演变相结合,可以看出两者之间又有显著的内在联系,这不是偶然的关联,而是信息传递及获取方式变化带来的必然结果。表1-1简要总结了移动通信与网络营销发展的对应关系。

表1-1 移动通信与网络营销发展的对应关系

时间段	移动通信代次	网络营销发展阶段	网络营销思维模式
1994—2000年	1G—2G	信息发布与传播阶段	技术思维
2000—2009年	2G—2.5G—2.75G	网络可见度推广阶段	流量思维
2010—2014年	3G	社会化网络营销阶段	粉丝思维

续表

时间段	移动通信代次	网络营销发展阶段	网络营销思维模式
2015—2020 年	4G	生态化价值营销阶段	生态思维
2020—	5G	多维生态化营销阶段	生态思维++

从表 1-1 中可以看出,在 2000 年之前网络营销发展的初期,尽管移动通信已经处于快速发展阶段,但当时手机上网条件尚不成熟,与网络营销没有直接关联。不过进入 2G 之后,基于 GSM 网络的短信息服务已经具备一定的网络营销功能,当时主要是短信广告服务。当基于 GPRS 技术的 2.5G 网络(大约始于 2003 年)以及此后基于 EDGE 的 2.75G 网络(大约始于 2006 年)开始普及之后,实际上已经具备了手机上网的基本功能,以智能手机为代表的移动互联网应用渐成气候,移动网络营销逐步兴起。到 2009 年之后 3G 网络普及,以微博为代表的社交网络成为移动营销蓬勃发展的契机,并成为社会化网络营销阶段的标志。

如果说 2G 网络(尤其是 2.5G 之后)为移动网络营销开启了技术基础和思想准备,那么 3G 网络则为移动网络营销提供了丰富的策略和方法,成为传统个人计算机网络营销与移动网络营销的交汇点。移动营销既有自己的特点,同时又与传统个人计算机网络营销逐步融合。到 2014 年之后的 4G 网络时代,移动网络日渐成为用户获取信息和服务的主流渠道,网络营销更多地向移动网络方向转移,基于个人计算机网络营销的方法大多可以在移动网络中实现,同时还出现了更多基于移动网络的新渠道、新方法,尤其是 2017 年之后大数据和人工智能算法在内容平台信息分发中的应用,为移动网络营销开拓了广阔的发展空间。

5G 网络普及应用之后,网络营销环境将再次发生重要变化,个人计算机互联网应用下降,更多新型手机和智能设备的应用成为必然。相应地,更多的网络营销新工具、新媒体、新方法将再次爆发式增长,网络营销方法进一步分散化也将成为必然。不过,如前所述,网络营销的指导思想和理论体系相对稳定,基于生态思维模式的用户价值型网络营销将呈现多维发展态势。

通过对网络营销发展历程及思维模式演变的分析可以发现,网络营销与互联网的发展阶段相适应,每个阶段有适用的网络营销方法及相应的思维方式,并且一直在发展演变之中,但是,网络营销的基本思想并未改变,即通过互联网向用户传递有价值的信息和服务,同时用户的核心及主导地位日益显著。

1.1.3 网络营销的定义

前面对网络营销的产生和发展演变做出了系统的分析,并且明确了网络营销的核心思想在于通过互联网向用户传递有价值的信息和服务,为顾客创造价值并实现企业营销的目的。现在,为网络营销下一个定义也就顺理成章了。

不过,由于网络营销的阶段性特征,要为网络营销下一个永久性的定义并不容易。网络营销环境在不断发展变化,在不同时期、从不同的角度对网络营销的认识也有一定的差异,并且网络营销涉及多个学科的知识,不同研究人员具有不同的知识背景和专业领域,因此在对网络营销的研究方法和研究内容方面有一定差异。

笼统地说,凡是以互联网为主要手段开展的营销活动,都可称之为网络营销(有时也称为网上营销、互联网营销等,我国港台地区则多称为网路行销),但实际上并不是每一种手段都合乎网络营销的基本准则,也不是任何一种方法都能发挥网络营销的作用。例如,前述互联网史上第一起垃圾邮件营销,各种强制性用户点击的广告,未经许可安装到用户计算机的插件,利用病毒方式自动转发的邮件或即时信息,以及不断发展变型的各种网络传销等,都不属于真正的网络营销范畴。

本书作者长期以来坚持这样的观点:真正意义上的网络营销,应该以用户价值为导向、具有其内在的规律性、可以产生实实在在的效果,并且具有可操作性。以此为出发点,本书作者在《网络营销基础与实践》(第1版,2001年)中,提出了一个被广泛认可且持续沿用了15年(2001—2016年)的网络营销定义:

"网络营销是企业整体营销战略的一个组成部分,是为实现企业总体经营目标所进行的,以互联网为基本手段营造网上经营环境的各种活动。"

这个定义比较直观地反映了那个时期网络营销的地位、手段和目标,在网络营销发展的初期具有一定的普适性,应该说体现了网络营销初级阶段的特征。由于近年来网络营销的思想及环境发生了许多重大变化,网络营销的功能和目标已经不仅仅是营销信息传递,事实上已经成为企业营销战略的核心。因此,在《网络营销基础与实践》(第5版,2016年)中,对网络营销的定义进行了重大修订:

"网络营销是基于互联网络及社会关系网络,连接企业、用户及公众,向用户及公众传递有价值的信息和服务,为实现顾客价值及企业营销目标所进行的规划、实施及运营管理活动。"

网络营销定义(2016年)强调了网络营销的连接功能及顾客价值,体现了网络营销思想和策略的重要转变:

(1) 揭示了网络营销的生态思维。网络营销以互联网为技术基础,但连接的不仅仅是计算机和其他智能设备,更重要的是建立了企业与用户及公众的连接。连接成为网络营销的基础功能,运营则是网络营销的基本内容。

(2) 突出了网络营销中人的核心地位。通过互联网建立的社会关系网络,核心是人,人是网络营销的核心,一切以人为出发点,而不是网络技术、设备、程序或网页内容。

(3) 强调了网络营销的顾客价值。为顾客创造价值是网络营销的出发点和目标,网络营销是一个以顾客为核心的价值关系网络,不忘初心才能真正实现顾客导向。

(4) 延续了网络营销活动的系统性。网络营销的系统性是经过长期实践检验的基本原则之一,网络营销的内容包括规划、实施及运营管理,而不仅仅是某种方法或某个平台的应用,"只见树木不见森林"的操作模式是对网络营销的片面认识。

可见,网络营销不仅是"网络+营销",网络营销既是一种手段,也是一种思想。网络营销不再是可有可无,或者需要的时候才临时拿起来的一种工具。当然,随着对网络营销认识的进一步深入,网络营销的定义也需要进一步的演进。

基于前述认识,结合本书内容体系设计思想,对网络营销定义(2016年)进行适当的修订,形成新的网络营销定义(2020年):

"网络营销是企业为了满足用户获取有价值的信息和服务,通过互联网络及社会关系网络连接企业、用户及公众,为实现顾客价值及企业营销目标所进行的规划、实施及运营管理活动。"

网络营销定义(2020年)在体现向用户传递有价值的信息和服务这一基本思想的基础上,进一步提升了用户在网络营销活动中的地位,表现在网络营销活动中即从企业向用户传递信息和服务到为满足用户获取信息和服务的转变。网络营销以用户为核心的基本思想仍在发展之中:用户是网络营销的起点,也是网络营销的最终目的。这一基本思想在本书的网络营销策略体系中得到充分的体现。

1.2 网络营销的理论基础与指导思想

网络营销是从实践中逐步形成的应用型学科,通常是先有实践,在实践中不断总结形成一般规律性,借鉴相关学科的研究(如管理学、市场营销学、新闻传播学、信息论等),最终成为具有一般指导性的理论基础。

1.2.1 网络营销理论研究的三个层次

到目前为止,对于以实践应用为导向的网络营销领域,已经达到一定研究水平且对实践具有指导意义的理论基础包括三个层次:

第一层,网络营销的职能体系;
第二层,网络营销的信息传递;
第三层,网络营销的顾客价值。

这三个层次形成了相互关联的网络营销研究层次,分别解释了网络营销的职能范围、网络营销的一般指导思想以及网络营销的最终价值。

网络营销的三个层次,分别属于网络营销的战术、策略以及战略层次,解释了网络营销的研究内容、研究方法及意义。表1-2对网络营销的三个层次进行了简单的比较。

表1-2 网络营销研究的三个层次比较

三个层次	研究内容	研究方法	研究意义	研究层次
网络营销的职能体系	企业为什么要做网络营销	网络营销工具和操作方法	明确网络营销的范畴,对网络营销管理及效果评价具有指导意义	网络营销应该包含的内容及实现手段,属于战术层次
网络营销的信息传递	网络营销如何做才更有效	网络营销信息传递要素、策略制定与实施	将分散的网络营销方法归纳为一般规律和原则	实现网络营销的策略及一般原则,属于策略层次
网络营销的顾客价值	网络营销的目标和原则	网络营销价值观	坚持正确的网络营销方向,实现可持续发展	网络营销的指导思想和方法论,属于战略层次

将网络营销研究的三个层次的关系用图形表示,可以发现,三者的组合构成了在互联网环境中的一个"人体结构"的组成部分,见图1-5。

第一部分:网络营销职能体系,构成了"人体"的基础,是网络营销的战术层次,解释了企业为什么要开展网络营销;

第二部分:网络营销信息传递,构成了"人体"的躯干,是网络营销的策略层次,是网络营销的核心工作,也是实现顾客价值的支撑体系;

第三部分:网络营销顾客价值,构成了"人体"的头部,是网络营销的战略层次,体现了网络营销的最终目标。

此外,作为与三个部分都相关的支撑部位,即贯穿于整个网络营销活动各个层面中的网络营销方法,则可用"人体"的双臂来表达。

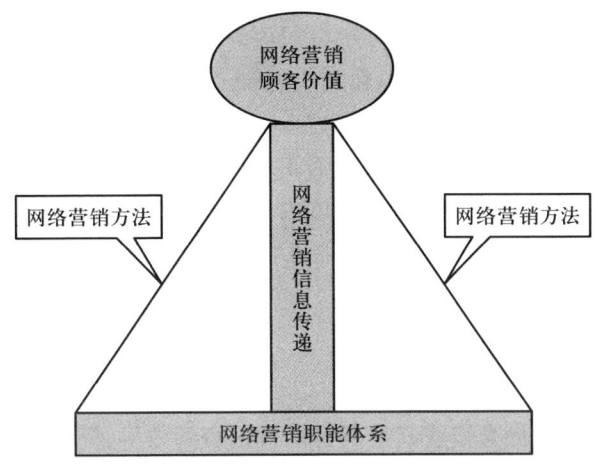

图1-5 网络营销体系的人体结构模型

为了形象地描述网络营销三个研究层次之间的关系,这里将网络营销的层次关系称为"网络营销体系的人体结构模型"。这一模型也体现了网络营销理论体系及其相互关系。

1.2.2 网络营销的职能体系

正如网络营销的定义所表明的,网络营销连接了企业与用户,通过互联网及社会关系网络满足用户对信息和服务的需求,并实现顾客价值和企业营销目标。可见,网络营销的内容和作用体现在多个方面,涉及企业、互联网环境及用户之间的相互关系。本书用网络营销的八大职能来描述。

通过对网络营销实践应用的归纳总结,网络营销的基本职能表现在八个方面:网络品牌、网络推广、信息发布、销售促进、网上销售、顾客服务、顾客关系、网上调研。

1. 网络品牌

网络品牌包括两个方面的含义:一是通过互联网手段建立起来的品牌;二是互联网对网下既有品牌的影响,或者网下品牌在互联网的延伸。创建和推广网络品牌的途径包括:企业官方信息发布(例如官方网站、网上商城、企业APP、官方社交平台账号等)、网络推广、用户互动、网络公关等。总之,网络品牌体现了为用户提供的信息和服务,既是网络营销的基本工作内容,也是网络营销效果的表现形式之一,通过网络品牌的价值转化实现持久的顾客忠诚和更多的直接收益。

2. 网络推广

网络推广是网络营销的中心环节,通过网络推广可以实现企业与互联网环境及用户的连接。从用户角度来看,企业的网络推广是为用户获取有价值的信息提供方便的条件;从企业角度来看,网络推广是为了实现企业信息源浏览量及用户交互活动的增加。网络营销初期的网络推广以网站推广为主,网站推广是网络营销的主要内容。现阶段网络推广的内容更为丰富,除了官方网站之外,还包括企业 APP 推广、官方 SNS 账号推广、企业自媒体推广等。

3. 信息发布

通过互联网发布信息是企业信息源在网上存储及被用户获取的基础,信息发布是网络营销的基本方法,也是网络营销的基本职能之一。发布信息渠道包括企业自主运营的资源(如官方网站、官方博客、官方 APP 等)以及企业可利用的第三方信息发布平台(如开放式网络百科平台、文档共享平台、社交网络、自媒体内容平台、分类广告信息平台等)。充分利用企业内部资源及外部资源发布信息,是扩大企业信息网络可见度、为用户提供有价值信息和服务的必要条件。

4. 销售促进

企业开展市场营销的目的之一是为增加销售提供支持,网络营销同样具有销售促进的职能,各种网络营销方法大都直接或间接具有促进销售的效果,同时还有许多有针对性的网上促销手段(如网络优惠券、网络团购、网络红包、分享返佣、用户积分等)。网络促销方法并不限于对网上销售的支持,对于促进网下销售同样很有价值,这也就是为什么一些没有开展网上销售业务的企业一样有必要开展网络营销。

5. 网上销售

进入 21 世纪之后,网络购物逐渐从新生事物发展成为人们生活中不可缺少的内容,网上销售自然也就成为直接的销售渠道,或者是企业传统销售渠道在互联网上的延伸。网上销售渠道包括企业自建的官方网站、官方商城、官方 APP,以及建立在第三方电子商务平台上的网上商店,通过社交网络销售及分销的微店、参与团购、加盟某 O2O 网络成为供货商等。网络营销是网上销售流程的组成部分,对网上销售发挥着支持和促进的作用。

6. 顾客服务

互联网提供了方便的在线顾客服务手段,从形式简单的 FAQ(常见问题解答),到电子邮件、即时信息、网络电话、网络视频、SNS 社交网络、人工智能等,均具有不同形式不同功能的在线沟通和服务的功能。在线顾客服务具有成本低、效率高的优点,在提高顾客服务水平、降低顾客服务费用方面具有显著作用,同时也直接影响到网络营销的效果,因此在线顾客服务成为网络营销的基本组成内容。

7. 顾客关系

网络营销的基础是连接,尤其在网络营销的粉丝思维及生态思维模式下,顾客是社交关系网络中最重要的环节,对于促进销售及开发顾客的长期价值具有至关重要的作用。建立顾客关系的方式,从早期的电子邮件、邮件列表、论坛等到目前的社交网络、网络社群等,连接更为紧密,沟通更加便捷。顾客关系资源是企业网络营销资源的重要组成部分,也是创造顾客价值、发挥企业竞争优势的基础保证。在社会化网络中,顾客关系可以认为是一种泛社交关系,顾客的范围可以扩展到所有相关的用户,乃至用户的社交关系网络,可以统称为用户关系连接。

8. 网上调研

网上调研具有调查周期短、成本低的特点,可以获取丰富的用户数据信息,为制定和优化网络营销策略提供支持。网上调研与网络营销的其他职能具有同等地位,既可以依靠其他职能的支持而开展,也可以相对独立进行。网上调研的结果反过来又可以为更好地发挥其他职能提供支持。

网络营销的各个职能之间并非相互独立的,而是相互联系、相互促进的,网络营销的最终效果是各项职能共同作用的结果。为了直观描述网络营销八项职能之间的关系,我们可以从其作用和效果方面来做出大致的区分:网络推广、信息发布、顾客服务、顾客关系和网上调研这五项职能属于基础,主要表现为网络营销资源的投入和建立;而网络品牌、销售促进、网上销售这三项职能则表现为网络营销的效果(包括直接效果和间接效果)。图1-6描述了网络营销八项职能之间的关系。

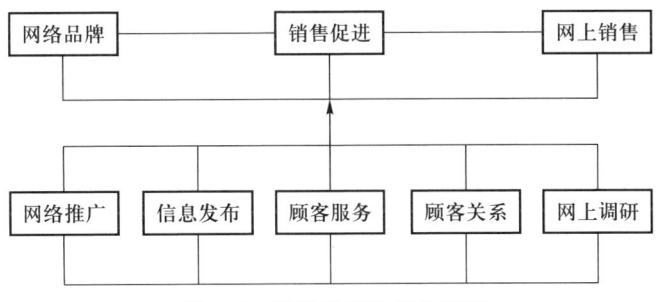

图1-6 网络营销职能关系图

网络营销的职能是通过各种网络营销方法来实现的,同一个职能可能需要多种网络营销方法的共同作用,而同一种网络营销方法也可能适用于多个网络营销职能,网络营销职能与方法之间并非一一对应的关系。因此,本书的网络营销内容体系设计不以网络营销职能为主线,而是以网络营销信息发布与传递、用户交互、环境运营策略为主导,在各个环节中介绍相关的网络营销方法。

1.2.3 网络营销的信息传递

网络营销的职能表明,通过信息发布、网络推广、网上调研及顾客关系和顾客服务这些网络营销流程,可以实现网络品牌、销售促进及网上销售的网络营销效果,那么这些网络营销流程是如何实现的,网络营销效果又是如何得以体现的? 也就是说,网络营销的基本原理是什么?

从开展网络营销的基础条件可以看出,网络营销信息内容、互联网技术和工具、用户及行为、价值及效果等是网络营销活动中不可缺少的基本元素,这些元素之间通过互联网工具的连接和传递实现了将企业网络营销信息送达用户,也就是说,用户通过互联网工具(如网页浏览器或电子邮件)获取了企业的网络营销信息(如产品介绍内容),并且通过一定的方式与企业产生交互(如点击网页的广告、在网页内容中评论、回复电子邮件等)。网络营销的流程及连接关系,可以用网络营销的信息传递原理来说明。

网络营销信息传递原理,是信息论通信系统模型在网络信息传递中的应用。

1.2.3.1 通信系统的一般模型及启示

人们的生活和工作都离不开通信,自古至今,尽管通信方式在不断变化,但都没有改变人们对通信的需要,以及通信实现的信息传递功能。

在我国古代,用来传递信息的方式很多,除了书信之外,用烽火台的狼烟传递敌情,用战鼓指挥战争中的冲锋或撤退,都是成熟的信息传递方式。这些信息传递方式表明,除了文字之外,烟火、声音等都可以成为具有一定特殊意义的信号。但是这些信息是如何传递和被接收的?具有哪些一般规律?长期以来,可以说人们是知其然,不知其所以然。即使后面有了电报和电话,对于信息传递原理这个事情一直是朦胧的。

直到1948年10月,一个叫克劳德·香农(C. E. Shannon)的美国人,发表了一篇论文《通信的数学理论》(*A Mathematical Theory of Communication*),首次为通信过程建立了数学模型,这也标志着信息论的诞生。信息论系统地表述了各种通信方式所包含的一般原理,并将信息量化。香农将信息的单位定义为比特(bit),并建立了通信系统的一般模型。对于信息论,这里无须做深入的探究,我们只需了解其已经成熟的通信系统模型,即可解释现阶段网络营销信息传递的一般规律,网络营销还远远没有达到将信息传递量化的阶段。

根据香农的观点,通信即信息发送者和接收者之间的信息传递,一个通信过程是指:由信源(发信者)发出信息,通过信息通道传送信息,再由信宿(接收者)获取信息,这就构成了通信过程。香农根据通信过程建立了通信系统的模型,如图1-7所示。

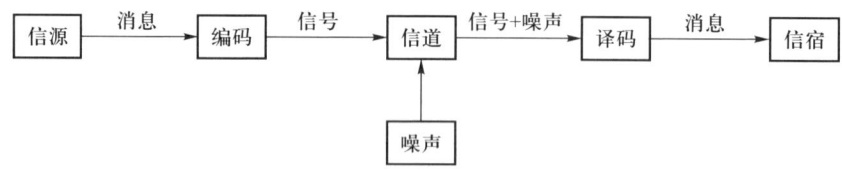

图1-7 通信系统的模型

在香农的通信系统的模型中,信源即信息的来源,信源发出的信息有多种表现形式,如文字、图像、声音、电磁波等,可以通称为信号,表示信息的这些符号或信号就是消息,消息是信息的载体。编码是指将信息变换成某种信号的措施,译码则是编码的反变换,即将信号还原为信源的消息,以便接收者识别。信道是指信息传递的通道,也是传递信息的媒介,信道的功能就是传递信息以便接收者接收和识别。信宿是信息的接收者,即信息传递的目标。在这个通信系统中,还伴随一个噪声,噪声是指在信号传递过程中通信系统内部或者外部产生的各种干扰因素,在现实系统中,噪声是很难完全避免的,为了保证信息传递的准确性,显然噪声越小越好,当噪声过大,甚至超过传递的信息时,信宿接收到的消息将失去意义。

对比一下不难发现,网络营销的过程与通信系统的信息传递有许多类似之处。在企业的网络营销活动中,企业通过网站或者专业服务商发布信息、通过电子邮件直接向用户传递信息,用户通过搜索引擎检索信息并到网站获取更详细的信息,用户通过网站下载各种有价值的信息,如电子书、驱动程序、产品使用说明书等,通过网络直播获取对某个产品的了解并购买等,这些都包含着信息的传递和交互。可见,在网络营销的整个过程中,信息传递是基础,各种常见的网络营销方法都是为了实现营销信息传递的目的。常用的互联网工具也就是传递信息的工具,如搜索引擎、即时信息、电子邮件、社交网络平台、视频分享平台等。可见,网络营销信息传递系统构成了网络营销的核心内容,了解网络营销中信息传递的原理和特点以及信息交互的本质,是认识网络营销的核心思想、充分发挥网络营销功能的基础。

1.2.3.2 网络营销信息传递模型

根据香农的通信模型,从烽火台、鼓声、信件、电话到互联网,实现信息传递的原理本质上是一样的,但信息源的形式、信息传递渠道的功能及信息接收的方式却有显著的差异。用通信系统的一般模型来看网络营销信息传递,同样存在信息源、信息传递渠道、信息接收者和噪声等基本要素,不过,网络营销信息传递系统中各个要素又有其自身的特点。借鉴香农的通信系统的基本思想,针对网络营销信息及其传递的特点,经过对模型的必要修正,即可获得网络营销信息的传递模型,如图1-8所示。

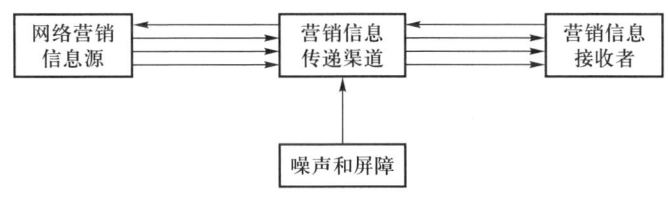

图1-8 网络营销信息传递模型

与一般的通信系统相比,可以看出,作为通信系统在互联网中的一项应用,一个完整的网络营销信息传递系统的基本要素包括:网络营销信息源、信息传递渠道、信息接收渠道、信息接收者、噪声和屏障等。其中信息接收渠道和传递渠道是同一事物的两个方面,站在企业角度上是信息传递渠道,而站在信息接收者(用户)的角度上,就是信息接收渠道。

在网络营销信息传递系统中每一种要素都有着具体的含义和特点,本书第2章将对信息源、信息传递渠道、用户等基本要素做进一步的研究。下面简要分析网络营销信息传递系统在信息传递效率、传递方式、传递渠道、接收渠道、噪声等方面的一般特点。

1. 网络营销信息传递效率高

在网络营销信息传递系统中,信源常见形式为网站或手机APP上的各种文字、图片、音频及视频信息、网络广告信息、搜索引擎引导信息等,由于这些信息本身已经是数字化,通过Email、即时通信软件、浏览器、阅读器等方式可以直接作为信号来传输,不需要编码和译码的过程,减少了信息传递的中间环节,使得信息传递更为直接,信息接收者与发送者之间甚至可以进行直接的交流,这也使得网络营销的信息传递效率大为提高。

2. 网络营销信息传递方式多样化

网络营销信息传递有多种方式,从信息发送和接收的主动与被动关系来看,有直接向用户发送信息的主动传递方式,还有将信息发布在网站上等待用户浏览信息的被动传递方式;从信息发送者和接收者之间的对应关系看,可以是一对一的信息传递(如一对一电子邮件、即时信息等),也可以是一对多的信息传递(如网络广告、SNS 的信息流等),或者多对多的信息传递与交互(如网络社群)。

3. 网络营销信息传递渠道多样化

网络营销信息传递方式多样化决定了网络营销信息传递渠道的多样化。网络营销信息的传递具有多种渠道,如企业网站、搜索引擎、供求信息平台、电子邮件、即时信息、社交网络、内容平台、视频分享平台等。不同渠道传递信息的方式有所区别,因此只有在充分了解各种网络营销信息传递渠道功能和特点的基础上,才能有效地应用各种网络营销策略。

4. 网络营销中的信息传递是双向的

与一般的信息只能从信息发送者向接收者单向传递不同,网络营销信息可以是双向传递的,或者说具有交互性,这种交互性对于企业和用户双方都是有利的,企业将正确的信息传递给了正确的用户,用户则得到了对自己有价值的信息。企业可以通过各种网络渠道将信息传递给用户,用户也可以直接获取企业信息并将信息传递给企业。用户向企业传递信息的方式在很大程度上取决于企业所提供的机会,因此尽管网络营销信息传递具有双向性,但信息的发送者(企业)和接收者(用户)之间的地位并不是均等的,企业在信息传递过程中处于优势地位,影响甚至决定着用户向企业方向传递信息。例如,用户可以通过在线调查表单表达自己的意见,但这种表单是由企业设计和提供的,用户并不能随意表达自己的需要;用户可以关注企业社交账号了解自己需要的信息,但企业通过社交网络发送什么信息、什么时间发送则取决于企业而不是用户。从这种意义上说,网络营销并不能做到真正由用户主导营销规则,至多是企业为用户提供尽可能多的机会来促进信息的双向传递,或者用户在一定的范围内进行选择。

5. 网络营销信息传递中的噪声与屏障

在网络营销信息传递过程中,不仅有噪声,还可能有屏障。噪声可能在信息源中产生,也可能在信息传递渠道中产生。有些信息源具有明显的噪声特征,如企业负面信息、失效或错误的信息等。而信息传递渠道可能成为信息屏障,同时也有可能附加噪声。例如,假如一个企业网站没有被搜索引擎收录,用户通过搜索引擎等常规手段将无法获得该企业的信息,这样就会造成信息接收方无法获取自己想要的信息,形成信息传递屏障。又如,当通过第三方的服务传递营销信息时,可能会出现在企业营销信息中附加服务商的广告信息甚至同行竞争者的广告信息,这就形成了附加噪声。

在考虑了网络营销信息传递的这些基本特征之后,对香农的通信系统的模型经过修正得到的网络营销信息传递模型与一般的通信模型相比也就有一些新特点(见图 1-8)。图中用不同方向的箭头表示信息的双向传递,而箭头的数量对比则表示信息发送者和接收者之间的地位不均等现象。

1.2.3.3 网络营销信息传递原理的意义

网络营销信息传递模型最早在《网络营销基础与实践》(第2版,2004年)中得到系统阐述,经不断发展完善,越来越系统地用于指导网络营销策略制定及实施。十多年的实践检验表明,作为网络营销的基础理论,网络营销信息传递原理从本质上解释了网络营销研究的基本内容及研究路径,提升了对网络营销认识的层次,揭示了网络营销实践应遵循的一般原则。

1. 明确了网络营销的研究范畴及研究路径

网络营销信息传递的基本要素及相互关系为构建网络营销内容体系奠定了基础,无论具体的表现方式如何以及侧重于哪些方面,网络营销的内容都离不开信息源、信息传递渠道、用户交互等要素。例如,注重网络推广的内容也就是信息传递渠道建设问题,关注用户行为也就是研究用户获取信息的方式及后续反应等。相应地,网络营销的研究方法包括网络营销信息传递系统及相关要素的构建、实现方法及有效性研究等方向。

2. 提升了对网络营销认识的层次

网络营销信息传递原理表明,网络营销是个系统工程,网络营销信息传递各项要素的协调是实现信息有效传递的基础,任何一个独立的要素都不能称之为完整的网络营销。在20世纪90年代互联网发展初期,将网站建设或网络推广等同于网络营销都是片面的认识。同样,在21世纪20年代的今天,尽管网络营销方法非常丰富,但是仅仅关注眼前热点的网络营销手段也是不够的。只见树木不见森林,是对网络营销系统性缺乏认识的表现。

3. 揭示了网络营销实践应遵循的一般原则

网络营销的核心是实现有效的信息传递,在各项基本要素完备的基础上还要做到:提供尽可能详尽而有效的网络营销信息源、建立尽可能多的网络营销信息传递渠道、尽可能缩短信息传递渠道、保持信息传递的用户交互性、尽量减少信息传递的噪声和屏障。这五个方面是提高网络营销信息传递有效性应遵循的一般原则。

从本章后面总结的网络营销内容体系发展历程也可以看出,网络营销信息传递原理对网络营销的研究及实践指导发挥着越来越重要的作用,从网络营销策略体系设计到具体的要素策略、工具和方法,都可以体现出这一原理的实用价值。

1.2.4 网络营销的顾客价值

根据本书提出的网络营销层次结构,顾客价值属于最高层次,是网络营销的一般指导思想。在本书后面关于网络营销方法体系的内容中,也多次强调顾客价值原则。

不少的学者从不同的角度对顾客价值进行了定义,包括从顾客视角的定义和从企业视角的定义等。顾客视角的研究者认为,顾客价值就是顾客在消费过程中期望或感知到的产品和服务给他带来的价值。企业视角的研究者认为,顾客价值是企业能够从满足顾客需求中获得的利益(Huge Davison等)。

考虑到网络营销属于市场营销的一个专业分支,因此本文借鉴营销大师菲利普·科特勒从顾客视角分析顾客价值的基本观点作为网络营销顾客价值分析的基础。

菲利普·科特勒认为：顾客将从那些他们认为提供最高认知价值的公司购买供应品。科特勒对顾客价值的相关定义是：顾客认知价值（Customer Perceived Value，CPV）是指预期顾客评估一个供应品和认知值的所有价值与所有成本之差。总顾客价值（Total Customer Value，TCV）就是顾客从某一特定供应品中期望的一组经济、功能和心理利益组成的货币价值。总顾客成本（Total Customer Cost，TCC）是在评估、获得、使用和抛弃该市场供应品时引起的一组顾客预计费用（菲利普·科特勒，2003）。根据科特勒对顾客价值的相关定义，可推论出网络营销中的顾客价值：

通过互联网获取信息的顾客认知价值（CPV）等于用户通过互联网获取信息的总顾客价值（TCV）与获取信息的总顾客成本（TCC）之差。

$$CPV = TCV - TCC$$

用户通过互联网获取信息的总顾客价值（TCV）包括：方便地获取信息的价值、获得顾客服务的价值等。总顾客成本（TCC）则包括获取有关信息所需要的时间成本、上网费用，以及因为获取虚假信息所造成的损失等。

尽管现实中网络营销的顾客价值难以用货币单位准确计算，但可以肯定的是，通过互联网工具如搜索引擎等获取信息过程中的顾客期望价值是客观存在的，而且通过不同的方式、在不同的环境下，以及在不同的发展阶段，顾客价值的内容及表现形式可能有很大的差异。此外，现实中的顾客价值大多是定性的，存在于主观感觉方面而不是可以用实际货币衡量的。

例如，网络信息传递的主要意义在于为顾客获取购买决策阶段的信息提供价值，这就是顾客价值具体表现形式之一。只有当顾客通过各种互联网工具获得他所认为有价值的信息，并且这种价值不低于通过其他渠道获得同样信息的成本时，顾客价值才能得以体现。从企业的角度来看，通过互联网为顾客创造最大的价值是网络营销获得成效的基础。由于互联网对于用户获取产品和服务信息的影响力越来越大，在某些领域，搜索引擎、微信朋友圈等互联网工具是用户获取信息的主要渠道，如果通过这些互联网工具获取信息成本过高，或者因为虚假信息而造成损失，其顾客价值就低，企业网络营销也会因此而受到影响。

又如，作为网络社群成员，用户的存在感、参与感、获得感、满足感等，都可以视为顾客价值的表现，但却无法用定量的方式来计算。在生态型网络营销方法（如微分销、众筹营销等）中，顾客作为营销活动的直接参与者，除了一般的感知价值之外，还可以获得一定的收益，这也是顾客价值多元化的表现。

由于网络营销环境的复杂性，用户通过互联网获取信息的潜在成本有时可能会很高，这取决于用户个人的知识水平、互联网平台（如搜索引擎）的公正性和竞争者的不正当竞争等多种因素的作用。如果许多用户通过互联网获得虚假信息而遭受重大损失，这就不仅是企业网络营销面临的问题，还会成为不可忽视的社会和经济问题。例如，据媒体报道，2016年4月发生的搜索引擎虚假医疗广告致使一大学生被骗20多万元后死亡的事件，曾引发社会的广泛关注和讨论。另外，在微商和互联网金融发展的初期，部分用户参与其中，由于对新型营销模式及商家信用等认识不足，有些陷入网络传销，有些则遭受不同程度的经济损失。

对网络营销的顾客价值的研究目前仍然是初步的，这里仅做初步的探讨，其中一些具体问题将结合在相关的网络营销方法及实践中给予介绍。

1.3　网络营销的内容体系

　　传统的市场营销学中,产品、价格、销售渠道和促销被称为4P营销组合,构成了市场营销学的基本框架,以此为基础发展演变出不同版本、各有特色的市场营销学内容体系。网络营销至今仍处于快速发展之中,因此各个时期的内容体系都有一定的阶段性特征,并且由于研究人员的视角和知识背景不同,对于网络营销的理解也有较大的差异,因此对于网络营销内容体系的构建也不尽相同,同样是关于网络营销的书籍,内容可能相差很大。

　　例如,一些学者偏重网络本身的技术实现手段,因而在网络营销体系中重点研究各种网络手段的原理和应用,以及企业网站搭建和网页设计等;有些侧重于网络营销实践应用,因而各种网络推广案例和方法成为网络营销的主要内容;也有一些学者从网上交易的特征出发,以研究消费者在网络环境中的消费行为为主;还有些书籍中仍以传统市场营销的体系为主,将网络营销作为传统营销方法的延伸。当然,这些研究方法与网络营销都有着直接的关系,但并不都是网络营销的全部内容,有些可能并未反映出网络营销的全貌。

1.3.1　网络营销发展初期部分有代表性的内容体系

　　在网络营销发展初期,自1997年开始就陆续出版了部分网络营销专业书籍,反映了当时研究人员对网络营销的认识,其中有代表性的内容体系大致有以下三类。

1. 市场营销4P体系延伸模式

　　国内一些学者在2000年前后陆续公开出版部分网络营销书籍,主要内容是将部分网络营销方法融入传统市场营销的4P体系,其特点是内容容易编写,并且这个网络营销体系不影响传统市场营销的基本理论和策略体系,将网络营销视为传统营销在互联网环境中的延伸。这是典型的"互联网是工具,营销是目的"的思维模式,代表了网络营销初期部分学者的认识。由于这种体系看起来比较完整,并且比较适合教学的需要,因而在教学领域有一定的影响。

　　但这种内容设计对于网络营销的实用性有明显的限制,主要问题表现在:

　　(1)对于当时网络营销基本工具的认识缺乏深入的研究,如企业网站和搜索引擎、电子邮件等的网络营销价值等,因而使得有关网络营销的内容过于表面化,"撒胡椒面"特点比较显著,从而无法体现网络营销的系统性。

　　(2)将常见的网络营销策略和方法分散于4P体系中,无法体现各种网络营销手段和方法之间的内在联系,并且使得网络营销的适用性和可操作性大为降低。

　　(3)与传统市场营销思想通常只能在营销资源充裕的大型企业中才能得以全面的贯彻不同,网络营销在中小企业中已经得到广泛应用,"4P体系延伸模式"则难以客观地反映中小企业的网络营销应用状况,无法为企业网络营销实践提供完整的理论指导。

不过从网络营销研究的历程来看,这些网络营销研究对网络营销体系的建立仍然发挥了重要作用,值得充分肯定。主要原因在于:早期的营销学者敏锐地发现了互联网对传统市场营销可能产生的影响,并积极探索网络营销与市场营销的结合,为市场营销研究开辟了新的视野。只是限于当时的实践应用水平,使得4P体系延伸模式成为"撒胡椒面式"的网络营销,离实践应用有较大的距离。以实践应用为基础的网络营销工具和方法内容体系建立之后,4P体系延伸模式逐渐失去影响力。

2. 互联网技术模式

将网络营销相关各种技术手段的原理及其应用作为网络营销体系的核心内容,如搜索引擎检索原理、企业网站服务器构建、网页制作方法、电子邮件系统配置等。由于这种体系的核心内容是互联网技术本身,属于通用性的互联网应用技术,而对于真正体现营销属性的内容则显得比较贫乏,并且这些内容大都包含在一般的网络技术书籍中,因此无法反映网络营销的核心内容。

互联网技术模式的网络营销体系出现较早,可以被看作网络营销的技术基础,对于深入研究网络营销有一定的价值,但考虑到网络营销学习者的知识背景和工作需求,多数人并不需要熟悉太复杂的技术问题,更多需要的是网络营销指导思想和具体的网络营销方法,因此这种模式也有比较明显的缺陷,尤其对于电子商务、市场营销等商科类的学习者,往往从心理上回避技术方面的内容。

不过网络营销的技术基础对于深入研究网络营销的人员是非常有价值的,没有一定的技术基础,是很难真正理解网络营销整个流程的,尤其对于部分"技术型网络营销方法"更是如此,如网站优化、用户体验分析、网络营销产品设计、跨屏适应性等。在网络营销内容体系中,了解基本的互联网工具的基本架构和功能是必要的。

3. 消费者行为模式

消费者行为学是市场营销中比较成熟的一门学科,将消费者行为理论与互联网相结合,研究用户在互联网环境中的购买行为,成为网络营销研究的一种模式,在美国及英国等互联网发展初期这种模式的网络营销的研究比较多。这种研究方法对于了解用户的网上购买行为具有较大的价值,但由于涉及的内容比较专而少,远远没有覆盖网络营销的全部领域,因此只能说是网络营销体系的一个分支。

互联网环境中的消费者行为一直是一个值得深入研究的领域,以消费者为研究对象,在一定程度上也体现了网络营销以人为核心的思想,不过网络营销环境的发展对人的行为影响更为突出,消费者的行为往往受到互联网工具的影响,随着互联网应用的发展而变化。例如用户使用搜索引擎的行为,SNS信息传递对网上购物决策的影响,网红直播带货中的用户盲从心理等,这些都需要从互联网工具及用户群体的特征等方面进行深入的分析。消费者行为模式的网络营销尽管理论性和专业性比较完备,但在网络营销策略及方法层面较为欠缺,因此一直没进入主流体系。

在网络营销发展初期,研究人员从不同角度建立网络营销内容体系,开拓了网络营销研究和学习的思路,为后期的发展产生了积极的影响。不过由于存在过多的方向和体系,也为理解和应用网络营销带来了一定的困惑,所以需要有一种能全面反映网络营销思想和方法,并且能够对企业实践应用具有指导意义的完整的网络营销体系。

1.3.2 以实践应用为导向的网络营销内容体系

本书作者自1998年开始从事网络营销实践研究及知识传播，几乎与中国网络营销的发展同步。在对网络营销发展状况及实践经验总结的基础上，于2001年10月完成了《网络营销基础与实践》一书的写作(2002年1月出版)。该书第一次构建了以网络营销工具和方法为基础的内容体系，总结了简单实用的"网络营销的八项职能和十种常用方法"，反映了当时网络营销的阶段特征，一经出版即引起业界及高校电子商务教学领域的广泛关注，成为具有一定代表性的网络营销内容体系著作。

在实践应用导向的网络营销内容体系中，网络营销方法一直处于主导的地位，历经多年发展演变，仍然具有不可替代的地位，其根本原因在于揭示了网络营销信息传递的本质。从信息源、信息传递渠道，到用户信息交互，都离不开相应的互联网工具的应用，每一类具备信息发布、传递和交互的互联网工具，都会产生相应的网络营销方法，这一规律得到长期实践的检验。

由于网络营销方法依赖于互联网工具和应用，而在网络营销发展初期(1994—2000年)，互联网应用有限，主要是新闻组、论坛、聊天室、电子邮件、搜索引擎(分类目录)、网络广告等，其中常用的网络营销方法也就是电子邮件营销、搜索引擎营销、网络广告等。这些方法的罗列也就自然而然成为最早的网络营销方法体系。随着网络营销工具的增加，网络营销方法体系也在不断扩展，从最初的主流方法罗列逐步发展到与网络营销思维模式、网络营销策略体系相适应。

到目前为止，以实践应用为导向的网络营销内容体系大致经历了两个阶段：①网络营销工具和方法体系的发展(2001—2015年)；②以网络营销思维模式为主导的方法体系(2016—2020年)。2020年之后，网络营销内容体系日益成熟，并且将进入多元化发展阶段，不过实践性仍然是网络营销内容体系设计的基本原则之一。

1. 网络营销工具和方法体系的发展(2001—2015年)

《网络营销基础与实践》(第1版，2002年)开创了以实践应用为导向的网络营销内容体系设计模式，经过后续版本，对网络营销工具和方法体系不断扩展和完善，十多年来一直代表着网络营销内容体系的主流。这种模式的基本思路是：在网络营销理论基础指导下，根据网络营销的应用状况，将常用的网络营销工具和方法、实践及管理进行系统的归纳总结，形成一般规律性的认识，从而具有扩展性。这种内容体系设计的特点是：着重网络营销的实践应用，用现有的理论来解释和指导网络营销实践活动。该内容体系设计思路见图1-9。

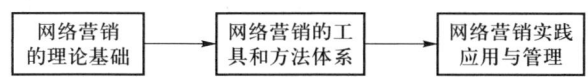

图1-9 网络营销工具和方法内容体系设计的一般思路

网络营销工具和方法体系之所以被广泛认可，其主要原因在于：简单明了地说明了网络营销包括哪些内容，以及如何开展网络营销；对网络营销既有整体的认识，又有具体的实现手段;既可以作为一门课程,又可以作为实践指导。通过一本书的系统学习再结合必要的实践,基本可以了解网络营销的概况及常用方法,并对各种互联网工具的价值有更深的了解。

不过,这种内容体系设计方法也存在一定的弊端,主要表现在:第一,网络营销工具和方法在不断发展变化,新工具不断出现,一些原有的方法可能不再适用,需要不断进行更新和扩展,使得内容体系越来越庞大;第二,部分工具和方法需要深入实践才能体会,仅靠书本内容难以深刻认识,增加了教和学的难度。

于是,如何对这一内容体系进行优化设计,是从该书第3版出版之后一直在不断思考的问题,并且已经在第4版做出了一定的调整,介绍了当时最新的一些社会化网络营销思想和方法,并简要归纳了移动网络营销的常用方法及适用性。但总体而言,该书第4版仍然偏重于"传统个人计算机网络营销"模式下工具主导的方法体系,对于移动网络营销与个人计算机网络营销的融合以及从流量思维向粉丝思维过渡的内容方面,由于当时尚处于发展初期,有较大的不确定性,因此方法体系框架并未做大的改变。网络营销方法体系的第一次重大调整体现在该书第5版中(2016年)。

2. 以网络营销思维模式为主导的方法体系(2016—2020年)

2014年之后,随着4G网络及智能手机的广泛应用,网络营销环境发生了很大变化,出现了更多的网络营销方法,其中既有适用于移动设备的,也有同时适用于移动设备和个人计算机的。在这种环境下,虽然《网络营销基础与实践》(第4版,2013)已经为网络营销方法扩容提供了基本思路,但考虑到网络营销体系容量的适度性,对新工具新方法的扩展和叠加毕竟不是无限的,因此有必要对网络营销方法体系进行重新设计。

为了适应网络营销快速扩展的需求,《网络营销基础与实践》(第5版,2016年)在继承前四版理论基础与内容体系设计思想的基础上,根据网络营销环境的变化及发展演变的规律,不仅重新定义了网络营销,而且对网络营销的方法体系进行了重新规划,从以网络营销工具为主线,发展为以网络营销思维模式为主线进行分类,每一类别介绍若干种重要的网络营销方法,更多的方法则可以在实践应用中不断扩充。

以网络营销思维模式为主导的方法体系设计的基本原则是:在保持网络营销总体内容框架具有相对稳定性的同时,使得网络营销系方法体系具有可扩展性。

与上一版本类似,2016版框架仍分为三大部分:理论基础、方法体系、实践及管理。其中方法体系进行了大的调整,不再像前期版本那样以罗列主流网络营销方法为主,而是以网络营销的思维方式对网络营销方法进行分类,分为五个部分:内容营销、网络广告、社会化营销、生态型网络营销、资源合作与分享式营销。其中每个部分都包含着相应的网络营销思想,因而属于以网络营销思维模式分类。作为方法体系的基础,仍然是常用网络营销工具的网络营销价值研究,表明在思维模式主导的网络营销方法体系中,网络营销工具研究的思路和方法仍然是适用的。

基于思维模式的网络营销方法体系主要包括两个方面的特点:第一,使得网络营销方法具有可扩展性。每当出现新的网络营销工具和方法时,通过对其营销思想的分析将其归入相应的类别即可,无须再受具体的互联网平台和工具的制约,因而是"跨工具"的分类方式。第二,这种分类与网络营销思维模式的演变相适应,从技术思维、流量思维、粉丝思维到生态思维,每种思维模式都会产生相应的方法及规律,虽然思维与方法并非一一对应,但仍然具有指导意义。例如,内容营销和网络广告,是任何思维模式下都不可替代的网络营销方法,而社会化营销、生态型营销、合作分享式营销则分别体现了粉丝思维、生态思维以及共享经济思想。另外,在网络营销方法的具体写作方式方面,重点体现网络营销的一般规律而不仅仅是操作方法,因而具有长期价值。

表1-3简要总结了网络营销内容体系的发展历程,从工具和方法体系的形成及发展演变,以及从工具和方法体系向运营体系过渡并形成网络营销策略体系的要点。

表1-3 网络营销方法体系形成和发展概况

时间	阶段特征	网络营销内容体系要点
2001年	开创与探索	首次提出了网络营销的定义及八项职能,总结了网络营销常用的十种方法,初步形成了实践导向的网络营销内容体系
2004年	工具和方法体系基本形成	首次发现网络营销的信息传递原理,全面开启互联网工具的网络营销价值研究,构建了系统的网络营销工具和方法体系
2007年	工具和方法体系的深化	常用网络营销工具功能的深入研究,明确了主流网络营销方法的核心地位
2013年	工具和方法体系的扩展	总结了网络营销研究的三个层次,网络营销的理论体系渐趋清晰,对日益增加的网络营销工具提出了功能分类方法,网络营销方法阵营扩容
2016年	工具和方法体系的升级	更新网络营销定义(2016年),归纳了网络营销的思维模式及演变路径,根据网络营销发展演变规律重新规划了方法体系——以网络营销思维模式主导的分类思想
2018年	网络营销运营体系探索	从网络营销工具导向到运营导向转变,构建了以网络营销信息传递流程为基础的网络营销运营体系
2020年	建立网络营销策略体系	提出以用户为导向的网络营销定义(2020年),明确了网络营销策略系统的组成、实施路径和方法

1.3.3 网络营销理论与实践内容体系的新探索

经过近20年的发展演变,以实践应用为导向的网络营销内容体系日益成熟,网络营销工具和方法体系仍然具有很强的生命力,在可预见的未来仍然具有普遍意义,同时也对网络营销理论研究提出了新的要求,因此网络营销内容体系也将随之发展演变。在继承和发展前期理论研究及网络营销思想经典内容的基础上,本书构建了以网络营销信息传递为理论基础、以网络营销策略及实施路径为主导的内容体系(见图1-10)。

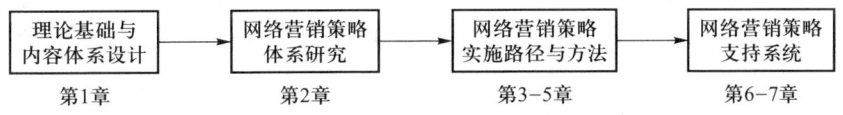

图1-10 本书的内容体系框架(2020年)

本书共分7章,其中:第1章是网络营销的理论基础与指导思想;第2章有关网络营销策略体系的构成及各子系统的功能属性研究;第3—5章是网络营销策略及实施路径与方法，构成了本书的核心内容，系统介绍网络营销信息传递基本要素运营策略和基本方法（信息源策略、信息传递渠道策略、用户及交互策略）；第6—7章是网络营销策略的支持系统，包括网络营销环境与资源策略、网络营销管理与诊断，探讨了网络营销资源与竞争战略、网络营销运营、管理、诊断与规范及相互关系等问题。

与其他已有的网络营销内容体系相比，本书的特点主要体现在三方面：第一，从网络营销研究的角度来看，明确了网络营销内容体系的范畴，在一定时期内具有相对稳定性；第二，从网络营销实践应用的角度来看，构建了较为完整的网络营销策略体系与实现路径，并通过列举经典的实用方法总结一般原则和规律，对新工具新方法的出现具有可扩展性；第三，从本书内容的系统性来看，实现了网络营销理论体系与实践应用体系的关联性，两者紧密联系并相互支撑。

当然，本书的内容体系也仅仅是一个新的开端，还远远谈不上完善。当前5G网络刚刚开始进入商用阶段，用户端的应用还未成主流，对网络营销的影响尚未全面体现，正处于传统网络营销内容从成熟到新发展转变的节点。希望本书的内容可以发挥承上启下的连接作用，既能发挥对前期网络营销内容体系总结和继承的作用，又能在一定程度上引领新时期网络营销研究的探索和发展。

1.3.4 多元化的网络营销内容体系和知识体系

到目前为止，网络营销仍在快速发展之中，因此没有固定不变的网络营销内容体系，在不同的时期网络营销的思想和方法有所不同，相应地，内容体系设计也会有一定的差异。另外，不同的网络营销研究人员的研究视角和知识背景不同、面向的读者群体不同，对于网络营销的认识也有较大的差异，因此对于网络营销内容体系的构建自然也不尽相同。由于网络营销内容越来越庞大，在总体目标一致的前提下，网络营销出现更多的分支领域、不同的需求目标及知识体系等是必然的趋势，即网络营销将出现多元化的内容体系和知识体系。网络营销多元化主要表现在下列三个方面：

（1）网络营销发展方向的多元化。网络营销进入生态化价值营销阶段[①]之后，网络营销信息源及传递渠道开始大规模扩展，网络营销知识进入大扩张阶段，出现了网络营销工具和方法的分散化、无主流、新热点轮动等现象，形成了向多个领域发展的网络营销环境。例如，新媒体营销、内容营销、大数据营销等，这些领域与综合性网络营销内容体系紧密相关，同时又逐步形成相对独立的知识体系。这是网络营销内容多元化的客观要求。

（2）网络营销研究方法的多元化。网络营销经历了从简单到扩张的快速发展，作为一个学科或者一门课程，初期的研究方法注重系统性和整体性，力图全面反映网络营销实践和应用状况，现阶段的环境则提出了更多的研究思路。以网络营销工具和方法内容体系设计为例，主要思路是：综合当前所有可以利用的互联网工具和有效的网络营销方法，以便直观反映网络营销的整体状况，当内容体系越来越庞大时，对于具体应用场景的研究就可能会出现一些影响，相应地，工具和方法的组合应用策略就可能成为一种新的研究方向。

---

① 大约2014年之后，移动网络进入4G时代，相应的网络营销思维模式进入生态思维阶段。

（3）网络营销人才需求的多元化。网络营销以实践应用为目标，早前对人才的需求以全面发展为目标，从网络推广到运营管理无所不能，实现这种高大全的目标固然好，但实际上从教学及学习者的角度来看越来越力不从心。况且网络营销应用越来越广泛，网络营销岗位也越来越多，对人才的知识层次有不同的要求，既需要洞悉网络营销整体格局的战略家，也需要在某些领域上有深刻认识的实干家，还需要一些岗位上的专业操作者。从需求目标出发设计相应的网络营销知识体系，成为网络营销内容多元化的又一种体现。

总之，现有的网络营销的内容体系在扩展中逐步完善的同时，也可能在孕育着更有特色的内容体系和更深的知识层次。

本 章 小 结

网络营销是随着互联网的应用而产生和发展的，其方法和内容体系的形成取决于互联网工具和服务的发展，互联网工具及其网络营销价值的研究，也就成为网络营销知识体系的基础，这就决定了网络营销是以实践应用为特征的学科。

通过对网络营销近30年发展历程的分析（1994—2020年），可以发现一定的阶段特征和演变规律。我们从三个方面梳理网络营销的发展历程：①从网络营销工具和方法的角度来看，可分为四个阶段：信息发布、网络推广、社交营销、价值网络营销；②从网络营销思维模式角度，也可以分为四个阶段：技术思维、流量思维、粉丝思维和生态思维，不过从时间线来看，思维模式和工具方法的阶段并非一一对应；③从网络营销理论基础及相应的指导思想来看，网络营销研究可归纳为三个层次：网络营销的职能体系、网络营销的信息传递、网络营销的顾客价值。无论网络营销如何发展演变，也无论如何划分网络营销的发展阶段，有一个基本原则是自网络营销诞生之日就明确的，即为用户提供有价值的信息和服务。这是网络营销的初心。

网络营销定义带有明显的阶段特征，是为了反映当时网络营销的地位、作用、核心思想或研究范畴等需要而做出的相应描述。网络营销的基本思想是向用户传递有价值的信息和服务，网络营销定义（2020年）在体现这一基本思想的基础上，进一步提升了用户在网络营销活动中的地位，从传统网络营销定义中企业向用户传递信息和服务，发展到企业为满足用户获取信息和服务。用户是网络营销的起点，也是网络营销的最终目的。

在网络营销理论体系中，对网络营销策略影响最为直接的是网络营销信息传递原理。网络营销信息传递原理是基于信息论通信系统模型的基本思想，针对网络营销信息及其传递的特点经过修正而形成的，这一原理成为网络营销基础理论之一，对构建网络营销内容体系及指导实践应用具有重要价值，是本书网络营销策略体系的基础。一个网络营销信息传递系统包括五个基本要素：信息源、信息传递渠道、信息接收渠道、信息接收者（用户）、噪声和屏障。其中信息源、信息传递渠道及用户，三者是网络营销策略体系的核心内容。

网络营销内容体系一直处于发展演变之中，以实践应用为导向的内容体系具有重要影响，其原因在于揭示了网络营销信息传递的本质，具有实用性和可操作性的特点。这一内容体系的形成和发展是以网络营销工具和方法为主导,经过不断发展,逐步演变为以网络营销思维模式为主导的方法体系,不过实践性仍然是其基本原则之一。随着网络营销理论研究的深入,网络营销在实践应用体系的基础上逐步向网络营销运营体系探索,本书构建的网络营销策略体系(2020年)可以认为是网络营销理论与实践相结合的一种新模式,具有结构简单清晰的特点,体现了网络营销理论体系与实践应用体系的相互关联及相互支撑。以此为基础,后续内容将进入网络营销策略体系。

复习思考与实践:

1. 网络营销随着互联网应用的深入而不断演变,试回顾总结自网络营销诞生至今对网络营销思想产生重大影响的互联网应用及其演变规律,这种规律对网络营销的未来有哪些启发。

2. 请选择一种或若干种当前热门互联网应用(例如短视频分享和网络直播带货),如果将其应用于企业网络营销,试用分析其运作流程和特点。

3. 你如何理解网络营销的内容和知识背景,希望从本课程中获得哪些网络营销知识和技能?如何设计自己的学习和实践计划?

第 2 章
网络营销策略体系

企业网络营销的目标及实现手段,通过网络营销的职能得以体现,而网络营销各项职能是通过具体的网络营销方法实现的。例如,通过网络广告投放及搜索引擎营销实现网络推广、通过企业网站及自媒体内容平台实现信息发布与传播等。尽管网络营销方法很多,但并不是说根据需要临时选择应用某种方法就可以实现网络营销的目标,真正意义上的网络营销以制定系统的网络营销策略为基础。

网络营销信息传递原理为制定网络营销策略提供了明确的理论指导,指出了网络营销的实施路径及各环节的核心内容。根据这一原理,网络营销策略的基本要素包括网络营销信息源策略、网络营销信息传递渠道策略、用户及交互策略、噪声及屏障策略等。在实际应用中,除了网络营销的基本要素之外,也离不开网络营销技术、环境资源及管理诊断等支持系统的作用,通过系统的运营管理,才能有效地实现企业的网络营销目标。

本章介绍网络营销策略体系的基本框架、组成元素、属性及功能、技术支持体系的基本功能内容等(见图 2-1)。

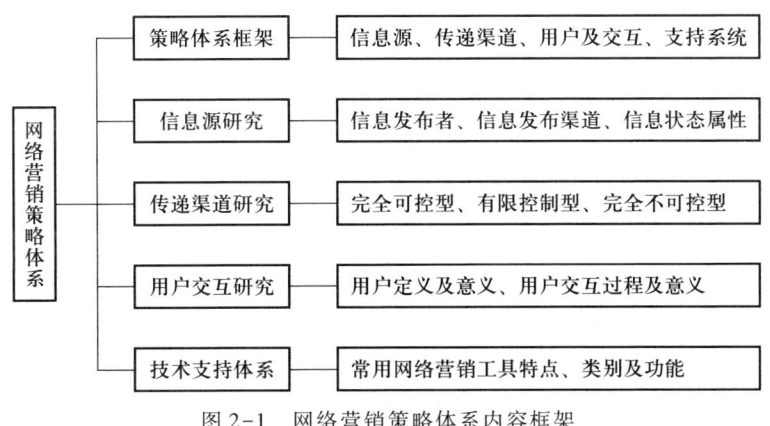

图 2-1 网络营销策略体系内容框架

2.1 网络营销策略体系概览

所谓策略,是为实现某种目标而采取的一系列计划及实现的手段。网络营销策略是为了实现网络营销目标所制定的计划、方案及所采用的方法等,具体来说,就是为了满足用户获取有价值的信息和服务,从信息源到信息传递渠道及用户交互整个流程所要做的工作。尽管不同企业的行业特征和企业规模千差万别,但企业网络营销策略的基本元素是类似的。

2.1.1 网络营销策略的系统性

对大多数企业来说,制定有效的网络营销策略并不是简单的事情,尤其在企业开展网络营销初期,对网络营销的目标、方法、资源投入、预期效果等方面可能并不清晰,面对形形色色的网络营销方法,往往有点不知所措。到底哪些是首先应该做的,哪些是辅助的,哪些是需要长期运营的,哪些是临时性应用的?这些问题要么凭主观决断,要么听从服务商的建议,往往需要经过长期的摸索,才能逐步明确适合本企业的网络营销策略。摸索的过程中难免盲目,也就意味着可能要为此付出一定的时间和资源为代价。

尽管网络营销的盲目性很常见,但这并不是必须经历的过程。实际上,如果对网络营销策略体系的组成有必要的认识,从系统的角度审视企业网络营销的内容,就可以把握正确的方向,少走不必要的弯路。那么,一个网络营销策略体系是如何构成的?比如,一个初创公司开发了一款APP,希望获得手机用户下载,他们会采取什么策略?

 案例 2-1

某初创企业 APP 的推广策略

2019年3月开始播出的电视剧《青春斗》的第22集有这么一段情节:公司合伙人费雯雯在会议上说,公司的短租平台APP主要的推广手段包括在线旅游平台导流、加大软件留存和打广告。他们发现在同类软件的激烈竞争中,如果在手机应用市场不能进入下载排行前100,短租平台类进入不了前5,就完全没有竞争力。于是费雯雯在会上决定,调整市场方案,增加专题合作和广告推送,并且增加市场推广预算,将下载一个APP的平均成本从4元提高到7元。而公司CEO沈岩对一味地烧钱搞营销是否值得持怀疑态度。费总提出的策略是"要让用户先看到我们,再给他们更好的体验,增强顾客黏度,我们的软件才有竞争力"。为此,费雯雯新做了一份推广方案。

问题讨论:你认为费雯雯说的常用推广方案是否完整?她的新推广方案里可能包括哪些内容?如果你来制定这个推广方案,会考虑哪些方面?

分析:如果仅从网络推广短期目标来看,这个案例中所提到的内容大体上是适用的,但是也正如CEO沈岩所担心的,一味地靠增加广告投入获得用户是否值得是个疑问,而且改进产品的用户体验同样需要资金投入,公司的资金总是有限的。可见,网络推广并不是网络营销策略的全部,而有效的网络推广方案需要在整体性、系统性的网络营销策略框架下制定,而不仅仅是主观决断。

什么是网络营销策略的系统性?仍以上述短租平台APP推广为例,如果通过扩大广告投放,软件下载量得到快速提升,可以认为是网络推广取得了明显的效果。不过除了广告之外,还有更多的推广手段,也就是更多的信息传递渠道,例如鼓励用户朋友圈转发、自媒体软文介绍、搜索引擎搜索等。从多种网络推广手段中进行选择,这就是网络营销信息传递渠道策略的基本任务。根据网络营销信息传递原理,传递渠道是连接信息源和用户的通道,这意味着渠道策略并非独立的,还需要与信息源及用户相适应,因而必须有系统的思维,而不仅仅是关注网络推广本身。

所以,从根本上说,建立系统的网络营销策略的基础,仍然是对信息传递流程的深入认识,要进一步剖析网络营销信息传递基本要素的功能及特点,明确各要素之间的关联关系及规律。

2.1.2 网络营销系统的组成

我们先以个人及小微企业网络营销信息传递为例,了解一个最小的网络营销系统的组成。

在互联网上,每个人实际上都可以参与到网络营销信息传递中,可以接收和浏览信息,也可以发布和传递信息,成为一个网络营销系统的核心(例如个人成为自媒体或网店店主),也可以成为其他网络营销系统的一个节点(例如参与信息接收、转发和互动),或者作为企业网络营销的专业人员,直接参与到网络营销活动中。在个人信息传递流程中,同样包含信息源、传递渠道及用户交互等基本要素,这与小微企业的网络营销流程是类似的。

案例2-2

某小微企业的网络营销策略

在58同城企业目录中随机选择了一个小型五金企业——东莞市××五金塑料制品厂。通过百度搜索,以该企业的名称为关键词,在搜索结果页面我们看到了包括该企业发布的招聘信息以及在多个信息发布平台发布的企业介绍,但是我们并没有发现企业独立网址的官方网站信息。也就是说,这个企业主要利用第三方平台的信息发布功能开展网络推广,与京东商城创建初期在论坛发布信息进行推广是类似的方式。

另外,通过搜狗的微信公众号搜索,也没有发现该企业的官方微信信息。由此可以判断,该企业的网络推广主要是通过第三方信息发布平台发布信息,企业没有自主运营的信息发布渠道。

其实很多小微企业的网络营销信息发布系统也与案例中的企业类似。一个小的企业网站,可能只有几个静态网页,发布在企业自己运营的网站上,等待用户访问和联系。中小企业早期的网络营销通常也就是通过这种方式进行的。从严格意义上来说,这种网络营销活动并不是系统化的网络营销策略,不过仍然包含了基本的网络信息要素,通过信息发布平台发布企业营销信息、等待用户联系沟通等,即包含了信息源、信息发布渠道及用户交互这样的基本元素。

图2-2是一个最小的网络营销系统示意图,这种系统有很多实用场合,例如企业专用的微型网站、H5网页等,作为平台服务的分类广告网站、网络黄页、邮件列表、微信公众平台等,通过最小的网络营销系统都可以在一定范围内实现信息发布、传递及用户交互。

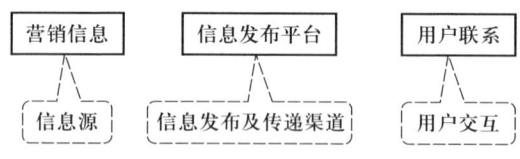

图2-2　最小的网络营销系统示意图

其实不仅是小微企业,在互联网上,每个人都具备信息传递的条件,可以接收和浏览信息,也可以发布和传递信息,每个人实际上都可以参与到网络营销信息传递中,可以自己成为一个最小的网络营销系统。

实际上,无论是在第三方平台发布信息,还是通过自有的微型网站发布信息,都形成了一个微型的网络营销系统,这个系统主要包括三个要素:

(1) 营销信息:也就是希望用户看到的网络营销信息源,属于信息源构建工作的内容。

(2) 信息发布平台:也就是将信息源发布在哪个网站上,当然同样的信息也可以发布到多个不同的网站上,进一步扩大信息可见度。这里的信息发布平台,同时也是信息传递渠道,用户可能直接通过平台浏览信息(例如我们通过58同城网站浏览的企业信息),也可能通过其他渠道浏览企业信息(例如百度搜索)。

(3) 用户联系:当用户浏览企业信息之后,如需进一步联系沟通,可以根据信息源中的联系方式进行联系,如电话、电子邮件、社交网络等。

相应地,构建一个最小网络营销系统的工作包括三步:

(1) 准备营销素材,如产品文字说明和图片等资料(也就是构建信息源);

(2) 选择所需要的网络渠道发布信息(也就是信息源发布);

(3) 与潜在用户沟通洽谈,促进最终成交(也就是用户交互与沟通)。

当然,如果认为有必要还可以增加第四步:必要的网络推广(也就是扩大网络信息传递渠道)。

从小微企业及个人的信息传递过程扩展到一般性的企业网络营销系统,其中所包含的信息传递原理是类似的,只不过对于有一定规模的企业,最小的网络营销系统是远远不够的。对于小微企业或者个人而言,可掌控的网络营销资源有限,可操作的内容也有很大限制。对于大型企业而言,构建一个网络营销系统就会复杂得多。这也是为什么早期的中小企业开展网络营销比大型企业更为活跃的原因。但随着互联网的快速发展,大型企业很快实现了互联网化,小企业的网络营销与大型企业已经不在一个层次上,更谈不上优势了。

下面我们通过电子信息百强企业案例,对企业网络营销系统做进一步的分析。之所以选择电子信息行业作为案例,一方面是这些企业具备一定的规模,经营相对稳定,另一方面是这些企业的网络营销应用水平相对较高,具有一定的代表性。

以电子信息百强企业之一的四川长虹电子公司为例,从企业官网观察,每个阶段都会发现网站与时俱进的变化,从官方网站的功能演进,到网上商城、企业微博、企业微信,长虹公司的网络营销一直在稳步前进。对于这样一个大型企业来说,要构建一个网络营销系统,显然不是在分类广告平台或者B2B平台发个企业介绍那么简单。

对于大中型企业而言,由于经营规模和盈利的要求,需要发布的信息量通常比小微企业的要大得多,而且为保持一定的自主性,除了利用第三方的互联网基础服务之外,往往还需要建立企业的网络营销系统,包括官方网站、官方APP、官方商城,甚至企业邮箱、企业客服系统等,这就需要企业组建自己的开发和运营团队。

也就是说,在网络营销系统中,技术支持系统也是必不可少的,网络营销是建立在互联网技术基础上的。只是不同规模及运营状况的企业或组织,在建立自己的网络营销系统时,对技术支持的要求程度不同,对个人或小微企业来说,可以忽略技术支持的影响,仅利用现有的第三方服务来进行,而一个大型企业,在IT方面的投资可能是巨大的。

一个企业的网络营销系统的内容通常包括:产品设计与技术开发、信息发布与存储、网站运营维护、网络推广、用户交互及管理、效果控制、对外合作、网络资源管理等。此外,网络营销也离不开第三方互联网基础服务,如域名注册、主机托管/虚拟主机/云主机、电子邮件系统、社交网络等。这些内容看起来有点复杂,不过,根据网络营销信息传递原理,企业网络营销系统不管多么复杂或简单,都可以归为三个基础子系统:信息源系统、信息传递系统、用户交互与管理系统。同时,这些子系统都需要在网络营销的技术支持下才能正常运转,并且可以通过环境及资源运营、管理与诊断等实现消减信息传递屏障、增强信息传递效果的目的。

2.1.3 网络营销策略体系的基本内容

网络营销策略是网络营销系统的具体化和可操作化的一些方案及方法。基于对网络营销系统组成元素的认识,一般来说,企业网络营销策略体系包含六个部分:信息源策略、信息传递渠道策略、用户及交互策略、运营环境与资源策略、网络营销管理与诊断、网络营销技术支持体系。其中前三者可认为是网络营销的基础运营策略,后三者则为实现网络营销的基础策略提供支持。

一个典型的企业网络营销策略体系如图2-3所示。

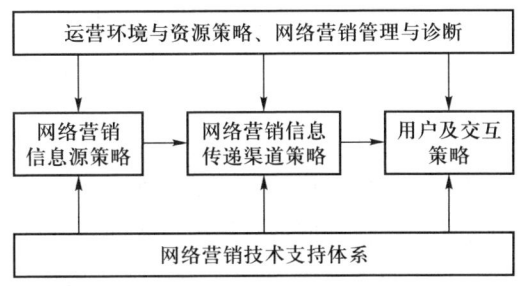

图2-3 网络营销策略体系示意图

关于企业网络营销策略，本书后续内容将会系统介绍，这里仅做简要说明：

（1）网络营销信息源策略：也就是企业希望向目标用户传递的营销信息，包括信息的形式、信息发布渠道、信息管理维护方式等。官方渠道发布的信息源、通过第三方服务的外部信息源，以及其他各种与企业相关的可以通过互联网传播的各种信息（如网络新闻、自媒体文章、用户评论等），都应视为企业网络营销信息源的组成部分。应根据各种信息源的类型及特点进行管理和控制，其中最重要的是企业官方可控信息源，如企业网站内容、企业博客、企业微博及企业微信信息等。信息源系统构建与维护的核心工作是网络营销的内容运营。

（2）网络营销信息传递渠道策略：将企业信息源通过适当的方式传递给目标用户，也就是构建有效的企业网络营销信息传递渠道体系，包括企业可控的渠道、可用的渠道，以及通过资源合作、付费使用的渠道等。信息传递渠道的核心工作就是通常所说的网络推广。由于网络信息传递渠道的多样性，因此在网络营销内容体系中，网络推广的内容最为丰富。

（3）用户及交互策略：指获得用户关注，建立用户关系并实现用户价值的手段。网络营销的最终目标是用户，用户是网络营销信息传递的重要环节，通过信息传递及价值传递与用户建立连接，实现顾客服务、构建和谐的顾客关系，不仅有利于实现网络营销信息传递，同时用户也是重要的社会关系资源，是通过社交关系实现信息传递及价值传递的重要渠道。

（4）运营环境与资源策略：即利用网络营销市场及服务、合作伙伴资源等对网络营销基本策略提供支持。企业网络营销是互联网生态系统的组成部分，网络营销离不开互联网环境及一定的营销资源，包括网络营销市场与服务、企业内部资源、外部资源，以及可扩展利用的资源等。另外，影响或削弱网络营销信息传递的噪声和屏障也是互联网环境中不可避免的因素，通过资源运营与管理，与互联网环境和谐发展，才能更有效地实现网络营销信息传递。

（5）网络营销管理与诊断：通过网络营销策略实施过程中的管理和控制，提高有效性，减少盲目性，确保网络营销目标和方向的正确性。网络营销管理及诊断的内容，既包括网络营销日常工作管理，也包括阶段性工作分析总结。

（6）网络营销的技术支持体系：离开互联网技术，网络营销就没有存在的基础。网络营销技术支持包括企业内部的开发和运营技术、第三方服务以及互联网基础服务等。所有的网络营销方法都建立在网络营销技术基础之上，例如，搜索引擎营销离不开搜索引擎技术、内容订阅推送离不开内容订阅平台、SNS营销离不开社交网络平台、视频分享营销离不开视频分享平台提供的信息存储及服务。

总而言之，对于企业网络营销策略体系及其组成元素的分析，勾画了企业网络营销的全貌，突破了只见树木不见森林的障碍，更不至于陷入一叶障目的困境，为设计企业网络营销策略提供了基本思路和实现路径。本书的内容体系设计正是基于网络营销信息传递原理的网络营销策略体系。

这里有必要说明的是，本书内容体系的核心是基于网络营销信息传递流程的基本策略和方法，尽管网络营销技术是网络营销策略重要的组成部分，但技术基础内容本身自成体系并且专业性很强，在本书中无法系统体现网络营销的技术问题，仅简要介绍常用网络营销平台或工具的类别与基本功能，对于技术实现及管理问题则不做探讨，有需要的读者，请参考相关的专业书籍。

2.2　网络营销信息源研究

研究和制定网络营销信息源策略，首先有必要了解网络营销信息源的基本形态及一般规律。

2.2.1　网络营销信息源的常见形式

用户通过任何渠道接收到的任何形式的信息，都有它的来源渠道及信息发布主体，也就是说，都是以某些方式传递的信息源。我们每天上网时浏览网页内容、阅读订阅的文章、查看电子邮件、回复社交网络的信息、观看小视频等，你是否考虑过，这些信息形式有哪些差异，是什么人通过什么渠道发布的呢？这其中有些信息只能浏览，有些信息你可以评论或回答其他用户的问题，有些内容甚至可以自己编辑，这些不同的信息对网络营销意味着什么呢？哪些信息属于企业网络营销信息源？

笼统地说，所有可以通过互联网传播的与企业相关的网络信息都属于企业网络信息源的范畴，这些信息通过网络传播可以对用户产生直接或间接的影响。但这些信息源会有不同的发布主体和表现形式。从信息发布者来看，有些信息可能是企业官方发布的（例如企业官方网站或官方微博的信息），有些是其他用户发布的（比如贴吧或电商平台的用户评论），也有些可能是媒体报道或来自其他渠道的信息。而从信息形式来看，有些是网页上的图文信息，有些是需要用专用播放软件才能浏览的音频或视频信息，有些可能是专用格式的电子文档（如PDF文档）。

到底有多少种信息源的形式？哪些是网络营销所需要的？从表面来看似乎有点混乱。那么，如何对各种形式的信息源做出明确的区分，如何辨析各种信息源之间的关系呢？弄清这些问题，还需要从信息源的本质出发：所有的网络营销信息都是为了向用户传递的。

从根本上来说，网络信息源存在的意义在于用户可通过常规的互联网工具获取这些信息，并做出相应的反应，如阅读、观看、评论、关注、转发、购买、咨询联系等。可见，了解用户获取信息方式，是分析网络营销信息源的形式的合理途径。

一般来说，用户获取及浏览网络信息的常见方式包括：

（1）主动浏览：通过浏览器输入网址，通过收藏夹或通过网页上的超级链接打开网页，以浏览器作为浏览信息的工具，例如直接访问企业网站或博客文章、通过手机直接打开APP获取信息等；

（2）信息引导：用户通过搜索引擎、网络广告、网站链接等引导点击进入信息源页面浏览；

（3）用户订阅：用户订阅邮件列表、微信公众号或手机短信等内容，接收阅读定向推送到客户端的内容；

（4）社交分享及直接通信：通过社交关系网络分享获取的信息，如微信群、朋友圈转发、

QQ 用户之间直接发送的信息及文件、通过 Email 发送的邮件信息等；

（5）网络社区：一些互动式网络社区的信息，通过用户之间问答或评论跟帖等方式获得期望的信息，如百度贴吧、百度知道、搜狗问问、知乎网站等；

（6）网络下载：通过网站或网络云存储下载信息到个人计算机，阅读下载保存的文档或电子书、观看图片或网络视频等；

（7）手机推送：手机用户通过短信、APP 通知等接收的消息，其中有些属于正常通信或经用户许可，有些则具有一定的强制性；

（8）被动接收的信息：通过应用软件弹出的通知信息，如免费安全软件的弹出消息、网页的弹出广告等；

（9）在线观看：通过专业网站平台浏览影视作品、视频分享、网络直播等内容，并参与互动。

相应地，可作为网络营销信息源的形式有如下常见类型：

（1）完整型信息：发布在官方网站或官方 APP 的用户可直接浏览的网页信息；

（2）引导型信息：投放的网络广告、供求信息、搜索引擎搜索结果的摘要信息等；

（3）订阅型信息：邮件列表、微信公众号、手机短信等；

（4）分享型信息：通过社交网络及通信工具发布的信息；

（5）动态型信息：企业在网络社区发布的信息，用户评论或回答，或者企业参与互动其他用户提出的问题，这些内容形成了动态的组合型信息；

（6）存储或收藏型信息：将文档或其他资料保存在网络存储设备上供用户下载或在线浏览；

（7）手机推送信息：为手机用户设计的推送信息；

（8）应用软件通知信息：为应用软件用户设计的推送信息；

（9）在线播放信息：将视频内容上传到专业平台，或开通网络直播。

尽管网络营销信息源的形式多样，但如果从用户获取信息的工具来看，不外乎当前常用的互联网工具，如网站、网页浏览器、搜索引擎、图片及视频播放器、文档/电子书阅读器、电子邮件、即时通信、社交工具、手机 APP 等。

综上所述，作为企业网络营销信息源必须符合如下基本条件：

（1）信息源是对用户期望信息的满足。用户获取信息的方式和过程，是为了获得满足期望的信息，信息源设计的意义也就在于用户实现获取信息的需求。

（2）信息源发布渠道与传递渠道相适应。网络营销信息源的发布渠道与传递渠道目标一致，都是为了向用户传递有价值的信息，一个有效的网络营销信息传递系统，信息发布渠道与传递渠道应该协调一致，传递渠道是发布渠道功能的延伸，因此在选择信息发布渠道时就应该明确接下来可能利用的信息传递渠道。

（3）信息源符合用户获取信息的方式。信息源形式与用户获取信息方式相适应，用户可通过常用互联网工具获取网络营销信息，并做出相应的交互行为。

可见，网络营销信息源的构建与维护，并不是简单的内容写作和编辑，而是网络营销信息传递系统中的基本环节，通常所说的"文案写作"仅仅是网络营销信息源策略的一部分工作。

2.2.2 网络营销信息源的基本要素

网络营销信息源的基本条件表明,网络营销是从信息源创建及发布开始的,在信息发布的时候,在一定程度上就已经决定了信息发布及推广的渠道和方法,这就意味着,作为企业网络营销信息源有其内在的规律性。通过对网络营销信息源表现形式及传递方式的分析,本书归纳了网络营销信息源的三个基本要素:信息发布者、信息发布渠道、信息状态属性。

2.2.2.1 信息发布者

前面已经分析,互联网上每一条信息都有其来源,即什么人以何种方式发布于哪个网站(也包括各种手机应用)。可见,信息发布者,也就是信息源产生的主体,是信息源的基本要素之一,负责信息源的创建及发布,也可能包括后续的维护管理、再次编辑或删除等操作。

不过,一个信息源的主体可能不是唯一的。同样的信息可以是同一个人以多种形式发布在多个网站,也可能是被多个人转发到多个网站。于是便有了信息源主体的多样性。这也就意味着,一个企业相关的信息,发布者并不一定完全来自企业营销人员,同时也包括企业员工、用户、合作伙伴、媒体、竞争者等。

这一特点对企业营销人员的启示在于,需要明确哪些信息应该是企业主动发布的,哪些是需要保护的,哪些是希望广泛传播的,哪些是要给予关注和跟踪管理的。也就是说,网络信息的发布和管理是有一定规律可以挖掘和遵循的。

小讨论

企业负面信息的发布主体可能是哪些?有哪些可能的发布渠道?对待负面信息应如何处理?

2.2.2.2 信息发布渠道

信息发布的渠道,也就是发布于哪个网站(信息相应地存储于该网站服务器),这是信息源在互联网上存在的物理基础。由于不同的网站有不同的功能、服务和用户来源,信息发布渠道不同,也就意味着信息的形式及用户行为的差异。

例如,发布于企业官方网站的信息由企业自行发布管理,需要通过一定的网络推广手段获得用户访问;发布于微信公众平台的内容,则需要用户关注企业微信公众号并接收微信信息;而发布在第三方网站平台的信息,则主要来自平台内部企业关注者(粉丝)的浏览和互动。

一般来说,网络信息发布渠道可分为三大类:运营型网络信息发布渠道、分享型网络信息发布渠道和约束型网络信息发布渠道。

1. 运营型网络信息发布渠道

运营型网络信息发布渠道是企业专有或专用的网络信息发布渠道,需要由企业专门运营管理,其他用户无法在同一渠道以同一身份发布信息,也无权对企业发布的信息进行编辑或更改。从信息传递和接收的模式来看,具有一对多的特点,即一个用户发布信息,多个用户分别获取信息,用户之间的交互较少。这类信息发布渠道是企业主要的官方信息传播资源,主要包括三种形式:

(1) 企业官方网络渠道资源:如企业网站、企业博客、企业官方商城、官方 APP 等企业可自行掌控的内部官方渠道资源。

(2) 第三方平台账户资源:企业通过社交网络、Web2.0 网站、电子商务平台等网站的专属账号发布信息,这些平台不属于企业所有,但可以为企业所利用和管理,在符合平台规则的范围内属于企业可用的外部官方渠道资源,如官方微博和官方微信等。

(3) 订阅式网络信息资源:可独立于网站运营,也可与网站内容运营相结合,通常有自己的内容形式和特点,例如企业运营的邮件列表和微信公众号。

在网络营销方法体系所涉及的信息源中,通常以运营型渠道为主要研究对象,而将其他类型的渠道作为补充渠道资源。

2. 分享型网络信息发布渠道

分享型网络信息发布是指以分享为目的,发布于非企业专用的社会化开放式信息发布渠道,这些渠道的发布者并不一定以企业官方名称或品牌的形式出现(可能是个人或其他昵称),但可以适当的方式实现企业网络营销信息发布与传递的目的。从信息传递和接收的模式来看,具有多对多的特点,即多个用户可以同时发布信息,也可以同时获取信息,信息的发布者也是信息消费者,用户之间具有相互沟通的渠道。分享型网络信息发布渠道常见的形式如下:

(1) 开放式信息发布平台:企业或个人均可以发布符合平台规定的内容,但发布的内容并非固定不变的,可能被平台管理员修改或删除(例如论坛、贴吧),也可能被其他用户进行编辑后重新发布(例如网络百科词条),或者你的问题与其他用户的回复和评论共同组成一个网页的内容(例如在线问答、点评等)。这类平台在操作方式上与第三方平台账户资源类似,但受到平台规则的约束和管理人员的干预,具有一定的不可控性,无法完全按照自己对信息源的期望进行发布。

(2) 社交分享传播平台:社交网络具有信息发布和传播的功能,无论个人或企业用户都可以利用社交平台发布和传播信息。例如 QQ 空间、QQ 群、微信朋友圈等均可以以企业或个人名义发布信息。社交分享信息具有非正式性、信息来源不确定等特点,可能来自用户直接发布,也可能是转发自其他网站或网络群聊,或者经多次转发,因此通常不会作为企业官方信息的首选发布渠道,大多作为信息传播渠道,期望获得一定的网络推广效果。

(3) 资源分享型信息发布平台:网络资源分享通常以知识、娱乐、休闲、情感交流等内容的适当形式为基础,由用户上传到网络分享平台,其他用户可以通过平台浏览或下载。例如电子书下载、文档模板下载、音乐下载、文档分享、图片分享、视频分享、经验分享等。当然这些资源分享也并不限于专业的分享网站或云存储空间,各种社交网络或具有社交属性的网络应用也具有资源分享的功能。

分享型信息发布平台常作为内容营销或植入式营销资源,具有一定的优势和特点,如信息表现形式灵活多样、信息发布渠道广泛、内容阅读及传播方式灵活等。分享型信息更重要的网络营销价值在于其具有用户主动分享的基础,也就是分享型信息源具有用户口碑传播的基本属性,有价值的内容往往可以获得用户主动分享,因而分享型信息传递与社会化网络营销的特征相结合,可以充分发挥内容的网络营销价值。

3. 约束型网络信息发布渠道

前述运营型和分享型信息发布渠道尽管有明显的区别,但有一个最大的共同点:企业可以自行发布。除此之外,还有一种需要通过网站运营者发布信息的网络渠道,也就是说企业信息的发布需要经过平台运营者的许可,或者将信息源交给运营人员来发布,即信息发布具有约束性。约束型渠道的典型模式是网络新闻媒体及网络广告媒体。

网络新闻通常以投稿或特约的方式由企业提供新闻源,经过网络新闻媒体审核后发布。通常所说的企业营销软文,大多通过网络新闻媒体投稿渠道发布。代理发布软文也成为一种营销服务业务模式。网络新闻发布的优势在于,同一内容可同时发布在多个媒体,在一个集中时间段内快速提升企业信息的网络可见度。

网络广告通常需要在企业支付广告费用之后,通过平台许可的账户由企业发布经广告商审核的广告内容,或者由网络广告平台运营人员给予发布。例如百度搜索引擎广告发布通常需要经过代理公司开户、付费、广告审核和发布等环节。微信及微博信息流广告等通常也需要遵照类似的流程。关于网络广告,本书后续内容还将系统介绍。

网络新闻和广告媒体看起来是完全不相干的模式,但从企业信息发布的角度来看,有一定的共性。当然网络广告的内容和形式要更加复杂和丰富,因而网络广告已成为网络营销中重要的分支之一。

此外,随着社会化网络媒体的发展演变,自媒体也成为约束型信息发布的一种方式,这种信息发布则使得传统的网络新闻和网络广告的边界变得模糊,新闻是内容,广告也是内容,内容也是广告。内容与广告相融合,既有传统软文推广的基本思路,也具有原生广告的部分特征。这种现象也表明,企业网络信息发布渠道及信息表现形式也在不断发展之中,有必要对新型的信息源形式及信息发布渠道给予必要的关注。

2.2.2.3 信息状态属性

企业网络信息发布往往不是一次性工作,不过很多时候可能会被企业忽视。在传统的网络营销工作中,很少对已发布信息的管理维护给予足够的重视。对网络信息状态属性进行系统的归纳总结,体现了对网络营销基础元素研究的深化。

例如,企业官网中的企业介绍,很可能停留在网站刚建成时发布的时间,几年后企业可能发生了很大变化,但公司介绍仍然是陈旧的信息,甚至已经发生多年的事情在网页中还表现为"将来时"。这只是反映信息状态属性的一个方面,即对于过时信息的维护问题。信息过时,在网络营销信息源系统的基本要素中,属于信息状态的一种表现,即对于可维护信息没有进行及时的维护。

一般来说,通过各种渠道发布的信息状态属性有如下可能:

(1) 发布人可编辑重新发布:例如企业官网内容、博客文章等;

（2）发布人不可编辑但可删除：如微博内容、已发布的微信公众号文章等；

（3）发布人不可编辑也不可删除：如无法撤回已送达用户邮箱的内容、发布在聊天群的消息超出允许撤回的时间等；

（4）发布人的信息可被平台管理员删除：几乎适用于各种平台；

（5）发布人的信息可被平台管理员编辑：如百科词条、论坛等；

（6）发布人的信息可被平台内其他用户编辑：如百科词条，用户编辑后需审核；

（7）发布人的信息可被平台内其他用户添加评论或回复且不能被删除：如论坛、问答式社区、电商平台用户点评等；

（8）发布人的信息可被平台内其他用户添加评论且可以被删除或选择：如微博、微信公众号文章等。

综观上述各种状态，从企业对网络营销信息的可控范围决定了信息状态属性，也决定了信息源构建和维护的方式。因此，有必要对信息源的类别和特征做进一步的归纳和分析。

2.2.3 网络营销信息源的类别

网络营销信息源的三项基本要素，为分析网络营销信息源的类别提供了基本思路，即可以根据每个要素进行分类。例如，从信息发布者要素来看，可将信息源分为企业官方信息源、第三方平台信息源、订阅式网络信息资源；从信息源的表现形式，可以分为网页信息源、引导型信息源、分享型信息源等。

实际上，对网络营销信息源影响最大的因素，是信息发布渠道以及相应的信息传递渠道。根据网络信息发布渠道的三种主要类型（运营型、分享型、约束型），相应地可以将信息源分为三类：完全可控型信息、有限控制型信息、完全不可控型信息。

1. 完全可控型信息

完全可控型信息主要为运营型渠道发布的信息，是企业网络营销信息源的基础。企业网站内容、企业博客等都属于完全可控型信息源。

2. 有限控制型信息

有限控制型信息通常为分享型渠道发布的信息，属于比较活跃的信息源形态，在企业网络营销信息源系统中具有重要地位。企业微博、内容平台的自媒体、网络百科、电子书分享等都具有有限控制的属性。

3. 完全不可控型信息

完全不可控型信息大多为约束型或分享型渠道发布的信息，通常具有持久性和权威性的作用。另外，对于竞争对手或其他用户发布的不利于企业的信息，也属于完全不可控信息。不可控信息并非真的不可控，而是要根据发布主体和内容进行相应的操作和处理。

这三类信息状态属性，明确了信息源的特征及地位，同时也为企业网络营销信息源系统设计及管理提出了相应的要求，可作为设计企业网络营销信息源类别的主要依据。

对于不同属性的信息源，用户获取信息及对信息反应的方式有明显区别，用户参与度最高、对企业信息影响最大的是有限控制型网络营销信息源，也就是通过分享型网络渠道发布的信息。这一特点对网络营销的启示在于：分享型网络渠道中与用户的连接、沟通和互动具有重要意义。

事实上，网络营销信息源的基本要素及相互关系与网络营销信息传递原理的基本思想是一致的，是网络营销信息传递原理在网络营销信息源系统建设中的具体应用，同时也从一个方面验证了网络营销信息传递原理对企业网络营销策略设计的指导作用。

企业网络营销工作，就是从企业营销人员的角度对信息源系统各项要素进行整体规划，并有效实施和管理信息源创建、发布、传递、运营维护及用户交互等环节的任务。

企业信息源属性特征及应用示例可归纳为表 2-1 所示。

表 2-1 企业信息源属性特征及应用示例

信息源属性	主要特征	典型应用示例
完全可控型	企业运营，可信度取决于企业品牌等因素，用户参与度低	企业网站、博客营销、关联网站、企业 APP 等
有限控制型	第三方平台，内部信息传递为主，用户参与度高	电商平台、微博、微信公众号、分类广告、文档分享、WIKI 词条、ASK 社区等
完全不可控型	专业服务，可信度高，用户参与度低	网络新闻、展示类广告、搜索引擎广告等

2.3 网络营销信息传递渠道研究

网络营销信息传递渠道，是将信息源传递给用户的通道、过程和方法，与用户获取信息的渠道是同一事件的两个方面。网络营销信息传递渠道不仅连接信息源和用户，同时也影响着网络营销信息传递的屏障和效率，因而是网络营销信息传递系统的核心环节。网络推广的基础是对网络信息传递渠道的合理利用，对网络营销的结果发挥着直接而重要的影响。

本节通过对网络信息发布渠道与传递渠道关系的比较分析，进一步认识网络营销信息传递渠道的功能，从而进一步理解信息发布、传递与用户之间的关系。

2.3.1 网络信息发布渠道与传递渠道的关系

在网络营销中，大部分网络推广方法与网络营销信息传递渠道的选择及应用相关，尤其在传统的以工具为主导的网络营销方法体系中，主流的网络营销方法大都建立在网络营销信息传递渠道的基础上，例如搜索引擎营销、许可 Email 营销、社会化网络营销等。之所以这些方法具有重要作用，是因为网络营销信息发布之后，通常并不意味着信息可以自动传递给用户，一般来说还需要通过必要的传递渠道才能为用户所接受和浏览，实现网络营销信息传递的完整流程。

这表明网络营销信息发布渠道与传递渠道之间存在一定的关系，两者各自有自己的功能，同时又有一定的关联和依存，但并非简单的一一对应关系。例如，微信公众平台是网络营销信息发布渠道之一，但公众号文章的传递渠道可能并不仅限于微信，也包括公众号搜索、用户分享到其他社交软件、网站的公众号文章网址链接等。即使在微信平台内部，用户获取公众号文章信息也有不同的渠道，如关注并直接进入公众号阅读文章、好友通过微信朋友圈分享的公众号文章、微信群内用户转发的公众号文章、公众号文章搜索等。同样，企业在官方网站发布的信息，也可能有多种传播渠道。

一般而言，信息发布渠道与信息传递渠道的关系可以从三个方面来理解：相对独立性与相互关联性、非一一对应关系、目标一致性。

1. 相对独立性与相互关联性

信息传递渠道依赖于信息发布渠道，但信息发布渠道不等于传递渠道。一方面，发布渠道决定了信息传递模式。网络营销信息源创建之后首先要发布在相应的渠道，如网站、博客、微博、微信等，或通过电子邮件、即时信息等工具直接发送给其他用户。由于信息发布渠道具有不同的类型及特点，这就意味着发布在不同渠道的信息，具有不同的信息传递模式，需要相应的信息传递渠道来实现信息传递的目的。另一方面，信息发布不等于已经传递到用户。网络信息在相应的渠道发布之后，作为网络营销的基本元素，通过网络渠道的信息传递才能为用户所接受和浏览。选择和建立网络信息传递渠道，是网络营销信息传递系统的重要组成部分。根据网络营销信息传递原理，传递渠道应尽可能多且尽可能短，也就是用尽可能多尽可能快的方式将网络营销信息传递给用户。

前面分析表明，网络信息发布渠道分为三类（运营型、分享型、约束型），三类信息发布渠道各有不同的特点，其中，运营型发布渠道通常不具有自动传播信息的功能，分享型渠道则是信息发布与传播为一体，约束型渠道本身具有品牌和用户资源，因而具备自己独有的传播渠道。这就意味着，通过运营型渠道发布的信息需要适当的网络推广才能获得网络传播的效果，例如企业官方网站的产品信息，需要通过搜索引擎等方式的传播才可能被用户所浏览。即使在具有自动传播功能的信息发布渠道，如微博等社交网络平台，也并非意味着无须任何推广即可实现显著的网络传播效果。只不过在社交网络的推广是一项长期的工作，可能在信息发布之前通过对社交关系资源的推广和积累，已经获得了一定的社交网络传播能力，因而发布的社交信息才会被社交网络用户所浏览。当然，在信息发布之后，通过一系列有针对性的推广，可能获得更好的传播效果，例如通过个人的转发、鼓励朋友转发和参与互动、将信息网址直接传递到社交网络中可能未包含的用户等。

所以，信息发布只是网络营销的开始，而不是全部内容。这就解释了这样的基本事实：企业建设网站不等于已经开展了网络营销，发布了博客文章不等于已经开始了博客营销，开设了企业微信号也不等于开展了微信营销。在传统的网络营销中，网络信息创建和发布、网络推广以及效果分析等，都是网络营销的基本工作。

2. 非一一对应关系

在浏览搜索引擎检索的信息结果时，是否注意到这样的现象：同一个企业的同样信息往往会出现在很多不同的网站，其中可能是企业的关联网站，也可能是第三方信息发布平台或博客平台等。为获得尽可能大的网络可见度，企业通过多个渠道发布及传递信息是常见的做法。

信息发布渠道的非唯一性，以及传递渠道的非唯一性，决定了信息发布渠道和传递渠道之间并不存在一一对应的关系。也就是说,同一个信息源可能有多个信息传递渠道,而企业同时也可以有多个网络营销信息源,信息源与传递渠道之间形成一种复杂的网络结构。这正是现阶段网络营销分散化的表现,即企业信息源的无核心化,以及网络推广渠道的无主流化,这与网络营销初期基于企业官方网站的网络营销具有显著的差异。早期的网络营销信息源单一,传递渠道有限,建设网站并发布信息、网站推广、网站运营维护,这些曾是网络营销的主流模式和主要内容,对于目前的网络营销来说已经远远不够了。

多渠道发布信息及多渠道传播为用户获取信息带来一定的盲目性,也为企业制定网络营销策略增加了复杂性。研究信息源与信息传递相互关系的主要目的,就是为了在复杂的环境中理清网络营销信息传递的关系,实现网络信息的有效传递和接收。

3. 目标一致性

一个典型的网络营销信息传递流程是这样的:企业创建信息源、选择信息发布渠道、选择网络推广渠道(渠道有多种,如搜索引擎、网站链接、网络广告、内容分享到其他网站、网址分享或直接传递)、用户到信息源获取信息。也就是从信息源的创建、发布、推广,获得用户关注后回到信息源浏览,才算完成一个完整的信息传递过程。

在这个过程中,信息发布渠道与传递渠道目标一致,互为依存。一个有效的网络营销信息传递系统,信息发布渠道与传递渠道应该是协调一致的,传递渠道是发布渠道功能的延伸,因此在选择信息发布渠道时就应该明确接下来可能利用的信息传递渠道。或者说,在信息发布的时候,在一定程度上就已经决定了信息推广的渠道和方法。

信息发布渠道与传递渠道的关系表明,网络营销是从信息源创建及发布开始的,网络推广渠道受发布渠道的制约,因此信息源的设计应考虑网络推广的需要。

那么,如果信息源和传递渠道脱节,在信息源创建和发布完成之后再考虑网络推广的需求,可能会出现一些不协调的问题。例如:

(1) 信息源的盲目性:为适应传递渠道可能需要修订已发布的信息源,但并不是每个信息发布渠道都可以修订,盲目创建的信息源意味着可能造成无法挽回的局面;

(2) 增加网络推广难度:不适当的信息源造成信息推广渠道受限或功能受限,影响信息传递效果;

(3) 信息资源浪费:由于不适当的信息发布方式,降低了信息源的有效性。

总之,信息源构建及发布与信息传递渠道设计,两者都是为了向用户传递有效的信息,保持这两个要素目标一致、互为促进,是构建和谐网络营销信息传递系统的必要条件。

2.3.2 网络信息传递渠道的功能

为促进信息发布与传递的协调一致,并充分理解网络推广的核心思想,有必要对网络营销信息传递渠道做进一步的分析,发现和总结其一般规律。

信息传递涉及信息源、信息传递渠道、用户三个方面的相互作用,作为网络营销信息传递中心环节的传递渠道,发挥着前后上下连接及交互的作用。

网络信息传递的方式有多种,作为网络营销信息传递渠道,应具备下列一项或多项功能:

（1）链接传递：作为用户获取信息的互联网工具，可通过网址链接信息源网站的网页，例如搜索引擎和其他网站的链接功能。

（2）直接传递：可将数字化信息（如文字、图片、视频等）直接传递给更多的用户，或者用户之间直接传递，如电子邮件、邮件列表、即时信息、社交工具等。

（3）平台内部传递：可作为信息源发布渠道并具有一定的用户基础，信息发布与传递渠道一体化，例如博客平台、社交平台、网络百科平台、文档分享平台、视频分享平台、网上商店平台等。

（4）用户自发传递：借助于一定的互联网工具，任何一个用户可将信息传递给更多的用户，如群聊工具、社交信息分享等。

（5）即时传递或自动传递：通过多媒体网络视频设备自动传输的音频视频信息，如智能手机、网络电话、语音及视频聊天、网络摄像视频、网络直播等。

（6）硬性传递：在用户不知情或无法拒绝的情况下向用户发送的信息，如用户浏览网页信息时可能弹出的信息、手机 APP 推送信息、来自陌生用户的短信等。

（7）订阅传递：订阅型信息传递，通过电子邮件、社交平台等直接传递到订阅者邮箱或社交账号。

（8）完整传递：用户可浏览并保存完整信息，如文档下载、本地收取电子邮件等。

（9）部分传递：也就是信息引导，为用户展示部分信息，经点击或下载等其他操作方式之后获取完整信息，如搜索引擎、网络广告大多属于这种方式。

（10）有限传递：某些信息仅可在线浏览观看，无法保存到本地或者分享给他人，如在线视频等。

（11）价值传递：通过信息发送为其他用户传递价值，包括优惠、收益等，如在线优惠券、微信分销、春晚微信红包、支付宝实景红包等。

（12）付费传递：信息发布在有一定用户量的收费网站平台或应用软件上，获得展示及用户浏览的机会，如付费发布的文章、展示类网络广告、手机 APP 广告、微信朋友圈及公众号内的广告、自媒体付费转发等。

（13）数据连接：可通过第三方互联网平台提供的开放接口，实现信息的连接和传递，例如通过微博秀接口将微博信息展示在企业网站，通过百度联盟代码将百度的广告展示在加盟会员网站上。

可见，信息传递的渠道和传递方式很多，甚至有些杂乱，几乎可以说，所有的互联网平台都具有信息传递渠道的某些功能，信息传递的方式包括从部分信息到完整信息，从用户主动获取信息到强制性向用户发送信息，从免费到付费，从自主传递到第三方服务及应用等。

无论信息传递的方式有多少，网络营销信息传递都离不开互联网工具和资源，其中包括互联网服务资源及用户社会关系网络资源。这就意味着，作为网络营销信息传递渠道，首先应具备网络营销工具的一般特点，其次要有必要的用户资源及社交关系资源基础，同时应具备明确的传递功能。

一般地，我们可以将网络营销信息传递渠道的基本特征归纳为四个方面：

（1）工具特征：具有网络营销工具的一般特征，即具有信息发布、传递和交互等基本功能。

(2) 可见度特征：通过网页链接传递或直接信息传递，可以实现信息源被更多用户获取，实现网络可见度的提升。

(3) 可信度特征：通过用户关系网络的连接及信任关系传递，实现网络可信度提升，包括感情、认同感、潜在利益及社会关系资源的增加。

(4) 价值传递特征：通过价值及利益连接，为参与者带来更多的网络营销资源和价值，这也是网络营销生态思维在信息传递中的具体表现。

对于某种具体的网络信息传递渠道，这四个特征可能同时存在，也可能独立发挥作用。

总之，网络营销信息传递渠道是信息源的延伸，应与信息源协调一致；本质上是可以带来网络可见度、可信度及用户价值提升的网络营销工具。

每个互联网渠道都有自己特定的应用场景和模式，都需要认真研究其与信息源的关系及信息传递的方法和规律。这也是网络营销工具思维长期无法被替代的根本原因，尽管仅仅针对工具研究有些片面和孤立，但仍然无法跨越和忽视。

2.4 网络营销的用户及交互研究

作为一名互联网用户，几乎每天都以"用户"的身份上网，在网络营销的基本要素中，信息的接收方也就是网络营销所说的用户。那么用户意味着什么，用户在网络营销信息传递系统中的地位和作用有哪些？这就是本节要阐述的。

2.4.1 网络营销中用户的意义

"用户"的概念无处不在，从字面意义来看，用户（user）就是"使用者"。例如我们使用互联网就成为上网用户，使用手机就是手机用户，使用微信就是微信用户，使用搜索引擎就是搜索引擎用户。有的互联网服务需要用户名和密码登录，这里的用户通常是指注册用户，即为应用某网站的服务而成为该网站的"用户"。注册用户意味着和网站签订了使用网站服务的协议，用户协议中约定了使用范围和方法等相关内容，同时也会将个人信息和使用记录等信息提供给网站。

例如作为淘宝网站购物的用户，需要将你的收货地址、电话等信息提供给淘宝网站和淘宝店主，同时你的购物记录、商品搜索和浏览记录、参与的商品评论等，也会被淘宝网站记录下来。于是便有了用户行为、用户画像、用户数据等一系列和用户相关的概念及研究方法。

注册用户是一个相对具体的概念，仅限于注册并登录过网站（含APP等其他应用）的用户。网络营销中所指的用户并不限于注册用户，只要是网络营销信息传递系统中以任何方式获取、接收信息源或参与交互的，都可以称为用户。例如网站访问者，无论是否注册，无论通过什么渠道来到网页浏览，都可以称为用户。同样，参与企业博客文章的评论、企业微博账号关注者和内容转发者、微信公众号订阅者、在线客服咨询者等，都属于用户的范畴。

注册用户和非注册用户的区别在于，注册用户与企业之间可以产生更紧密的联系和长期关联,非注册用户则可能是临时的或一次性的,与企业没有紧密的连接关系,与用户进行沟通联系的方式也就受到很大的制约。因此,一般认为,注册用户的商业价值更大,但并不意味着非注册用户就意义不大,事实上以网站浏览量为目标的网络营销中,临时性浏览者同样具有网络营销价值。

那么,网络营销中所指的用户有什么特别含义呢?

在网络营销信息传递系统中,就已经明确了用户的地位,也就是网络营销信息的接收者,同时发挥着网络营销的交互作用。所以说,在网络营销信息传递系统中获取、接收信息及参与互动的都属于用户。用户对网络营销信息源、传递渠道及信息交互都发挥着直接的作用,用户的信息交互行为则直接体现了网络营销的动态过程。当信息源通过传递渠道送达用户之后,用户的各种可能行为影响着是否来到信息源获取信息及用何种方式参与信息交互。

这么看来,网络营销中的用户也就不只是一个概念,也不只是某个产品、服务或信息的使用者,在网络营销信息传递系统中,用户是网络营销的出发点,也是网络营销的最终目标。

一般来说,用户对于网络营销的意义主要体现在五个方面:

(1) 用户是网络营销的起点。向用户传递有价值的信息是网络营销的出发点,用户获取信息的行为和方式是网络营销信息源构建及传递渠道设计的决定因素。

(2) 用户是网络营销的目标。有用户的地方才可能有网络营销,拥有用户是网络营销得以开展的基础,所有的网络信息传递渠道也就是用户获取信息的渠道。

(3) 用户是网络营销效果体现。用户是网络营销信息传递的目标,只有当用户获取信息源中的全部或部分信息,或者产生进一步的行动,才意味着网络营销取得了效果。

(4) 用户是网络营销资源。无论是临时性用户或长期用户,都是企业的网络营销资源。企业不仅可以通过适当的方式连接用户,而且可通过用户的网络口碑及社会资源实现网络营销信息再传播及长期价值。

(5) 用户是企业收益来源。从网络营销信息传递到最终成为顾客,或者为网站贡献了浏览量及广告点击,或者通过用户资源带来更多的顾客,企业的网络营销才能转化为真实的收益。

可见,在网络营销中用户始终处于核心地位,一切为了用户,为用户创造价值,是网络营销的基本思想,绝不是空洞的理念或口号。

2.4.2 网络营销信息传递中的用户交互

根据本书对网络营销中用户范畴的界定,在网络营销信息传递系统中获取、接收信息及参与互动的都属于用户。用户对网络营销信息源、传递渠道及信息交互都发挥着直接的作用,用户的信息交互行为则直接体现了网络营销的动态过程。当信息源通过传递渠道送达用户之后,用户的各种可能行为影响着是否来到信息源获取信息及用何种方式参与信息交互。

以企业网站信息源为例,当一个网页信息(包括网页标题、网址等)通过搜索引擎的搜索结果页面送达某个用户时,其可能会对网页标题及摘要信息的吸引力、网址的可信度等进行判断，以决定是否点击该链接进入企业网站，而其在进入网站之前，可能对浏览及后续行为并未有明确的预期。同样是这个网页信息，如果用户是通过本人关注的，或是好友转发的企业微博信息，他可能会通过其他用户的评论等事先做出评估，并对进入网站获取信息的目的有一定的预期。

可见，用户对于不同渠道获取的信息可能会有不同的处理方式，而且由于信息源有多种表现形式，同时也可能有多种渠道传递信息，每一种信息源与渠道的组合，都可能影响用户的判断和选择。这就意味着，在网络营销信息传递系统中，具体到某个用户，其获取信息及交互行为具有较大的随机性。

不过从信息送达到信息交互的一般过程来看，用户的行为通常可以分为三个阶段：

第一阶段：分析判断。对通过信息传递渠道获取的信息片段进行分析判断，以决定是否产生进一步的行为。

第二阶段：获取信息。进入信息源获取详细信息，据此进一步做出是否获得足够有价值信息的判断，并做出后续行为决策，如直接购买、了解更多信息、参与信息交互等。

第三阶段：后续行为。根据信息源的属性及表现形式，选择适当的参与交互方式，浏览后退出、浏览其他内容、参与评论、浏览及评论其他用户发布的评论、转发分享、收藏、咨询、购买等。

由此可以看出，用户是否参与信息交互以及参与的方式，与信息源本身具有直接关系，这也进一步解释了"信息源对用户参与度"的重要性。除了与信息源的交互之外，用户信息交互还包括与渠道、信息发布者或运营者、与其他用户之间的交互等。

在网络营销信息传递系统中，用户信息交互的意义主要表现在用户价值、运营效果、用户资源三个方面：

（1）用户价值：用户的信息交互反映了信息源对用户的价值；

（2）运营效果：有助于增加网站访问量、提高可信度、提升用户转化率；

（3）用户资源：有机会进一步了解用户意见、分析用户行为、建立与用户的深度连接关系。

综上所述，用户作为网络营销信息传递系统的组成部分，是网络营销的核心元素，这也是本书将用户策略作为网络营销信息传递策略体系的组成部分的原因所在。

2.5 网络营销的技术支持体系

作为网络营销技术支持系统的一部分，本节仅对部分常用的互联网工具及其在网络营销中的应用给予简单介绍，也就是互联网通用的工具和服务。

从本书一开始就多次提到过各种工具、平台和应用，例如电子邮件、博客、网络百科等，但对于网络营销初学者而言，这些工具和应用的基本原理和特点是什么，它们分别有哪些网络营销价值，以及如何发挥其网络营销功能等，还需要做进一步的了解，才能对网络营销方法有更深刻的认识。

2.5.1 网络营销工具的一般特征

本书所讲的网络营销工具,是指具有一定网络营销作用的常用互联网工具,包括用户发布、获取及传递信息的工具,如浏览器、搜索引擎、电子邮件、博客、QQ、微信等。实际上几乎每一种常用的互联网工具和服务都有一定的网络营销作用,以每一种工具为基础,相应地都会产生一种或多种网络营销方法。

在本章前述有关网络营销信息传递渠道的功能相关内容中,总结了作为网络营销信息传递渠道的基本特征之一是工具特征。可见,所有的网络营销信息传递渠道,都具备网络营销工具的功能。从网络营销发展的历史规律来看,一些互联网应用之所以成为网络营销工具,至少应具有下列一个方面的特征。

(1) 具有开放性。即所有用户都可以免费使用或有条件使用,如浏览器、电子邮件、搜索引擎、博客、微博、WIKI,同时可以有多个服务商提供类似的服务。

(2) 具有社会性(外部性)。即一个用户的使用会影响其相关的用户了解并使用,使用者越多其营销效果越显著。

(3) 具有相对稳定性。服务可以为用户所了解,即在一个时期内使用率达到较高的水平,服务不会在短期内随时中断。

(4) 具有一般规律性。服务的一般条件、方式、效果等,有一定的规律,这种规律性可以对实践操作具有指导意义,当然这种规律也具有动态性。

(5) 具有动态性。网络服务本身不断发展,功能和形式会不断发展演变,短期来看,处于不断的发展变化之中,长期来看则符合互联网发展的一般规律,总是符合用户需求行为特征。

总之,作为具有网络营销价值的网络营销工具,除了必须具有信息发布、传递和交互等基本功能之外,还应有广泛的互联网用户基础,并且在一定时期内具有明确的功能及用户价值,并具有可遵循的规律性,从而可以利用这些功能和规律实现网络营销信息传递。

在互联网发展历程中,网络营销工具不断涌现,其中有些持续对网络营销发挥着至关重要的作用(如网站、电子邮件和搜索引擎等),有些工具在一定时期内具有显著的网络营销价值,但在互联网的长期发展或在新技术革命中难以升级进化,因而逐步退出历史舞台(如分类目录、聊天室、RSS 等)。

2.5.2 网络营销工具的类别

本书将运营导向的网络营销工具体系归纳为四类:信息源运营工具、信息传递渠道运营工具、用户运营工具、环境资源运营及管理工具,如下图 2-4 所示。

2.5 网络营销的技术支持体系

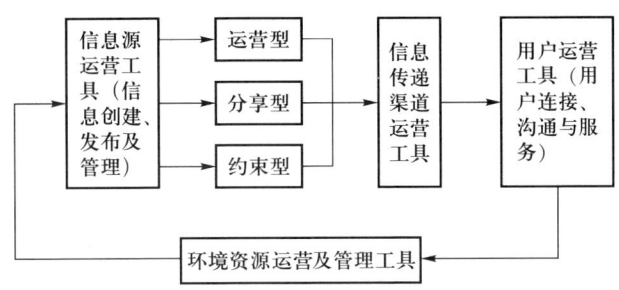

图 2-4 运营导向的网络营销工具关系示意图

由图 2-4 中可以看出,网络营销工具体系与网络营销信息传递系统相对应,其中信息源创建、发布及管理工具位于最初级,属于基础网络营销功能。信息传递渠道运营工具则是网络营销的中间过程,发挥着连接信息源和用户的重要作用。网络营销环境资源运营及管理工具则承担着对网络营销流程中的长期资源积累、效果检测及调节任务。

下面以表格的形式简要归纳常用网络营销工具的类型、功能及示例,如表 2-2 所示。

表 2-2 常用网络营销工具的类型、功能及示例

工具类别	功能细分	主要特点	常用工具或平台示例
信息源运营工具	运营型	企业自行掌控	企业网站、博客、官方商城、APP
	分享型	基于第三方平台账号	SNS 平台、WEB2.0 网站、资源分享平台、电子商务平台、内容平台
	约束型	第三方平台管理	网络新闻网站、网络广告媒体
信息传递渠道运营工具	信息浏览工具	单向浏览	网站、浏览器、播放器、阅读器
	信息中介工具	信息筛选	搜索引擎、分类目录、应用市场
	发布与传播一体化工具	基于第三方平台账号	同分享型内容运营工具
	链接传递	非完全信息	网络广告平台、网站联盟平台、交叉营销
	社交关系传递	用户关系网络	Email、网络聊天工具、社交网络工具、网页分享工具
	内容订阅工具	用户许可发送	邮件列表、微信公众号
	资源合作	链接与可见度	网站链接、内容资源、访问量资源
	价值传递	获得收益或优惠	网站联盟、微商分销、在线优惠券、在线团购、众筹平台、网络红包
	付费传递	第三方收费服务	网络广告、网络公关
用户运营工具	用户连接	直接信息传递	站内消息、会员通讯、站内社区、关注微信号、关注官方 SNS
	顾客服务	用户沟通交流	Email、即时信息、SNS 客服
	顾客价值	获得收益或优惠	积分、在线优惠券、微商及分销
环境资源运营及管理工具	数据分析	第一手数据或第三方数据	网站数据排行、在线调查、平台开放数据统计、大数据
	管理工具	可获取用户原始数据	网站分析工具、网站流量统计、用户信息跟踪、广告监测、舆情分析

从表 2-2 中可以看出:第一,可用于网络营销的互联网工具及服务众多,其中多数属于

通用的互联网应用,如搜索引擎、电子邮件等,也有一些专用的网络营销工具,如网站联盟、在线分销、网络广告平台等;第二,不同类型的运营工具之间有一定的重合,有些工具具有多重功能,可列入不同的类别。例如社交网络工具(SNS),既是信息发布工具,也是信息传播工具,同时可作为用户连接和价值传递工具,而在线优惠券、在线分销等既可作为渠道运营工具,也可作为用户运营工具。

随着互联网工具和应用越来越多且呈现分散化特征,以网络营销工具为导向的网络营销内容体系也越来越庞大,无论对于企业网络营销人员,还是对于网络营销学习者,对所有工具都能了如指掌并运用自如也就越来越困难。因此,本书将不会逐一介绍所有的网络营销工具及相应的方法,而是在网络营销各运营子系统中选择部分具有代表性及相对稳定性的工具,通过对其一般规律的分析,了解网络营销工具和平台在网络营销信息传递系统中的作用,为后续内容提供知识准备。

本 章 小 结

网络营销信息传递原理是制定和实施网络营销策略的基础,这一原理勾画出了网络营销策略体系的组成:网络营销信息源策略、网络营销信息传递渠道策略、用户及交互策略、噪声及屏障策略等。在实际应用中,除了网络营销的基本要素之外,也离不开网络营销技术支持系统及环境资源系统,并通过网络营销管理控制,有效地实现企业的网络营销目标。在企业网络营销策略体系中,信息源策略、信息传递渠道策略、用户及交互策略属于基础运营系统,是网络营销策略体系的核心内容。这一章的内容,发挥着承上启下的作用,既是网络营销理论基础的深化应用,又是实践应用的开端。

制定和实施网络营销信息源策略,首先应了解信息源的基本形式和基本属性。网络营销信息源有三个基本要素:信息发布者、信息发布渠道和信息状态属性。根据网络信息发布渠道的三种主要类型(运营型、分享型、约束型),相应地可以将信息源分为三类:完全可控型、有限控制型、完全不可控型。

网络信息传递渠道,是将信息源传递给用户的通道、过程和方法,与用户获取信息的渠道是同一事件的两个方面。网络营销信息传递渠道不仅连接信息源和用户,同时也影响着网络营销信息传递的屏障和效率,因而是网络营销信息传递系统的核心环节。网络营销信息传递渠道是信息源的延伸,应与信息源协调一致;本质上是可以带来网络可见度、可信度及用户价值提升的网络营销工具。每个互联网渠道都有自己特定的应用场景和模式,都需要认真研究其与信息源的关系及信息传递的方法和规律。

网络营销中所指的用户并不限于注册用户,只要是网络营销信息传递系统中以任何方式获取、接收信息源或参与交互的,都可以称为用户。用户对网络营销信息源、传递渠道及信息交互都发挥着直接的作用,用户的信息交互行为则直接体现了网络营销的动态过程。在网络营销信息传递系统中,用户信息交互的意义主要表现在用户价值、运营效果、用户资源三个方面。在网络营销中用户始终处于核心地位，一切为了用户，为用户创造价值，是网络营销的基本思想，绝不是空洞的理念或口号。

企业网络营销能力，来自网络营销信息传递系统的组成要素及运营能力，包括信息源运营能力、信息传递渠道运营能力、用户运营能力、环境资源运营能力等。

复习思考与实践：

1. 社交网络平台通常具有完整的信息发布、传递及用户交互功能，以微信平台（或其他平台）为例，试分析企业如何设计基于该平台的网络营销策略。

2. 自己录制一段短视频（也可通过网络下载），选择一组不同类型的信息发布渠道（例如博客、微博、视频分享平台等），试分析信息源的形式应如何分别适应发布渠道的要求，并且便于向用户传递。

3. 选择一种或若干种网络营销工具（例如搜索引擎、电子邮件等），分析其网络营销功能，并着重分析在网络营销流程中用户的地位及行为特征。

第 3 章 网络营销的信息源策略

网络营销的信息源策略,是根据信息发布渠道及传递渠道的基本特征,创建、发布及对相关信息进行管理维护,为实现网络营销信息的有效传递及用户交互奠定基础。

本章在总结网络营销信息源策略基本内容的基础上,针对信息源的三种基本类型,选择常用的信息源形式,介绍信息源构建与维护方法(见图3-1)。

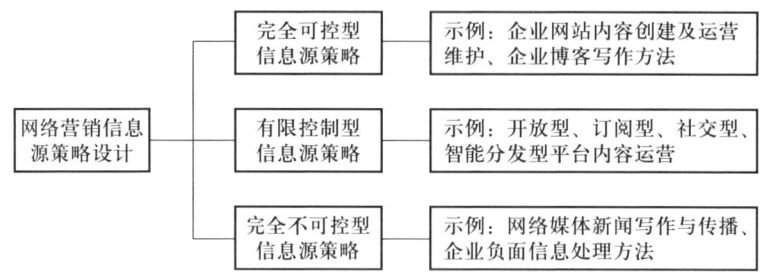

图 3-1 企业网络营销信息源策略系统

3.1 网络营销信息源策略概述

本书第 2 章网络营销信息源研究表明,网络营销信息源有三个基本要素:信息发布者、信息发布渠道和信息状态属性。三者的相互关联和影响决定了信息源构建、发布及运营维护的方式。根据网络信息发布渠道的性质,相应地可以将网络营销信息源分为三类:完全可控型、有限控制型及完全不可控型。作为企业网络营销信息源应具备三个基本条件:信息源是对用户期望信息的满足、信息源发布渠道与传递渠道相适应、信息源符合用户获取信息的方式。

网络营销信息源的"三要素、三类型、三条件"为网络营销信息源策略设计提供了基本思路和实现路径。简单来说，也就是将什么信息以何种方式发布于哪些渠道，以及这些信息如何传递、如何被用户获取、用户如何反应等，这实际上影响到网络营销信息传递系统的整个流程。

3.1.1 网络营销信息源策略的基本内容

根据网络营销信息源的三种基本类型，信息源策略相应地可以分为三类：完全可控型信息源策略、有限控制型信息源策略、完全不可控型信息源策略。三类网络营销信息源策略构成了企业网络营销信息源策略系统（见图 3-1）。

1. 完全可控型信息源策略

完全可控型信息源策略包括企业网站及商城等官网平台的内容运营、企业博客内容运营、邮件列表内容运营等。本章将以企业网站和博客内容运营为例，介绍完全可控型信息源的创建方法及原则。

2. 有限控制型信息源策略

这类信息源类型较多，主要是基于第三方网站平台的内容运营，包括电子商务平台、文档分享平台、知识分享平台（网络百科、在线问答）、社会化网络平台（微博、微信）、内容订阅及分发平台（微信公众号、智能分发内容平台等自媒体运营）等。本章介绍网络百科词条（开放型）、企业微博（社交型）、微信公众号（订阅型）、自媒体内容平台（智能分发型）等有限控制型信息源构建与传播方法。

3. 完全不可控型信息源策略

完全不可控型信息源与上述两类有明显的差异，由于企业自主性较小，通常需要创建与引导管控相结合。本章以网络媒体的企业新闻发布及企业负面信息管控为例介绍不可控型信息源策略的一般方法。

长期的网络营销实践经验表明，企业可以自主掌控的、可以通过合理的推广获得用户的、可直接带来用户的、可以积累长期资源的、有利于提高企业品牌形象的、有助于减少负面影响或直接损失的，都应该作为信息源策略设计要考虑的主要因素。本章后续内容介绍的网络营销信息源创建与维护示例，可作为企业设计信息源策略时参考。

根据企业网络营销信息源的本质，有效的信息源前提是符合用户对信息的需求，用户的需求决定了信息源的形式和内容，没有用户，信息源也就没有任何价值。随着智能手机和智能穿戴设备的普及应用，尽管信息源的形式呈现多样化、分散化的特征，但信息源的本质并未因此而改变。因此，在信息源构建和维护中应坚持用户价值原则。

3.1.2 网络营销信息源策略的意义与实施路径

为了说明网络营销信息源策略的意义，我们先看一个网站的电视广告案例：

2018 年俄罗斯世界杯期间，有一个网站投放了一个视频广告，核心内容主要是一句话：

"旅游之前,先上马蜂窝。"马蜂窝是以用户分享游记和旅游攻略为主要特色的旅游资讯和服务网站,为用户自助旅游之前做功课提供了丰富的信息。对于一个旅行社自营的官方网站来说,提供的信息可能是有限的,而一个众多用户参与分享和交流的旅游网站平台,积累了丰富的信息,可对做旅游决策的用户发挥更大的价值。

这则广告其实也说明了网络营销信息源的本质特征,即体现了网站内容与用户之间互相依存的关系。网络营销信息源的本质决定了信息源策略的基本原则是以用户为中心的信息构建、传播与管理维护。这包括两个方面的含义:一方面,网络营销信息创建的目的是为了用户,也就是说,用户的需求决定了信息源的形式和内容;另一方面,信息源要通过适当的渠道发布和传递,才能为用户所接收,并产生进一步的后续行为。网络营销信息源策略的基本原则,对开展各种内容营销及网络推广具有指导意义。

可以认为,网络营销信息源策略的实际意义表现在两个方面:

第一,网站内容连接用户。网站内容对用户的影响,表现为用户获取信息的价值,网站内容越丰富,信息量越大,对用户的价值也就越高,对用户的行为产生的影响也就越大,也就意味着与实现用户连接的机会越多。

第二,网站内容是营销资源。有价值的内容本身可以为网站带来用户,网站内容也是重要的网络营销资源。

相应地,利用网站内容带来用户的营销方式,从企业的角度来看,也就是内容营销。内容营销的基本思路,是通过网络营销信息源的创建、发布及传播,向用户传递有价值的信息,从而获得潜在用户的关注。可见,信息源创建又成为内容营销的基础。

内容营销的范畴很广,例如微视频营销、网络直播营销、社会化媒体营销、软文营销等,甚至搜索引擎关键词广告、分类广告、B2B电子商务平台信息发布等,都可以认为是内容营销的表现形式。网站内容是内容营销的基本形式之一,也是内容营销的基础,是最具生命力的内容营销方式。事实上,内容营销在网络营销中具有举足轻重的地位,内容运营也是其他网络营销手段的基础,这也是本书将内容运营作为网络营销信息源策略重要组成部分的原因。

那么,如何实施网络营销信息源策略呢?一般来说,网络营销信息源策略包括三个层面的内容:

第一,基础层。分析网络营销信息源的基本属性。信息源策略的基础层发挥着对信息源构建和发布的支持及规范作用,通过对信息源属性的研究,确定信息源发布渠道及相应的信息源构建原则。例如,对企业官方网站信息源构建的一般要求、对于自媒体账号运营的流程和规范等。

第二,主体层。信息源基本元素及内容发布。信息源策略的主体层是构建信息源的日常工作内容,包括内容选题、元素准备(文字、图片、视频、音频、文档)、内容形式设计(如网页内容编辑、手机推送内容编排)、内容校对及发布等。

第三,扩展层。信息源正式发布之后的后续工作。信息源策略的扩展层主要是有关网络营销信息源的管理维护,包括信息源与用户交互状况的分析、信息源基本要素的优化和更新、信息发布渠道运营状况跟踪等。现实中内容发布之后通常被作为信息源运营的结束,因此经常可以看到一些信息过时、链接错误、内容不存在、各信息发布渠道信息不一致等问题,因此还需要通过后续工作进行管理和完善。

总之,网络营销信息源策略并不仅仅着眼于信息源的基本元素,而是要以用户对信息的需求为基础,还要考虑到信息源属性及信息传递渠道的特征,并且需要对信息源进行跟踪和维护。这就意味着,为了适应用户对不同信息源及信息传递渠道的要求,信息源应该有相应的表现方式,例如通过搜索引擎获取信息的用户,网页内容被用户获取的机会较大,而关注于内容推送的用户,内容平台推送的方式更容易传递给用户。因此,企业发布哪些信息、在哪些渠道发布信息、信息的表现形式如何,等等,从根本上说都取决于用户。

在实际工作中,企业网络营销信息源策略设计通常并不是一步到位的,尤其在开展网络营销初期,许多企业的网络营销目标和策略往往有一定的盲目性,网络营销方案需要在实践中不断探索和总结,对初步设计的网络营销策略也需要不断地调整和修正,才能逐步构建适合本企业的网络营销策略。企业网络营销信息源策略设计及完善的过程,通常是在所有可能的信息源类型中进行选择,对企业有价值的并且企业具备相应网络营销资源的,都有必要进行尝试,尤其是企业可以自主控制和管理的信息源,可作为网络营销信息源策略的基本组成部分,经过尝试和积累,不断丰富信息源的内容和形式。

3.2 可控型信息源：企业网站内容运营

可控型信息源的特点是:企业自行掌控,自行建立网络信息发布及存储系统,自主运营维护,在法律许可的范围内可以发布任何信息。

企业官方网站是可控型信息源的典型代表,在网络营销信息源策略体系中发挥着不可替代的作用。企业网站的内容运营,包括网站内容策划、写作、编辑、维护等,也就成为企业信息源策略的基础。企业网站的信息可根据需要以适当的形式发布到其他渠道,企业网站内容创建的一般原则和方法,对其他形式的信息源构建同样具有指导和借鉴意义。

本节介绍企业网站的功能与一般特征、网站内容运营的地位和作用、网站内容运营的流程、网站内容选题及写作方法、企业网站内容运营的主要问题、企业网站内容运营的一般原则等,并以典型的网站内容创建为例,进入网站内容策划及创建的实践操作。

3.2.1 企业网站的功能与一般特征

我们在讨论网络营销的时候,通常都是以企业为对象,也就是传统工商企业,以制造或销售产品为主,实际上企业可分为众多行业,除了传统的制造业之外,还有交通旅游、咨询服务、教育培训、金融服务、医疗保健、生活服务等众多领域。这些企业尽管所属行业不同,规模及经营状况千差万别,但这些企业的网站都有一个共同的特点或者期望:希望通过网站运营,实现用户的增长、品牌的提升、顾客服务及顾客满意度提高等营销目标。也就是说,企业网站的核心在于其网络营销导向,否则便失去了企业网站存在的意义。

所以,本书所指的企业网站,是指以网络营销为导向的网站,包括但并不限于传统工商企业网站,以传统工商企业网站为例得出的研究结论和经验,同样也适用于其他类型的网站。其原因在于,"网络营销"在一定程度上也是一种泛营销概念,不仅针对企业产品或品牌的营销,也包括所有通过互联网发布信息并期望用户所了解的信息传递活动,如互联网服务平台网站、机构网站、公益网站、个人网站等。只是不同类型的网站,在网站功能和内容等方面侧重点有所不同,但在总体运营目标和策略方面具有较多的共同性。例如,都需要为用户提供有价值的信息和服务,都需要通过网站运营和推广获得用户的关注和参与等。

在进入网站内容运营之前,我们有必要了解一些基本问题:一个网络营销导向的企业网站,应该具备哪些功能呢?与其他网络营销信息源相比,企业网站信息有哪些特点?

3.2.1.1 企业网站的功能

简单来说,网站发挥着实现网站运营管理、用户浏览、信息交互、在线购买、顾客服务等活动所必需的技术支持系统的功能。但仅有技术支持功能还不能实现网络营销的效果,从网络营销的角度来看,完整的企业网站的功能应包括技术功能及网络营销功能两个方面(见图3-2)。

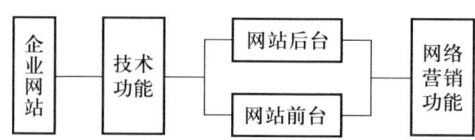

图3-2 网络营销角度的企业网站功能示意图

这里所说的网络营销功能,是指在具备相应的技术功能的基础上,网站可以发挥的网络营销价值。网站的技术功能和网络营销功能相互关联,互为依存,即网站的技术功能是为网络营销功能提供支持的,实现网站的网络营销功能才是企业网站的最终使命,否则网站的技术功能也就失去了意义。

1. 企业网站的技术功能

网站的技术功能是用户访问网站和运营人员运营网站的基础保证。用户来到一个网站,从浏览网页到注册账号及其他行为,每一步都需要网站的技术支持。一般来说,网站的功能可分为前台和后台两个部分,前台即用户可以通过浏览器看到和操作的内容,后台则是指通过网站运营人员的操作才能在前台实现的相应功能。后台的功能是为了实现前台的功能而设计的,前台的功能是后台功能的对外表现,通过后台来实现对前台信息和功能的管理。

例如,在网站上看到的公司新闻、产品介绍等就是网站运营人员通过后台的信息发布功能实现的,在前台,用户看到的只是信息本身,看不到信息的发布过程。又如,在网站注册用户,需要填写用户名、密码以及其他必要的个人信息,网站后台就需要相应的用户注册及管理功能。

网站的技术功能通常会在网站策划阶段确定,功能开发完成之后在一个阶段内有一定的稳定性,因此在网站功能策划时需要认真研究,尽量不要遗漏重要功能,也没有必要一次性开发过多暂时不用的功能,有些功能可以待网站改版和功能升级时重新策划。一个企业网站需要哪些功能主要取决于网络营销策略、财务预算、网站维护管理能力等因素。

企业网站常用的技术功能包括：信息发布与管理、产品管理、会员管理、订单管理、邮件列表、论坛/博客管理、在线帮助、站内检索、广告管理、在线调查、流量统计、网页静态化、模版管理、友情链接管理、社交网络分享等。

此外，在网站后台中还有一些基本的功能，如系统配置管理、栏目管理、用户权限管理、密码管理、数据库备份、第三方平台接口管理（如在线支付、社交网络）等。由于网站的技术功能通常只能通过后台管理系统才能进行操作，因此在理解网站后台技术功能时会有一些抽象。为了加深印象，如果有条件的话，可以找一个真实企业网站的后台管理系统登录了解一下，或者作为实践，利用免费网站系统配置一个网站以了解其后台功能。

2. 企业网站的网络营销功能

网站的技术功能是为网站运营及网站发挥网络营销价值提供支持的，一个具有网络营销导向的网站，应该有明确的网络营销功能，这也是企业网站建设与网络营销关系的体现。

本书作者通过对众多企业网站的研究发现，无论网站规模大小，都具有一定的网络营销功能。企业网站的网络营销功能主要表现在八个方面：品牌形象、产品/服务展示、信息发布、顾客服务、用户连接与顾客关系、网上调研、资源合作、在线销售，如图3-3所示。通过合理的网站运营，获得提升企业品牌形象、资源合作及在线销售方面的效果。

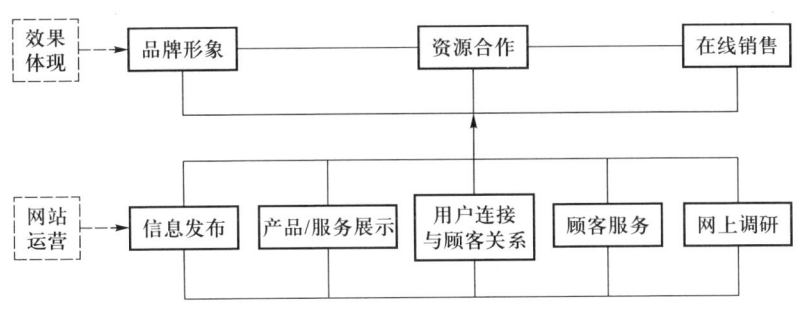

图3-3 企业网站网络营销功能示意图

即使最简单的企业网站也至少具有其中一项网络营销功能，否则由于不具备企业网站的基本特征，也不能称之为企业网站了。

从图3-3中可以看出，企业网站的网络营销功能与网络营销的八项职能非常相似，这也可以从一个侧面看出企业网站在网络营销内容体系中的重要地位。但并不是说企业网站本身就是网络营销的全部内容，更不会自动实现网络营销的职能。企业网站的网络营销功能是为开展网络营销提供的技术支撑平台所应具备的功能，并不等于每个企业都必须有这些功能，也不是说具备了这些功能就可以自动发挥网络营销的效果。正如通过信息发布渠道的企业信息并不会自动传递给用户一样，企业网站的网络营销功能只有通过有效的运营维护才能体现出来。具备了网络营销功能基础的网站，才能更好地开展内容运营、渠道运营、用户运营及资源运营。

另外，企业网站的网络营销功能并不是固定不变的，需要与企业的经营策略相适应，在企业网络营销的不同阶段，对网站功能的需求不同，网站功能也相应有一定的差异，而随着企业电子商务流程和用户连接能力的不断深化，企业网站也将不仅仅是一个网络营销的工具,而是要涉及电子商务流程中的各个领域,网站的功能也将不断发展演变。

3.2.1.2 企业网站的特征:优势与劣势

自网络营销诞生至今,企业网站一直是重要的网络营销工具之一,这是其自身优势的最好证明,不过随着社会化网络及人工智能等应用的深化,出现了更多新型网络营销工具,传统企业网站的劣势也越来越明显。

1. 企业网站的优势

从企业网站的优势方面来看,企业网站的特征主要表现在五个方面,即企业网站的五大优势:权威性、可控性、长期性、稳定性、适应性。

(1) 权威性:企业信息源的可信度支撑。企业网站是企业官方信息发布渠道,具有信息权威性和完整性的特点。在网络营销信息传递系统中,企业网站是各种信息源的核心和基础,承担着为其他信息发布渠道所发布的信息的"背书"功能,为其他网络营销方法提供可信度的支撑。例如,创建与企业相关的网络百科词条,企业官网是最权威的参考资料来源之一。又如,企业开展的微博活动,往往需要官方网站信息源的支持。

(2) 可控性:企业网站具有自主性和灵活性。企业网站是根据企业本身的需要建立的,是最具可控性的网络信息发布渠道,因此在功能上有较大的自主性和灵活性,可自主发布和管理企业经营所需的各种信息。也正因为如此,不同企业网站的内容和功能会有较大的差别。企业网站的网络营销效果,主动权掌握在自己手里,其前提是对企业网站有正确的认识及合理的运营,并且从经济上、技术上有实现的条件。

(3) 长期性:企业网站的内容具有长期价值。企业网站是企业的网络营销资源,经过持续的运营和积累,每一个网页都可能带来潜在用户,专业的网站内容可发挥长期的网络营销价值。网站内容越丰富,潜在价值越高。网站内容运营的价值已经为长期实践经验所证实。

(4) 稳定性:企业网站运营的相对稳定性。企业网站的基本要素具有相对稳定性,尤其是网站的结构和功能往往在一定时期内很少进行大的调整,因此网站内容运营策略也可以相对稳定,集中精力在内容创建与推广,不必经常为网站规则的变化而影响运营。

(5) 适应性:企业网站可以适时的改版和升级。网站稳定性是相对的,并非长期一成不变,事实上网站改版升级是网站运营的重要内容之一。当网站不能适应当前的运营环境及营销策略时,可以根据需要进行改版和升级。根据网站改版的形式及复杂程度,可将网站改版分为四种常见模式:网站外观更新模式、网站要素调整模式、网站重构模式、多网站并行模式。此外,企业网站改版应遵循五项基本原则:去旧存新原则、可持续访问原则、用户信息稳定性原则、多域名协调一致原则、新旧网站架构兼容原则。

2. 企业网站的劣势

基于企业网站的网络营销优势仍将长期存在,但相对于新型网络营销工具来说,其劣势也是不可忽视的。企业网站的劣势主要表现在三个方面,这里总结为企业网站的三大问题:用户连接能力问题、信息传递能力问题、运营效果问题。

(1) 用户连接能力问题,表现为企业网站与用户之间的连接能力较弱。

我们经常浏览各类网站,比如购物网站、新闻网站、社交网络等。那么,你是否经常浏览工商企业网站，尤其是生产企业的网站，比如服装企业、运动鞋企业或化妆品企业网站呢？当然，如果你打算购买华为手机或者小米手机，很可能到华为或小米官方商城去获取信息或者直接下订单。那为什么没有浏览和自己生活相关的其他众多消费品生产企业网站呢？

我们可以列举很多原因，例如，不知道企业网站的网址、企业网站提供的信息有限、即使在企业网站看到了需要的产品也无法在线购买、偶尔一次在线购买还需要注册用户信息太麻烦了，等等。总结起来也就是：企业知名度不够高或产品市场占有率不够高、网站信息不能满足需求、网站的电子商务功能不完善。总之，到这些企业网站，不如直接去电子商务平台的官方旗舰店购买更加方便。事实上，除了知名大型企业之外，这些问题是大多数中小企业的共性问题，对企业的网络营销造成了不同程度的局限。

企业网站的这些问题，从根本上说，是网站与用户之间的连接能力问题。也就是说，一般的企业网站功能比较简单，为用户提供的信息和服务有限，没有充足的理由维持与用户之间的长期联系。除非是大型知名企业，可以为用户提供持续的服务，例如智能手机厂商的云存储服务、售后服务及产品升级服务等。

（2）信息传递能力问题，表现为企业网站的信息源自动传递能力较差。

企业网站的用户连接能力较弱，也造成另一相关的结果，也就是网站难以维持用户的主动关注和持续关注，只能依靠不断的"网站推广"才能获得用户。从网络营销信息传递过程来看，也就表现在企业网站信息源的自动传递能力不强，无法通过网站本身的用户带来更多的用户。而大型网站平台拥有丰富的用户资源，可以为平台的商家带来源源不断的潜在用户。这种状况造成的进一步问题是，即使通过一定的网络推广，用户对企业网站信息的需求通常是临时性的，而且网站内容有限，也就意味着用户大多不会是网站的长期用户。由于这种特点，决定了用户来源渠道也就比较有局限性，主要通过搜索引擎、广告、用户推荐等引导性渠道。这也就说明了这样一个事实，在早期的网络营销中，企业网站推广是重要工作之一，且网站推广方法有限，在一定程度上制约了企业网络营销的效果。

（3）运营效果问题，表现为企业网站的网络营销效果显现较慢。

由于企业网站功能、内容、服务等因素的限制，用户连接能力和信息传递能力不强，最终将体现在企业网站的运营效果方面。由于企业网站运营无法实现立竿见影的网络营销效果，一般来说不仅需要较长时间的持续运营，而且具有较大的不确定性。由此造成的影响是，很多中小企业网站在建设完成并添加简单的企业和产品信息之后，可能很多年都没有再做后续运营，成了名副其实的"一次性网站"。

本书作者曾对若干个机械企业网站内容运营状况进行过调查，发现中小企业网站没有持续运营的情况很普遍。相对而言，电子信息百强企业则比较重视企业网站运营，网站功能以及用户连接等方面都比较完善，内容维护也比较及时，发挥了企业网站的网络营销功能。

总之，企业网站是可控性最强的网络营销工具之一，在企业网络营销信息传递系统中具有不可忽视的作用，其前提是网站具备基本的功能、内容和服务，但是企业网站并不会自动产生网络营销效果，需要持续地运营维护。

3.2.2 企业网站内容运营的地位及作用

如前所述，企业网站的网络营销效果是运营出来的，网站运营是企业网络营销的基础工作。网站运营的范围相当广泛,与网站相关的所有工作都可以认为是网站运营的工作。网站运营维护工作可以归纳为6个方面:内容运营、网站推广、顾客服务、技术维护、环境运营、运营管理等,如图3-4所示。

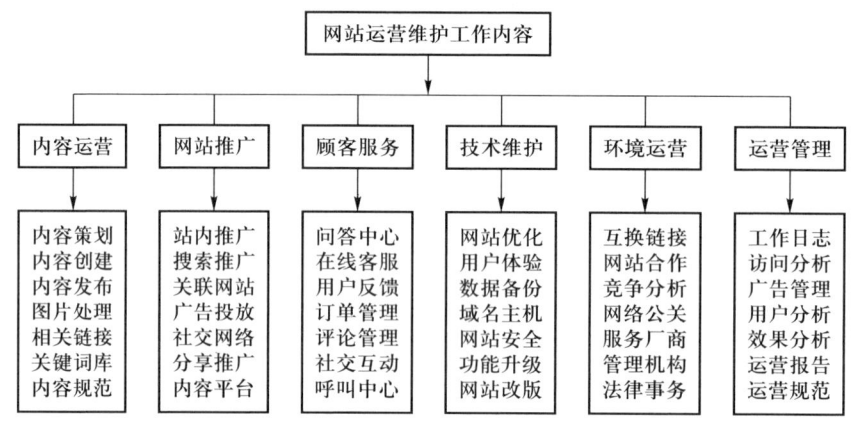

图3-4 网站运营工作内容及示例

由此可以看出,内容运营是网站运营的基本组成部分,网站运营是在内容运营规范的基础上,从网站内容策划、编辑发布到后期管理的一系列工作。

企业网站内容,与其他网站一样,从用户的角度来看,是一系列网页的组合,通过网站的栏目结构、内容、功能和服务等基本要素实现用户获取信息及其他交互功能。网页内容是网站的基本组成元素,也就是企业希望通过网站向用户传递的所有信息。网站内容包括所有可以在网上被用户通过视觉或听觉感知的信息,如文字、图片、视频、音频、文档等。网站内容也是传递网络营销信息的基础。

企业网站的内容对网络营销的意义,可以归纳为下列几个方面:

第一,企业形象。企业网站内容提供了企业的"画像",是潜在用户了解企业信息的官方渠道。

第二,企业可信度。作为企业的官方信息源,增加了在其他第三方平台发布或引用信息的可信度(如网络百科、微博、B2B平台、自媒体内容平台等)。

第三,网络资源及网络推广。网站内容是企业的网络营销资源,有价值的内容也是带来潜在用户的重要方式,即基于网站的内容营销。

第四,网站内容是企业的历史记录。企业的发展历程、重大事件、产品更新等,通常都会及时发布在网站上,从一个较长时期来看,企业网站也就成为企业的历史档案馆,有助于系统了解企业的发展历程和运营状况。

此外,在网络营销信息源组合策略中,企业网站内容的策划及创建也为其他类型的信息源(如社交网络、文档分享、知识营销等)的构建和信息传递奠定了基础。企业网站内容创建的方法,对其他类型信息源构建同样是有效的,掌握了企业网站内容创建方法,也就具备了所有网络营销信息源创建的基本功。这也是本书用较大篇幅介绍企业网站内容运营的意义及网站内容创建方法等相关问题的主要原因,尽管现阶段部分小微企业网站在网络营销中的地位并不显著,但对于网络营销学习及网络营销能力培养来说,企业网站的作用仍然是无法替代的。

3.2.3 制定企业网站内容运营方案

根据前述网络营销信息源的本质,具体到企业网站的网络营销信息源来说,企业创建的所有网站内容都是为了用户,用户对信息和服务的需求决定了企业网站内容的形式和内容,同时还要考虑到企业网站信息传递的特征,使得网站内容便于通过主要信息传递渠道为用户所接收。当然,所有的内容运营都需要在企业营销目标和总体策略的框架下。

因此,对网站内容运营策略的一般要求是:构建内容运营支持的基本条件,客观认识网站内容运营的局限性,制定可行的网站内容运营方案。

1. 构建内容运营支持的基本条件

网站内容策略受到网站基本要素尤其是其中网站栏目设置的制约,首先需要从网站基本功能和栏目设置等方面构建内容运营的支持系统,提供网站内容运营的基本条件。

例如,一个最简单的企业网站,如果只有企业介绍和产品介绍两个栏目,那么内容运营的领域也只能是这两个方面,其他内容则没有合适的栏目可以承载。如果企业网站栏目设置过于宽泛,又可能失去企业特色,例如,如果包括社会新闻、旅游信息、天气预报等栏目,显然又不符合企业网站的特征,也是不合理的设计。

网站的栏目结构是一个网站的基本架构,通过合理的栏目结构及层次设计,使得用户可以方便地获取网站的信息和服务,并重点展示当前的营销活动。一个典型的企业网站,通常包括下列栏目(以二级栏目结构为例,栏目名称仅供参考),如表 3-1 所示。

表 3-1 企业网站栏目设置示例

一级栏目	二级栏目	网页数量	网页内容简介
网站首页	无	1	企业新闻、重点产品、重点活动、促销、服务、用户联系等
公共栏目	企业简介	1 个或多个	公司介绍、主要领导人员介绍、发展历程、组织机构、资质荣誉等
	企业新闻	多个	企业发展动态、重要新闻、重要活动等
	媒体报道	多个	公共媒体发布的有关本企业的采访、新闻报道等
	社交网络	1 个或多个	公司及主要分支机构的社交网络媒体的关注链接、用户互动、企业自媒体等内容
	常见问题	多个	用户关心的常见问题及解答、提交问题入口等
	企业声明	1 个或多个	版权声明、隐私保护声明等,每项也可作为独立二级栏目
	公众信息	1 个或多个	投资人、媒体记者、调查研究人员、自媒体作者等关注的企业信息
	招聘信息	1 个或多个	企业自主招聘信息
	联系方式	1	公司及各分支机构、营销网络、售后服务的详细地址及联系方式等

续表

一级栏目	二级栏目	网页数量	网页内容简介
产品中心	产品目录 产品系列1 产品系列2 …… 产品系列N	多个	产品信息是企业网站最重要的栏目之一，不仅内容丰富而且信息来源可靠。通常可按照产品类别分为不同的子栏目
用户中心	顾客服务 用户互动	多个	不同企业的顾客服务差异化较大，包括顾客服务信息和沟通等。常见顾客服务信息有：产品选择和使用常识、产品说明、在线问答、售后服务、软件下载及升级等
企业商城	无	1	如果企业有自己的商城或官方旗舰店，无论是否独立域名还是官网下属的二级域名，在官网网站都有必要作为一个栏目。如果作为非导航栏目，网上商城通常可以直接链接到一个独立网址
行业研究	不确定	多个	行业标准、产品数据、市场数据、产品白皮书等专业信息
网络社区	不确定	不确定	论坛、博客等信息发布和交互系统

根据企业的网络营销策略，可以选择相应的栏目结构，为内容运营提供支持。如果不具备内容运营的基础条件，则应做必要的网站改版或相应的修正，而对于临时性或一次性的网站，有些栏目可能就没有必要全部展示。

从网站的一般栏目结构也可以看出，网站内容的范围是相当局限的，这也为网站内容运营带来了比较显著的想象力限制。如何才能做好网站内容运营呢？

2. 客观认识网站内容运营的局限性

企业网站栏目的一般模式，实际上也决定了企业网站内容的一般类型，大致可分为基础信息、专业信息、用户信息及其他可扩展信息等几个方面。

其中，网站的公共栏目所属的二级栏目以及企业产品中心下属的内容，都属于企业的基础信息，也就是无论企业网站规模大小，都是必不可少的内容，这些内容大多来自企业本身，内容可扩展空间有限。而其他方面的内容则具有较大的运营空间。

盲目制定企业网站内容运营目标和运营策略是没有意义的，应明确企业的资源和特点，量力而行。相对于媒体资讯或知识性娱乐性内容网站来说，企业网站内容范围有限，对用户信息需求行为的分析就显得格外重要，因为只能用有限的、与企业相关的信息获得用户的关注。所以总体来说，由于通过企业网站内容获得用户的资源和信息传递渠道相对也较少，企业网站内容运营的难度比其他网站更大，而不是更简单。对这种状况认识不足，可能会造成企业网站建设和运营的盲目性，使得大量企业网站经历了一场"开心地建设，痛心地遗弃"的命运。

3. 制定可行的网站内容运营方案

具备了网站内容运营的基本条件和基本策略，才能真正开始网站内容运营的实际操作。根据网络营销信息源的基本要求，网站内容必须在满足用户对信息源价值期望的基础上，符合信息传递渠道的要求，并且通过多渠道的内容发布实现企业信息网络可见度的提升。

在制定网站内容运营方案时,应注重专业性及可操作性。例如,对于企业的基础信息,应尽可能做到内容真实、信息全面、更新及时,让来到网站的用户可以获取他所期望的信息,为购买决策提供充分的支持。另外,在公布有关技术资料时应注意保密,避免为竞争对手利用,造成不必要的损失。

对于企业的专业信息、用户信息及其他可扩展信息,则是企业网站运营的重要领域,从用户需求分析、内容来源、内容选题及编辑发布等都应制定明确的内容运营规范。

下面通过实践操作案例,进一步了解企业网站内容运营方案的基本内容。

实践操作案例

制定企业网站内容运营方案

请任选一个企业网站为实践目标,通过初步的诊断,分析企业网站是否具备内容运营的支持条件,提出改进建议,并制定相应的网站内容运营方案。

说明:建议选择中小型企业网站,例如某办公用品、皮具、机械加工等企业,从中小型企业网站中可以发现更多的问题,有助于对企业网络营销真实状况的了解。

企业网站内容运营方案(参考模板)

1. 企业网站概况

(1) 目前网站栏目设置(单选):

基础信息栏目:○基本完整　○有一定欠缺　○严重欠缺

专业信息栏目:○有　　　○无

用户信息栏目:○有　　　○无

扩展信息栏目:○有　　　○无

其他信息栏目:○有　　　○无

其他问题,请说明:_____

(2) 网站目前存在的主要问题(单选):

○没有突出问题,可以正常运营

○网站栏目设置不完整,无法开展内容运营

○网站基础信息栏目基本合理,但无法承载其他方面的信息

○网站栏目设置具备网站内容运营的基本条件

○网站栏目设置存在其他比较突出的问题

其他问题,请说明:_____

(3) 网站栏目设置诊断结论(单选):

○本网站已具备正常开展内容运营的基本条件

○本网站基础信息栏目设置合理,需要增设部分扩展信息栏目

○本网站尚不具备正常开展内容运营的基本条件,需要改版后重新评估

其他问题,请说明:_____

2. 网站内容运营计划

如网站符合内容运营的基础条件,请继续进行下列操作:

(1) 网站内容运营的基本策略。

基础信息:完成初期内容发布之后,根据企业发展,适时地增加新的内容,并不定期对过期信息进行修订维护。

专业信息:一方面,与研发、生产、营销等部门合作,获得企业的专业信息,根据用户的需求进行编辑,经公司内部审核后发布;另一方面,关注行业发展动态,对于有价值的信息进行二次加工并获得许可后发布。

用户信息:这是网站内容中最重要的信息来源,通过微博、微信等社交网络与用户互动,了解用户关注的问题,整理后发布到相关栏目,并通过这些问题与用户进一步沟通联系,获取更多的信息。

(2) 网站内容来源。

根据内容运营策略,网站内容主要来源于三个方面:公司内部的产品研发、营销等动态;产品专业资料及常识;社交网络用户交流互动。因此需要从这三个方面收集素材,并根据用户获取信息的预期行为创建相应的内容。

说明:网页内容严格遵照专业的网站内容编辑规范发布和管理,适应信息传递渠道的要求,并发挥长期价值。

(3) 网络传播效果跟踪。

定期分析网站访问统计数据,观察记录搜索引擎、外部链接、网络广告等渠道的用户来源,不断优化内容运营计划,在网站内容数量增加的同时,获得更多潜在用户的访问。

3. 网站内容多渠道传播

在网站内容运营的基础上,保持企业微博及微信公众号等社交网络和自媒体的日常运营,将网站内容调整为适当的形式发布在微博及作为微信公众号内容推送,同时以SNS(社交网络)用户互动内容为素材,经专业创作,作为网站内容发布。

另外,将合适的网站内容修改为适合分享的形式分别发布在第三方信息发布渠道,并根据需要跟踪维护。包括:

- 网络百科(百度百科、360百科等);
- 文档分享(百度文库、360doc等);
- 问答社区(百度知道、360问答等);
- B2B电子商务平台(1688、中国供应商等)。

4. 内容运营预期效果

预计经过一段时间的运营,预期可获得如下效果:

(1) 网页内容增长:网站内容逐渐丰富,每月新增不低于50个网页。

(2) 潜在用户访问:网站的访问量显著增加。

(3) 网络可见度:获得在主要搜索引擎及常用第三方平台内部可见度的提高。

(4) 资源合作能力:在具备资源合作的条件下,与相关网站建立交换链接等合作。

(5) 用户连接能力:除了传统的电话、邮件及QQ联系之外,重点增加了社交网络连接,获得用户关注,及时了解用户反馈,与用户的沟通互动渠道更加畅通,逐步积累用户资源,连接用户能力得到显著提升。

（6）对销售的支持：通过相关网页的介绍、专题活动、链接到产品销售页面等方式，实现对销售的支持。

这是一个简单的网站内容运营计划，在内容承载能力和运营策略方面充分发挥了企业网站的网络营销功能，随着内容资源的不断积累，网站内容对用户的价值及带来潜在访问量方面将会有明显提升。

接下来以典型的网站内容创建为例，进入网站内容策划及创建的实践操作阶段。

3.2.4 企业网站内容选题与创建方法

企业网站内容运营方案，是企业网站内容的蓝图，最终需要落实到每一个网页内容的创建、编辑和发布，才能成为用户可以访问的网页信息和网站的内容资源。企业网站内容选题和创建方法，也就成为网站运营的基本功和日常工作。

根据前述网站内容运营计划，内容类别主要包括三个方面，即基础信息、专业信息和用户互动信息。这三个方面也就作为网站内容选题的方向和主要来源。

下面仍然以该中小型传统工业企业网站为例，从一个网页的选题、资料收集到内容编辑，了解网站内容创作与发布的整个过程。

 案例

某机械设备企业网站内容问题分析

这里以机械设备行业的企业为例，如注塑机、塑料包装机、装配线设备、封口机、喷码机等产品生产厂家。之所以选择机械设备行业的网站案例，是因为该行业中小企业数量众多，是网络营销竞争最为激烈的行业之一。通过一个产品名称搜索，在百度搜索结果页面中可以看到大量的广告信息，机械企业的竞争状况可见一斑。

在本案例采集期间（2020年），以"装配线设备"为关键词，在百度搜索结果页面第一页随机选取了一条标注为"广告"的搜索结果，点击进入一个名为"深圳市某某自动化设备有限公司"的网站（本书中隐去真实企业名称和网址），并在产品中心栏目中任意选择一个产品系列"快递输送设备"中的一个产品"90度滚筒转弯机"。

通过对网站栏目结构的分析，网站的"基础信息"栏目基本是完整的，而专业信息和用户信息等则没有相应的设置，表明企业网站内容的运营空间有限。点击进入，对该产品页面信息做初步的分析。该网页内容中，仅有一个产品名称和一张图片，没有任何详细的信息。这种情况在中小型机械企业网站中其实并不少见。

根据本书作者对机械设备企业网站的长期跟踪研究，多年以来，企业网站的状况并没有发生明显的改进，大都具有一些共性特点，例如：

（1）网站内容刻板。网站内容主要集中在公司简介和产品简介,且网页内容信息量较少,缺乏详尽的介绍,用户难以获取有价值的信息。

（2）企业网站建设完成之后内容很少更新。有些网站发布之后几乎没有再更新过内容,大量企业网站沦为"一次性用品"。

（3）企业网站缺乏互动、分享、收藏、订阅等用户连接能力。部分网站虽有官方微博、微信公众号二维码等社交媒体信息,但缺乏持续的运营,与网站内容或服务缺少结合。

（4）网站推广与网站内容运营脱节。企业宁可投入大量资金做广告,但官网内容建设仍然停留在初级水平,用户即使通过广告链接来到网站也难以获得有效的信息。这也表明企业更重视眼前效果,忽视长期的运营维护,而且网络推广也不够专业。

针对这样的状况,本节并不打算用大量篇幅介绍企业网站策划、建设及运营推广的所有内容,主要关注的是如何构建一个内容丰富、可为用户提供详尽产品信息的网页内容。其实,如果在网站内容创建方面做得专业一些,很可能就会在许多竞争者中脱颖而出。

实践操作案例

机械企业网站产品详情内容页面创建

作为实践操作演练,这里选择一个与生活相近的机电产品为例:电焊机。这种设备在家用、维修厂、机械厂、装修工程等方面具有广泛的应用。

产品名称:家用电焊机。

案例选择:以"家用电焊机"为关键词,通过百度搜索引擎搜索,在搜索结果第一页靠前位置,选择一个相关企业的广告信息,点击进入企业网站。这里选择的是"深圳某某电气股份有限公司"网站。浏览该网站发现,实际上网站的产品与服务栏目中并没有与"家用电焊机"名称十分匹配的产品名称,通常是比较专业的产品名称及型号,因而通过搜索引擎广告的链接才能到达相关产品的页面。对一些非专业的家庭用户而言,很难准确说得出专业的产品名称和型号,可见该企业网站的内容策略与用户需求之间还有一定的差距。

一般来说,以用户需求为导向的企业网站内容创建(或对已有网页内容进行修订)可以从以下几个方面进行:

第一步,分析用户对相关信息的需求。

在本案例中,希望了解家用电焊机的用户,可能是家庭维修所需,或者是需要建设某个小型金属工程项目。经验表明,用户关心的内容可能包括:产品型号、价格、产地、品牌、厂家名称、功率、电压、重量、尺寸、购买方式、使用说明、维修方法、相关配件或耗材等。也就是说,除了核心关键词"家用电焊机"之外,用户还可能关注更多的"长尾关键词",例如,家用电焊机价格、家用电焊机型号和价格等。

比较简单的办法是,利用核心关键词"家用电焊机",通过百度搜索、阿里巴巴或淘宝网站内搜索等方式,在搜索输入框的关键词联想列表中通常会罗列一些相关的用户搜索内容,在百度搜索结果页面下方的"相关搜索"、阿里巴巴或淘宝搜索结果页面的"您是不是在找"等,都提供了用户搜索的相关内容,可以作为了解用户需求行为的参考。

例如,在百度中搜索"家用电焊机",搜索结果页面的"相关搜索"包括:220V/380V电焊机价格、220V小型电焊机价格、电焊机的价格、138元小型家用电焊机、家用电焊机150元左右、购买电焊机、自动电焊机价格、购电焊机、二手焊机个人转让350。

当然,你还可以更换关键词以便获得更多的相关信息。例如以"家用电焊机价格"为关键词再次搜索,结果页面会出现更多的相关搜索。根据这些相关搜索信息,是不是可以策划丰富的网站内容?

总之,根据一种产品名称,可以扩展出一系列用户关心的话题,也就意味着,每个产品除了干巴巴的产品简介之外,还可以有更多对用户有价值的信息。如此看来,即使对于产品介绍来说,企业网站内容贫乏的问题实际上并不难解决。在传统的企业网站建设中,通常是企业把希望发布的公司介绍、产品资料等交给网站运营人员(或外包给服务商),经过简单的编辑就发布到网站上,几乎没有"创作"的成分,也谈不上网络营销的理念及信息对用户的价值,仅仅是一项临时性工作而已。这就是那些"一次性网站"的基本状态。

第二步,初选网页标题。

一个产品可以创建一系列的网页内容。这里以"产品名称+价格"为例,设计一个网页标题。其实这个话题同样可以设计多个网页标题,初选三个如下:

- 家用电焊机价格-×××型电焊机-深圳某某电气股份有限公司
- 家用电焊机多少钱一台?最低只要×××元!
- 家用电焊机最低价格是多少?

第三步,创建网页正文内容。

假定网页内容是关于×××型电焊机价格的,网页内容素材可以从这几个方面来考虑:

(1) 核心内容:×××型电焊机整套产品价格,其中包括哪些配件、是否包运输费用、产品使用事项说明等。

(2) 产品信息:型号及参数、适用范围、主要特点、使用方法、注意事项、相关图片或视频资料。

(3) 市场及销售:可通过哪些渠道购买、在线购买链接、各地销售商联系方式、售后服务、是否有优惠活动等。

(4) 相关产品:其他型号电焊机产品简介及价格。

根据这些方面的资料,这个网页内容就比较丰富,对用户提供的信息也较为全面,内容创作也不再是一件令人苦恼的事情。

第四步,网页内容素材及发布准备。

在正式发布之前,要确定网页的基本要素:网页标题、关键词、摘要描述、正文内容、可扩展的相关内容等。在内容编辑时还要确定:META标签内容、内容展示形式(如字体字号颜色等)、插入图片的alt属性、相关链接、是否需要为网页文件独立命名等。

对于本产品内容页面来说,网页内容要素[①]示例如下:

[①] 根据实际工作经验,本书将网页内容的五项基本要素总结为"TDKCR",各字母所代表的含义分别是:网页标题(Title)、摘要描述(Description)、关键词(Keywords)、正文内容(Content)、相关内容(Related Content)。

网页标题（Title）：家用电焊机价格-×××型家用电焊机-深圳某某电气股份有限公司。

摘要描述（Description）：×××型家用电焊机是深圳某某电气股份有限公司生产的小型家用电焊机，适用于小型企业及家庭使用，电焊机价格从100元到2 000元不等，免费送货，免费安装调试。

关键词（Keywords）：家用电焊机，电焊机价格。

正文内容（Content）：深圳某某电气股份有限公司生产的小型家用电焊机——×××型电焊机是电焊机行业的知名品牌，公司是专业的电焊机厂家，权威品质保证，电焊机价格从100元到2 000元不等，免费送货，免费安装调试。在阿里巴巴及淘宝网均可在线购买。

×××型家用电焊机图片：alt=×××型家用电焊机。

正文内容（产品参数、适用范围、主要特点、安装方法、使用方法、注意事项、客户案例等）。

在线购买：到阿里巴巴购买（网址链接）、到淘宝网购买（网址链接）。

产品咨询：如希望了解更多信息请联系……

相关产品：你可以对比了解本公司更多产品，总有一款适合你！

×××型电焊机（网址链接）、×××型电焊机（网址链接）、×××型电焊机（网址链接）……

（说明：以上为产品介绍网页的正文内容。）

经过这样的企业网站内容"创作"，一篇内容比较丰富的网页就基本完成了。其实这样的网页内容要素"模板"，适用于多种类型的产品相关网页内容创建。在网站栏目结构和网页模板既定的情况下，通过内容运营，最大可能发挥企业网站的作用。

通过上述例子可以看出，作为网络营销信息源的网页内容，都有一些共性特征，也就是每一个网页都应该提供丰富的信息，这样不仅仅是为了看起来内容丰富，更重要的是为了便于用户获取全面的信息，为制定购买决策奠定基础。用户可能仅仅浏览这一个网页，如果没有他需要的信息，就可能到其他同类企业网站去获取信息，那么将可能与这个潜在用户擦肩而过。

产品介绍是企业网站最基本的内容，且具有一般规律性，这种规律对于专业性内容、顾客服务（如常见问题解答等）也都是适用的。对于用户交互方面的内容创建，则需要与顾客服务、社交网络等多种运营内容相结合，不断摸索总结适合于企业网站的内容来源和创建方法。只要把握企业信息源的本质并应用于每一个具体的网页内容中，所有形式的网站内容创建的一般原则都是适用的。

3.2.5 企业网站内容运营规范

网站内容运营工作中，内容选题和创作无疑是工作量最大的环节，不过内容的编辑、发布及后期维护，对内容所可能产生的网络营销价值同样具有重要影响，如果在一些细节方面不够专业，辛辛苦苦创建的内容价值可能就会大打折扣。

在前述制定网站运营方案中，有关网站内容来源有个说明："网页内容严格遵照专业的网站内容编辑规范发布和管理。"在网站内容运营中，这不仅是一项工作要求，更重要的是一种工作责任心和工作态度。事实上，只有遵照通过长期实践总结得来的网站内容运营规范，才更容易体现内容运营的效果,对于从事这项工作的人员来说,也更有成就感。自20世纪90年代中期互联网进入企业的网络营销应用,企业网站一直是重要的网络营销工具,经过多年的实践应用,其规律性已经比较清晰,也已经具备规范运营的基本条件。因此,遵照实施企业网站运营规范,也就成为企业网络营销专业化的基础。

企业网站内容运营维护规范主要包括八个方面:
(1) 文件命名规范,分类目录及文章内容页面URL命名规范。
(2) 网页标题设计规范。
(3) 网页代码属性标签(META)之网页描述规范。
(4) 网页代码属性标签(META)之关键词规范。
(5) 开放式分类标签(TAG)规范。
(6) 网页内容编辑规范。
(7) 网页内容发布规范。
(8) 网站内容更新周期。

考虑到网站内容运营规范内容较多,且较为详细,本书不做详细介绍。关于网络营销运营规范,本书第7章将做系统介绍。

3.3 可控型信息源的扩展:博客内容运营

前面有关企业网站内容运营的状况表明,多数中小企业网站信息刻板,内容运营成为企业网站的主要瓶颈,在很大程度上制约了企业网站的网络营销效果。同时,我们在企业网站内容策略中也提到,可以通过与用户交互等方式扩展网站内容的来源,实现企业信息源的扩展。这种扩展形式除了在企业网站设置相应的栏目之外,还可以扩展到网站之外,如开设企业论坛、博客、企业自媒体等。本节以博客内容运营为例,介绍可控型信息源扩展的方式及内容运营方法。

3.3.1 博客的特点及在网络营销中的应用

博客名称来源于Web Log,即网络日志的意思,后来缩写为Blog。2002年8月,博客网创始人方兴东博士正式提出"博客"这一中文概念,后迅速被广泛接受,成为互联网的常用服务之一,并成为网络营销的常用工具之一。

此后,随着互联网移动化和社会化网络的发展,微博、微信等多种具备信息发布与传递及社交功能的新应用不断出现,博客的发展趋于缓慢,博客营销也受到一定的影响。

博客在中国的发展历程大致经历了如下几个阶段:
(1) 诞生及发展阶段:2002—2005年,从诞生到逐渐被用户所接受,企业开始关注和尝试博客营销;
(2) 增长及成熟阶段:2006—2009年,博客用户数量快速增长,博客营销日益成熟,成为

网络营销方法体系中的主流应用;

(3) 稳定及下降阶段:2010—2015年,博客达到高峰后缺乏进一步增长的动力,同时由于智能手机及SNS社交网络的快速普及,博客用户增长趋缓甚至开始下降;

(4) 衰退及维持阶段:2016—2020年,内容平台自媒体运营逐渐成为主流,尽管博客营销价值犹存,但已难以重新回归主流地位,部分门户网站博客频道陆续停止新用户注册及停止运营,不过预计博客仍有一定的生命力,不会很快退出历史舞台。

从内容运营方式及信息传递能力方面来看,博客介于企业网站和社交网络之间,大致可以认为是企业网站的扩展和延伸,并且具有初级的社交网络及内容平台的特点,属于企业网站与社交网络的过渡性应用,这就决定了博客在运营方式和用户连接等方面有自己的特点。

1. 博客的一般特点

相比企业网站,博客具备一定的社会化互动功能,运营维护更简单,内容灵活多样,可以说开启了社会化网络营销的大门,承担了社会化网络用户行为和习惯培育的功能。从2005年之后,将近五年的博客营销实践经验,也为后来兴起的微博等社会化网络营销奠定了理论准备和实践自信。遗憾的是,相对于后来轰轰烈烈的微博及微信等全民性社会化网络应用,博客的社会化网络功能几乎没有任何优势,而相对要求较高的内容创建和编辑,对很多用户来说仍然有一定的门槛。

所以,从企业网站运营到社交网络应用,博客发挥了承前启后的作用,在现阶段互联网应用中的地位逐渐成为非主流,但相对于企业网站和微博等社交网络,博客仍有不可替代的作用。

博客之所以成为被广泛认可的内容营销方法之一,与博客的特点密切相关,主要包括:

(1) 博客运营维护简单。尤其利用第三方博客平台开设博客,只要具备一定的信息创建能力,人人都可以成为博客内容运营者,即使企业自行开设博客频道,由于博客网站的技术功能相对比较简单,博客建设和运营成本相对企业官方网站也较为低廉。

(2) 博客内容资源丰富。企业网站运营的主要瓶颈之一是内容贫乏,而博客正好有效弥补了企业网站这一弱点,扩展了传统企业网站内容的来源和形式,而且员工或用户都可以成为网络信息发布者,从企业角度来看,博客具备了"全员网络营销"的基本条件。

(3) 博客的信息传递功能。与企业网站内容需要借助于网站推广才能获得用户关注不同,通过博客平台内部的用户之间的信息交互,使得博客具备一定的信息自动传播能力和初步的社会化网络功能,也就是具备一定的用户连接能力。

2. 博客营销基本原理

基于对博客营销一般特点的认识,我们可以进一步通过博客内容的发布与传递过程解释博客营销的基本原理。

在博客频道或平台上有多个用户,每个用户既是博客内容的创建者,也是博客内容的阅读者,同时还可以通过其他网站的链接或搜索引擎获得其他用户的浏览,即博客具有多重网络传播的特征。博客营销的基本原理如图3-5所示。

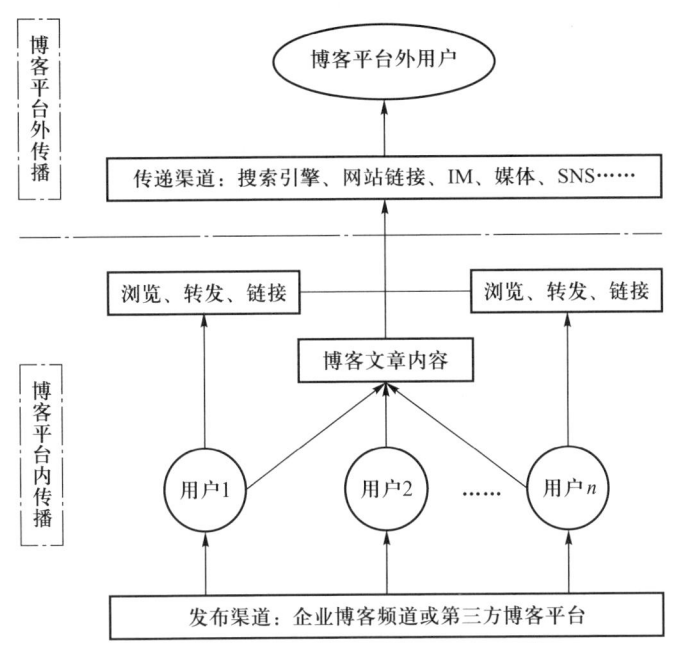

图 3-5 博客营销原理示意图

由图 3-5 中可以看出,博客营销的核心是博客文章内容,而用户的博客文章传递渠道包括博客平台内部用户之间的传播,以及通过网络营销工具实现的博客平台外部传播。作为企业信息源的一种形式,博客推广也就需要从两个方面进行:通过博客平台内部推广及外部推广,增加博客内容的网络可见度,获得尽可能多的用户浏览和关注。这是博客营销的特点之一。

另外,与传统的企业网站或者第三方信息发布平台的信息传播不同的是,博客可以用企业的名义发布,也可以用个人的名义,每个博客用户都可以自由地发布博客,这也就是博客营销之所以成为全员网络营销基础的原因。

博客之所以获得其他用户关注的前提,是内容对用户的价值。从一定程度上可以认为,博客营销是一种以知识资源为基础的内容营销方式。本书作者对博客营销进行了实践研究,于 2005 年 2 月提出了博客营销的定义并一直沿用至今(这也是最早发布在互联网上的博客营销的定义):

"博客营销是一种基于个人知识资源(包括思想、体验等表现形式)的网络信息传递形式。因此,开展博客营销的基础问题是对某个领域知识的掌握、学习和有效利用,并通过对知识的传播达到营销信息传递的目的。"

这里说的知识资源,当然并不是特指专业的学科知识或者新闻资讯,泛指所有对用户有价值的、可以以博客的形式通过互联网传播的内容(因而才会有用户阅读)。

3. 博客对网络营销的作用

我们可以从两个角度来看现阶段博客对网络营销的意义:从博客的企业网络营销价值角度,以及从网络营销学习者的角度。

从企业网络营销价值的角度来看,博客的网络营销价值主要体现在下列五个方面:

（1）内容运营价值。博客是企业网站内容的扩展,扩大了网络营销信息源的来源及信息传播渠道,每个员工、每个用户都可以成为企业博客内容的贡献者,是企业开展全员网络营销的有效工具。

（2）信息传递价值。博客具有独立的信息发布与传递功能,每篇内容为一个独立的网页形式,内容具有持久有效性,有利于用户通过搜索引擎搜索和保存网页内容,因而可发挥长期价值。

（3）网络推广价值。博客具有对企业网站及产品等的直接推广功能,同时通过博客的链接获得网站在搜索引擎检索结果的权重提升。

（4）用户连接价值。博客的内容来源广泛,表现形式丰富多彩,博客与用户的距离更近,并且可以通过参与评论、投票、关注、分享等互动方式,实现用户交互。

（5）营销资源价值。博客的内容资源可以对社交网络内容、企业自媒体内容运营提供支持,与多种企业信息源形式共同成为企业网络营销资源的组成部分。

可见,尽管博客从主流应用到逐步衰退,但从信息源策略、渠道策略还有用户策略等方面来看,博客的网络营销价值都仍然值得重视。

从网络营销学习者的角度来看,博客的作用表现在下列4个方面:

（1）个人信息源。博客作为个人信息源,运营简单,自主性强,在个人网络品牌、资源积累等方面具有独特的优势,在记录个人学习、研究和成长等方面具有独特价值。

（2）网络写作能力。博客写作演练,是培养个人信息源创建能力尤其是网络写作能力最好的方式之一。企业网站内容受企业资源的限制,而且内容形式比较呆板,制约了网络写作能力的发挥,而微博等社交网络信息比较随意,并不太适用于进行专业训练,博客则兼有网站内容要素的完整性,有具有社交类自媒体内容的灵活性。

（3）个人网络品牌。博客是个人网络品牌的组成部分,尽管现在内容平台自媒体为很多用户的主要信息发布渠道,不过在个人品牌方面,博客更为直接,而且更开放,并不局限于社交网络传播及内容平台的推荐系统,传统的网页搜索也是博客的主要传播渠道,也就是信息传播渠道更广。

（4）内容运营资源。与企业博客内容一样,个人博客内容资源对个人社交网络及自媒体运营同样具有相互支持的作用,通过博客发布的精彩文章,可以发布在社交网络,并获得相互推广的效果。

总之,无论博客未来在互联网应用中处于何种地位,只要仍然具备发布博客的基本条件,博客写作就不会没有意义。通过持续的实践演练,成为博客高手,是作为网络营销人的必备素质,坚持写博客,是对个人毅力的检验,是个人成长历程最好的见证,值得终生自豪。

相对网站运营来说,博客运营比较轻松,不过如果作为一种网络营销方法,博客营销同样也具有不确定性的特点,能在多大程度上取得效果,很难做出合理的判断,但可以肯定的是,没有持之以恒的坚持,博客一定不会发挥任何作用。

作为入门引导,本节内容简要介绍博客文章的选题及写作方法、通过博客实现网络营销的基本途径等常识性的内容及一些初步的经验总结,更深入的研究有待在实践应用中不断探索和总结。

3.3.2 博客内容运营策略

在企业网站内容运营选题方法中,我们将企业网站内容分为三类:基础信息、专业信息和用户互动信息。在这样的限定下,无论运营人员怎么发挥想象力,也跳不出企业运营领域的制约。不同的是,博客内容选题可以说是"海阔凭鱼跃、天高任鸟飞",没有写不出只有想不到。简单来说就是,内容别违法违规就行。当然你的博客文章内容要取得用户的关注才有实际意义。

不过,如果同一个运营人员,从企业网站内容运营转换到博客内容运营,由于突然没有了内容素材选择的限定,似乎又出现另一个问题:太多的选择等于没有选择。所以还是希望有一定的范围、一定的规矩,也就是有必要对博客内容运营的一般规律进行梳理。我们可以从三个主要方面来分析博客内容运营的一般问题:如何确定博客内容运营方案,如何选题与写作,以及如何获得更多的用户阅读。简单来说,也就是博客运营做什么、如何做以及如何发挥作用这三个基本问题。

博客内容运营策略的三个问题是:博客内容策略规划、博客内容选题及写作、博客运营维护。

1. 制定博客内容策略规划

一般来说,所有的内容运营都需要从内容策略规划开始,包括前面介绍的企业网站的内容运营,以及本章后面将要介绍的开放型内容运营、订阅型内容运营等。如前所述,博客营销是一种以知识资源为基础的内容营销方式,所以博客内容运营是基础。内容营销要求有持续性、系统性、价值性的特点,这就为博客内容提出了最基本的要求,即博客运营是一项长期的工作,它所发挥的作用具有累积效应而不是如网络广告那样立竿见影,有价值的博客内容越多,营销价值也越高。

2. 明确博客内容选题及写作原则

尽管博客选题范围很广,写作形式也非常灵活,但仍需要遵循一定的原则,在保证内容合法性的基础上,还要坚持一些最基本的原则,其中包括:

(1) 用户价值原则,即博客内容对用户应该是有价值的。

(2) 信息传递原则。博客写作是为了向用户提供有价值的信息,因此博客的内容和表现形式应该适合信息传递渠道的要求。

在分析信息源的本质时,我们也分析了信息源策划与信息传递渠道设计的关系:"网络营销信息源的构建,不能仅着眼于信息源本身,而是要以用户需求为基础,还要考虑到信息传递渠道的特征。"信息源构建的基本要求,对博客内容同样是适用的。

3. 博客运营维护

前面说过,网站的效果是运营出来的,博客也是同样的道理,只有坚持不懈地运营维护,博客的效果才能得以体现。博客运营维护的基本内容包括:合理设置个人博客专栏的信息、内容分类、持续内容发布、必要的博客推广、博客管理原则(如保护企业机密、保护网络版权、明确个人观点与企业立场的关系)等。此外,对于内容更新周期等也应做出规划。

博客运营维护成功的基础是：通过持续的内容更新，成为活跃的博客用户，并在内容写作和编辑中不断探索最合理的内容展示形式，养成良好的博客运营意识。维护一个高质量的博客，与网站运营维护一样要做大量细致的工作。如果仔细观察一下不难发现，大部分博客用户在发布几篇文章之后都再也没有更新了，坚持更新博客三个月以上的用户已经属于少数，如果能坚持数年不间断地写博客，即使不是凤毛麟角，至少也是屈指可数了。而博客的成功就在于坚持，博客的价值也在于不断更新。具备博客的运营意识，做一个活跃博客用户，不断发布新的文章，这是博客获得关注最重要的法宝。

3.3.3 博客内容运营方案、选题思路及内容运营

根据博客运营策略的基本框架，接下来简要介绍博客内容运营方案、博客选题思路及博客内容运营。

3.3.3.1 博客内容运营方案（框架）

博客内容运营方案，大致包括四个方面：通过什么渠道发布博客，如何创建博客内容，如何让博文获得有效传播，博客的运营维护。

1. 构建博客发布渠道

博客内容发布可依托企业博客频道或第三方博客平台，也可以独立域名自建博客网站。对个人或小企业博客用户，考虑到运营成本及便利性，通常以第三方博客平台为主要信息发布渠道，如博客网、新浪博客、搜狐博客等。为便于描述，本书所介绍的博客运营以第三方平台的个人用户为例，对于采用其他方式的博客运营，基本思路和方法也可参考。

选择第三方博客平台的基本要求是：平台应具备一定规模的用户基础、平台内部博客推荐机制及良好的博客内容搜索引擎优化基础，这样有利于实现博客在内容平台内外的多渠道信息传递。

2. 博客内容策划与创建

尽管对博客文章内容没有严格要求，但真正高水平的博客文章不是随便可以写好的，需要对所在行业有深入的认识，善于分析和总结用户关心的问题，并具有无私分享的精神。

博客内容策划包括：选题范围、内容来源渠道、内容表现形式等。

3. 博客文章网络推广

博客平台具有一定的信息传递功能，但对于博客新手或知名度不高的博主，获得平台内部推广的机会往往比较少，应尽可能熟悉平台推荐机制，并通过其他渠道对博文进行推广，平台内部推广与外部推广同时进行，获得尽可能多的用户关注及浏览。

4. 博客运营维护

在博客内容方案中应明确博客管理原则，如保护企业机密、保护网络版权、明确个人观点与企业立场的关系等。此外，对于内容更新周期等运营维护工作也应做出规划。

总之，博客营销是内容营销的表现形式，制定长期的博客内容策略是企业内容运营的重要组成部分，包括谁来写博客、如何写博客，以及如何让博客获得更多人访问等，都是博客内

容策略应该考虑的问题。

 案例

博客写作与孕妇效应

为了说明博客文章选题及创建的过程,这里举一个本书作者创作一篇博客文章的真实经历。

有个顺口溜是这样的:"童子打桐子,桐子落,童子乐。"这里说的桐子,大家知道是什么吗?就是梧桐子,并不是在我国北方马路边经常看到的法国梧桐树上结的那个带毛刺的小球球形状的果实,而是一种长在中国梧桐树上的、勺子状的托盘上的像豌豆大小那样的一种果实。

鲁迅在《朝花夕拾》书中曾这样描写:"成熟了的梧桐子放点盐,用油炒着吃味道特别香。"这也是我小时候的一些记忆,长大上学之后直到工作很多年都再没有见到过这种梧桐子。

几年之前,一个偶然的机会,再次见到这种梧桐子。2011年9月11日,在浙江乌镇,我们刚开完一个成立梧桐子网站的筹备会议,巧合的是,在乌镇南街的一个老宅外面,遇到了两棵梧桐树。当时觉得很神奇,要知道,这是我想了很多年却一直再也没有遇到过的中国梧桐树,而且结了许多刚刚成熟的梧桐子!这里的梧桐树正是那种传说中的,"种下梧桐树,引得凤凰来"的梧桐树,当时激动的心情真是难以言表。

于是我当晚就写了一篇博客《梧桐树及梧桐子》,发布在我的新竞争力网站博客上。这篇博客至今仍然有较高的访问量。

这篇博客的内容可以说是即兴创作,是个人经历的记录,含有对梧桐树及梧桐子的一些介绍,配合自己拍摄的图片,可以说仅仅是一篇散文形式的文章,没有热点内容,也没有深度研究,为用户可以提供的有价值的信息有限。如果仅仅是写这么一篇博文,可能过不了多久自己也没印象了,更谈不上博客营销了,因为博客与营销之间可能没有任何关联。

不过,由于当时正在筹建一个网站,这篇文章主题与网站品牌具有天然的结合点,于是这篇博客与网站品牌的推广也就显得非常自然,可以说是一种机缘巧合。

事实上,经过这次巧合之后,后来在多个地方,包括苏州市的街道、西安市雁塔西路的绿植中,都观察到梧桐树的身影。看来不是缺少梧桐树,而是以前缺少用心观察,或许是此前并未觉得梧桐子与自己有什么重要关系。这或许就是所谓的"孕妇效应"吧。这一现象其实对博客营销有很大启发,只要用心关注某一领域,总能有所发现和感悟,这也正是从博客到博客营销的微妙之处。

后来,在梧桐子网站正式发布前后,我还陆续写过其他和梧桐子相关的博客文章,例如《梧桐子网站名称及域名策划实录》等。这些博客文章对梧桐子网站的品牌传播发挥了一定的作用,并且通过博客文章的链接为梧桐子网站带来了一定的访问量。有点遗憾的是,梧桐子网站后来的运营经历了一些波折,从最初策划的原产地农产品电子商务网站,转型为大学生网站内容实践平台,再后来没有持续运营维护了。不过在当时,博客还是发挥了一定的作用,这些案例对总结博客选题和写作仍有一定的启示。

从本书作者自己的经历,以及其他有影响力的博客发现,博客写作,首先要投入真感情,空洞的公关语言或外交辞令,是没有任何博客生命力的。真正有价值的博客内容,不是随便可以写好的,反过来说也就意味着,一篇有深度的博客文章,反映了博客作者对行业的深刻理解,能写出这么有深度文章的人,难道不值得信任吗?

通过上述简单的案例分析,下面进一步总结博客的选题思路,希望对初学博客内容运营的读者有一些启发。

3.3.3.2 博客选题思路

在有关企业官方网站内容策划时强调,为用户提供有价值的信息,是企业网站内容选题的出发点,博客选题当然也应参考这一原则。不过对于博客文章来说,并不需要像企业网站那样每篇内容都非常严谨,对于某个具体话题,甚至不需要考虑文章是否对企业有直接的博客营销价值,能坚持写作,不断丰富内容资源,就是为企业网络营销创造价值!

与其他内容创建一样,博客内容写作也离不开选题。在一定程度上可以说,选题是写作成功的一半。对于不常写作的人来说,选题可能很困难,但是对于善于写作的人,几乎无事不可以作为选题。例如,我们看林清玄的散文,选题内容大多是生活中的所见所闻,或者在一般人看来都是司空见惯的小事。从小屋外面的池塘,到夜市街上的书摊,再到深夜的喇叭手,都可以成为作者写作的选题。

我们不妨考虑一下,为什么一些知名博客总有持续的内容更新并且总能吸引许多读者的兴趣?这些人是天生的写作高手还是有其他秘诀?通过观察一些比较活跃的博客不难发现,他们大多是一个行业内的资深人士,有着较深厚的行业背景。

问题是,我们可能没有知名作家善于捕捉细微事件的功底,也没有行业专家对热点问题深刻的洞察力,那么对于资历不够丰富的博客新手或者普通从业人员,如何才能保持高度的写作热情及源源不断的内容来源呢?这对很多人来说可能是一大挑战。

所以我们看到,很多博客作者在刚开始的时候发布文章频率比较高,之后内容更新会越来越少,许多人在一阵子博客热情之后就慢慢放弃了博客写作。其实也不只是博客,就是微博和微信内容运营,基本上也是类似的情况。

究其原因,很多是因为不知道该写什么,感觉思维枯竭了,写博客成了很大的压力,因而失去了写作的动力。所以,从一个人写博客的频率也可以看出他在这个领域的成就。

作者个人的体会是,要成为企业博客高手,首先要对博客的内容选题方法有系统的认识以及长期坚持不懈的实践体验。一般来说,个人的知识体系、生活阅历、兴趣爱好、思维意识、工作环境、社会圈子、成就感等决定了选题的范围和主题思想,这些方面也将是博客文章选题的主要来源。

这里简要总结以下四个方面的博客文章选题思路供大家参考。

1. 与个人知识体系相关的博客选题

从普及常识到个人观点分享、从专业问题探讨到深度研究和思考,都可以成为某个专业领域博客内容的选题。如果希望在专业领域建立个人品牌或企业影响力,可以沿着从简单到深入的路线逐渐发展。实践经验表明,博客是个人成长为专家的有效渠道之一。从普及常识到独特见解和深度研究,以系列专业文章写作的方式,可以发掘源源不断的写作素材。

在自己熟悉的领域,无论是哪个行业,总有一些可能需要普及的常识。尤其是在新兴行业,一些新的概念、新的应用等,都会获得较多的关注。当个人资历达到一定水平,有自己独立思考和研究成果时,博客内容也可以随之提高到专业层面。例如,在博客发展初期,本书作者写的博文《什么是博客》《博客营销的定义》等都获得大量的用户阅读。而随着博客应用的深入,又发布过一系列后续研究文章如《企业博客营销的一般原则》《博客专栏的运营维护》等,也都在为读者提供价值的同时,获得了较好的网络营销效果。

2. 生活经历型博客选题

每个人都会有各种生活经历,记录并分享,不仅仅是个人日记,也可能会对他人有所帮助,例如一次办理某件事情的流程、某个景点的旅游见闻、品尝某种特色食品的感受,等等,此类话题比比皆是。源源不断的博客话题在于用心观察、勤奋思考和巧妙的联想。尤其是,如果你所在行业属于交通旅游、生活服务类,这种以生活为主线的博客内容与企业网络营销具有更密切的联系。

生活经历类博客内容即使不能与企业发生直接的联系,至少可以从某些角度反映博主的生活态度、人生阅历、观察和写作能力等,对于丰富博客内容、与读者建立联系等,仍然具有一定的价值。

3. 工作话题,丰富的博客源泉

博客要发挥企业网络营销效果,最直接、最简单的方法就是有意识地将与工作相关的内容作为博客文章来发表。作为企业的一员,无论是老板还是一般员工,每天接触最多的无疑是公司的各种信息,因此与公司相关的话题往往也成为博客文章最丰富的话题来源,如公司产品动态、市场状况、产品推广方案、员工招聘计划等,其实这些方面很多都可以成为博客的话题。

当然,博客不是公关稿,不是企业产品简介,而是在不泄露企业机密的前提下,用轻松的方式让读者对公司和产品有更多的了解,进一步拉近企业与用户之间的关系,增进用户的信任。例如,下列几个方面可以随手拈来:

(1)你可以为用户介绍新产品知识,回答用户关心的问题等,在与用户交流的过程中,潜移默化地向用户传递了产品信息,对于用户的购买决策会有很大的帮助,也有助于建立顾客信任。

(2)你可以用自己的方式传播公司文化。如果你参加了一个公司的内部培训,有什么精彩的观点可以公开分享?如果你参与了一项公司的庆典活动,有哪些趣闻?中秋节组织了什么活动,发了什么礼物?在公司获得了什么奖励?写出来,这也是为公司文化的传播做出了贡献。

(3)是否有用户对公司的产品进行了评论?如果这个评论是肯定的,你可以引用第三方的语言来进一步介绍产品,顺便把更高级的应用告诉读者,这种方式或许可以发挥更好的公关效果。"营销在博客之外",说的就是这个道理。

（4）你在工作中取得了哪些令人瞩目的成就或者阶段性的成果？不妨写出来跟大家分享一下，对自己也是一种总结和提高，对读者也可能有一定的启发。

当然，这些内容也同样适合于微博营销和微信公众号等内容营销方法。前面列举了部分新手的博客案例，其实也是想说明一个问题：博客不只是写一篇文章，其实是一种工作意识和态度，只有你在心理上重视才会有写作博客的灵感。

4. 社会圈子和社交网络相关的博客选题

前面介绍的三类博客选题，分别属于写行业、写自己、写企业，除此之外，还可以写别人、写朋友等，也就是从你的社交资源中挖掘博客素材。

每个人都有若干的社会关系，因此每个人都处于一个巨大的社会关系网络中，这也就是社会化网络(SNS)得以产生和发展的理论基础。个人所参与的各种社会活动，都或多或少会获得别人的关注，把活动中的亮点或者趣事记录下来，这就是很好的博客话题。

社交资源博客的主要特点是，可以借助于自己参加的社交活动来表明自己所处的领域，在某些情况下，对别人的介绍也有利于建立更广泛的社交资源，与业内知名人士的交流还有助于提高个人的影响力。另外，社交型博客话题，也是建立和扩展社会关系网络资源的方式之一。

另外，在自己写作和发布博客文章的同时，也可以经常关注国内外同行和业内人士的观点，与业内专业人士进行交流，不仅扩大了自己的知识面，也获得了更多的博客写作素材。

除了上述可以归纳为一定类别的主题之外，其实随便一个话题都可以成为即兴而作的博客，当然我们也可以归纳更多的博客话题类别，重要的不在于是否有合适的类别，而是培养一种博客意识。实际上，博客选题无须严格的定位，各种选题思路都可以灵活应用，不过从较长时期来看，如果博客内容侧重于某个领域，更容易建立个人的品牌形象。

总之，博客选题并不难，难的是坚持不懈的写作。只要细心观察、用心思考、勤奋记录，就会发现博客话题的资源不仅不会枯竭，还会随着博客写作的积累发现越来越多有趣的话题。博客是对个人毅力的检验，源源不断的博客文章也是对个人努力过程最好的见证。一个人，如果一件简单的事情可以持之以恒坚持10年以上，想不成功都难。因此，在一定程度上可以说，博客是人的综合能力和专注与否的反映。

3.3.3.3 博客内容运营

从网络营销的角度来说，写博客不是为了好玩，而是为了发挥其营销效果。写一篇博客文章并不难，但是仅仅靠有限的几篇博客就想获得持久的网络营销效果则几乎是不可能的事情。如果只是开了博客账户而没有连续的运营维护，如果认为这样就是开展了博客营销，无疑是对博客营销的误解。

那么，具体到博客内容运营而言，怎么才能体现出显著的网络营销效果呢？这里总结了博客与网络营销相关联的四个方面，可以在博客内容运营中参考。

1. 直截了当，选择与工作相关的博客话题

与工作相关的博客选题可以涉及企业品牌、新闻、产品、顾客关系等方面，通过博客文章的传播，实现品牌及产品推广等营销功能是合情合理的。这也是企业博客最主要的选题方向之一。一个有影响力的企业,博客文章也往往会受到媒体的关注,从而实现更大范围的转载和传播。因此,知名品牌企业的博客就显得更为重要,其营销价值也更容易得到发挥。

2. 合理利用博文内容中的相关链接

巧用超级链接是博客发挥营销作用的奥妙所在,合理的超级链接也是博客文章与营销的桥梁。为了提供更丰富的延伸信息,博客文章应适当链接涉及的相关内容的来源,如书籍介绍、新闻事件、产品介绍、公司网址、产品经销商名录等,尤其是当文章中涉及某些重要概念(产品)时,应合理引用(链接)本公司的有关信息,这样才能更好地发挥博客的网络营销价值。从客观上来说,这样的链接本身并没有明显的产品推广痕迹,不会给读者造成反感情绪,当读者对相关话题产生兴趣时,可以点击链接获得更多信息,从而在客观上发挥了延伸推广的效果。

3. 通过搜索引擎获得更多浏览量

利用博客实现搜索引擎友好性,通过搜索引擎获得更多的访问量,从而扩大博客内容的营销价值。这通常包括两个方面:一方面是通过博客内容与企业网站的链接,提高企业网站的搜索引擎排名权重,网站通过搜索引擎自然检索获得的潜在用户将不断增加,从而实现了博客内容直接推广与网站推广的双重目的;另一方面,博客内容编辑应考虑搜索引擎优化的基本要求,如网页标题和关键词设置应符合用户使用搜索引擎搜索信息的方式、博客内容主题明确、与网页标题有较高的相关性等。

关于搜索引擎优化的方法,在本书网络营销信息传递渠道策略中会系统介绍,请结合相关方法,回过头来重新认识博客内容发布的一般规律和技巧,为实现博客的平台外信息传递打好基础。

4. 充分发挥博客内容资源的价值

无论博客内容运营还是其他社交平台的内容运营,在很多方面都有一定的共性,内容资源可以共享。同样的基础内容,针对不停的平台做相应的调整,而不是仅仅发布在单一渠道,这样就增加了信息传播的渠道,扩大了网络营销信息源的价值。

同时,通过博客文章的评论和回复等功能与读者互动交流可以实现用户关系资源和社会化网络资源的积累,放大博客营销的价值。不过与微博等社交网络相比,博客以表达个人观点或分享经历为主,与读者的交流功能相对较弱,因此在一定程度上也影响到博客内容的社交化互动和分享。

尽管我们将博客作为网络营销工具,用各种方式发挥其网络营销价值,不过不忘初心才能真正驾驭博客。博客首先是传播知识和信息的工具,而不是专业的网络营销工具。除非对于专职的市场人员,并且正在专门从事博客营销的工作,才有必要将营销目的放在重要位置。对于大多企业员工来说,只要根据自己的工作环境和知识背景,写出自己的所见所想,这样就已经参与了"全员网络营销"。当发布一篇博客文章时,你所需要考虑的仅仅是:"这些内容会对读者有价值吗?"至于最终的营销效果,是一个不断积累的过程,只有坚持不懈地写下去,博客才能发挥持续的营销价值。

3.4　开放型网络信息源：网络百科词条

前面介绍的企业网站和博客内容尽管有明显区别,不过两者的信息发布方式也有一些相似之处,即每个网页内容都有明确的发布者,企业网站管理员或博客作者承担着信息源构建、发布和后期维护的责任。本节要介绍的开放型网络信息源与此显著不同,一个网页内容可以由不同的用户创建或编辑,无论是公共知识,还是某个企业的介绍,在开放式信息平台上,其管理权限都要遵照同样的规则,即已发布的信息并非固定不变的,在不同的时期,呈献给用户的内容可能有所不同。

这种信息形式的典型代表是开放式网络百科全书(WIKI),发布于网络百科全书平台上的词条(WIKI词条)具有中立性、权威性、完整性的特点,已成为用户获取网络信息的重要渠道之一。网络百科词条是典型的有限控制型信息源形式之一。信息源WIKI系统的代表性网站是维基百科(wikipedia)。维基百科是一个多语言版本的自由百科全书,已经成为互联网上最受欢迎的参考资料查询网站。

对企业信息源策略而言,这种信息源不能由企业自主控制,但某些信息又对企业发挥着接近于官方信息源的影响(例如以企业名称或品牌构建的WIKI词条),因为从一般用户角度来看,网络百科词条比企业官方网站信息更中立,且可以在一个网页中方便浏览企业的概况,更重要的是,企业词条在搜索引擎中的权重较高,往往出现在搜索结果页面靠前的位置,更容易获得用户的关注。从企业的角度来看,一定程度上可以利用网络百科平台的信息发布功能和用户资源实现企业网络营销信息传递,因而具备一定的网络营销价值。于是,通过开放式网络百科平台编写企业词条,也就成为企业网络信息源策略中不可或缺的组成部分。

本节介绍网络百科词条网络营销价值、WIKI词条的基本要素、编写方法及管理维护等基础内容。

3.4.1　网络百科词条的一般特点与网络营销价值

网络百科词条的基本功能是多人协作编辑的知识传播工具,在这方面与博客类似,并非天然的网络营销工具,但由于其网络信息发布与传播的功能,具备网络营销工具的基本属性,因此在一定限度内具备网络营销的功能。对于网络百科词条,同样需要从基本思想上理解和认识其核心价值,才能把握其在网络营销中的应用尺度,如果百科词条中充斥各种营销信息,也就失去了百科词条存在的意义,也不会获得用户的关注和信任。

1. 网络百科词条的一般特点

从企业网络营销角度来看,网络百科词条的一般特点可以从下列几个方面来说明。

(1) WIKI词条作为信息源的特点:内容丰富、可信度高。WIKI词条主题明确,通常为专用术语或名称,内容系统,与主题的相关性较强,这就确定了作为信息源符合为用户提供丰富内容的要求。而且由于其开放性,可以由多个用户从不同角度丰富和完善,使得其内容相对中立和公正,具有更高的可信度。

(2) WIKI 词条作为信息传递渠道的特点:多渠道传递、网络可见度高。由于大型网络百科平台参与编辑词条的用户众多,通过百科平台有大量用户浏览词条信息,同时由于 WIKI 词条搜索引擎可见度较高(尤其是与搜索引擎平台相关联的百科词条,例如百度百科词条在百度搜索结果中、搜狗百科在搜狗搜索结果中),通过用户搜索可获得较多用户访问,形成了网络百科平台内部用户与公共搜索引擎等多渠道信息传递,进一步提高了 WIKI 词条的网络可见度。

(3) WIKI 词条用户获取信息及交互的特点:用户关注度高、交互性不强。WIKI 词条作为信息源及传递渠道的特点决定了用户获取信息便利且关注度较高,但用户与用户之间、用户与词条编辑者之间,以及用户与百科平台之间的交互关系并不强,主要是满足信息获取的目的。即使百科词条各编辑人员之间也并不需要密切交互,仍然各自自愿独立进行工作。

可见,尽管具备多用户协作工作的基础,但百科词条编辑仍然具备一般信息发布的主要特点,即词条与用户之间及词条与网络百科平台之间并没有充分的交互关系,这方面与博客有一定的类似之处。也就决定了网络百科词条内容创建仍然由信息发布人主导,信息传递以传统的互联网工具为主(包括网络百科平台、搜索引擎、网站链接等),而基于用户社会关系资源的信息传递基础较弱。认识 WIKI 词条的这些特征,有助于理解其网络营销功能及创建网络百科词条的一般规律。

2. 网络百科词条在网络营销中的应用

将网络百科词条与网络营销结合起来,首先需要明确一个基本事实:WIKI 并不是为了网络营销的需要而产生的。严格来说,WIKI 词条本身只是对某个概念或者知识、事件、产品、单位名称、人名、地名、作品名称等的解释,不应该在严肃的概念解释中插入具有推广性质的内容,即 WIKI 作为网络营销工具难免会影响内容的公正性。但不能不考虑这样一个事实:为什么用户愿意无私地为百科平台网站贡献词条内容呢? 如果不是为了自己的某些利益,如何才能长期坚持不懈地编辑高质量的词条内容? 所以,作为一个折中,百科词条管理通常会允许一定程度上的"网络推广"行为存在,当然不能在词条内容中有过于明显的广告痕迹,否则百科平台的客观性、知识性、权威性就会下降。

尽管各个网络百科平台提供的功能有一定差异,词条的编辑者和用户群体也有所不同,但都有一个共同的特点,即用户可以自由创建词条以及对现有词条进行编辑修改,并且都可以在一定程度上为词条编辑者提供"网络推广"的机会,例如在词条内容中包含某产品的介绍文字或图片,或者是某网站的信息,或者是某些网站名称/网页网址信息等。

如果内容编辑方式恰当,词条中附加的推广信息对阅读者有价值,并不一定会对用户产生负面影响。用户可能会在阅读的过程中根据需要接受推广信息的引导,或者对某些产品或品牌信息形成印象,或者根据链接访问相关网站。因此,用户进入词条获取信息的过程,可能也是编辑者利用 WIKI 词条实现推广的过程。可以合理推测,只要有网络推广的价值和机会,WIKI 词条推广模式将长期存在,并成为 WIKI 平台以及词条创建/编辑者双方都能接受的一种互惠互利的形式。

研究表明,开放式百科词条被应用于网络推广主要有四个方面的原因:

（1）在线百科平台具有开放性，任何人都可以编辑，降低了免费网络传播的门槛；

（2）在线百科平台严格的审核制度保证词条内容具有较高的可信度；

（3）在线百科词条内容丰富，搜索引擎友好度高，因而百科词条的信息具有更高的搜索引擎可见度；

（4）百科词条中的延伸阅读等可以增加相关网页的链接，具有对该网页的链接推广价值。

这些原因正是由网络百科平台的特点所决定的。因此，事实上在线百科不仅是传播知识的平台，也成为许多企业的网络推广方法。总体来说，只要遵循百科网站的编辑规范，词条内容经过严格审核，是可以实现知识传播与适量的网络推广共存的。相对于B2B平台信息发布、搜索引擎广告等，WIKI词条的内容更严谨，更可信。

那么，企业一般如何利用在线百科平台开展网络推广呢？借助于百科词条内容提高企业信息的网络可见度，是WIKI词条网络营销价值的综合体现，同时，还可以通过一些具体的操作方法，充分发挥百科词条的网络推广功能。

通过对主要网络百科平台词条信息的调查分析发现，网络百科平台网络推广常见的模式有以下六种。

（1）WIKI词条正文内容广告。WIKI词条正文内容广告是在词条的正文内容中添加的具有广告功能的文字信息，如在企业名称词条中介绍企业具体产品或服务信息，或在与企业相关的某商品词条中介绍本企业产品信息及公司介绍等。对于企业名称词条而言，详尽的正文内容不仅能为访问者提供有价值的信息，而且有助于提升企业形象。词条正文内容中如果包含详尽的产品或服务介绍信息，可以增加访问者对企业信息的了解，在一定程度上实现企业产品或服务的推广。

（2）WIKI词条中的网页URL链接。URL链接广告是指在词条的参考资料或扩展阅读中加入企业官方网站或其他关联信息页面的链接。URL链接广告不仅能为企业的相关平台带来优质的外部链接，而且能为企业网站或相关平台带来直接访问量，是有效的外部链接资源之一。

（3）WIKI词条中的图片广告。在词条的正文中，引入图片对企业及其产品或服务进行描述，实际上发挥了图片广告的效果。相对文字来说，图片更容易让用户形成视觉上的感官认识，丰富了企业百科推广的表现形式。

（4）WIKI词条中的图片文字注释。WIKI词条中图片文字注释的表现形式包括底部有加粗的文字说明或者在图片本身具有文字水印宣传信息，这种方式进一步加强了图片广告的营销传播效果。

（5）WIKI词条中的相册广告。相册广告是指在百科词条正文内容中出现的图片不是单图而是组图的形式，除此之外，在词条内容的下方，有专门的组图展示区域。相册广告是图片广告进一步的延伸和发展，能够更充分地发挥百科平台的图片广告推广价值。

（6）WIKI词条中的名片广告。名片广告是指在百科词条中出现在词条正文上方的内容，是对整个词条内容的概括和总结。名片广告可以丰富企业的词条内容，提升企业词条的专业性。另外，百度名片属于百度百科的一种关联平台，为企业制作名片可以增加企业推广渠道及企业信息的传播机会。

上述六种 WIKI 推广模式在不同百科平台上的表现有一定的差异,主要原因在于各个平台对词条编辑规则设置的差别。不过总体而言,WIKI 词条具有一定网络推广价值这一事实是可以肯定的,这也成为企业 WIKI 词条内容运营的动力之源。

在开始 WIKI 词条内容运营之前,首先有必要了解 WIKI 词条的基本元素,了解创建 WIKI 词条的一般方法。

3.4.2 WIKI 词条的基本元素

与可控型网络信息源类似,WIKI 词条的网络营销价值也是需要通过每个词条的创建、编辑和维护才能得以体现的。由于 WIKI 词条内容的特殊性,充分理解 WIKI 词条的基本要素与基本要求是非常必要的。

尽管各个网络百科平台的规则有一定差异,但词条的表现形式总体是相似的。一般来说,一个内容丰富、格式清晰的优质的百科词条应包括 7 个基本要素:词条名、概述、基本信息栏、目录、正文内容、词条图片、参考资料。

1. 词条名

词条名应为专有名词或名词性词组,要使用正式的全称或最常用的名称。如果存在同名事物,可为其添加新义项。当事物具有多种称谓时,非正式或非常用的称谓可以添加为该词条的同义词。

2. 概述

概述是对词条正文内容的简明归纳,可通过提炼整个词条正文内容所得。概述中应有对于词条所描述主题的定义性解释,还应指出词条所描述主体受关注之处。

3. 基本信息栏

基本信息栏由一批"信息项:信息内容"组成,可以让读者快速地了解与词条主体相关的基本信息。在线百科网站根据不同的词条类别,一般都提供了相应的模板。

4. 目录

词条目录是编辑者组织词条内容的工具,它的作用和文章里的目录一样,可以将词条包含的各个方面的内容进行梳理和划分。目录一般可分为一级目录与二级目录。目录应简明扼要,每个目录限 20 字以内。

词条目录将文中的段落标题进行索引,直观展示词条章节结构,用户通过目录可以了解到词条包含了哪些方面的内容,点击其中的目录文字可以快速定位到相应的内容进行查看。

设置词条目录的方法:例如,词条"网络营销基础与实践(第 5 版)"可以梳理为这几个方面的内容:"内容简介""创作背景""书籍目录""作品影响""出版信息""作者简介"。在创建或编辑词条时,点击编辑框上方的"一级/二级目录"按钮,即可在当前位置添加一级/二级目录;或者先选中要作为目录的文字,再点击"一级/二级目录"按钮。

5. 正文内容

词条正文是指用以阐述说明词条主题的文字信息,由段落或句子组成。通过文字描述,帮助读者理解词条。应注意两个方面：

（1）规范的言语和措辞。词条内容应使用第三人称，不得含有带个人情感的主观内容以及不确切、具有宣传性质的描述。词条内容是对参考资料内容的精简整合，而非简单的搬运。当词条内容涉及时间时，应使用准确的时间，如具体的年份。

（2）词条内容与排版。词条内容应与词条主题紧密相关，每个词条都应包含可以使读者了解词条核心主题的内容，以及对词条本身的定义和详细描述。

为了使词条内容条理清晰，可使用百科网站提供的目录功能将词条内容调整为多个分支，目录名称是每个分支内容的概括和导航。每个词条都包含有多个一级目录，每个一级目录下又可以包含多个二级目录。

6. 词条图片

词条图片是对词条内容的补充，应直接体现词条主题，高清无水印，还可添加相应的图片描述。

（1）上传图片的方法：光标定位在需要插入图片的位置，点击"图片"按钮后，会弹出"添加图片"的浮动窗口。选择好图片之后，还需填写图片说明及设置图册位置。

（2）图片及图片说明的要求：图片与词条内容直接相关；将图片插入所对应的文字附近；图片上没有无关水印、无关网址或联系方式（QQ号、邮箱地址、电话号码，具体地址等）等信息；图片说明与词条主体相关；无重复图片；提供较高质量的图片；避免图片排版过于凌乱；保证图片正确性，避免伪造的虚假图片。

7. 参考资料

百科词条中的参考资料相当于论文中的参考文献，为保证词条内容的真实性和权威性，词条内容的关键信息点需有可信的参考资料指正。参考资料包括网络资源类、著作资源类以及其他类。

以上是对百科词条一些常规性要素的简要说明。由于每个百科平台提供的功能和要求有一定的差异，不同百科平台的词条又有自己的特色内容，如搜狗百科平台的扩展阅读、知乎精选等，需要对各平台实际情况进行了解，根据平台要求进行词条编辑和维护。

3.4.3 网络百科词条创建与编辑方法

WIKI词条编写包括两种基本形式：创建词条和编辑词条。对于已经存在的词条，如果有必要进行修订或补充，可进入词条编辑模式；如果词条名称尚不存在，可以进入创建词条模式。

这里以百度百科平台为例，WIKI词条的操作流程大致如下：

（1）事先确定期望编写的词条名称；

（2）在百度百科创建词条入口中输入词条名；

（3）如果该词条已经存在，只能在此基础上对其进行编辑修改；

（4）如果不存在，可直接点击"创建词条"按钮新建词条。

编写高质量的WIKI词条，有两个方面需要重点了解：词条选题方法、词条审核通过率。

这两者是相辅相成的,只有高质量的词条内容才容易获得网络百科平台的审核——你所创建或编辑的词条,要经过管理员的审核才能正常展示!当然,词条审核人员也是由志愿者组成的,当你成为百科平台的活跃用户,达到一定级别时,也可以申请成为词条审核人员。

3.4.3.1 WIKI词条选题思路及编写技巧

与网页标题或博客文章标题一样,每个词条也是一个独立的网页,需要为每个词条设计一个合适的名称,这个名称既是WIKI词条的名称,也是该词条内容的网页标题。网页标题的重要性毋庸多言,无论是用户在百科平台内部搜索还是通过通用搜索引擎界面搜索,网页标题都是非常重要的元素。

与一般的网页标题相比,百科词条名称又有明显的特点,如简洁性、权威性、知识性等。注重词条选题及写作方法,是提高词条审核通过率的基础。

1. 与企业品牌及产品相关的核心词

知名企业名称、产品品牌、服务、网站、创始人等通常可以直接创建为词条名称,一般企业名称和品牌同样可以创建百科词条。例如,华为、华为公司、华为技术、华为技术有限公司、华为手机、华为商城、任正非等,在百度百科中都有独立的词条名。

2. 与产品相关的知识

除了与企业及产品直接相关的词条,各种与产品相关的概念、术语、专业知识等都可以作为词条选题。例如,与移动通信相关的概念,如CDMA、4G、5G、2K屏等,也是常见的百科词条名。

3. 行政区划、地名、组织机构名称

大到一个国家和地区,小到一个自然村,各个国家、各级行政区划和地名都可以作为词条名称,与此相关的各地名人、重要历史事件(如鸿门宴)等也是重要的百科词条选题范围。创建或编辑此类词条时,当地政府官方网站的相关介绍可作为参考资料。

同样,幼儿园、学校、博物馆、政府机构、社会团体、大学里的学生组织等,也是百科词条不可缺少的内容。创建或编辑这类词条时,组织和学校官网、媒体报道等都可作为参考资料。

4. 网络热词和事件、娱乐产品、畅销书等

网络热词和事件自带流量,且被新闻媒体报道的机会较多。当在朋友圈、微博看到"柠檬精""盘他""硬核"等陌生词汇时,在搜索了解的同时可将其创建为词条。

电影、电视剧、流行歌曲、流行游戏、畅销书及作者等,也是重要的词条来源。创建或编辑自己阅读过的书籍、杂志等出版物类的词条,可考虑作为参考资料来源的链接包括:知名网站读书频道链接、出版社官方网站链接、知名网上商城图书频道(京东、当当网、亚马逊等)。

5. 百科平台提供的词条任务

如果一时没有成熟的词条名称,或者对词条选择没有充分的经验,也可以看看百科平台的分类及相关栏目,通常会设有词条任务,可以直接编辑完善词条任务中的词条。由于这类词条是网络百科平台所需要的,因此通过审核的机会也会更大一些。

上面列出部分领域的词条选择,实际上各个领域都可以产生大量的词条名称,至于在实际工作中选择哪些词条,可以掌握一个总的原则:即选择词条名称时重点考虑那些对读者有价值的、具有权威信息来源的、在一定程度上可以将知识传播与营销相结合的内容。

至于选择在哪些网络百科平台编写词条,作者的建议是:如果可能,在所有重要的百科平台同时进行。每增加一个相关的词条,就意味着增加了一个扩大网络可见度的机会。

3.4.3.2 提高 WIKI 词条审核通过率的技巧

无论是新创建 WIKI 词条,还是编辑现有的词条,编写完成并提交之后,都需要等待平台的审核,通过审核的词条才能被用户阅读。对于不通过的词条,还可以再次编辑完善,重新提交,等待审核。

1. 提升百科账号等级和词条通过率

网络百科平台每个注册用户都被评为一定的等级,账号等级可以从侧面反映百科用户的编辑熟练程度、从事时间以及创建编辑词条的经验。一些高质量的词条,只有等级和通过率达到了一定的要求才有编辑权限。各百科平台具体要求略有差异,例如 360 百科账号要求达到 4 级才能创建词条。

2. 编辑成复杂版本

对词条正文内容和其他方面扩展信息(如词条内链、目录、图片及图注、参考资料等)进行大幅度修改后,能够帮助读者更清晰地了解词条主题,增删信息变成富有独到价值的版本。

3. 权威的参考资料

参考资料的内容要与词条内容高度相关,例如,在"网络营销能力秀"的词条中添加介绍其他网站(例如,秀友百科网站)的内容作为参考资料,那是肯定不行的。百科平台要求使用权威网站的报道作为参考资料,如人民网、腾讯网、中国科学院网站等。使用权威的参考资料可以增加百科词条的审核通过率。作为一种平台规则并未明确规定的、有不确定性的方式,可以尝试将某些企业官方网站的内容作为参考资料。

总之,作为参考资料的网页内容不是随便采用一个网页都可以的,博客、论坛、自媒体平台、其他百科等网站的内容链接通常是不能作为参考资料的。

4. 使用企业创建通道

创建企业类词条,可以使用企业创建通道。在百度百科平台使用企业创建通道创建企业词条时,要求企业信息能在全国组织机构代码管理中心官网查询到。创建企业类词条的技巧如下:

(1)创建词条前的准备:列出需要展示的栏目及主要内容,避免主观性词语和宣传性质的内容。

(2)参考资料:企业词条需使用专业新闻机构网站、中央及地方报纸刊物、门户网站的新闻报道或工商等主管单位的备案等作为参考资料,对词条中所有关键信息点加以证明。

对于一些非权威的媒体网站发布的内容,一般不可以作为百科词条的参考资料,例如,带有免责声明的媒体网站及开放性平台,如搜狐开放平台等。

知名企业一般会有媒体争相报道,参考资料的来源也就相对较多。而一些非知名的企业只能通过制造新闻吸引媒体主动关注报道或者投稿给大众媒体,投稿的文章要以媒体的口吻、新闻的视角对某件事情进行报道,相关的企业百科词条应该从新闻原文中选择。

5. 熟知各大百科平台的规则

熟悉百科平台规则和了解百科词条写作技巧,有助于提高词条的审核通过率。在百度百科平台创建或编辑的词条,同时也可在360百科、搜狗百科平台上编写,但要注意各个百科平台的审核原则及词条编辑规范的差异。例如,创建或编辑书籍类词条时,百度百科、360百科可以使用京东、当当网、亚马逊等知名的图书商城的售卖链接作为信息来源,但搜狗百科不支持。

在创建或编辑360百科、搜狗百科词条时,可适当参考百度百科词条的内容,但不能一味地复制粘贴,因为百度百科平台的词条内容也不一定都正确。还可以词条名为关键词搜索,看有没有权威的媒体报道或百科平台承认的来源可信的内容作为参考资料。在添加词条图片时也要注意,360百科、搜狗百科对图片的要求之一就是无水印,但百度百科词条的图片会自带百度百科的水印,也就是说在编写360百科、搜狗百科词条时,不能直接用百度百科的词条图片。

6. 词条修改原因详尽完善

修改词条时应填写修改原因,并指出修改的内容。修改原因应明确、准确、客观。明确的修改原因可以让编辑者以及浏览者方便地找到词条内容的更新理由以及具体位置,使知识的沉淀过程更加明晰可见。当然,标准的修改原因也会提高词条更新的效率。此外,还要明确说明修改的具体区域,指出修改的具体内容,并给明具体的理由。

7. 与百科平台管理人员沟通

(1)申诉。如果提交的词条版本未通过系统审核,且对系统反馈的原因有疑问,可根据百科网站提供的申诉入口提出申诉。

(2)多浏览百度百科吧和百科蝌蚪团吧的内容。例如,在百度百科吧、百科蝌蚪团吧、燃梦计划吧和百科明星团吧,可以跟其他用户交流经验、讨论问题,不仅能学到不少词条相关的经验,遇到问题还可以在帖子中@吧主或者小吧主。

建议:编写词条的经验需要不断积累。对于初学者而言,一下子掌握所有百科平台的规则没那么容易,所以刚开始不要急于求成,遇到词条审核没有通过也不必气馁,对照优质词条,不断修改和完善,最终总会通过审核的。另外,学习词条编写初期可以选择部分审核相对较宽松的网络百科网站,体验词条编写的流程和要点,待有一定经验之后再到审核较为严格的知名网络百科平台操作。

3.4.4 网络百科词条的维护及常见问题

在浏览WIKI词条时往往会看到"历史版本"的链接,说明词条版本已经进行了更新,有些热门词条的更新频率甚至相当高。所以说，WIKI词条是可控性最低的外部网络信息源。

由于WIKI开放式的特点，每个用户都可以参与编辑同一个词条的部分或全部内容，因此百科词条推广往往是动态的，今天在某个词条中出现的A企业的信息，明天可能就变成B企业的信息，甚至可能会出现被竞争对手利用或不正当竞争的情况。因此在线百科词条创建/编辑完成后，还需对其进行跟踪管理和维护。

根据实践经验，WIKI词条管理维护的内容主要包括以下四个方面。

1. 建立合理的百科平台账户体系

网络百科账户体系包括两个方面：首先，编写百科词条是一项长期的工作，因此需要连续不断地维护，而期间企业发生人员变动是不可避免的事情，所以应在各百科平台注册公司统一管理的账号，而不是私人账号，同时可以注册多个账号，以便分工合作；其次，个人注册的百科词条账号同样是有价值的，可以与公司注册账号协调利用。与博客的全员网络营销思想类似，网络百科词条也可以发挥全员营销的优势，每个参与者都可以为提高企业网络可见度贡献自己的力量。

2. 构建网络百科词条数据库

一个企业相关的百科词条有哪些、发布人是谁、词条中体现的网络营销元素有哪些等，这些信息对WIKI词条管理必不可少，无论是专业的在线数据库还是人工编辑的电子表格文档，至少要有一个信息完整的数据库。百科词条数据库中需要记录的信息包括：词条名、网址、创建或编辑人账号、发布日期、内容元素摘要、版本更新情况、回访记录、是否需要重新编辑等。

3. 跟踪访问现有词条

回访已发布词条是一项无法替代的工作。对于百科词条数据库，要在一定的周期内进行跟踪查看，如发现需要重新编辑的问题及时记录下来，尤其是注意企业的推广信息是否被竞争者所修改、参考资料链接是否失效等，根据需要对相关词条进行修改或完善。

4. 发现更多词条选题

在WIKI词条回访及编辑过程中，了解其他相关词条内容，可能发现更多有价值的词条选题，对网络百科词条运营形成良性循环。

总之，网络百科词条运营不是一劳永逸的工作，与其他形式网络营销信息源的维护相比，WIKI词条的管理维护更加重要，需要投入必要的资源才能保持WIKI词条价值的持续发挥。

3.5 社交型网络营销信息源运营策略

本章介绍过的信息源形式中，从企业网站内容、博客内容到网络百科词条内容，其共性主要表现在三个方面：第一，信息源的形式都表现为网页内容，需要通过浏览器实现信息获取和浏览；第二，信息传递渠道是类似的，即主要通过互联网信息获取工具进行传递，包括平台内部传递、搜索引擎及其他网站链接传递等;第三,直接用户交互较少,内容本身的自动传递功能较弱,也就是用户的社会关系资源传递能力较弱。

如果以信息源是否具备自动传播能力作为标志,前述三种信息源形式均可称为传统型网络营销信息源,相应地,基于社会化网络平台的信息发布和传递的信息源则具备自动传播能力。本书将这类信息源称为"社交分享型信息源"或简称为"社交型信息源",具有有限控制型信息源的一般特征。其主要形式包括微博、微信公众号及其他内容平台的自媒体信息等,其中企业微博是自2009年普及应用之后至今仍有较强生命力的社交型网络营销信息源形式之一。

随着社交网络(SNS)及智能手机的普及,基于SNS的信息发布及传递方式应用范围越来越广,通过社交关系资源获取信息,已经成为手机上网用户的主流渠道,如微博、微信群、微信公众号、QQ群等,这些手机互联网应用同样也成为企业开展网络营销的常见方式,并且与传统的信息发布及传递方法有显著的差异。

基于社交网络的信息发布表现形式多样,可以是发布在社交平台网站的网页信息,也可以是通过用户手机客户端获取的信息,或者直接发布在社交聊天软件中的信息,在信息传递方式上,社交网络平台推荐和分发、用户直接浏览、关注和分享传递等成为常见方式。

本节以企业社交网络账户内容运营为例,介绍社交分享型信息源的特点、内容创建方法及运营维护等。

3.5.1 社交分享型信息源的一般特点

通过对部分社交分享型内容的观察,如新浪微博、微信公众号、今日头条、凤凰自媒体、搜狐号内容等,可以发现这些由内容平台注册用户发布的自媒体内容,与传统的企业官方网站内容及媒体新闻等都有明显的不同。例如文章标题更容易引起用户的关注、内容形式更灵活、重视用户的关注和转发等互动操作等。从这些现象中可以看出,社交分享型信息源与传统型信息源相比,具有一些共性特征,例如:

(1) 信息传播目的性明确,注重用户分享和传播。
(2) 信息时效性强。信息如果没有用户关注和阅读,很可能就会被遗忘,失去了作为信息源存在的价值。
(3) 严谨性和规范性要求不高。与企业网站内容的严谨性相比,更加注重标题设计等用户关注的元素。
(4) 信息发布及传播受到用户获取信息方式及平台规则约束。

这些特点对于我们从事社交分享型内容运营的启发在于:社交分享型内容运营,是在符合内容平台规则的前提下,为用户提供有价值的内容,并通过平台推荐、用户关注和分享等方式进行信息传递。

3.5.2 社交型信息发布与传递:企业微博及其网络营销功能

与个人微博应用于社交的目的不同,企业微博,即微博在企业网络营销中的应用,也就是以企业营销为目标的微博运营。企业微博作为企业官方信息源形式之一，与网站和博客等完全可控型信息源不同，企业微博是建立在第三方微博平台上的基于企业注册账户的运营，具有有限可控性的特点，也就是在运营规则方面受到微博平台规则的制约。微博平台为企业提供了基于社交网络的网络营销功能，具有独特的网络营销价值。

微博即微型博客的简称(Micro Blog)，其雏形出现于2005年，全球第一个真正的微博是2006年3月推出的Twitter。尽管类似的微博服务如雨后春笋般地出现，但Twitter一直保持着领先的优势，成为微博的代名词。自2009年8月新浪微博在国内强势推出之后，微博迅速成为继博客之后普及率最高的互联网应用之一，基于微博平台的微博也成为网络营销最热门的领域之一。到2012年，几乎所有大型门户网站都开设了微博服务，后期随着微信等其他社交网络的高速普及，微博的影响力有所减弱，部分运营状况不佳的微博平台也相继停止运营。到2020年，新浪微博及Twitter仍是用户数量庞大、影响力广泛的微博平台，连美国总统特朗普都持续地将Twitter作为个人重要的信息发布渠道之一。

1. 微博的特点

相对于传统的博客，从网络营销信息传递的角度来看，微博的特点主要表现在以下四个方面。

(1) 微博信息源形态更简洁。首先，微博对内容没有严格要求，信息即时发布即时显示，不仅无需人工审核，而且也无需文章标题，不需要编排格式，只要内容合法，除了对每条信息有最多字数的限制之外，其他方面几乎没有约束。中文微博通常为140字，英文微博通常为140字符(说明：新浪微博于2016年年初取消了140字的发布限制，超出的信息用折叠方式展示)。这就使得用户可以便捷地完成一篇微博的写作(哪怕只有几个字符)。其次，微博发布方式很多，如微博网站、客户端软件、手机客户端、手机短信、邮件、即时通信、多种订制的开放式应用软件、博客同步等。

小讨论

你是否经常使用微博？如果将微博应用于企业网络营销，微博这一特点是否意味着企业微博内容运营比博客更为简单？

(2) 用户也是微博信息的传播者。博客信息的传播与传统网站信息传播模式类似，主要依赖于用户主动访问博客、订阅博客更新通知、通过搜索引擎检索等方式，而微博用户除了浏览信息之外，还可以参与到信息传递网络之中，通过用户之间的互相传播(转发、@等)形成更大范围的传播。一条热门信息几乎可以像即时信息一样在极短的时间内传递到大量用户。这一特点也意味着微博具有时效性强的特点，过时的信息很快就可能被淹没，难以发挥长期效果。

微博信息传播的特点也体现了基于社交网络的信息传递方式与基于互联网工具的信息传递方式之间的差异，社交关系网络资源成为网络信息传递的重要渠道。

(3) 微博的用户交互性更强。传统的网站和博客用户之间的交互有限，而在微博平台内,不仅用户和微博信息发布者之间可以产生多种形式的互动,同一条信息的关注者之间也可以产生交互,每个用户都可以与他的"关注者"通过微博内容转发、评论、私信、@等多种方式产生互动和再次传播。这里所谓的"关注者",实际上并没有统一的称呼,例如,Twitter 称之为"Follower",新浪微博叫"粉丝"。无论名称如何,其实质都一样,即可以及时看到你发布的信息,并且通过某些方式产生互动的用户。

微博的用户交互活跃程度直接关系到微博信息传递和用户浏览的效果,在一定程度上可以说,没有用户的参与,微博也就失去了网络营销的价值。

(4) 微博是基于社交平台的账号运营。由于微博信息主要通过用户之间进行传播,在一个微博平台上用户量越大传播效应越显著,这种特点决定了微博不可能像博客那样每个企业甚至每个用户都自己经营一个独立的微博网站,微博活动通常集中在大型社交网络平台上,使得微博服务行业高度集中,领先的微博平台占有了绝大多数用户份额。

以上这些特点意味着,微博平台拥有巨大的网络营销价值(在一定程度上类似于早期大型 B2B 电子商务平台,如阿里巴巴网站),基于微博平台的企业微博账户运营也就与网络营销产生了必然的联系。尽管微博的初衷是作为一种社交网络,便于朋友之间进行交流,但不可避免地被应用于商业目的,这也是许多互联网应用都经过的历程,例如 BBS、电子邮件、网络聊天工具、微信等,都被应用于企业网络营销。

2. 微博的网络营销功能

作为具有社会化网络特征的网络营销平台,微博的网络营销功能主要体现在下列四个方面。

(1) 微博扩展了企业官方信息源的形态和功能。与企业官方网站和官方博客一样,作为官方信息发布渠道之一,官方微博已成为企业官方信息源不可缺少的形式之一,官方微博运营与企业网站运营都是网络营销信息源策略的重要组成部分,微博内容运营可以与企业网站/博客内容相互融合和相互推广。相应地,企业官方微博是企业网络品牌必不可少的组成部分,也是企业网络公关的重要渠道。

(2) 微博实现了企业全员网络营销。如果说博客是全员网络营销的雏形和开端,那么通过微博平台的多账号互动运营,企业关联微博之间相互推广,从全员信息发布到全员网络信息推广,全面实现了企业全员网络营销。事实上,一些大型企业集团高层领导的微博账户系列与企业微博账户系列之间的关联互动已形成有力的社会化网络推广力量,全员网络营销的优势得到充分的体现。

(3) 微博增强了网络信息传播渠道能力。微博是企业信息发布渠道,也是信息传递渠道。微博平台由于集聚了大量的用户,形成了强大的微博信息的传播能力。企业微博的关注者与其他网络用户资源(如网站注册用户)一样具有长期的网络营销价值,成为基于社会关系资源的网络信息传播渠道。同时,微博也可以作为网络推广活动的平台,对产品推广、促销等产生直接效果,是企业实施社会化网络营销的常用方式之一。

(4) 微博提升了企业的用户连接及交互能力。社交网络的特性决定了微博比传统的企业网站与用户之间的关系更为紧密,不仅可以作为在线沟通工具实现顾客服务及网络调研等常规功能,而且可以直接获得用户(微博关注者)的反馈及合作,与用户建立利益共享的生态关系。企业微博的关注者既可以是消费者,也可以成为企业的网络推广者。

微博的特点及网络营销功能表明,社会化网络的普及应用带来了网络营销信息发布、传递与用户交互的显著变化,社会化网络营销已成为网络营销策略体系的重要组成部分,基于社会化网络的内容运营在企业网络营销信息源策略中居于重要的地位。

3.5.3 实践应用:企业微博内容运营策略

企业微博内容运营需要建立在构建微博账户的基础上,相对于企业网站和博客,构建企业微博运营环境更为简单,通常是在选定的微博平台上注册账户并做必要的设置,然后就可以开始微博内容运营了。企业微博内容运营策略主要包括三个方面:注册并设置微博账号、微博内容创建与传播、微博运营管理规范。

3.5.3.1 企业微博账户的常见形式

微博对账户名称没有严格的要求,无论使用企业名称、品牌、产品名称或部门名称,只要可以为用户所认识,都可以作为微博账户名称。常见的企业微博账号形式包括以下五种。

1. 企业官方微博

官方微博是最基本的企业微博账户形式,即以企业官方信息发布的方式运营的企业微博。现在大多数网站及知名企业都开设了自己的官方微博,如当当网、携程旅行网、联想、海尔等。一般来说,企业的知名度越高关注者通常也越多。官方微博通常表现得比较严谨,而且往往以企业本身的信息为核心,因此一个企业仅有一个官方微博显得比较单一,往往会辅以其他形式的微博协同开展微博营销。在表现形式上,企业官方微博模式类似于在第三方平台开设的企业官方博客,而在内容传播方面,又类似于内部邮件列表营销,即通过持续发布对用户有价值的内容,获得用户的长期关注。

2. 企业分支机构及职能部门微博

每一个部门、每一个产品、每一个网站、每一个品牌都可以开设自己的专属微博,这在一些大企业中已经普遍采用,如在新浪微博上可以看到类似这些形式的企业微博:中国电信、中国电信客服、中国电信广东客服、中国电信广东网厅;海信集团、海信冰箱洗衣机、海信空调、海信手机官方微博、海信电视官方微博、海信电视宁波分公司;华为、华为终端官方微博、华为终端招聘官方微博、华为商城、华为网盘官方微博、华为中国区等。

企业分支机构及职能部门的微博营销,与企业官方微博的模式基本一致,仅仅是信息发布的主体差异,而在服务对象和项目方面可以比企业官方微博更具体一些,如客服微博、招聘微博等一般仅担负相应的职能,而不是作为营销的目的。

3. 企业领导人微博

有影响力的企业领导人微博,对于企业微博营销具有十分重要的意义。像王石、潘石屹这样的地产大亨,只要随便发布几条信息,即使没有提及企业的任何信息,其网络营销价值仍不可低估。王峻涛,网名老榕,1997 年 11 月 2 日在四通利方网站(即新浪网的前身)曾经以一篇网络帖子《大连金州没有眼泪》让国内球迷朋友捶胸顿足。他也曾经是中国电子商务旗帜的 8848 网站的创始人,目前是 6688.com 网站创始人,也是活跃的微博用户。他的业务专用微博账号王峻涛 6688,自我介绍中是"6688.com 客户关系专用"。联想集团董事长兼 CEO 杨元庆,也是活跃的企业领导人微博用户之一,到 2020 年年初拥有将近 1 675 万粉丝,发布了大量企业活动相关的微博,对联想的社会化网络营销发挥了重要作用。作为一个企业领导人,合理利用微博等社交网络,对企业的意义非常显著。

4. 企业员工微博

每个企业员工都可以有自己的微博,甚至多个微博账户,如工作微博账户、个人生活与社交微博账户等。尽管员工微博账户的影响力可能无法与企业领导人相比,但由于多个员工的群体联动优势,仍然是微博营销不可忽视的重要力量,尤其涉及公司敏感话题的微博,员工微博的群体力量是非常重要的。这也就是很多企业鼓励员工开设微博的意义所在。事实上,微博营销是全员网络营销的形式之一,每个员工微博都是企业社会化营销的资源。

5. 公众资讯微博

以发布公众资讯为主要内容的微博,往往可以吸引众多用户的关注,类似于通过电子邮件订阅的电子刊物(邮件列表)或者内容平台的内容号订阅之类的,微博内容成为营销的载体,订阅用户数量决定了行业资讯微博的网络营销价值。因此,运营行业资讯微博与运营一个行业资讯网站在很多方面是类似的,需要在内容策划及传播方面下很大功夫。

与此类似的还包括各种媒体微博、娱乐及热点微博账户,例如"冷笑话精选""幽默搞笑家"等,都拥有大量粉丝。这些微博发挥着媒体的属性,将营销信息穿插其中可实现微博营销的目的。

除了上面列举的五类常见的微博账户形式之外,还有大量以微博营销为主要目的的"非正式微博账户",例如包含各种热门影视作品相关的账户、各种热点产品相关的账户、各种业务相关的账户等。例如含有"搬家公司""网页设计""APP 开发""互联网创业"等热门关键词的微博用户,这些账号并不一定是真正的某某公司,而是为了利用微博搜索等方式获得曝光的机会,作为微博推广的一种手段。

此外,一个公司或者部门甚至个人用户都可能注册形式多样的多个账户,从而使得微博营销的形式显得更为灵活多样,也更为杂乱,因而其规范性远远不及博客营销以及企业网站营销等传统的网络营销模式。

3.5.3.2 企业微博内容创建与传播

如前所述,微博的内容选材广泛,表现形式灵活,因此很难为微博内容创建设定一个具体的范围,不过微博的特征决定了只有用户关注的微博内容才有价值,随意发布的内容或严谨的企业新闻、产品硬广告等,往往不会引起用户的兴趣,也就谈不上用户互动和利用用户的社交关系传播资源了。所以说微博内容创建的基础在于明确用户的关注点,而微博内容运营的核心在于正确认识微博信息的传播规律。

关于微博内容的选题和运营思路,与企业网站、企业博客及订阅型内容并无本质的差别,这里不做详细的分析,下面简要分析微博内容的传播模式。

尽管微博内容选材及表现形式具有灵活性,不过基于微博信息发布与传播渠道等要素的分析,仍然可以发现微博信息传播的一般规律。这里将其归纳为微博传播的八种常见模式。

1. 企业微博群体传播模式

一个企业可以有多个微博账号,所有相关微博账号形成了一个"内部微博社交关系网络群体",这些微博账号具有独立的运营权限,有各自的社交关系资源。利用企业官方微博、分支机构官方微博、企业领导人及员工微博等与企业相关的真实微博账户发布的企业微博信息,首先可以在企业各微博账户中互为传播,同时也可以通过微博平台直接传递给各相应账户的关注者,并以奖励的方式鼓励信息接收者再次传播,这是最基本、最直接的微博信息传播模式,因而也可称为自主微传播模式。

微博自主传播依赖于各微博账户本身的关注者数量及关注程度,企业可自主决定微博的内容、发布时间、重发频率等,且目标用户及传播范围明确,因而通常并不需要更多的资源投入。

2. 社会关系资源传播模式

尽管一个企业的微博账户关注者数量有限,但是每个关注者同样也是一个微博信息源,每个用户都拥有或多或少的新的社会关系资源,如果关注者继续转发企业发布的信息,那么这条微博信息将继续被传播,也就是信息传播范围在不断扩大。这种利用关注者的社会资源关系继续放大传播范围的特征,正是微博营销的独特魅力之处,因而可称之为社会关系资源传播模式,也可以直观地称为"微博转发模式"。这种模式实际上与"病毒性营销"一样,利用的是网络口碑传播的效应,让信息不断扩大传播范围。微博具有病毒性营销的天然属性,是网络口碑传播最有效的工具之一。

理论上,社会关系资源传播模式可能实现多层次关系传播,即:

①企业微博→②一级传播(直接关注者转发)→③二级传播(关注者的社会关系资源传播)→④三级传播……

因而,可以通过少量的直接关注者迅速向大范围扩散。至于是否可以实现这种扩散效应,则主要取决于企业及微博内容的影响力、直接关注者的传播意愿等多种因素。事实上,对于商业信息,用户自愿主动转发的意愿往往是比较低的,因此要真正调动直接及间接社会关系资源的积极性,还需要对微博转发模式做进一步的策划和运营,也就是如下介绍的利益驱动型微博传播模式及微病毒营销模式。

3. 利益驱动型微博传播模式

在新浪微博平台上有多种推广应用,其中微博抽奖是常用的微博转发推广方式之一。有奖转发,也就是利用了用户获奖的心理参与企业微博信息的再传播,也使得参与活动的用户不再局限于企业微博的直接关注者,企业以少量的奖品投入,就可以通过利益驱动的临时网络关系资源获得信息快速传播的目的,极大地扩展了企业自主微传播及社会关系资源传播模式的影响范围。通过有奖参与微博信息传播的方式被称为利益驱动型微博传播模式。

虽然有奖转发并非微博特有的网络推广模式,但是微博转发具有高效快捷及可准确统计等诸多优点,借助于微活动平台,还可以使有奖转发更为规范,对维护活动的公平性具有积极意义,因而更容易受到用户的信任,如果活动及奖品设计有较高的吸引力,往往能在短时间内吸引众多用户参与转发。

4. 微博用户自发传播模式

利用微博用户自发传播模式的微博营销，即为微病毒营销模式。显然，要实现微病毒营销效果，基本前提是用户有自愿转发的意愿，也就是病毒性营销中强调的，对用户的价值所在。要做到这一点并不容易，需要对病毒性营销的原理及一般规律有充分的认识并制定切实可行的病毒性营销方案。

通过对一些用户转发次数较多的微博活动分析不难发现，这些用户自发传播微博营销方式的特点都有一些类似之处，例如：

（1）与当前热点事件有关，如世界杯、奥运会、某热播影视作品等，容易引起用户关注。

（2）每个转发者都能从转发微博中得到一定的价值。如为自己提供了一个表达自己观点的机会、哲理性的内容对自己有启发意义、转发中获得被其他用户关注的机会、可以为自己的关注者带来某种价值等。

（3）容易实现多层次传播，即具有信息传播渠道的自动扩大效应，通常是由于微博源具有较高的影响力，而且微博信息具有争议性或者容易激发用户回答问题，从而易于产生自愿转发。

（4）可能成为微博的热门话题。热门微博得到微博平台的推动，可以实现在更大范围内的传播效应。

从这些特点中不难看出，具有病毒性营销效应的微博，必然是经过认真策划的，从信息源到信息传播渠道设计，每个环节都符合病毒性营销的一般规律。

5. 微博平台推荐模式

无论通过哪种方式，如果成为热门微博话题获得平台的推荐，无疑对微博传播是有很大推动作用的。但由于微博营销信息本身的商业性，通常并不适合被微博平台在热门话题中直接推荐，因此比较可行的做法，是与微博的各种专题活动、分类排行榜、微博信息搜索，以及开放平台的各种合作开发应用进行合作，获得在显著位置的推荐。当然，这种推荐可能是需要付费或者其他利益分成的方式。

6. 微博广告模式

微博广告是微博平台主要的收入模式之一，因此比微博平台推荐更直接的方式是以付费的方式投放微博广告。微博广告平台提供了丰富的广告形式，如粉丝通、粉丝头条广告、信息流广告、搜索广告等。微博广告推广与直接通过微博信息传播模式有所差异，但同样可以达到吸引微博用户浏览、关注并参与互动的目的。

7. 微媒体传播模式

微博的媒体属性为微博营销带来很大的发挥空间，于是把微博作为媒体运营，当获得较多关注者之后，通过媒体发布一定的营销信息或者转发相关的商业信息。通过"第三方"来传递企业的营销信息，也就顺理成章地成为"微媒体传播模式"。这种模式与俗称的"草根大号转发"模式具有较高的相似性，拥有众多粉丝的名人传播方式同样也具有媒体传播的效果。因此这种"微媒体"包括多种灵活的形式，并不限于行业资讯、专题报道、媒体微博等看起来更像"媒体"的微博。

8. 微博扩展传播模式

微博营销以影响力较大的微博平台为主要信息发布及传播渠道,但微博营销可以不局限于一个微博平台上,还可以有不同形式的扩展,包括平台扩展、信息展示形式扩展、信息传递渠道扩展等。例如,可以利用用户重复度不高的多个微博平台的定位及服务差异,用适当的方式分别传播符合各微博用户特征的信息。同时,也可以利用微博开放平台的应用功能(如新浪微博秀)将微博传播扩展到第三方渠道、其他网站和网络社区,也可以通过对微博进行必要的搜索引擎优化,使得企业微博信息可以展示在搜索引擎营销结果中。

总之,微博内容运营不仅仅是创建和发布信息,更重要的是实现微博信息的有效传播。为了扩大企业微博信息的传递,除了依靠用户自发的浏览和转发之外,还可以选择运用多种微博传播模式进行必要的推广。

3.5.3.3 微博运营管理规范

针对每一种信息发布渠道的特点建立相应的运营管理规范是非常必要的,企业微博运营也同样符合这种规律。由于微博运营的灵活性,相对于企业官方网站等信息发布渠道,制定微博运营管理规范的主要目的在于明确微博运营者与微博平台、微博内容及用户之间的相关关系及相关责任,在遵守平台规则的前提下,通过信息发布与传递,实现与用户的沟通和互动。

本书将微博运营管理规范归纳为六个基本方面供参考,详细的规范内容还有待根据实际工作情况进行更多的总结和检验。

1. 企业微博账户管理规范

企业微博账户管理规范主要包括:

(1)明确企业微博责任人的职责范围;

(2)企业微博账户基本元素设置完整;

(3)严谨的企业介绍信息;

(4)微博名称、个性域名与企业网络品牌的一致或相关;

(5)保持企业公告/动态及模板设置的时效性。

2. 企业微博内容规范

企业微博内容规范主要包括:

(1)制定系统的内容选题及制作计划;

(2)掌握微博内容策略及各个方向的最新动态;

(3)预留充分的时效性不强的备用内容;

(4)根据微博用户行为特征不断调整微博内容策略;

(5)企业微博内容本地备份。

3. 企业微博信息发布规范

企业微博信息发布规范包括：

（1）遵守微博平台的管理规范；

（2）遵照企业微博信息审核流程；

（3）微博信息发布频率计划；

（4）在最合理的时间发布信息；

（5）微博应急处理措施等。

4. 用户交互管理规范

用户交互管理规范包括：

（1）定期记录和分析用户数量变化；

（2）关注业内有影响力的用户及微博领先者；

（3）与活跃用户保持互动沟通；

（4）转发有价值的微博信息；

（5）取消关注长期呆滞账户。

5. 风险及限制性信息管理规范

风险及限制性信息管理规范包括：

（1）不发布可能涉及公司机密的信息；

（2）不发布可能引起纠纷的信息；

（3）不发布可能暴露个人隐私的信息；

（4）不发布过于私人生活化的内容；

（5）其他不适合随意发布的信息。

6. 企业微博运营效果评估

企业微博运营效果评估内容包括：

（1）微博信息发布的数量与质量；

（2）原创微博内容所占比例；

（3）微博的曝光量（阅读数）；

（4）用户对信息的评论与转发比例和数量；

（5）微博用户类型及数量增长趋势；

（6）微博信息的站内可见度；

（7）微博信息的搜索引擎可见度；

（8）微博对总体网络营销效果的贡献等。

从上述内容可以看出，微博运营是一项长期持续性的工作，并且需要很大的耐心和热情，这也是社会化网络营销以人为中心的基本要求，与其他具有社交属性的平台账户运营具有相似之处。由此也可以说明，包括企业微博运营在内的社会化网络营销都属于长期营销策略，其价值需要经过长期的资源积累和转化的过程才能得以体现。

3.6 订阅型网络营销信息源运营策略

与通过网站或 APP 发布信息的模式不同,订阅型网络营销信息源通常是先有用户才能向用户传递信息,就像传统的报纸杂志订阅一样,只有预先订阅的用户才能收到信息,也就是说这种信息发布渠道需要具备用户订阅和接收信息的功能。例如微信订阅号,只有用户关注公众号,才能收到该公众号发布的信息。

从用户获取信息的形式来看,订阅型信息源是基于用户许可的信息传递模式,是一种可独立于企业网站的、采用直接向用户推送方式传递的信息源形式。从网络营销的方法类型来看,订阅型信息源策略是典型的内容营销模式之一。

小专栏

订阅型内容营销方法小档案

(1) 常用工具:电子邮件、邮件列表平台、微信公众平台、内容创作平台等。
(2) 基本原理:许可营销,即首先经过用户许可才向用户发送信息。
(3) 典型方法:许可 Email 营销(邮件列表营销)、微信公众号营销、短信营销等。
(4) 内容特点:内容完整,系列化,周期性发布,发布后不可撤销和编辑。
(5) 传播要求:获得老用户持续关注,吸引新用户关注和订阅。
(6) 网络可见度途径:获得尽可能多的用户订阅,通过网站或用户社交网络传播。

3.6.1 订阅型内容运营的基本流程

订阅型信息传递,其基础环节在于用户的主动订阅,也就是只能向订阅者定向传递信息,订阅者获取信息之后,如果觉得信息有价值,可以分享给其他用户,一方面实现信息的再次传播,另一方面其他用户也可能加入订阅者的行列。传统的订阅型内容是基于电子邮件传递的邮件列表,其订阅流程与基于社交平台的内容订阅有一定的类似之处。

订阅型内容运营及信息传递的一般流程如图 3-6 所示。

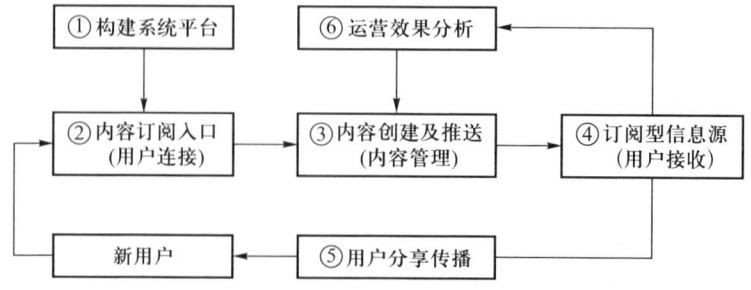

图 3-6 订阅型内容运营流程示意图

1. 构建订阅系统平台

订阅系统平台包括企业自建的邮件订阅系统、第三方邮件列表订阅平台、注册微信公众平台等，具备用户实现订阅及退订流程。例如，邮件列表订阅，用户通过网页输入电子邮件地址完成订阅及确认；微信公众号，用户通过微信手机端关注公众号完成订阅或取消关注。

2. 为用户提供订阅入口

邮件列表常见的订阅方式，是在网页浏览时输入用户的电子邮件地址，并根据说明完成订阅或退订流程（有些需要用户邮箱确认）。微信公众号订阅，采用的是"关注即订阅"方式，即通过微信搜索公众号或者根据扫描公众号二维码，关注该公众号即完成了订阅，退订则点击取消关注即可。

3. 内容创建与推送

根据企业内容营销策略设计每期内容，将准备好的内容通过专用传递渠道（如邮件列表平台或微信公众平台）发送给订阅者。

4. 用户获取信息

用户利用订阅工具收取信息（如电子邮件或微信），获得完整的订阅型信息，这也是企业订阅型信息源在用户端的具体表现形式。

5. 用户分享传播

订阅型信息源被用户接收之后，用户可以对有兴趣的内容进行分享传播，通过个人社会关系网络实现信息的再传递，这也是社会化网络的典型特征之一。因此订阅型信息的用户阅读量有可能超过订阅人数，并且可以通过内容获得新的用户。

6. 订阅型内容运营的效果分析

根据统计数据分析运营效果，如订阅数量、转发数量、新用户增加量、退订数量等。

可以看出，订阅型信息运营方式与网站内容运营方式有显著的区别：订阅型内容运营要先有一定数量的用户，信息源才能发挥价值，网站内容通常是发布之后才陆续获得用户浏览和传播。另外，订阅型内容通过用户分享传播可以获得新的用户，因此运营重点在于获得用户的持续关注和用户自发的分享传播。

作为订阅型内容运营的代表之一，微信公众号内容具有用户基础大、订阅（关注）方式简单、信息传播速度快、易于用户分享等一系列特点，是智能手机用户常用的网络信息源形式之一。

3.6.2 示例：微信公众号运营的基本流程

具体到微信公众号来说，内容运营的基本流程包括如下五个方面。

1. 注册账号并验证

注册公众号、选择公众号的类型、设置公众号主体的基本信息（企业或个人）、公众号验证（企业和个人有不同的验证方式）。

2. 登录公众平台配置公众号信息

主要包括两个方面：

（1）公众号设置：账号头像、公众号名称、微信号、公众号简介等。其中公众号名称和微信号，一旦确定无法改变或修改程序较为复杂（早期是无法修改的），因此一定要慎重，经过深思熟虑确定后再做设置。微信号是为了便于用户查询或推广而设置的，例如，公众号"网络营销能力秀"的微信号是wm23com，也就是能力秀官方网站当时的域名。微信号和个人微博的个性域名，以及能力秀个人主页的个性域名设置方式和作用是类似的，都是为了突出个性化信息，其原则是便于传播及记忆。

（2）设置自动回复：包括用户被添加自动回复（即新用户关注微信号之后给用户自动回复的欢迎或说明信息）、消息自动回复、关键词自动回复。这一功能是利用微信公众平台系统的功能实现与用户之间的自动信息回复，起到欢迎、提醒或简易查询等作用。

3. 发布微信公众号信息

即通过公众平台的群发功能向微信公众号的关注者发布信息，可选择向全部用户或部分分组用户发送。信息发布成功，用户即可在订阅号中阅读最新收到的文章内容。

4. 微信公众号运营管理

包括用户管理、消息管理、素材管理。其中，用户管理功能可以对用户分组、添加标签、加入黑名单；消息管理是用户与微信号之间互动的主要渠道之一，可以对用户的消息进行回复；素材管理则为发布编辑内容提供了方便，将常用的图片加入素材库以实现内容的快速编辑。

5. 微信公众号运营数据分析

微信公众平台提供的分析数据是公众号运营分析的基本依据，常用内容包括用户分析（用户总数、新增用户、取消关注用户等）、已发送消息统计分析（送达数量、阅读数量、分享数量等）。

除了上述基本流程之外，对于认证的高级用户，微信公众平台还提供了推广服务，其中包括广告主和流量主两个角色。广告主可以通过公众平台投放广告，如朋友圈广告和公众号广告。达到一定条件的公众号，则可以申请为流量主，可在公众号文章中投放广告，将阅读量转化为广告收入（类似于网站联盟）。

总之，微信公众平台提供了从用户关注（订阅）、用户互动交流、发布信息及信息管理以及微信号运营统计数据等完整的服务流程，作为公众号运营者，所做的工作主要是提供有价值的内容，并用适当的编辑格式发送给用户。因为简单，所以应用者众多，这是微信公众号营销快速发展的根本原因。

3.6.3 实践应用：微信公众号内容运营

各种网络信息源的基本元素都有各自的特点，分析信息源的一般要素和表现形态，是归纳内容运营的一般规律的基本方法。正如对企业网站和网络百科词条的分析一样，对微信公众号运营的分析也将从内容形式的一般要素开始，逐步发现内容选题、写作及运营维护的基本方法和规律。

1. 微信公众号内容的一般要素

对于微信公众号内容，看起来并没有统一的模式，不过同样也可以归纳出一些共性特征。例如，我们浏览一些有影响力的微信公众号，可以发现通常都离不开这样的内容元素：有吸引力的头条标题及配图、清晰的标题及内容排版、明确的推广方式以及相关的菜单设计等。一般来说，可以将微信公众号内容的要素归纳为五个方面。

（1）封面设计。每一期公众号文章，就相当于一期手机期刊，好的封面设计加上引人注意的文章标题，对提高阅读量有着直接的影响。

（2）文章标题。无论每期公众号是单篇文章还是多篇组合，每篇文章都需要有醒目的标题，其中头条文章总是发挥着最重要的作用，因此头条文章的标题设计又是所有文章标题设计中最重要的工作。除了吸引用户直接关注并点击之外，文章标题还承担着推广的功能，例如好友在朋友圈及群聊中分享、公众号文章搜索等。因此，每篇文章的标题都需要进行合理的设计。

（3）正文内容。正文内容是公众号文章的主体，也是获得用户阅读及后续互动或转化行为的载体。需要明确的是，微信公众号文章的正文，与 Email 营销正文内容有较大差异，在某些方面与网页内容比较接近，即每一篇文章都相当于一个独立的"网页"，而不是将同期的多篇内容发布到同一个页面（电子邮件内容正好相反）。

（4）发布人信息。在公众号文章标题下方，通常会有一个可点击的蓝色字体，显示的是文章发布人的信息。这个功能是微信公众平台自动实现的，无须用户操作。这里的"发布人"实际上是该微信公众号的名称，如"网络营销生态"。点击可进入该公众号的摘要页面，显示公众号的基本介绍及历史消息等，新用户可通过这个界面关注该公众号。因此也是通过文章内容获得新用户关注的基本渠道。从这里也可以看出微信公众号名称的重要性。

（5）辅助推广信息。除了发布人信息之外，还可以在正文内容之外有意识地设置其他辅助推广信息。辅助推广有两个方面的含义：一方面，通过在文章开始或结尾处增设二维码或文字提示等方式，提醒新用户关注自己的微信号；另一方面，作为已关注公众号的用户，在阅读时可通过文章下方的"阅读原文"链接到网站上，或者通过图片文字等引导用户关注更多的内容。这些辅助推广信息并非必需，但一个用心运营的微信公众号，通常不会忽略这些可能的推广机会。

由于微信公众号平台的规范程度较高，因此公众号内容的个性化元素相对较少（部分高级用户可能受限制较小）。例如，不能像企业网页内容那样附加"相关链接"，不能像电子邮件那样添加超级链接，因此只能专注于内容本身及微信用户之间的推广和传播。从另外一个角度来看，也是微信公众号文章内容的优点：用户专注于核心内容，不受其他信息的干扰。

2. 关于微信公众号内容的选题思路

微信公众号运营的目标，除了已关注用户阅读量之外，还期望通过用户的分享转发获得更多用户的阅读和关注，因此在内容选题、标题设计和内部推广方式等方面，与企业网站内容有一定的差异。

微信公众号内容包罗万象，从严肃的专业知识到新闻、娱乐八卦，无所不包，几乎各个领域都有多个公众号。由于用户对内容的需求是多样的,任何一个领域都可能产生有影响力的微信公众号。一般来说,比较受关注的微信公众号内容(包括文字和图片视频等)主要包括生活感悟类、情感类、名人隐私、热点事件、幽默搞笑、奇闻逸事等,而这些公众号的运营者大多为个人或小团队,以获得最大阅读、关注或转发为主要目标。如果从一个企业或者品牌的角度运营这样的公众号,传播这些内容可能会与企业的价值导向及营销目标有较大的差异。所以企业官方微信公众号的内容选题范围相对就会有一定的制约。不过由于微信内容设计的灵活性,企业微信也可以参考热门微信公众号的内容选题思路,设计其灵活多样、受用户关注的内容表现形式。

本章介绍的企业网站内容、博客内容以及网络百科词条内容各有特点,而微信公众号内容,可以说是多种内容形式的综合应用,既要有企业官方网站内容严谨完整的基本要求,又要有博客和微博内容的灵活多样,还需要有内容的系统性和长期性。不过,由于微信公众号内容发布数量的限制,内容数量不能像网站或博客那样自主,可以在企业网站严谨内容的基础上,根据用户阅读的习惯特征,借鉴其他热门微信公众号内容的选题方法进行一定的调整,成为既有企业信息可信度基础,又受到用户关注的企业微信公众号内容。

例如,可以考虑从下列几个方面进行企业微信公众号选题:

(1)优惠信息。用户关注企业微信公众号,通常出于对企业产品和服务的长期关注,例如酒店、旅游、消费类产品、季节性产品等,通过微信公众号,与企业网站、商城、官方微博等同步发布优惠信息获得更多用户浏览和转发。

(2)顾客服务及互动信息。发布用户关心的问题,才会获得用户关注。官方网站用户浏览最多的网页及咨询最多的问题、企业官方微博中用户评论最多的话题等,经过综合整理,无论作为企业博客内容还是作为公众号内容,都有其受关注的用户基础。

(3)产品知识类信息。对使用和保养需要一定专业知识的产品,如汽车保养、保健养生等行业,连续发布系列产品知识,用户也有长期关注和阅读的需求。

可见,与用户直接相关的话题,才是企业微信公众号的主要选题方向,至于企业新闻、行业动态之类的内容,未必会得到用户的长期关注。

当然,除了企业官方微信公众号之外,同样可以运营其他领域的微信公众号,如娱乐类、知识类、行业资讯类等,不同的公众号之间进行相互推广,也是积累用户资源的常用方式。

3. 关于微信公众号文章的标题设计

微信公众号文章的标题设计与网页内容标题设计要求兼顾用户关注和搜索意识(即包含用户可能搜索的重要关键词)有一定类似之处,不过公众号文章标题更加重视引起用户的关注并点开内容,因此常常利用用户的好奇心理获得用户的关注和点击。

看看这些微信公众号的文章标题内容,是否似曾相识:

- 深度好文,一千万人都转了;
- 这视频,笑死千万人;
- 一考生的零分作文,看了心酸;
- 看这一篇文,少死千万人;
- 史上最全……

- 震惊,这事居然是他干的……
- 常吃这四种食物等于自杀……

如果注意观察微信公众号文章就不难发现,类似这样的标题党无处不在,几乎可以说,做微信的都是标题党! 为什么? 道理很简单,微信承载的信息有限,标题几乎就决定了阅读量,所以如果不加入标题党,你辛辛苦苦创作的内容就没人看! 没有足够的阅读量,也就谈不上营销效果。可见,即使在粉丝思维模式下,依然要追求流量效果。

但是,标题并不是一切,标题只是在某些方面迎合了用户的心理,如果没有优质的内容基础,标题就成了名副其实的骇人听闻甚至带有欺骗的性质。有多少人愿意被再三欺骗呢? 如果标题或内容的真实性存在重大问题,那就不仅仅是诱导用户点击骗取流量的问题了,还可能涉嫌违法犯罪。据报道,自 2020 年 4 月 25 日开始,国家网信办组织各地网信部门开展为期两个月的网络恶意营销账号专项整治行动,对相关内容发布人依法严惩。

以顾客价值为导向的网络营销价值观,对于标题党的做法可以不屑一顾,不过不能不面对用户可能被标题党所蒙蔽的现实:一方面要坚守价值导向希望不要被标题党所同化,另一方面又不能不考虑标题党的蛊惑力所产生的影响。这种情况,根源还是在用户。所以,深入理解用户对信息的需求规律是网络营销的基本要求。那么,从标题党现象中,网络营销学习者可以借鉴的有哪些? 如何把标题党的有效之处转化为顾客价值? 这是值得认真思考和权衡的。通过对众多高阅读量微信文章的分析,我们可以把微信公众号内容进行归纳总结,这样不难发现这些内容的一般规律。

综观上述,微信公众号标题设计所有的技巧,其实都可以集中到一个核心点:用户关注点。做微信内容运营,研究用户需求是必须深入细致进行的工作。此外,需要了解的是,这些所谓的技巧甚至"干货",并非一般规律,通常具有阶段性或仅对部分用户群体有参考意义,因为用户兴趣和行为在不同阶段也会发生变化,例如,对耸人听闻的文章标题看多了也就不会再受诱惑点击了;"鸡汤"感悟类的内容看多了,发现大都是在浪费时间,也许就希望看一些深度的或知识性的内容。因此,好的内容及表现方式,需要在实际工作中根据用户行为分析不断进行调整和优化,让内容适合用户习惯,获得最好的营销效果。

另外,有关微信公众号内容的选题及写作技巧,对其他网络社区营销及社会化网络营销的内容写作,大多也是适用的,因为这些都属于基于用户可信度的碎片化的阅读方式,用户的阅读习惯是相近的。

3.7 智能分发型网络营销信息源运营策略

智能分发型信息源是在订阅型信息平台的基础上,通过大数据与人工智能等分析方法,将信息源分发到感兴趣的用户,通过用户订阅(关注)及定向信息推送等方式实现信息的快速传递。基于智能分发内容平台的信息发布与传递,引发了自媒体爆发式的增长,自媒体内容成为人们通过网络获取信息的重要渠道之一。自媒体成为智能分发型网络信息源的主要应用形式,自媒体运营也就成为信息发布与传递一体化的网络营销策略之一。

本节以自媒体内容平台账户运营为例，简要介绍智能分发型网络营销信息源运营策略。

3.7.1 基于智能分发型内容平台的自媒体及其网络营销特点

自媒体意指用户可以通过某个网络平台自行发布信息，并且经过平台内部推荐传播以及用户个人的社交关系网络等渠道，在一定范围内实现信息传播及用户交互。其核心在于用户的自主性，即在网络平台规则许可的范围内发布和传播信息。

本章前面介绍的微信公众号和企业微博的运营方法，通常也被称为"自媒体"或者"新媒体"，简单来说也就是企业或个人运营的、具有一般媒体属性的网络信息发布与传播活动。微博或者微信，是信息的载体和传播方式，即基于社交网络的信息传播。事实上互联网的很多应用都具有"自媒体"的特征，如个人主页、博客、专栏文章等，只不过这些早期的互联网应用通常以互联网工具为主要传播渠道（如搜索引擎、网站链接等），而且具有一定的应用门槛，尚未达到社会化普及应用的程度，因此相对于社会化网络阶段的"自媒体"概念，其影响力有一定的限制，只能称为"初级自媒体"。

自从微信公众号得到普及之后，以自媒体为代表的内容传播进入了一个新的历史阶段。新一代智能分发内容平台不仅为用户提供了信息发布的机会，而且将平台内数量众多的用户转化为各自媒体内容的用户，使得传统的信息传播模式发生了重大变化，自媒体的网络传播价值也得到更大的提升。于是，各种智能分发型内容平台不断涌现，为企业自媒体运营和个人内容创业提供了丰富的选择机会。例如：百度百家号、头条号、搜狐号、企鹅媒体平台、网易号媒体开放平台、凤凰号、大鱼号等。当然，微信公众号平台仍然在自媒体平台领域占有重要地位，成为许多企业、机构和个人构建官方自媒体的首选平台。

通俗地说，自媒体平台是自带流量的信息传播平台。正如电子商务平台上的网店一样，作为买卖双方集中的场所，电商平台为网店店主带来源源不断的潜在顾客。作为一种内容营销的手段，企业自媒体也就应运而生。

相对于企业博客、企业微博、微信公众号等"传统自媒体"而言，基于新一代智能分发型内容平台的自媒体应用于网络营销的特点主要体现在下列两个方面：

（1）内容营销矩阵化。由于内容平台较多，且账号主体形式多样，包括企业、个人和其他机构均可成为运营主体，账号昵称也多种多样，这就意味着同一个企业或个人，可能在一个内容平台同时运营多个不同类型的自媒体账号（与微博账号有类似之处），也可能在多个内容平台运营多个不同类型的账号，这样就形成了一个矩阵化、网络化的内容发布与传播体系，通过企业自媒体的有效运营，企业网络可见度可以得到极大提升。

（2）多渠道内容推广模式。传统的信息发布与传递一体化平台，对用户发布信息的推广渠道有限，例如 B2B 电子商务平台、博客平台等，通常是基于网站页面的网页标题链接推广，不仅推广空间有限，而且用户获取信息的渠道比较单一，通常只能通过网页点击来实现。内容平台通过智能分析及推荐分发技术，极大地扩展了推广渠道及传播力度，为高质量自媒体内容带来巨大的阅读量，同时经过用户社交网络的分享，内容阅读量得到快速提升。

例如，在今日头条客户端，每个用户看到的头条号信息流可能都不一样，展现给用户的信息，经过个性化内容推荐机制分批次推荐给对其感兴趣的用户。先将文章推荐给一批对其最可能感兴趣的用户(这批用户的阅读标签与文章标签重合度最高),通过对这批用户产生的阅读数据进行分析(如点击率、收藏数、评论数、转发数、读完率、页面停留时间等),然后决定是否将其再次推荐给下一批用户。经过类似的内容分发及用户分享,可以极大地提高内容的阅读量,系统推荐对内容的阅读量发挥着重要的影响。

由于智能分发型内容平台对用户获取信息的影响力越来越大,用户在内容阅读和分享方面占用较多时间,这对企业的内容运营策略既是机会同时也是新的挑战。主要原因在于:一方面,传统内容传播渠道对用户的吸引力有一定的下降,企业需要投入更多精力在内容平台运营;另一方面,内容平台的推荐机制更多注重于用户阅读量和互动量等指标,大众娱乐和生活情感等方面的内容更有优势,而企业相关的内容获得平台推荐相对较难。这就为内容营销带来了困惑:投入越来越大,效果却难以同步提升。所以,对于大量小微企业来说,内容营销的门槛相对更高了。

3.7.2 自媒体内容运营策略

无论是基于企业网站的内容,还是博客、订阅型内容,在选题和写作方面都有共同之处,尤其是博客和微信公众号内容运营的一般原则和规律,对内容平台的自媒体运营都是适用的,不过不同的内容平台有自己的规则,对内容质量的要求有一定的差异。

自媒体平台与传统内容发布及传递最大的区别,在于自媒体平台的流量来源与内容推荐/分发渠道等密切相关。如前所述,自媒体平台不像博客平台那样仅仅给用户一个发布信息的渠道,重要的是可以将内容推荐及分发到多种渠道,从而带来可观的阅读量。在一定程度上可以说,自媒体用户发布的内容是否得到平台的有力推荐,决定了内容的阅读量。一篇得到大力推荐的文章,即使该自媒体号关注者数量不多,同样可以获得很高的访问量,这方面与微信公众号略有差异,因为微信公众号文章的阅读数量主要取决于订阅(关注)用户的数量。

例如,2017年11月8日,腾讯内容开放平台正式启动,借助腾讯AI的智能分发,帮助内容创业者实现"一点接入、全网接通"的目标,通过企鹅号发布的内容可以同步分发到微信、QQ、QQ空间、浏览器、天天快报、腾讯新闻、腾讯视频等多个平台。

因此,与传统网站、博客等初级自媒体相比,基于智能分发平台的新一代自媒体运营的首要工作是充分了解平台对内容的要求及推荐机制,在此基础上创建高质量的文章内容,尤其是标题设计等方面与传统自媒体也有一定差异。本节仅对平台推荐规则及自媒体标题设计这两个方面给予简要介绍,至于内容选题等,可参照本章前面其他类型的内容运营策略。

1. 自媒体平台的内容推荐渠道及用户来源

每个平台都有自己的内容分发渠道和推荐机制,也就意味着有各自的信息传递渠道和用户来源。表3-2是部分自媒体平台的简单比较,平台规则可能会随时调整,详情可到各自媒体官方网站了解。

表 3-2　部分自媒体平台的主要特点（2020 年）

自媒体平台	内容推荐渠道	主要特点	用户来源	收益方式
微信公众号	微信客户端、搜狗微信搜索	微信用户数量大、企业官方微信普及度高	粉丝阅读、朋友圈分享、好友转发	赞赏、流量主广告分成
头条号	今日头条客户端、今日头条网站	客户端用户数量多、流量大、易申请	平台推荐、粉丝阅读、粉丝分享到其他社交媒体	赞赏、头条广告、千人万元计划、礼遇计划
百家号	手机百度、百度搜索、百度浏览器	百度搜索引擎友好性高、内容质量要求较高	百度搜索、手机百度及百度浏览器推荐	百度广告、补贴、内容电商、自营广告、百+计划
搜狐号	搜狐网、手机搜狐网、搜狐新闻客户端	搜索引擎友好度高、文章易通过	用户搜索、平台推荐、粉丝阅读	可自行投放广告
企鹅号	天天快报、腾讯新闻客户端、迷你首页、手机QQ新闻插件、QQ公众号、手机腾讯网、QQ浏览器	推荐渠道多样、微信公众号文章可同步展示	平台推荐、粉丝阅读	赞赏、流量主、"芒种计划"的原创补贴
大鱼号	UC浏览器、优酷、土豆、淘系客户端	流量主要来自UC浏览器；可以与粉丝高效互动	平台推荐、粉丝阅读	赞赏、广告分成、商品佣金、大鱼计划
网易号	网易新闻客户端、网易网站网易号频道	与粉丝跟帖互动，实现自媒体直播	平台推荐、粉丝阅读	平台分成收益、亿元激励计划

资料来源：本书作者根据各内容平台收集的资料综合整理。

2. 自媒体平台文章标题设计特点

很多人可能会受到一些总是能吸引好奇心但实际上是故弄玄虚、表里不一的自媒体文章标题吸引而点击，但一般自媒体平台又明确要求高质量的标题和内容，反对纯粹的标题党，而实际上很多文章标题总是与真正的标题党难以区分。为了阅读量，很多自媒体会在文章标题上做文章，是不是说自媒体文章标题设计一定要成为标题党或者其同类呢？

实际上，这种现象正是与自媒体平台的推荐机制密切相关，也反映了内容阅读者的行为特点，标题的吸引力对是否点击具有重要影响。当然，一个好的文章标题在任何环境中都很重要，不过在自媒体时代，尤其对于手机阅读用户而言，每屏幕显示的信息有限，标题的重要性就尤为突出。

与企业网站及博客标题相比，自媒体标题设计的主要特点包括：

（1）突出紧迫感促使用户立即行动。常用到一些表示紧迫、突发或变化很快的词汇，吸引人毫不犹豫点击阅读或转发，例如：刚刚、很快就、马上就、紧急、重要……

（2）从用户心理角度利用悬念引起好奇心。使得读者总忍不住要看看答案或结果到底是什么，其中用得最多的词汇之一是"这个"。例如，通过搜狗微信公众号文章搜索"这"或者"这个"，类似的悬念性文章标题非常之多。在一些平台推荐的文章中，含有这种悬念性词汇的文章标题所占比例也相当高。

（3）突出重要性和独特性。标题中常用的词汇包括：重磅、独家、重要、震惊等。

（4）蹭热点的标题。互联网上热点话题层出不穷，热点话题总是能带来巨大的访问量，尤其是一些未经证实的热点内容往往成为自媒体博取流量的重要武器，这也是为什么一些自媒体内容可信度不高的原因之一。其实，蹭热点是内容选题的常用方法之一，关键是要合理利用热点，而不至于陷入造谣传谣，或者将热点应用于不合适的场合。

（5）与用户密切相关的标题。无论是企业网站内容，还是微博或微信公众号，选题方法都有类似之处："与用户直接相关的话题，才是内容选题的主要方向。"这个规律对于其他自媒体标题选题一样是适用的。因此，选择与用户自身利益直接相关的标题和内容，总是会获得关注的，如有关个人福利的、健康和安全的提醒等。

总之，自媒体内容运营中的标题设计，需要在内容平台规则许可的范围内，充分利用用户的注意力特征，获取尽可能高的阅读率。当然，无论在任何时候，内容运营的最高原则都是为用户创造价值，如果一个哗众取宠的标题却没有提供相应有价值的内容，也就堕落为纯粹标题党，这是令人不齿的，这样的自媒体账号也难以长久受到用户的关注和肯定，尤其作为企业自媒体，不应一味追求点击率，更重要的是用户的长期价值。

3.8 不可控型网络营销信息源：企业新闻与负面信息

相对于完全可控型和有限可控型网络营销信息源，不可控型网络营销信息源的主要特点在于，信息发布渠道和传递渠道被网站平台所有者或其他用户所掌握，企业所能操作的范围有限，但并不意味着只能被动地等待信息的发布和传播，可以通过必要的参与、沟通和监测，积极引导正面信息，减少负面信息的传播和不利影响。

下面以网络媒体的企业新闻和企业负面信息为例，介绍不可控型信息源的一般特点及相应的策略。

3.8.1 企业新闻的特点及创作思路

正如网络百科词条作为知识传播渠道的同时具有一定的网络营销功能一样，公共新闻媒体作为一种信息传递渠道，在一定程度上也可以为企业所用，为企业创造营销价值。但企业新闻毕竟不同于社会新闻，由于企业新闻有一定的营销目的性，也就决定了企业新闻在表现方式、内容创建和信息传播方面有一定的特殊性。

企业新闻对于网络营销的意义，不仅仅体现在企业形象方面，更重要的是扩大了企业网络信息的可见度，尤其是权威信息源网站（如人民网、新浪新闻等）的内容，对于增加企业网站的可信度发挥着非常重要的作用。例如，在编写企业网络百科词条时，这些权威新闻源网站的内容可作为参考资料来源，在企业官方网站和其他宣传内容中引用权威媒体的报道等。

当然，通过媒体发布几篇新闻，对企业的营销效果可能并不会立竿见影，短期内也未必可以产生对销售的直接促进。因此，企业新闻传播，与官网内容运营一样，都是网络营销信息源创建与维护的基础工作,需要针对企业新闻的特点制定长期的运营计划,并熟悉新闻媒体的新闻发布及传播渠道,持续创作既有企业网络营销价值又能满足媒体新闻标准的企业新闻。

3.8.1.1 企业新闻的特点

企业新闻尽管从形式上看属于新闻报道,但与一般新闻并不完全一样,主要特点表现在营销目的性、资源稀缺性及传播层次性等方面。

1. 企业新闻营销的目的性

企业新闻是以大众新闻报道的方式,通过公共媒体进行传播,实际上是新闻与营销的结合体,本质是一种公关行为,属于隐性营销,或者软营销的范畴。企业新闻在某些方面与博客营销具有一定的相似性,即营销在内容之外。新闻内容只是营销信息的载体。如果没有任何营销价值,企业对创作和发布新闻也就没有任何动力。这是企业新闻与公共媒体的社会新闻的根本区别。

由于企业的营销目的在新闻内容表现方式方面难免与其他新闻有一定的差异,但又不能脱离新闻的基本要素,因此往往需要在营销和新闻之间寻求一种平衡关系,否则过于明显的营销性内容是不适合在规范的新闻媒体上发布的。

2. 企业新闻资源的稀缺性

每天都有大量的事件发生,新闻媒体也就可以获得源源不断的内容来源,但一般的企业并没有那么多的新闻点,所以利用新闻传播的资源是稀缺的。一般的媒体新闻以报道某个近期发生的事件为主,以这种标准来说,大多数非知名企业通常没有什么可以称之为新闻的事件,除非有重要的研究发现、行业技术突破或者其他可能在某些方面产生一定影响的事情,而这些通常也不一定是在企业内部发生的,可能与某些知名企业或广受关注的社会事件发生某些联系(这些事件对企业而言并不一定都是好事)。例如与某知名企业发生法律纠纷、被某知名企业收购、参与某重大研究或公关项目、在某招标中胜出、企业在某个热点事件中发挥了重要作用(如抗洪救灾)……但是这些有一定新闻价值的机会毕竟很少,而且这种新闻往往有一定的时效性,即使发布在媒体上,读者最多也就是一扫而过甚至不会留下任何印象,更重要的是,这种新闻什么时候会出现、可以发布在哪些媒体,实际上都是偶然事件,没有明确的规律性,新闻营销作为一项持续的内容运营往往有一定的难度。所以,如果出现偶然的新闻点,企业应把握这种新闻传播机会。

3. 企业新闻传播的层次性

在权威媒体上发布一则对企业形象正面介绍的新闻,企业作为新闻传播的受益者,会更有动力对新闻做渠道传播,以尽可能发挥企业新闻的营销价值。在很多企业网站的公共栏目中,通常会有一个"媒体报道",将媒体发布的企业相关的新闻汇总,一方面体现了企业的形象和可信度,另一方面也丰富了企业网站的内容。

一般来说,企业新闻首先由专业媒体发布,通过媒体自有的渠道进行传播,如媒体订阅者、媒体网站用户直接访问、合作媒体转发、媒体社交网络传播、搜索引擎收录等。企业收集了首发媒体新闻源信息之后,再通过企业的信息发布和传播渠道以引用、转载、汇编等方式进行传播,从而实现企业新闻的多层次、多渠道传播。

总之，企业新闻在信息源的形式、发布渠道和传播方式等方面有明显的特点，不仅与公众新闻有一定区别，同时与企业官方信息源及分享型信息源也有显著差异，需要在企业新闻写作、发布渠道、传递方式等方面进行有针对性的设计和维护。

3.8.1.2 企业新闻创作思路

作为一种不可控型的信息发布渠道，企业新闻发布的权力掌握在媒体手中，因此企业新闻首先要满足新闻媒体对新闻内容的要求，同时，由于企业新闻的特点也决定了创作企业新闻尤其是可以在权威媒体发布的企业新闻并不是件简单的事情。根据作者对行业研究和企业新闻写作的实践经验，本书总结了部分思路供参考。

1. 新闻来源：挖掘企业新闻点的途径

企业新闻不是杜撰出来的，而是对已经出现的、具有一定影响力的某个事件或事实的记录或分析提炼，因此企业新闻撰写首先应立足企业在经营管理活动中的重要事件，从中发现具有新闻价值的话题。当然，也可以有计划地主动挖掘新闻线索，例如通过企业社交关系网络与用户互动获得用户参与和反馈信息，并总结分析用户最关注的话题。此外，关注行业发展动态，积极与行业重要事件对接，从中发现企业在行业中的优势，经过专业分析，将研究结论提升为企业新闻。

事实上，只要对本企业和所在行业有深度的认识，总是能源源不断地挖掘出值得关注的新闻点。这也说明，企业新闻写作不只是文字应用能力的体现，还需要有一定的行业洞察力和分析研究能力。

2. 新闻质量：确保新闻内容的可信度

企业新闻无须滥竽充数，低质量的新闻对网络营销没有意义，每一篇新闻内容都应为读者带来价值，至少做到内容可靠、数据准确、经得起推敲。可信度是企业新闻的基础，企业必须为自己的言论负责。对于企业提供的原始新闻资料，在媒体发布之前，媒体编辑/记者可能会与企业联系，就某些方面的问题进行求证和确认，企业应该可以明确地说明相关新闻的来源及事实根据等背景资料。

3. 新闻营销：合理设计企业网络营销元素

切记，企业新闻不是营销文案！从企业市场总监的角度来看，希望新闻中的影响元素越多越好，但是过于"市场化"的新闻也就不是新闻了，而且很可能无法通过新闻媒体的审核，连被发布的机会都没有。但是如果没有适当的营销元素，企业新闻又无法实现营销价值，因此需要在新闻和营销之间找到一个合理的表现方式。一般来说，企业新闻的营销目的可通过这些元素体现：品牌可见度、企业领先地位、产品品质、用户好评、技术领先、市场占有率、企业领导人见解、行业研究数据等。另外，尽可能以自然合理的方式将企业的官方网络标志出现在新闻内容中，如网址、官方微博、微信等（这些信息可能会被媒体编辑人员删除，但如果你的原始新闻稿不提供，一定不会有人帮你添加）。

企业新闻创作完成之后，下一步工作就是要将新闻稿发送到媒体编辑部，也就是通常说的新闻发稿渠道。一般来说，接受公众投稿的媒体都会公布新闻投稿渠道，可以通过媒体网站、官方微博、微信等渠道收集投稿方式，向媒体直接投稿是企业新闻发布最简单的方法，通过与媒体的沟通，也有助于建立与媒体之间的长期关系。另外，也有一些第三方机构"代理发布企业新闻"的服务，实际上是通过代理机构掌握的媒体关系向媒体投稿，可以节省企业的时间，提高企业新闻发布效率。有关企业新闻发布渠道，本书暂不做更多的介绍，在实际工作中可以根据企业的资源情况不断总结适合自己的新闻发布策略。

3.8.2 企业负面信息的形式与处理方法

企业负面信息，表现为有损企业形象、可能对用户造成误导或者降低对企业信任的内容，负面信息可能是对企业真实问题的反映，也可能是与事实不符的评论，甚至有可能是由于不正当竞争而恶意发布的信息。无论哪种情况，都是企业不希望看到的，为保护企业的网络形象，对负面信息的来源及形式进行分析并做出合理的处理也是必要的。正如淘宝卖家都不喜欢用户差评一样，总会想办法降低差评带来的负面影响。

3.8.2.1 企业负面信息的表现形式及来源分析

企业负面信息的来源较多，例如：用户对产品质量或售后服务不满，与企业之间沟通不畅，产生不满情绪，于是在一些论坛、贴吧、博客、网络问答平台、社交网络、网络群聊等场合发布自己的不满；用户通过电子商务平台发表对企业产品的低分评价；企业问题被网络媒体曝光等。也就是说，除了企业可以自行控制的官方信息源网站之外，其他任何第三方网站平台都可能成为企业负面信息的发布和传播渠道。

从信息发布和传递渠道来看，负面信息表现为如下四种常见形式。

1. 用户通过分享型渠道发布的负面信息

无论是博客、贴吧、论坛、电商平台用户评论，还是微博、微信、图片和视频分享平台等，凡是用户可以自主发布信息的渠道，几乎都可能成为企业负面信息的发布和传播渠道，这些渠道集信息发布与传播为一体，发布在相关网站的信息还可能通过搜索引擎进行传播。也就是说，分享型渠道出现企业负面信息的可能性最大，并且由于用户分散或匿名发布，为及时收集和处理负面信息带来一定困难。

2. 通过搜索引擎传播的企业负面信息

搜索引擎并非负面信息的发布渠道，但作为常见的信息传递渠道，搜索引擎对负面信息的传播发挥着重要影响，同时由于搜索引擎的索引缓存页面通常保存较长时间（如百度快照），即使信息源网站及时删除了负面信息页面，在一定时期内的搜索结果中仍可能看到负面信息内容。这是搜索引擎搜索结果中的"特殊信息源"，搜索引擎按照规则自动消除缓存信息需要一定的时间。

3. 新闻媒体的负面报道

一般来说，新闻媒体的报道如果涉及企业负面信息，只要报道内容是客观的，企业通常没有理由要求媒体进行更改或撤销，企业应客观看待媒体报道，做出积极回应，并建立与媒体的良好关系。

4. 政府及管理机构网站公告中含有的企业负面信息

发布在政府网站的信息具有权威性（如法院公告、工商税务公告等），可长期存在且无法消除，如果在政府公告中含有企业负面信息（如侵权、违约、偷税漏税、企业失信等），对企业的网络品牌将产生一定的影响。

总体来说,涉及个人用户发布的企业负面信息,由于来源渠道较广,内容表现形式多样,其他用户对这些信息的真实性也难以判断,通常会对企业造成不利影响。

3.8.2.2 企业负面信息的常见处理办法

既然负面信息不可杜绝,那么只能积极面对。事实上,如本书在有关网络营销信息源的类别的相关内容中所述(见2.2.3),"不可控信息并非真的不可控制,而是要根据发布主题和内容进行相应的操作和处理"。

负面信息是一种不可控信息源形式,而且由于信息发布渠道很多,发布人的目的各不相同,因此企业对负面信息的处理没有统一的模式,也很难说哪种方式最有效,不过一般来说可以从下列几个方面来考虑。

1. 企业正面信息引导

无论是媒体报道中的负面信息,还是用户发布的不满情绪,企业都应积极面对,正确认识企业存在的问题,并用客观的态度回复相关的疑问,树立企业的正面形象,并在相关渠道发布正面信息,积极引导用户对企业的认识。

2. 与负面信息发布者沟通联系

解铃还须系铃人。如果通过公共平台可以与负面信息发布者取得联系,应理性看待用户发布的信息,通过沟通解释争取获得用户的谅解,删除或修改已发布的负面内容。

3. 与网站管理人员联系

如果无法与用户取得联系或沟通效果不佳,并且用户发布的确实属于虚假信息或恶意中伤,企业可通过网站平台联系管理人员,提供事实说明理由,请求平台协助删除相关信息。

4. 通过法律途径解决

对于恶意发布企业负面信息且无法通过沟通解决的,可以通过法院起诉的方式获得法律的支持。但法院判决需要较长时间,同时也可能面临取证困难的问题,甚至无法通过网站平台获得信息发布者的联系方式,连民事诉讼立案都存在困难。

5. 建立负面信息监测体系

鉴于负面信息可能对企业造成重大伤害,尤其是负面信息发布很久直到出现严重后果才被发现,那企业将会非常被动。因此,比较合理的方案是,建立企业负面信息监测体系,及时发现出现的负面信息并做出相应的处理。

上述办法可作为处理负面信息的一般思路,至于具体到某条信息或某个平台,还要针对平台的特点及负面信息的形式采取相应的措施。此外,对于企业重大的危机问题,如在众多媒体和社交网络中出现企业的负面报道和评论,尤其是已成为网络热点话题,这就不仅仅是想办法消除负面信息的问题,而是要积极面对,并实施系统的危机公关方案。

本 章 小 结

网络营销要满足对用户有价值的信息和服务的需求,但有价值的信息和服务不是随手拍来的,无论是网络直播带货、短视频,还是传统的网页图文信息,都要根据用户的期望进行专业的策划和准备,这就是网络营销信息源策略之所以非常重要的原因。

简单来说,企业网络营销信息源策略也就是将什么信息以何种方式发布于哪些渠道,以及这些信息如何传递、如何被用户获取、用户如何反应等,实际上影响到网络营销信息传递系统的整个流程。本章针对信息源的三种基本类型,分别列举了常用信息源形式的构建和维护方法。无论哪种类型的企业网络营销信息源都应具备三个基本条件:信息源是对用户期望信息的满足、信息源发布渠道与传递渠道相适应、信息源符合用户获取信息的方式。

可控型信息源的特点是:企业自行掌控、自行建立网络信息发布及存储系统,自主运营维护,在法律许可的范围内可以发布任何信息。企业官方网站是可控型信息源的典型代表,企业网站内容选题主要包括三个方面:基础信息、专业信息和用户互动信息。从内容运营方式及信息传递能力方面来看,博客介于企业网站和社交网络之间,可认为是企业网站的扩展和延伸,具有一定的可控性。博客内容运营策略的三个问题是:博客内容策略规划、博客内容选题及写作、博客运营维护。

有限控制型信息源不能由企业自主控制,但又对企业发挥着接近于官方信息源的影响。常见的有限控制型信息源形式之一是网络百科词条。WIKI词条编写应重点关注两个方面:词条选题方法、词条审核通过率,这两者是相辅相成的,只有高质量的词条内容才容易获得审核。基于社会化网络平台的信息发布和传递的信息源具备自动传播能力,具有有限控制型信息源的一般特征,常见应用包括微信、微博、智能内容分发平台等。社交分享型内容运营,是在符合内容平台规则的前提下,为用户提供有价值的内容,并通过平台推荐、用户关注和分享等方式进行信息传递。

不可控型网络营销信息源策略有一定的特殊性,需要根据信息发布渠道和传递渠道的特点,通过必要的参与、沟通和监测,积极引导正面信息,减少负面信息的传播和不利影响。对于企业新闻传播,需要针对企业新闻的特点制定长期的运营计划,并熟悉新闻媒体的新闻发布及传播渠道,持续创作既有企业网络营销价值又能满足媒体新闻标准的企业新闻。对于企业负面信息,由于信息发布渠道很多,发布人的目的各不相同,因此企业对负面信息的处理没有统一的模式。负面信息不可杜绝,只能积极面对。

复习思考与实践:

1. 企业在制定信息源策略时应主要考虑哪些因素?信息源策略受哪些主要因素的制约?

2. 小微企业信息源策略有哪些特点?请为某行业的小微企业策划一个信息源策略组合,并指出实施过程中可能出现的问题。

3. 在社交网络平台上,个人信息源资源与企业如何实现关联,如何发挥企业成员的社会关系资源价值?

第 4 章
网络营销信息传递渠道策略

网络营销信息传递渠道策略是根据信息源的特征,通过合理设计和应用网络营销信息传递渠道,让企业所发布的信息源及其他对用户有价值的信息源被用户接收并产生浏览、点击、互动、分享、注册、购买等进一步的交互行为,增加信息源浏览量及用户交互活动。

网络营销信息传递渠道策略的基本内容包括:分析网络营销信息源的类型及传递渠道特征,选择及利用信息传递渠道,实施网络推广及管理控制。从现阶段网络营销信息传递渠道策略的实践和研究来看,比较成熟的主要是各种网络推广工具和方法的应用。本章介绍各类信息传递渠道中的部分常用网络推广方法,如图4-1所示。

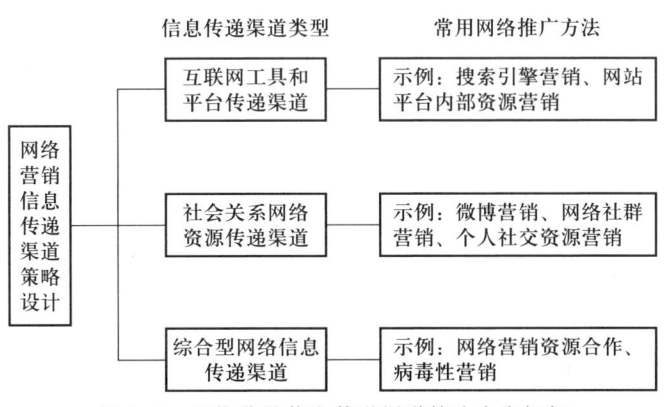

图 4-1 网络营销信息传递渠道策略内容框架

4.1 网络营销信息传递渠道策略概述

根据网络营销信息传递原理,在用户和信息源之间,需要通过信息传递渠道实现连接和沟通,这就是说,网络信息传递渠道承担着推广网络营销信息源的职能,通过适当的网络推广获得用户对信息源的关注、访问和交互,实现企业网络营销信息传递的完整流程。网络营销信息传递原理对网络信息传递渠道策略的指导原则是:信息传递渠道应尽可能多并且尽可能短。这是设计和实施网络营销信息传递策略的理论基础。

4.1.1 网络营销信息传递渠道策略的基本内容

企业的网络营销策略,通常从信息源策略开始,不过现实中往往存在这样的现象:各种类型的信息源也发布了,但获得用户关注却很少,也就是说,实施信息源策略之后并没有获得显著的效果。通常情况下,企业的网络营销信息不太容易自动通过信息传递渠道被用户所接收,或者传递效果达不到企业的营销目标,这就需要实施必要的网络推广,为信息源的有效传递助力。在中小企业的网络营销工作中,网络推广一直是核心内容,甚至将网络推广等同于网络营销。这种状况表面上来看,体现了网络推广的重要性,从实质来看,也说明网络营销策略设计需要系统性考虑。

网络营销信息传递系统的各个环节之间存在一定的关联,这种关联型决定了网络营销策略不是独立的信息发布或网络推广活动。本书第2章总结了网络信息发布渠道与传递渠道的关系(见2.3.1):"信息源构建及发布与信息传递渠道设计,两者都是为了向用户传递有效的信息,保持这两个要素目标一致、互为促进,是构建和谐网络营销信息传递系统的必要条件"。同时也归纳了网络营销信息传递渠道的四个基本特征(见2.3.2):"工具特征、可见度特征、可信度特征、价值传递特征"。

作为信息传递渠道,应具备明确的信息传递目的。制定和实施网络营销信息传递策略的目的应体现在两个方面:从用户角度来看,企业的网络推广是为用户获取有价值的信息提供方便的条件;从企业角度来看,是为了实现企业信息源浏览量及用户交互活动的增加。可见,与企业网络营销信息源策略一样,网络营销信息传递渠道策略也要以用户为出发点,信息源与传递渠道两者相协调,是网络营销系统得以有效运营的基本条件。

所以,网络营销信息传递渠道策略设计的内容,可以简单归纳为下列几个基本问题:

(1) 网络营销信息源有哪些类型?如何针对信息源设计信息传递渠道?
(2) 构建网络营销信息传递渠道、开展网络推广的工具和方法有哪些?
(3) 实施网络营销信息传递渠道策略的原则和规律有哪些?

有关信息源类型,本书第2章已经做出了系统的分析(见2.2.3)。根据网络信息发布渠道的基本属性,将信息源分为三类:完全可控型、有限控制型、完全不可控型。本书第3章对每种类型的信息源都列举了常见的应用,并介绍了各种信息源的特征及运营方法。这些分析和应用为网络营销渠道策略设计奠定了基础。

不同类型的网络营销信息源,由于用户获取信息方式的差异,相应的传递渠道也有一定的差异。例如,以企业网站为代表的可控型信息源,以搜索引擎、网站平台用户等为主要传递渠道,也就是以互联网工具和平台资源为主,而订阅型信息源及社交分享型信息源的传递渠道以用户的社交网络资源及平台推荐为主。当然这些信息传递渠道也并非完全独立,有时也可以是多种渠道资源的综合应用。表4-1简要总结了各类网络营销信息源及渠道策略之间的关系。

表 4-1 信息源类型及信息传递渠道

信息源类型	信息传递特点	主要信息传递渠道	网络推广方法示例
可控型信息源	用户通过浏览器访问网站或链接传递信息	搜索引擎、网站链接	搜索引擎营销、网站平台内部资源推广
有限控制型信息源	平台内部用户资源及平台推荐资源	平台推荐、用户社交关系资源	社会化网络营销
完全不可控型信息源	取决于信息发布渠道,与可控型信息源类似	取决于信息发布渠道,与可控型信息源类似	正面信息:转发、链接、引用等

说明:一般来说只有企业自己发布的或者有利于企业的信息,才会主动采取网络推广策略,所以如无特殊说明,网络推广不包括负面信息的推广。对于完全不可控型信息源中的企业负面信息,没有企业愿意主动推广传播,通常会采用"负营销"方法,尽可能减少负面信息的传播和影响。

从表 4-1 中也可以看出,网络营销信息传递渠道及相应的网络推广方法实际上不外乎常用的互联网工具、网站平台及用户社交关系资源等。

综上所述,网络营销信息传递渠道策略的基本内容主要包括三个方面:

(1) 基于互联网工具和资源的信息传递渠道策略:信息传递方式以引导型网站链接传递为主,表现为明显的互联网工具特征,以提升企业网络营销信息源的网络可见度为主要目的,主要适用于可控型信息源及具有类似信息发布渠道的网络推广(如网站)。常用的网络推广方法包括搜索引擎营销、网站平台内部资源推广、展示类网络广告等。

(2) 基于用户社会化网络资源的信息传递渠道策略:信息传递方式以用户关系资源传递为主,具有明显的用户价值传递特征,以提升企业网络营销信息源的用户价值为基础,获得网络可见度与可信度的提升,主要适用于通过各类公共网站平台尤其是社交平台及内容平台运营的有限控制型信息源的网络推广。常用的网络推广方法包括社会化网络营销方法,如网络社群营销、微博营销、个人社交关系资源分享营销、内容平台自媒体智能分发等。

(3) 综合型网络营销信息传递渠道策略:信息源和信息传递渠道并非一一对应关系,无论是基于互联网工具传递还是基于社交关系传递,两者之间都可能出现交叉或一对多,有些网络推广方法具有综合型的特征,即同一种信息源采用多种网络信息传播渠道进行推广,或者同一种推广方法适用于不同的信息源。常用的综合型网络推广方法包括网络营销资源合作、病毒性营销方法等。

在网络营销策略系统中,网络营销信息传递渠道策略的基础工作是网络推广,这就需要熟悉常用的网络推广工具和方法,由于本书内容结构设计的特点,仅选择介绍部分有代表性的网络推广方法,希望通过了解网络推广的基本原理和方法体系,达到触类旁通的效果。

4.1.2 网络推广的系统性思维

网络推广的目的在于通过扩展信息传递渠道,实现信息源的有效传递。根据现阶段互联网信息传递的特点,前面总结了网络营销信息传递渠道策略的基本内容,体现了网络营销信息传递渠道所依赖的工具和资源,一方面是基于互联网工具的信息传递,另一方面是基于用户社会关系网络的信息传递,或者是两个方面资源的综合利用。

另外,有些信息传递渠道可能并不容易严格区分到底属于工具属性或社交属性,或者同时具有多种属性。例如社交网络平台的信息流广告,从形式上看属于社交信息,用户通过信息流广告可以实现与企业的直接交互,但本质上仍然没有改变传统网络广告通过超级链接实现信息传递的本质。因此对网络营销信息传递渠道的认识,不能孤立进行,还应结合信息源及用户两个基本要素的关联,才能进一步明确网络推广的基本思想,这样就不至于在看似纷乱的各种网络推广手段中迷失方向。现阶段过多的网络推广方法为企业带来更多选择的同时,也伴随着更多的盲目性和不确定性,为制定网络营销策略带来一定的困扰。

早期的网络营销研究,重点在于网络推广工具和方法的应用,而对于信息源与信息渠道之间的关联性研究则比较欠缺。网络推广并不等同于简单的网络推广方法,而是一项系统的工作。网络推广的系统性思维体现在以下三个方面。

1. 信息源构建和发布与网络信息传递渠道的需要相协调

网络营销信息源创建之后首先要发布在相应的渠道,如网站、博客、微博、微信等,或通过电子邮件、即时信息等工具直接发送给其他用户。由于信息发布渠道具有不同的类型及特点,这就意味着发布在不同渠道的信息,具有不同的信息传递模式,需要相应的信息传递渠道来实现信息传递的目的。在信息发布的时候,在一定程度上就已经决定了信息推广的渠道和方法。因此,信息源构建和发布时就应该考虑到信息传递渠道的特征,并做相应的准备和协调。

例如,以搜索引擎为主要传播渠道的网站内容,在内容设计和发布时应做到搜索引擎优化需要的基本元素(如网页标题、关键词、摘要描述等);通过微信公众号订阅方式发布的订阅型信息则应保持主题图片、内容标题、摘要信息、订阅和分享引导等元素的合理设计。

2. 信息传递渠道是对互联网工具及用户社交关系资源的利用

作为网络营销信息传递系统的中心环节,信息传递渠道发挥着与信息源及用户之间前后连接及交互的作用,构建网络信息传递渠道的目的在于,通过为用户获取信息提供便利的条件,实现将企业网络营销信息源通过信息传递渠道传递给用户的目的,也就是实现了网络推广的目的。

网络营销信息传递渠道的功能通过网络推广方法得以实现,而网络推广方法的基础是对网络营销工具及用户社交关系资源的合理利用。因此,网络营销渠道策略的基本内容是以网络营销信息传递工具及社会化网络为基础的网络推广方法体系。

3. 信息传递渠道适应用户获取信息的方式

创建并发布了信息源,并不是网络营销的结束,而仅仅是开始。有些信息源,可能会自动获得用户访问,有些则需要借助于一定的网络推广手段才能获得用户关注。从根本上来说,网络信息源存在的意义在于用户可通过常规的互联网工具获取这些信息,并做出相应的反应,如阅读、观看、评论、关注、转发、购买、咨询联系等。可见,了解用户获取信息方式,是构建网络营销信息传递渠道的基本出发点。

一般来说,用户获取及浏览网络信息的常见方式包括:通过浏览器或者信息浏览工具主动浏览;通过搜索引擎、网络广告、网站链接等信息引导进入信息源网页;通过订阅或关注的方式直接接收信息;其他用户通过社交网络或直接发送的信息传递;手机用户通过短信、APP通知等接收的推送消息等。

网络营销信息传递渠道,实际上也就是针对用户获取信息方式采用的一系列网络推广方法,应根据企业的网络营销资源和目标进行选择,如搜索引擎推广、网络广告、内容营销、社会化网络营销等。其中有些属于基础性网络推广方法(如搜索引擎推广),有些属于针对性或阶段性的专题方法(如网络广告)。

综上所述,网络推广是网络营销信息传递系统中连接信息源与用户的通道、过程和方法。网络推广策略作为网络营销策略体系的中间环节,是对信息源向用户传递而构建的渠道,也是连接用户与信息源的桥梁。从用户的角度来看网络推广,信息源既是网络推广的起点(为用户发布信息),也是网络推广的终点(为用户提供价值)。网络推广的基础是对网络信息传递渠道的合理利用,对网络营销的结果发挥着直接的影响。

4.2 搜索引擎营销——基于信息获取工具的网络推广

搜索引擎营销,就是当用户通过搜索引擎检索信息时,在检索结果页面中发现目标网站的信息并点击进入网站信息源页面,从而达到信息源推广的目的,获得网页内容访问量的增长,并通过信息源页面的内容、功能、服务等获得用户的关注和进一步交互行为。

搜索引擎是用户主动获取信息的常用工具之一,是连接信息源网站与用户的网络信息传递渠道。通常所说的搜索引擎,主要是公共搜索引擎平台,即指基于网页、文档、图片、视频等内容的通用搜索,用户用某个关键词进行搜索,搜索结果会以网页的形式展示。例如,百度、搜狗、谷歌等都属于这类搜索引擎。此外还有应用市场APP搜索、语音搜索、电子商务平台内部搜索、专用搜索(如微信搜索、地图搜索)、社交平台内部搜索等。公共搜索引擎一般具有较多的相似性,如网页收录规则、搜索结果展示形式、搜索引擎广告的类型等。另外,搜索引擎营销的功能并不限于网络推广,不过在实际应用中对于搜索引擎营销与搜索引擎推广的概念通常也不加区分。本节介绍的搜索引擎营销,除非有特别说明,一般基于通用搜索引擎。

搜索引擎营销的常见形式包括搜索引擎优化(基于自然搜索结果,SEO)和搜索引擎广告(在搜索结果页面投放的商业广告)。本节系统介绍基于搜索引擎自然检索进行推广的基本方法,而有关搜索引擎付费广告仅做简要介绍。

4.2.1 搜索引擎营销的基本原理

当我们通过搜索引擎检索信息时可以发现,搜索引擎往往会在0.05秒甚至更短的时间之内反馈出数以十万计的搜索结果,尽管信息量很大,但获得用户关注的往往只是搜索结果中排名靠前的部分信息,也就是说,网站的信息只有占据搜索结果的有利位置才能获得网络推广的效果。

从用户搜索的流程中我们可以发现搜索引擎推广的关键点所在。一个典型的用户搜索流程主要有以下几个步骤:

(1) 选择搜索引擎,设定关键词或者关键词组合进行检索;
(2) 根据搜索指令,搜索引擎生成检索结果页面(SERP);
(3) 用户对搜索结果页面的应答信息进行筛选并点击符合期望的信息;
(4) 用户进入信息源网站获得详细的信息,完成搜索引擎信息传递的流程。

如果用户获得满意结果,本次搜索结束;否则更换关键词重新搜索。如果在更换关键词后仍然没有得到合适的信息,可能放弃搜索或者更换其他搜索引擎进行搜索,并重复上面搜索过程。用户通过搜索引擎获取信息的过程如图 4-2 所示。

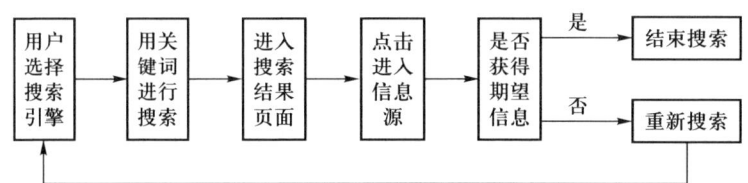

图 4-2 用户通过搜索引擎获取信息的过程

在这个看似简单的过程中,实际上包含了用户通过搜索引擎获取信息的行为以及通过检索获得信息的价值实现过程。表面来看,整个过程都是由搜索引擎的搜索规则决定的,但实际上,整个搜索流程是由用户主导的,而搜索引擎搜索结果页面的信息,则来源于信息源网站提供的内容,搜索引擎只是对信息源内容进行组织和索引,从根本上来说,最重要的因素仍然取决于信息源网页。在企业网站内容运营中我们已经介绍过,网页的基本元素应该符合搜索引擎收录的原则,并符合用户搜索信息的行为习惯,其根本原因,也就是为用户通过搜索引擎获取信息提供支持,同时也是为网页信息源的搜索引擎推广打下基础。信息源、信息传递渠道、用户,三者之间的关系,不是在网络推广时才临时建立的,而是一个系统性的工作。

正确认识用户通过搜索引擎获取信息的基本原理,在了解用户搜索行为以及搜索引擎检索信息规则的基础上,从信息源、信息传递渠道到用户交互的整个信息传递流程,每个环节都可以进行有效的设计,有效地获得潜在用户的关注和访问,这就是搜索引擎营销的任务,也是开展搜索引擎营销必备的条件。

进一步分析可以发现,搜索引擎营销得以实现的基本过程是:

第一,企业将信息发布在网站上成为以网页形式存在的信息源(包括企业内部信息源及外部信息源);

第二,搜索引擎将网站/网页信息收录到索引数据库;

第三,用户利用关键词进行检索(对于分类目录则是逐级目录查询);

第四,搜索引擎在搜索结果页面生成相关的引导信息及其链接 URL;

第五,用户对检索结果的引导信息分析判断,选择有兴趣的信息并点击 URL 进入信息源所在网页。

这样便完成了企业从发布信息到通过搜索引擎传递信息及用户获取信息的整个过程,这个过程也说明了搜索引擎营销的基本原理。图4-3描述了搜索引擎营销信息传递的过程。

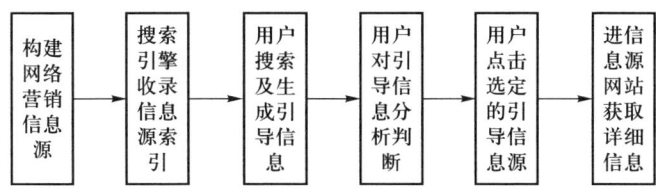

图4-3 搜索引擎营销的信息传递过程

在上述搜索引擎营销信息传递流程中,包含了五个基本要素:信息源网页、搜索引擎信息索引数据库、用户的检索行为和检索结果页面(SERP)、用户对检索结果的分析判断、对选中检索结果的点击。

可见,搜索引擎营销所关注的不仅仅是搜索引擎本身,还包括用户的搜索行为、信息源对搜索引擎收录及引导信息的影响、搜索结果页面生成的规则、不同搜索引擎的差异等。也就是说,搜索引擎、用户、信息源及搜索结果的引导信息等共同组成了搜索引擎营销的基本内容。

相应地,搜索引擎营销的工作内容也包括网络信息源优化、搜索引擎收录及管理、用户搜索行为及后续行动等。图4-4勾画了搜索引擎营销的内容体系框架。

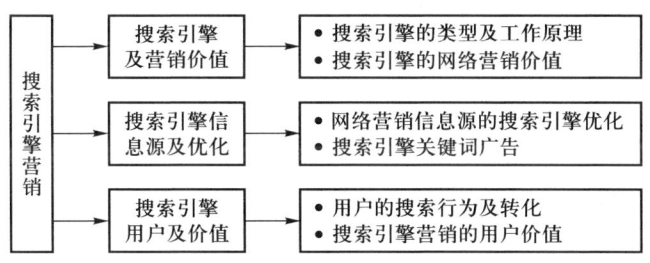

图4-4 搜索引擎营销内容体系框架图

4.2.2 搜索引擎的网络营销价值

从用户的角度来看,搜索引擎是信息获取的工具;从企业网络推广的角度来看,搜索引擎是网络推广工具;从搜索引擎网站平台来看,搜索引擎是通过为用户提供信息而实现网络广告价值的商业模式。如前所述,搜索引擎营销的功能并不限于网络推广,搜索引擎是连接信息源网站与用户的网络信息传递渠道,这就意味着,搜索引擎的网络营销价值涉及信息源网站及其同类网站、搜索引擎以及用户等方面的相互关系。

本书将搜索引擎的网络营销价值归纳为四个方面:信息源构建及维护价值、网络信息传递渠道价值、用户连接及交互价值、网络营销环境资源价值。其中每个方面又包含一种或多种具体的网络营销应用(见图4-5),并在其中列举了搜索引擎在十个方面的应用。

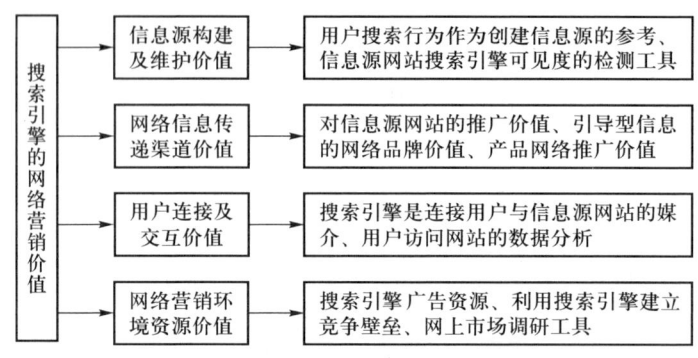

图 4-5 搜索引擎的网络营销价值示意图

1. 信息源构建及维护价值

搜索引擎不只是对信息源网页的推广,同时也是创建信息源的参考及信息源网站搜索引擎可见度的检测工具。

(1) 创建信息源内容选题的参考。前面在讲述有关网站内容选题方法时介绍过一些实用经验,比如利用搜索结果页面的"相关搜索"信息,了解用户对信息源的需求,可作为网站内容选题的参考。对于搜索结果中同行其他网站的信息源,通常也可以作为内容选题的比较。

(2) 作为信息源网站搜索引擎可见度的检测工具。网站是否可以通过搜索引擎引导获得用户,体现了一个信息源网站的搜索引擎可见度水平,尽管有一些第三方的搜索引擎优化检测工具,但任何一种搜索引擎优化工具都不能完全反映所有的搜索引擎优化问题,只能在一定范围内反映出某些指标的状况。真正能反映网站搜索引擎优化实际状况的,只有搜索引擎本身,搜索结果才是最直接的效果体现。对搜索引擎检索反馈信息的详细分析,是研究网站搜索引擎优化状况最有效的方法之一。同时,对搜索结果的检测,反过来又可以为创建和优化信息源提供支持。

2. 网络信息传递渠道价值

作为网络营销信息传递渠道,是搜索引擎的核心功能,其网络推广价值体现在以下三个方面。

(1) 对信息源网站的推广价值。在用户获取信息的所有方式中,搜索引擎是应用最广泛的网络工具之一,搜索引擎对信息源网站的推广作用非常显著。所谓网站推广,也就是为用户发现网站信息并来到网站浏览信息创造机会,而搜索引擎的基本功能正是通过搜索结果中有限的摘要信息将用户引导到信息源网页,与网站推广的需求完全契合。所以,学习和从事网站推广,首先要对搜索引擎有充分的了解。

(2) 引导型信息的网络品牌价值。企业品牌信息在互联网上存在并且可以被用户所发现,是网络品牌传播的必要条件。一个知名企业或者产品的信息理所当然地应该可以通过搜索引擎检索到(即有足够高的搜索引擎可见度),否则就表明该企业的网络品牌传播存在明显的屏障。在网络品牌建设过程中,搜索引擎这一传播渠道是不可忽视的。企业的网站信息应该被主要搜索引擎收录(即增加网站的搜索引擎可见度),从而获得被用户发现的机会,否则再精美的网站也宣传不了企业的品牌形象。现实中部分企业网站过于注重视觉效果而忽视了搜索引擎可见度的要求,实际上是缺乏对网络品牌传播的真正认识。

(3) 产品网络推广价值。除了网站推广和网络品牌传播之外,对于网上销售网站来说,搜索引擎也是常用的产品推广工具,这就是为什么在搜索某些产品名称时在搜索结果中会出现很多网上零售网站的付费关键词广告的原因所在。一般来说,用户以"产品名称""品牌名+产品名称""品牌名+产品名称+购买方式"等关键词进行检索时,往往表明用户已经产生了对该产品的购买意向,也就意味着在搜索引擎结果中占据有利位置(包括自然搜索结果和付费广告)将会对产品的网络推广发挥积极效果。对于电子商务网站而言,这种产品网络推广也属于网站推广的内容,并且更具有针对性。

3. 用户连接及交互价值

通过搜索引擎引导来到信息源网站的用户,为建立用户与企业的连接提供了详细的数据,主要体现在以下两个方面。

(1) 搜索引擎是连接用户与信息源网站的媒介。用户需要有价值的信息,网站信息源需要用户,可以说,网站与用户之间,只差一个关键词!通过搜索引擎,用户利用关键词搜索与信息源网站实现了信息连接,搜索引擎是连接的媒介。用户与网站连接之后,便产生了用户数据,并具备了进一步与用户交互的基础。

(2) 用户访问网站的数据分析。通过对于来源于搜索引擎的用户进行网站访问流量统计分析,可以获得更多有价值的信息,例如:用户来源于哪些搜索引擎,使用什么关键词进行搜索,到达哪些信息源页面,等等。通过对比,还可以进一步分析,为什么某些搜索引擎没有为网站引导用户,是网站的问题还是搜索引擎的原因?据此可以判断,通过网站内容运营,是否可以进一步获得更多搜索引擎引导的用户。

4. 网络营销环境资源价值

搜索引擎及其延伸资源,为企业利用网络营销环境资源开展网络营销提供了许多机会,例如,在搜索结果页面投放广告、尽可能多地占有搜索结果页面的引导信息等。其中常见的应用方式包括以下三种。

(1) 搜索引擎广告资源。搜索引擎搜索结果页面为企业通过搜索引擎推广提供了有效的网络广告资源,搜索引擎关键词广告在网络广告市场中占有重要地位,是搜索引擎优化推广的重要补充,即使企业网络营销信息源基础优化比较欠缺,也可以通过搜索引擎广告快速获取潜在用户的关注。

(2) 利用搜索引擎建立竞争壁垒。对于任何一个搜索引擎而言,同一关键词检索结果页面中的信息数量都是有限的,而且用户往往只关注搜索结果中靠前且相关度最高的信息内容,这就意味着,同一个关键词在搜索结果中被用户发现的机会是有限的,即搜索引擎推广资源的相对稀缺性。当一个网站占据有利的排名位置,同时也就意味着其竞争者失去了这一机会。利用搜索结果的这一特点,可以设计合理的防御性网络营销策略,为竞争对手制造网络推广壁垒,即避免让竞争者获得最有利的搜索引擎推广机会。例如,购买搜索引擎检索页面有利位置的广告、对网站进行系统的搜索引擎优化,以及同一公司的多信息源策略等(如关联网站、多渠道发布)。

（3）搜索引擎作为网上市场调研的工具。无论是获取行业资讯、了解国际市场动态,还是进行竞争者分析,搜索引擎都是非常有价值的市场调研工具。通过搜索引擎,不仅可以方便地了解竞争者的市场动向,还可以方便及时地获得竞争者的产品信息、用户反馈、市场热点等最新信息。企业通过搜索引擎获得的初步信息,结合专业的网站分析和跟踪,还可以对行业竞争状况做出理性的判断。

搜索引擎的网络营销价值,在实际应用中可能有单一的或者多种综合的表现形式,企业信息在搜索引擎搜索结果中的表现,如收录网页的数量、关键词在搜索结果页面的排名位置等,往往也作为网络营销效果的评价指标。

4.2.3 搜索引擎优化及价值传递关系

搜索引擎优化（Search Engine Optimization,SEO）,从表面的含义来看,就是让网站更容易被搜索引擎收录,并且当用户通过搜索引擎进行检索时在检索结果中获得好的排名位置,从而达到网站推广的目的。这是对搜索引擎优化的初级认识,在搜索引擎营销发展的初期曾一度居于主导地位。

不过,这样的认识不仅不够全面,而且很容易引起争议,尤其是被搜索引擎视为敌人——因为许多从事搜索引擎优化的人员专门针对搜索引擎的规则缺陷实现某些关键词在搜索结果中排名靠前,不仅干扰了搜索引擎检索排名的公正性,为用户通过搜索引擎获取信息形成误导,也损害了搜索引擎服务商的利益。这样的搜索引擎优化思想与网络营销中的用户价值原则相违背,从长远来看是不具有生命力的。

真正意义上的搜索引擎优化是以用户为导向,通过信息发布与传递整个流程的优化设计,"协助"搜索引擎为用户提供最有价值的引导信息,使得网站、用户、搜索引擎三方面形成一个和谐的信息发布、引导与获取系统,分别实现各自的价值。

在搜索引擎信息传递系统中,真正的价值源泉来自用户对信息获取的需要,所以搜索引擎优化的最终目的,是对用户获取信息价值的满足,企业信息源网站的搜索引擎优化以及搜索引擎搜索结果引导信息的规则,都是为了这个同样的目标。这种搜索引擎营销思想与网络营销生态思维是一致的,体现了以用户为核心的网络营销理念。

4.2.3.1 搜索引擎优化的定义

基于网络营销生态思维,作者在对传统搜索引擎优化思想和方法进行重新梳理和思考的基础上,提出如下的搜索引擎优化定义:

搜索引擎优化是搜索引擎信息传递系统的组成部分,是为用户通过搜索引擎获取有效信息而进行的网站基础信息源及搜索引擎搜索结果引导信息的优化设计,构建用户、搜索引擎、信息源网站三者之间的价值传递关系。

根据这一定义,搜索引擎优化的基本内容包括用户获取信息、网站基础信息源、搜索结果引导信息三个主要方面,搜索引擎优化的核心思想是构建三者之间的价值传递关系。所以,搜索引擎优化,实质上是为了用户通过搜索引擎获取有价值的信息而对整个信息发布及传递流程进行的系统的优化,搜索引擎优化的出发点和目的是用户而不是搜索引擎。

4.2.3.2 搜索引擎优化的价值传递关系

通过搜索引擎优化,可以无须向搜索引擎服务商支付费用而达到网站推广的目的,这看起来与搜索引擎的商业目的是不一致的。作为商业网站,为什么还允许搜索引擎优化的存在呢？我们可以通过三个方面的价值传递关系来分析。

如前所述,搜索引擎连接了企业信息源网站及用户,三者形成了一个生态型价值系统。在用户通过搜索引擎获取网站信息的过程中,用户、搜索引擎、信息源网站三者之间的价值传递关系表现为以下三个方面。

1. 搜索引擎优化对用户的价值

用户通过搜索引擎搜索结果的引导信息到达信息源网站获取所需要的信息,表现为信息获取的价值。

(1) 搜索结果信息量丰富且相关度高。通过关键词搜索,用户期望在搜索结果页面出现丰富的、具有高度相关性的信息,且引导信息完整(网页标题、摘要信息、网址等),通过搜索结果的引导信息,可以快速判断与目标信息的相关性,做出点击与否的决定。

(2) 信息源网页可信度高。通过点击搜索结果的引导信息来到信息源网页,用户希望看到的是与引导信息一致的、内容丰富的完整信息源,并且网站是可信的,而不是虚假或欺骗性的内容,如堆砌关键词、复制的内容、不可信的内容、大量的广告信息等。

2. 搜索引擎优化对搜索引擎服务商的价值

通过网站信息源丰富搜索数据信息,为用户提供搜索结果,连接用户与信息源网站,获得用户搜索数量的网络广告价值。

(1) 有利于提高搜索引擎的用户体验。搜索引擎得以存在的基础是为用户提供有价值的信息,搜索结果的质量在一定程度上决定了搜索引擎的价值。从提高搜索结果相关性的角度考虑,仅靠搜索引擎本身是不够的,需要网站内容(即信息源)本身有合理的展示形式(如网页标题及网页内容中的关键词等)。通过合理的搜索引擎优化,才能使得网页的内容更专业,相应地搜索引擎才能把可信度高的网站及搜索相关性最高的内容呈现给用户。网站内容的专业性有助于搜索引擎内容质量的提升,从而进一步提高搜索引擎的质量。

(2) 有利于搜索引擎抓取网页信息。搜索引擎收录的网页数量多少,也是判断搜索引擎价值的重要因素之一,如果大量网站设计都不符合搜索引擎收录规则,就会影响搜索引擎及时收录最新的网页信息。对网站进行合理的搜索引擎优化设计,如站内资源分类目录、网站导航、网站地图、动态网页静态化、合理的 URL 层次等,对于搜索引擎抓取信息是有很大帮助的。

所以,从搜索引擎服务商的角度来说,同样希望网站的内容对用户有价值,并且网页对搜索引擎友好。不过,为了网站在搜索结果中的排名而进行过度的"优化",甚至针对搜索引擎而采取欺骗行为的网站是不受搜索引擎欢迎的,还有可能被搜索引擎拒绝收录。实际上,如果离开"一切为了用户获取有价值信息"这一基本思想,必然偏离搜索引擎优化的方向。有关搜索引擎优化中的作弊问题,将在本节后面给予介绍。

3. 搜索引擎优化对信息源网站的价值

通过提供优质信息源，获得搜索引擎的引导，实现了网站访问量的增加和用户的转化。

（1）网站推广价值。通过合理的搜索引擎优化，可以为网站带来潜在用户的访问，显著提高网站的有效访问量。一个搜索引擎优化较好的网站，可能有60%以上的访问者都来自搜索引擎。

（2）创建和提升企业网络品牌。企业网站通过搜索引擎优化，可以最大限度地获得搜索引擎收录，有效增加企业的网络可见度，这也是实施网络品牌策略必不可少的措施之一。

（3）增加潜在用户信任度。通过合理优化的网站，搜索结果的摘要信息即可向用户提供丰富的信息量，如有吸引力的网页标题、恰如其分的摘要信息、便于识别的网页URL等，从而提高用户对网站的信任度，更有利于获得用户点击进入网站的机会。

（4）对竞争者施加营销壁垒。搜索引擎可见度的竞争，是与竞争者争夺搜索结果中有限的获得用户关注的位置。经过搜索引擎优化，在搜索结果中占据有利位置，在为自己带来潜在用户的同时，也对竞争者设置了营销壁垒，减少了竞争对手的网络推广机会。

通过对搜索引擎优化价值的分析，我们可以得出这样的结论：搜索引擎优化需要保持对用户、搜索引擎服务商及企业网站三方面价值的一致性。如果只从企业网站推广的角度去做过度的优化可能会伤害搜索引擎服务商的利益，这样的搜索引擎优化也将无法获得持久的效果。

4.2.4 信息源网站搜索引擎优化的表现

信息源网站搜索引擎优化状况如何，检测工具是搜索引擎，而最终做出判决的是搜索引擎用户。受益者则包括信息源网站及搜索引擎服务商，也就是说搜索引擎的商业价值从根本上来说，来源于用户对信息获取的需求。

从企业网站搜索引擎营销效果的角度来看一个网站的搜索引擎优化，最终表现在网站更容易通过搜索引擎获得潜在用户，主要包括：

（1）网站内容丰富：网页内容被各搜索引擎收录数量较大，即在搜索引擎数据库中的存在度较高；

（2）网站的搜索引擎可见度高：利用众多关键词搜索，在搜索结果中都可以出现网站的引导信息；

（3）搜索结果引导信息更有吸引力：与用户搜索关键词相关度更高，网站引导信息完善，具有较高的可信度，容易获得用户关注和点击；

（4）用户转化率高：来到网站信息源页面的潜在用户，通过对网站内容价值的判断以及对网站用户体验的综合评判，实现从浏览者到最终顾客的转化。

一个搜索引擎友好的网站，不仅应该便于搜索引擎获取信息，更应该方便用户通过网站获取信息。一个网站的易用性和搜索引擎友好性实际上是一个问题的两个方面，两者是完全一致的，毕竟搜索引擎也是技术人员按照便于人们获取信息的思维模式设计的。所以，可以这么说：符合企业网站规范的网站，也就是对搜索引擎友好的网站。

下面列举网站对搜索引擎友好的一部分表现：

（1）网站栏目结构合理，网站导航清晰且全站统一，通过任何一个网页可以逐级返回上一级栏目直到首页；

（2）网页布局设计合理，网站设计符合用户浏览习惯；

（3）每个网页有独立的网页标题，网页标题含有该网页核心关键词；

（4）每个网页有独立的、与该网页内容相关的META标签设计；

（5）每个网页有独立的URL，同时URL层次比较合理；

（6）每个网页中都含有一定量的、与网页标题相关的文本信息；

（7）网页代码简洁，没有前台不可见的关键词堆砌等；

（8）网站尽可能使用静态网页；

（9）网站中没有大量复制的或者相近的网页内容；

（10）没有采用过渡页、桥页等欺骗搜索引擎的方法；

（11）网站内部很少链接错误；

（12）网站有丰富的来自高质量相关网站的链接；

（13）网站及时更新、发布原创内容。

与上面的情况相反，一些网站对搜索引擎不友好的部分表现是：

（1）网站结构层次不清，网站导航系统让搜索引擎"看不懂"；

（2）网页中大量采用图片或者其他视频形式，没有或者很少有可以检索的文本信息；

（3）网页没有标题，或者标题中没有包含有效关键词；

（4）网页正文中有效关键词比较少；

（5）在网页代码中堆砌关键词；

（6）在网页代码中使用用户不可见的文本信息（如字体颜色与背景色一样、尺寸为1个像素的滚动字幕等）；

（7）大量使用动态网页让搜索引擎无法检索；

（8）网站URL层次过多；

（9）复制的网页内容（多个URL指向的网页内容一样）；

（10）没有被其他已经被搜索引擎收录的网站链接；

（11）网站与大量低质量的网站链接，如没有相关性的网站、作为link farm的网站、自动链接网站、留言簿等；

（12）网站中充斥大量欺骗搜索引擎的垃圾信息，如过渡页、桥页、颜色与背景色相同的文字等；

（13）网站内容长期没有更新；

（14）网站中含有许多错误的链接。

事实上，一个具备搜索引擎友好性的网站给用户的感觉是自然、专业、可信的，搜索结果的引导信息更容易获得用户的关注和点击。

听起来搜索引擎优化好像很复杂甚至有些神秘，其实当明白了搜索引擎优化的基本思想和表现之后将会发现，这些"优化"本来就应该是网站规划建设和网站运营中应做到的基础工作。

4.2.5 搜索引擎优化的基本内容

了解了网站搜索引擎优化好或者不好的表现形态,那么,从网站运营的角度来看,要进行搜索引擎优化,包括哪些工作内容呢?

根据定义,搜索引擎优化体现了用户、搜索引擎、信息源网站三者之间的价值传递关系,用户通过搜索引擎获取信息主要取决于搜索结果的引导信息,而引导信息取决于搜索引擎的收录及排名算法、搜索引擎对信息源网站的评级、信息源网页提供的基本元素等。

因此,搜索引擎优化的主要工作内容也就是从这些方面进行的,可分为三个部分:网站基本要素及运营优化、搜索引擎算法适应优化、对用户获取信息的优化,如图4-6所示。

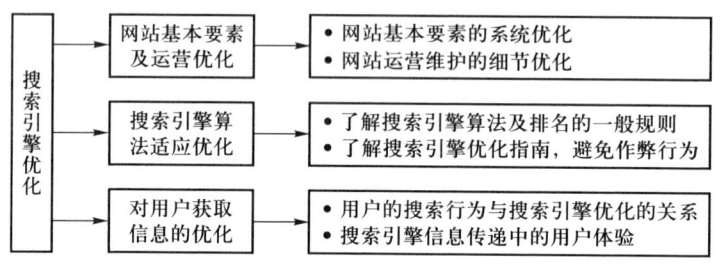

图4-6 搜索引擎优化的基本内容示意图

实际上,搜索引擎优化是搜索引擎营销的组成部分,包含的方法和技巧相当繁多,本节作为搜索引擎优化的基础知识,仅做简要的介绍,对于更系统的操作,有兴趣的读者可参考相关书籍及网络资源,更重要的是,在实践中不断体验和总结。

4.2.5.1 网站基本要素及运营优化

1. 网站基本要素的系统优化

网站的搜索引擎优化状况,有些方面是在网站规划和设计过程中就已经确定的,在网站建成之后的一定阶段内无法做出频繁的调整,这将对网站的搜索引擎优化产生一定的影响,主要体现在网站基本要素的优化方面。网站基本要素中的网站栏目结构、网页布局、网页URL层次等,都与搜索引擎优化密切相关。

例如,在上节内容中列出的网站对搜索引擎不友好的表现中,网站结构层次不清、网站URL层次过多等都属于基本要素问题,应尽可能在网站建设过程中满足搜索引擎获取信息的需要。当然,在网站运营一段时间之后进行改版时引入搜索引擎优化方案也可作为一种补救措施。

关于网站基本要素的系统优化,主要从四个方面进行:网站栏目结构和导航、网页布局、网页格式、网页URL层次。

(1) 网站栏目结构和导航的搜索引擎优化。

简单来说,合理的网站栏目结构主要表现在以下几个方面:

① 通过主页可以到达任何一个一级栏目首页、二级栏目首页以及最终内容页面;

② 通过任何一个网页可以返回上一级栏目页面并逐级返回主页;

③ 主栏目清晰并且全站统一；
④ 每个页面有一个辅助导航；
⑤ 通过任何一个网页可以进入任何一个一级栏目首页；
⑥ 如果产品类别/信息类别较多,设计一个专门的分类目录是必要的；
⑦ 设计一个表明站内各个栏目和页面链接关系的网站地图；
⑧ 通过网站首页1次点击可以直接到达某些最重要内容网页(如核心产品、用户帮助、网站介绍等)；
⑨ 对任何一个网页经过最多3次点击可以进入任何一个内容页面。

(2) 网页布局的搜索引擎优化。

网页布局,也就是为一个网页分配各项内容的展示位置和方式,让用户方便地找到自己所需要的信息。网页布局的搜索引擎优化在网页设计中很容易被忽略,例如,经常看到一些网站将左上角设置为用户登录/注册框,左侧设置为内容滚动更新的最新信息等,这些网页布局对搜索引擎优化而言就不是最好的选择。

网页布局的改进需要从用户和搜索引擎两个角度来考虑。在网页结构布局优化方面需要注意的问题包括：

① 最重要的信息出现在最显著的位置；
② 希望搜索引擎抓取的网页摘要信息出现在最高位置(根据网页 HTML 代码顺序)；
③ 网页最高位置的重要信息保持相对稳定,以便搜索引擎抓取信息；
④ 首页滚动更新的信息(如新闻动态等)应该有一定的稳定性,过快滚动的信息容易被搜索引擎蜘蛛错过,这就要求给予滚动信息足够的空间。

此外,各个网页的布局设计还有必要根据消费者的浏览习惯进行一些调研,在此基础上考虑一些重要信息的位置安排和表现形式。例如,用户浏览网页注意力的"F 现象"表明,用户注意力集中度最高的区域主要集中在网页左上方,形成一个倒三角区域,这一现象对于网页布局设计有一定的参考价值。

(3) 网页格式的搜索引擎优化。

网页格式包括动态网页和静态网页两种基本形态。静态网页比动态网页对搜索引擎更具有友好性,这是基本常识,因此在可能的情况下将动态网页转化为静态网页是基本的优化措施之一。对于某些难以全部实现静态化的网站,在网页设计中应采取"静动结合"的对策。

静态网页的缺点在于其管理维护和交互功能方面的限制,优点在于信息内容的稳定性,这为搜索引擎在网上索引网页信息提供了方便,因为这些静态网页总是存在的,只要搜索引擎根据某个链接关系发现这个网页,就很容易抓取这个网页的信息。

事实上搜索引擎也收录了大量的动态网页信息,那么这些动态网页怎样才能被搜索引擎收录呢？其实动态网页被搜索引擎收录和静态网页被收录的原理是一样的,只是因为两种网页表现形式的差异造成了搜索引擎索引这些文件的方式有所不同,动态网页只有通过链接关系被搜索引擎蜘蛛发现才可能被收录。如果一个动态网页信息发布到服务器之后,没有任何一个网站/网页给出链接,那么这个动态网页几乎是无法被搜索引擎检索到的。

我们可以利用搜索引擎找几个相关的例子来观察一下,搜索结果中存在动态网页的话会有哪些特点,为什么这些网页会被搜索引擎收录,以及与其他静态网页的搜索结果情况相比较。

通过观察分析不难发现,对于动态网页,如果希望被搜索引擎收录,就需要增加该网页 URL 被链接的机会,这种链接不仅可以是在自己的网站上,也可以是在其他网站上的链接。这实际上也是增加动态网页搜索引擎可见度(动态网页搜索引擎优化)的常见方法之一。当然,对于动态网页搜索引擎优化最好的方法,还是把动态网页转化为静态网页发布,并且遵照搜索引擎优化的一般规律,在网站栏目结构、导航、网页标题和 META 标签设计、网页布局等方面做好优化工作。

(4) 网页 URL 层次的搜索引擎优化。

与动态网页相关的另一个问题是,如果网页的 URL 层次过深,同样会影响网页的搜索引擎优化效果。我们可以思考一下,为什么网站的首页容易被搜索引擎收录并且网页在搜索引擎中的权重相对较高?其中的原因之一是,网站首页通常放在网站的根目录下,网页层次简单。随着网页层次的增加,一般来说,网页在搜索结果中的级别也在降低。例如,长虹集团网站首页网址是顶级层次(http://www.changhong.com.cn),而产品与服务栏目首页为 4 层(http://www.changhong.com.cn/changhong/b2c/10.htm)。

经验表明,网页 URL 层次的搜索引擎优化的基本点包括:

① 网站首页:把 index 文件放在根目录下,确保当用户访问时出现的是顶级层次,而不是多层次结构;

② 一级栏目首页:网页 URL 最好不超过 2 个层次;

③ 详细信息页面:例如企业信息和产品信息,最好不超过 4 个层次。

上述网站基本要素的优化,是网站策划和建设中的基础工作,在网站运营中进行有针对性的优化,实际上只是最前期工作的补救措施。真正的网站优化是从网站策划建设阶段就应该实现的。

2. 网站运营维护的细节优化

网站基本要素具有相对稳定性,其搜索引擎优化具有阶段性的特征。在网站基本要素优化既定的基础上,网站的搜索引擎优化则体现在网站运营维护的工作细节中,每一个方面的长期积累都可能成为影响网站搜索引擎优化水平的不可忽视的因素。与搜索引擎优化结果密切相关的网站运营维护工作主要包括网页内容元素、网站外部链接及网站运营中其他问题的搜索引擎优化。

(1) 网页内容元素的搜索引擎优化。

一个网页的基本元素包括:网页标题、关键词、内容摘要、内容正文中的文字信息、图片及 alt 属性描述、网页编辑方式等。另外,网页源代码中的 META 标签(关键词和页面描述等)对搜索引擎优化也有一定的影响。

在介绍网站内部资源时将网页数量作为重要的网络营销资源,其原因在于网页内容也是带来用户的方式之一,符合搜索引擎优化的网页可以通过搜索引擎源源不断地带来用户。因为,"一个网站的首页只有一个,而网站内容页面可以不断增加",这也就意味着,网站的搜索引擎优化不只是关注网站首页,而是应该注重每一个网页的优化。并且,为用户提供丰富信息的网站,将通过搜索引擎获得更多的访问量,因此对任何一个网站来说,内容质量的高低都是影响网站效果的核心因素。由此也进一步说明网站内容优化在搜索引擎优化策略中的地位至关重要。

实践经验表明,网站页面内容元素优化的主要内容包括:

① 每个网页都应该有独立的、概要描述网页主体内容的网页标题;
② 每个网页标题都应该含有用户可能用于搜索的有效关键词;
③ 每个网页都应该有独立的反映网页内容的 META 标签(关键词和页面描述);
④ 每个网页的主体内容都应该含有适量的有效的关键词文本信息;
⑤ 网页内容编辑应段落清晰,符合用户阅读习惯,合理利用小标题等重点元素;
⑥ 网页内容中的图片应设置相关的 alt 属性,且与网页内容相关;
⑦ 网页内容中关键词的站内链接和站外链接适当。

由于网页标题在页面内容优化中占有重要地位,下面进行重点介绍,其他方面读者可参考其他书籍或网络资源。

历届网络营销能力秀实践项目的最后一项都为实践总结报告,在要求中总会特别强调实践报告标题的重要性,并给出了相应的指导,这些指导内容也都来自网页内容搜索引擎优化的基本要求。因为每一份实践总结报告发布到网站上,都是一个独立的网页,报告的标题也就是网页的标题。每一个网页都应该有一个能准确描述该网页内容的独立标题,正如每个网页都应该有一个唯一的 URL 一样,这是一个网页区别于其他网页的基本属性之一。

网页标题是对一个网页的高度概括,一般来说,网站首页的标题就是网站的正式名称,而网站中文章内容页面的标题就是文章的题目,栏目首页的标题通常是栏目名称。因此,在企业网站中,产品介绍页面的网页标题应该以与该产品名称相关的内容作为标题,而不应把企业名称作为标题,尤其不应所有网页共用同一个标题。从网站内容页面网页标题设计的现状来看,绝大多数企业网站都没有对此引起足够的重视,这样不仅为用户来到网站之后获取相关信息带来一定麻烦,更糟糕的是,由于这种不专业的网页标题,使得网页在搜索引擎推广方面缺乏优势,用户可能根本无法通过搜索引擎检索发现这个网页。

详细内容页面如企业新闻内容、具体产品的详细介绍等,是某项业务、某个产品最全面的信息,也是用户获取详细信息的最终渠道。因此内容详尽且容易被用户通过搜索引擎检索到是对内容页面内容策略的基本要求。从网页被搜索引擎收录和用户获取详细产品信息的角度来看,每个产品信息网页都有可能为公司带来潜在客户,因此不夸张地说,网页标题设计直接影响了网站的总体网络营销效果。

经过对大量网站的研究,作者对网页标题设计的观点是:在设计网页标题时,应注意同时兼顾对用户的注意力以及对搜索引擎检索的需要。这一原则在实际操作中可通过下列三个方面来体现,这三个方面也可以被认为是网页标题设计的一般原则。

第一,网页标题不宜过短或者过长。一般来说 6~10 个汉字比较理想,最好不要超过 30 个汉字。网页标题字数过少可能包含不了有效关键词,字数过多会让搜索引擎无法正确识别标题中的核心关键词,而且也难以让用户对网页标题(尤其是首页标题,代表了网站名称)形成深刻印象,也不便于其他网站链接。

第二,网页标题应概括网页的核心内容。当用户通过搜索引擎检索时,在检索结果页面中的内容一般是网页标题(加链接)和网页摘要信息,要引起用户的关注,网页标题发挥了很大的作用,如果网页标题和页面摘要信息有较大的相关性,摘要信息对网页标题将发挥进一步的补充作用,从而引起用户对该网页信息点击行为的发生(也就意味着搜索引擎推广发挥了作用)。另外,当网页标题被其他网站或者本网站其他栏目/网页链接时,一个概括了网页核心内容的标题有助于用户判断是否点击该网页标题链接。

第三,网页标题中应含有必要的关键词。用户使用某些关键词搜索,如果这些关键词包含在网页标题中,在搜索结果中将被赋予较高的权重,因此尽量让网页标题中含有用户检索所使用的关键词。以网站首页设计为例,一般来说首页标题就是网站的名称或者公司名称,但是考虑到有些名称中可能无法包含公司/网站的核心业务,也就是说没有核心关键词,这时通常采用"核心关键词+公司名/品牌名"的方式作为网站首页标题。但是如果是为了"优化"而在网页标题中堆砌关键词,不仅没有核心,而且有制造垃圾信息的嫌疑。

上述关于网页标题设计的三个方面其实都考虑了搜索引擎检索网页的特点,也就是说,网页标题设计将有利于搜索引擎检索出重要因素,即使如此,这里仍然强调,与网页内容写作一样,网页标题写作首先是给用户看的,在这个前提之上考虑对搜索引擎检索才有意义。可见网页标题设计并不是一件随意的事情,尤其对网站首页标题设计,不可不慎重。

有一种典型的情况,细心的读者可能会有这样的经历,在浏览淘宝网站某些产品的页面时,会发现页面标题通常是堆积大量关键词,而且往往比常规的网页标题在站内搜索中更有优势。这种情况和淘宝站内产品搜索方式有一定关系,至于这种现象是否会长期存在,我们不妨予以关注。

(2)网站外部链接的搜索引擎优化。

由于技术型搜索引擎把一个网站被其他相关网站链接的数量作为评估网站级别的因素之一,因此在搜索引擎优化中需要适当考虑网站链接。描述一个网站被链接数量的概念常用"链接广度"(Link Popularity)来说明。根据搜索引擎制定的网页级别排名规则,在其他方面差不多的情况下,链接广度高的网站在搜索结果中排名靠前。不过,搜索引擎的算法也在不断发展,近年来一些搜索引擎对外部链接的权重有了新的规则,影响可能不如从前那么直接,但总体来说仍然是比较重要的。

拓展阅读

关于网站链接的概念:Inbound Link/Outbound Link

"Inbound Link",可直译为"来自外部网站的链接",也就是我们通常所说的一个网站"被其他网站链接的数量",或者简称为"外链"。与 Inbound Link 有相近意义的词汇还有"Incoming Link"等。有些地方直接将这一指标等同于网站链接广度(或称为链接广泛度)。

Inbound Link 指标可以通过一些专用软件和工具进行检测,网上也有多种免费资源可以利用。例如,利用搜索引擎 Google 在搜索框中键入命令 site:www.domain.com 则可以获得网站被其他网站链接的数量。而在雅虎网站的命令为 site:http://www.domain.com 。

这里有必要说明的是,不同检测工具、不同搜索引擎的检测结果可能并不一致,这是因为各个检测工具对网站外部链接的定义不一致,或者因为数据库信息不同步等原因。

与"Inbound Link"相对应的一个词汇是"Outbound Link"(其同义词是"External Link"),也就是一个网站链接其他网站的数量,这两个指标并不一定相同,一般来说,部分大型企业网站被链接的数量通常较多,而链接到其他网站的数量可能很少,一些小型网站两项指标可能都很小。

Inbound Link 和 Outbound Link 的具体意义是指:假定有三个网站 A、B、C 之间发生了链接关系,当网站 A 上链接了 B 和 C,那么 B 和 C 各获得 A 网站的 1 个 Inbound Link,而 A 网站则是 2 个 Outbound Link,如果 B 网站链接了 A 网站,而 C 网站并没有链接 A 网站,那么 A 网站的 Inbound Link 数量为 1 个。在搜索引擎优化中,搜索引擎排名算法中要计算的是一个网站的 Inbound Link 数量,而不是 Outbound Link,因此如何增加有效的 Inbound Link 就成为搜索引擎优化要考虑的一个方面。当然这仅仅是搜索引擎优化的一个方面而已,也不必过分夸大其作用。

(资料来源:网上营销新观察网站。)

不过要注意的是,对于任何搜索引擎而言,网站内容的相关性是最重要的因素,网站链接仅处于次要地位。而且,搜索引擎并不把链接广度作为考察被外部网站链接的唯一因素,同时还要考察外部链接网站的质量(如网站的访问量和链接网站之间的相关程度等),一个高质量网站的链接其重要程度高过多个低质量网站的链接效果,因此建立链接广度并非要不加取舍地与众多网站建立链接关系,事实上这样做的效果不仅不能提高排名,有时还会适得其反。

例如,一些自动在多个网站发布的软件能否在增加链接广度方面发挥作用呢?如果用这种自动登录的方式将信息登记到许多网站上,并不能提高网站排名。原因很简单,自动发布信息的网站平台通常都是一些没有多大知名度且访问量也不高的网站,你的信息是否可以从数据库中被其他搜索引擎检索到都是疑问。而且,作为以分析网站链接关系为看家本领的搜索引擎,对于搜索引擎领域的情况非常熟悉,如果仅仅是为了增加链接广度的目的,这样的花招很容易被搜索引擎识破。

(3)网站运营中其他问题的搜索引擎优化。

在搜索引擎信息传递流程中,用户是决定的因素,网页内容是为用户创建的,因而持续为用户创建有价值的内容,是网站运营的基础工作,也在客观上增加了网站的搜索引擎优化水平。

实践经验表明,在网站运营方面影响搜索引擎优化的因素还有很多,例如:

① 网站内容的原创性:这就意味着复制的网页内容将影响网站的搜索引擎评级。复制网页包含复制本站的内容(即同样的内容发布为多个网页),以及复制其他网站的内容;

② 网页内容中有效文本信息数量:一般说一个网页的文本信息过少或者过多都不符合用户阅读的习惯,在搜索引擎看来也是不友好的表现;

③ 网站内容更新频率:网站内容更新速度快,新网页增长较多的网站,通常会受到搜索引擎的重视,在网页收录及搜索结果中更有优势;

④ 网站域名及网页 URL 的稳定性:一些网站因频繁改版或其他原因进行调整,可能会因为网页 URL 变化而影响搜索引擎收录及搜索结果的排序,大量失效的网页(404 错误)同

样会影响搜索引擎对网站的评价；

⑤ 不要欺骗搜索引擎：网页前台页面用户肉眼不可见的文本信息或图片、不合理的网页重定向、为搜索引擎而设计的过渡页（桥页）、在内容中插入不相关的文字及链接等，都是不适当的搜索引擎"优化"方式，只能适得其反。

总之，搜索引擎优化是网站专业水平及运营能力的综合体现，是系统性网站优化工作的一部分，仅仅通过增加网站链接等外部要素的改善是难以获得持久的搜索引擎优化效果的。通过下面的案例也可以看出，在搜索引擎优化工作中某些方面的疏忽都可能造成严重后果。

 案例

Batteries.com 网站优化的经验和教训

Batteries.com 是美国领先的电池销售网上商店，在 2004 年该网站进行了一次改版，当时为了避免出现大量死链接，网站保留了旧版的网页，因此搜索引擎在索引新版网页的同时也收录了大量多余的旧网页，结果搜索引擎以为 Batteries.com 复制网页内容，属于搜索引擎作弊，导致 Batteries.com 在搜索引擎上的自然排名急剧下跌。

新版还有大量动态技术生成的网页，造成搜索引擎索引困难，以上原因导致 Batteries.com 在 2004 年改版后在搜索引擎自然排名方面一落千丈。后来该网站与一家知名搜索引擎营销公司合作，对网站进行了彻底优化，并删除了多余的旧版网页，4 个月之内，网站被 Google 收录的网页数量剧增，与电池相关的诸多关键词在 Google 和 Yahoo 的排名均在显著位置。

为了进一步提升搜索引擎优化效果，Batteries.com 在 2006 年计划发布 30 个微型内容子站，这些子站商品包含各类电池如碱性电池、笔记本计算机电池等的产品目录。子站还提供与电池产品有关的教育性内容和幽默性文章，并有链接指向 Batteries.com 网上商店进行购买。Batteries.com 已于 2006 年 2 月发布了 5 个内容子站。

Batteries.com 网站优化的经验和教训值得一些关注搜索引擎优化的网站借鉴。现在，"搜索引擎优化"在搜索引擎服务商眼里是一个敏感词汇，几乎与"搜索引擎垃圾"是同一含义，尤其是那些以种种不合理方式提高搜索引擎关键词排名为目的 SEO，更是让搜索引擎深恶痛绝。

搜索引擎排名不等于搜索引擎优化，更不等于真正意义上的网站优化，网站优化与搜索引擎排名有着本质的区别，如果对搜索引擎检索规则理解得不够深入，片面追求搜索引擎检索关键词的排名效果，难免进入搜索引擎优化误区，其结果将是受到搜索引擎的惩罚，直至网站彻底被搜索引擎删除。

（资料来源：新竞争力官网。）

实际上，目前搜索引擎对于网站改版可能引起的问题已经给予关注，并且提供了一些必要的引导和网站改版工具。例如百度站长工具中专门设置了"网站改版工具"及"闭站保护"等功能，以便能让百度搜索引擎了解网站改版后的域名变化，或者以适当的方式表示网站因调整暂时关闭,尽可能减少因网站改版引起的流量损失。

4.2.5.2　搜索引擎算法适应优化

了解搜索引擎对网站的基本要求,以及搜索结果排序算法,对网站的搜索引擎优化意义非常重大,可根据算法中的元素去有针对性地优化网页以得到好的搜索效果。于是,探索搜索引擎排序算法,几乎是每个从事 SEO 的人都希望得到的"葵花宝典"。但是,排序算法作为搜索引擎的核心机密,外人想完全得到几乎是不可能的,事实上也是没必要的。只要从用户获取信息的角度,做到网站基础元素的合理设计并用心运营维护,就具备了实现向用户传递有效信息的网络营销基本条件。

搜索引擎排序的算法一直在不断发展,搜索结果信息的展示也在不断改进,现在的搜索结果页面与十年前相比已经有很大的不同,不仅有基础的网页信息,还有更多根据智能算法提供的解决方案及产品推荐等。

《人工智能》一书中对于搜索引擎网页排序算法是这样描述的:"最传统的网页排序算法是找出所有影响网页结果排序的因子,然后根据每个因子对结果排序的重要程度,用一个人为定义的、十分复杂的数学公式将所有因子串联在一起,计算出每个特定网页在最终结果页面中的排名位置。""谷歌很早就开始用机器学习技术帮助搜索引擎完成结果排序。这一思路和传统算法不同。在机器学习的方向里,计算网页排序的数学模型中的每一个参数不完全是由人预先定义的,而是由计算机在大数据的基础上,通过复杂的迭代过程自动学习得到的。"[①]

可见,人工智能和深度学习对搜索引擎算法的影响深刻,搜索引擎的信息处理技术仍处于高速发展之中。作为网站运营人员,对搜索引擎算法的研究毕竟是有限的,而且永远跟不上搜索引擎算法的更新。本书前面介绍的搜索引擎优化的基本内容,包括网站基本要素和内容运营要点等,无论搜索引擎排序算法如何演变,这些基础元素都依然不会过时。所以,做好该做的基础工作,才是搜索引擎优化工作的基本原则。

不过也并不是说只能被动甚至盲目地应对搜索引擎规则的变化,深入理解搜索引擎的基本原则,并不断增加对搜索引擎的了解是非常必要的。其实,各主要搜索引擎都为站长提供了必要的搜索引擎优化指南,以帮助站长了解搜索引擎欢迎什么样的信息,讨厌哪些不合理的做法。所以,要研究搜索引擎收录网页及搜索结果排序的规则,首先了解搜索引擎官方提供的指南是必不可少的。至于更多的实战经验,还需要不断的实践和总结。

相关内容可参考各大搜索引擎网站,例如,Google 的网站管理员指南、百度提供的搜索引擎优化指南等。

另外,由于搜索引擎优化需要投入较多的精力并经历较长的时间才能体现效果,并不像投放搜索引擎广告那样立竿见影,一些急功近利的网站运营者很可能采用一些作弊手段实现"快速优化",成为实际上的垃圾 SEO。为提高搜索结果的质量,搜索引擎一直在与搜索引擎垃圾(Spam)做斗争。一些对 SEO 产生浓厚兴趣又不求甚解更不愿脚踏实地进行网站基

---

① 李开复,王咏刚. 人工智能. 北京:文化发展出版社,2017:15.

本要素优化的人,很容易因为盲目的"优化"而陷入搜索引擎优化作弊的误区。

所谓搜索引擎垃圾即针对搜索引擎而采取的作弊行为,造成搜索结果成为事实上的垃圾信息。如大量重复的关键词、复制的网站或网页、用户看不到的文字、欺骗性的网址指向、专门针对搜索引擎的入门网页等。如果网站被发现采用了搜索引擎垃圾的方式进行优化,将受到搜索引擎的处罚。

为了获得高质量的搜索信息,尽量减少搜索引擎垃圾,针对网站搜索引擎优化的需要,各大搜索引擎都会给网站运营人员提供一些基本方针和指导,值得网络营销人员,尤其是搜索引擎营销人员深入学习和领会,并贯彻到搜索引擎营销工作中去。

4.2.5.3　对用户获取信息的优化

本书关于搜索引擎营销的观点认为,搜索引擎信息传递的价值源泉来自用户对信息获取的需求,这就意味着,用户在搜索引擎信息传递系统中发挥着决定性的作用,搜索引擎及信息源网站的出发点都是为用户提供最有价值的信息。那么,对用户而言,什么信息是有价值的?又是如何搜索的?更关注哪些搜索结果?

作为搜索引擎的用户,我们或许都有过这样的经历:用某个关键词搜索,在搜索结果页面点击某些引导信息,点进去之后发现和自己期望的信息并不一致,甚至页面上只是一些广告内容,有些点击后无法打开网页,或者打开网页后各种广告遮挡了有限的屏幕空间,无法找到自己期望的信息,有些也许是某个论坛用户发布的几个文字……

对于这类搜索体验,很难说获得了用户价值。这种情况也是搜索引擎所不希望的。所以,搜索引擎优化,首先是对用户体验的优化。其实不难理解,用户对搜索引擎搜索结果及信息源网页的期望很简单:

- 无论我怎么搜索,你都在那里;
- 无论我问什么问题,你都有答案;
- 选择了搜索结果引导信息,要让我顺利点击进去;
- 我点击进去,你不要欺骗我,请给我完整的信息……

其实,满足用户搜索信息的期望并不难,与我们做好网站基本要素和运营优化的目标及思路是完全一致的。在搜索引擎优化工作中,要不断地告诫自己,不能忘记搜索引擎营销的最高目标是为了用户。

总之,搜索引擎优化,不是"面向搜索引擎的信息源优化设计",而是对信息源网站要素、搜索引擎及用户体验的综合性、系统性工作,不能忽视任何一个环节。

4.2.6　搜索引擎关键词广告

搜索引擎关键词广告,是广告主付费展示的商业信息,同样出现在搜索结果页面,与搜索引擎自然搜索结果等信息共同组成了搜索结果页面。搜索引擎广告是企业常用的搜索引擎营销方式之一,也是搜索引擎平台的主要收益模式。

搜索引擎关键词广告因其更加灵活和可控性高等特点受到企业的认可。相关统计数据表明,到 2006 年年底搜索引擎广告已几乎占全部网络广告市场份额的半壁江山,2011 年之后仍然保持着这种市场份额,近年来由于手机网络广告市场的迅速扩大,关键词广告的市场份额有所下降,到 2015 年的市场份额略低于手机广告(2015 年全年搜索引擎广告占 34%,手机广告占 35%)。2016 年全年网络广告份额中,手机广告全面超越搜索引擎广告且差距快速拉大(两者分别占 51% 和 24%,其中手机搜索广告占手机广告的 47%),不过搜索引擎广告的重要性仍然不可替代。到 2019 年,搜索引擎广告收入仍然占网络广告市场的 45%(含手机搜索)。

4.2.6.1 搜索引擎广告及其表现形式

并不是每个网站都可以通过搜索引擎优化获得足够的访问量,尤其是一个竞争激烈的行业中大量的企业网站都在争夺搜索引擎检索结果中有限的用户注意力资源时,很多企业会受到搜索引擎自然检索推广效果的制约,因此企业往往采用付费搜索引擎广告与搜索引擎优化的组合策略。

付费搜索引擎广告,就是在用户利用搜索引擎检索信息时在检索结果页面出现的、与用户所检索信息有一定相关性的广告内容。出现在搜索结果页面左侧的搜索广告,也具有信息流广告的特征。

最早的付费搜索引擎竞价排名开始于 2000 年。1998 年创建于美国的搜索引擎 Overture 以成功运作竞价排名模式而著名,并且带动付费搜索引擎营销市场蓬勃发展。Overture 在 2003 年 7 月份被雅虎以 16.3 亿美元的价格收购,成为雅虎搜索引擎营销体系的组成部分。

关键词广告是搜索引擎服务商的主要盈利模式,目前在国内影响力最大的搜索引擎包括百度和搜狗,每个搜索引擎都有各自的关键词广告服务,在表现形式上也有较多的相似之处,只是在具体的广告投放模式、广告展示及标注方式、广告管理方式、每次点击的价格等方面有一定的差异。下面以百度和谷歌为例介绍关键词广告的表现形式。

百度关键词广告最初叫竞价排名。竞价排名最初的含义,是指在搜索引擎检索结果中,依据付费的多少来决定广告的排名位置,付费高的网站信息将出现在搜索结果最靠前的位置。这里所说的付费,是指用户每点击一次检索结果的费用。由于这种纯粹按照付费来决定排名的方式可能出现广告与搜索结果的相关性不高或者其他容易引起误导的情形,因此逐步演变为考虑了更多因素形成的综合排名模式,并更名为"百度推广",广告展示位置主要是在搜索结果上方及右侧。百度关键词广告标注的名称后来又经历多次变更,除了竞价排名和百度推广之外,曾经使用的名称还包括"推广链接""推广""商业推广""广告"等。与百度类似,谷歌搜索结果页面的广告标注方式也在不断地调整之中,如"赞助商链接""相关广告""广告"等。搜索引擎以这种标注或者不同背景色的方式区别付费信息与免费检索信息,以尽可能减少信息误导。从百度和谷歌搜索引擎广告形式的不断调整也可以看出,在兼顾收费广告和自然检索的公正性方面,搜索引擎服务商也在不断改善之中。

考虑到搜索引擎广告的展示方式和标注名称仍有可能不断调整,建议读者通过搜索某产品名称或旅游景点等关键词(如"九寨沟旅游"),了解搜索引擎广告的最新形式。

此外,除了搜索结果页面的广告之外,搜索引擎关键词广告也会出现在联盟网站的网页上,也就是基于内容定位的搜索引擎广告,这种采用了网络会员制营销模式的关键词广告,可以将广告展示在合作网站的网页上,并且广告形式更加灵活,可以是各种规格的图片展示广告,也可以是文字链接广告。这是搜索引擎关键词广告的延伸模式。百度、谷歌、搜狗、360搜索等,目前都有提供这种网站联盟形式的关键词广告,广告主可以选择是否在合作伙伴(内容发布商)网站展示自己的广告。

由于这种模式的广告设计、投放、管理等与关键词广告的基本模式类似,因此本章不再系统介绍关键词广告联盟的操作内容,有兴趣的读者可以自己到各搜索引擎联盟进行更多的了解。

4.2.6.2 搜索引擎关键词广告的十大特点

关键词广告之所以得到快速发展,成为最有效的付费网络推广模式,与关键词广告自身的特点密不可分。了解关键词广告的特点,对于进一步理解搜索引擎广告具有一定的参考价值。

1. 关键词广告是立竿见影的网络推广模式

搜索引擎是目前用户获取网页信息的主要渠道之一,只要投放了关键词广告,当用户搜索时,企业的相关推广信息会立刻出现在搜索结果页面,广告显效快,远比搜索引擎优化效果更为直接。而且由于广告展示在自然搜索结果前列,用户关注程度更高,对于竞争性激烈的行业,关键词广告的效果更为显著。

2. 搜索引擎关键词广告的灵活自主性

由于关键词广告管理系统的功能越来越强大,广告用户可以实现灵活自主的广告投放,包括广告投放的区域、时段、每天每月最多消费金额等。比如,可选择只针对在广东省上网的用户而且是中午12点到晚上8点之间才展示自己的广告;还可以设置每天最多投放200元或者1 000元,这样当达到消费限额之后广告就停止展示,使得预算可控。

3. 按有效点击次数付费,推广费用相对较低

按点击付费(Cost-per-click,CPC)是搜索引擎关键词广告模式最大的特点之一,对于用户浏览而没有点击的信息,将不必为此支付费用,相对于传统展示类网页网络广告按照千人印象数(CPM)收费的模式来说,更加符合广告用户的利益,使得网络推广费用相对较低,而且完全可以自行控制。因此搜索引擎广告成为各种规模的企业都可以利用的网络推广手段。

4. 关键词广告的用户定位程度较高

由于关键词广告信息出现在用户检索结果页面,与用户获取信息的相关性较强,因而搜索引擎广告的定位程度高于其他形式的网络广告。而且,由于用户是主动检索并获取相应的信息,具有更强的主动性,符合网络营销用户决定营销规则的思想,属于绿色健康的网络营销模式。

5. 关键词广告形式简单,降低广告制作成本

关键词竞价的形式比较简单,通常是文字内容,包括标题、摘要信息和网址等要素,关键词不需要复杂的广告设计,因此降低了广告设计制作成本,使得小企业、小网站,甚至个人网站、网上店铺等都可以方便地利用关键词竞价方式进行推广。

6. 关键词广告投放及管理效率较高

关键词广告推广信息不仅形式简单而且整个投放过程也非常快捷,大大提高了投放广告的效率。与其他广告模式相比,关键词广告管理更为高效。例如对广告展示内容的调整非常方便,可方便地修改包括广告标题、内容摘要、链接 URL 等信息。广告主也可以随时调整关键词的设计,例如对于广告展示次数太低、每次点击费用太高的关键词等都可以进行更换或者取消广告投放。

7. 关键词广告引导用户到达页面的针对性更强

关键词广告所链接的页面,通常被称为着陆页,即用户点击广告链接到达的第一个页面。关键词广告所链接的 URL 由广告主自行设定,可以引导用户来到任何一个期望的网页,理想的方式是为广告设置一个专门的着陆页而不仅仅是到网站首页。在自然检索结果中,搜索引擎收录的网页信息是网站运营人员无法自行确定的,出现在哪个网页无法自行选择,因而这也是关键词广告针对性更强的一个原因所在。

8. 关键词广告具有原生广告的一般特点

关键词广告出现在搜索结果页面,作为搜索结果的组成部分,广告内容与自然搜索信息融为一体,共同组成了完整的网页内容,因而更容易受到用户信任和点击。因此关键词广告的点击率通常比展示类广告要高,当然其中也包括用户误点击的成分。搜索引擎通常会在搜索结果中对广告信息给予标注,但仍有相当比例的用户无法区分或没有意识到其中的广告信息。

9. 关键词广告效果一目了然

当购买了关键词广告服务之后,服务商会为广告用户提供一个管理入口,可以实时在线查看推广信息的展示、点击情况以及广告费用消费信息,经常对广告效果统计报告进行记录和分析,对于积累搜索引擎广告推广的经验、进一步提高推广效果具有积极意义。

10. 关键词广告是搜索引擎优化的补充

搜索引擎优化是网站基本要素优化的反映,通常无法保证很多关键词都能在搜索引擎检索结果中获得好的排名,尤其是当一个企业拥有多个产品线时,搜索引擎优化难以做到覆盖面很广,这时采用关键词广告推广是对搜索引擎自然检索推广的有效补充,综合利用关键词广告与搜索引擎优化更有利于提升搜索引擎营销的效果。

上面列举了搜索引擎关键词广告的一般特点,具体到不同的搜索引擎,还会有一些自己的特点,例如,Google 提供了信息非常全面的在线帮助信息,关键词推荐和效果跟踪分析工具给专业用户带来了极大的便利,并且在 Google 投放和管理关键词广告的整个流程都可以在线完成。这些具体的差异,需要在实际工作中去比较和发现,以便发挥每个搜索引擎最大的网络推广价值。

在搜索引擎推广的实际工作中,搜索引擎广告和搜索引擎优化通常不是独立的,两者可以同时进行,形成更全面的搜索引擎营销组合策略占据有限的搜索结果推广空间,不仅可以发挥更好的网络推广效果,同时也是一种合理的网络营销竞争方式。

4.3 网站平台内部资源营销：思想与方法

无论是基于互联网工具的网络推广，还是基于社会关系资源的网络推广，最终效果都将体现在用户数量和网站内容访问量等方面。当一个网站平台（包括手机 APP）拥有一定数量的用户之后，网站平台也就成为网络营销资源，利用网站平台内部的资源进行网络推广也就顺理成章了，只不过这种看似理所当然的网络营销思想长期以来没有得到系统的研究，因而显得比较分散。

网站平台内部资源推广，从本质上来说仍然是基于网站链接关系的推广，属于互联网工具资源推广的延伸，也就是网站通过互联网工具或其他方式的网络推广获得了用户访问，再通过网页链接的方式引导用户访问更多的网页资源或转化为顾客。本节简单介绍网站平台内部资源的一般形式，并以企业网站及电子商务平台为例，介绍内部资源推广的常用方法。

4.3.1 网站平台内部资源的形式及网络营销价值

无论是电子商务网站平台、社交网络平台，还是网络资讯平台、知识分享平台，通常都具有丰富的网络营销资源，如信息发布资源、推荐资源、用户资源、社区分享资源、社交网络资源、自媒体资源、内部搜索资源、平台广告资源、广告联盟资源、数据分析资源等。

以 B2C 电子商务平台为例，其网络营销价值包括：简化企业开展电子商务的流程，快速实现从网络推广到网上销售的流程；通过平台扩大产品的网络可见度；建立在知名电子商务平台的网上商店可提升商家可信度；网站平台提供了必要的运营数据；对企业官方网站具有一定的辅助推广价值。合理利用电子商务平台的内部资源，是获得企业网络营销效果的捷径。

而通过微博、微信等社交网络平台的运营，企业可以获得的网络营销价值包括：获得与用户直接沟通的官方渠道；扩展企业官方信息源的形式；通过社交网络账号运营积累具有长期价值的用户资源；将社交平台作为用户调研、网络推广的工具；实现 SNS 内容与企业网站内容的相互融合和相互推广，等等。

具体到某一个网站平台，除了一般的网络营销价值之外，还可能有自己独特的功能和资源。例如，微博平台内部的推荐功能、自媒体内容平台的智能分发、电子商务平台的站内搜索及站内广告等，都是企业可以利用的网络推广资源。

尽管各个网站平台的网络推广资源及表现形式可能有一定差异，不过网站内部资源营销的基本思想是一致的：合理利用网站的功能和服务，为用户提供更多有价值的信息和服务，从而获得用户更多的关注和交互。从被推广的企业看，也就是实现了网络推广。

除了企业自行掌控的企业网站等资源之外，利用第三方网络平台开展网络营销，在网络营销内容体系中占有较大比重，而基于第三方网站平台的网络推广，核心就是对网站内部资源的有效利用。

4.3.2 企业网站站内资源推广方法

通过内容运营及适当的网络推广，企业网站具有一定访问量基础时，也具有了站内推广的价值，让网站内部资源推广为网站带来用户更多的关注和转化。

网站内容运营体现在网站访问量的增长，访问量的背后，是用户浏览网页信息的行为。对于企业网站来说，站内推广的含义主要体现在三个方面：

第一，通过网站内容运营，积累对用户有价值的网页内容资源，并通过搜索引擎、网站链接等常规推广方式获得尽可能多的潜在用户资源；

第二，充分利用内部资源，让来到网站的访问者获得尽可能多的有效信息，并为销售提供尽可能多的支持；

第三，为其他网络推广方法提供支持，例如用户关注企业社交网络账号、为 SNS 账户运营提供内容资源、为网站搜索引擎推广提供网页内容数量和质量等。

从网站内部推广的角度来看，网站内部推广资源可分为三类：站内内容资源、站内广告资源、站内链接资源。这是企业网站内部资源推广得以实现的基础。

1. 站内内容资源推广

网站内容表现为一个个网页，可以说网站内容是网站的血肉，每个网页都可能成为用户访问的第一入口，或者离开网站的最后一个界面。一般来说，网站内容越丰富，获得用户访问的机会越多，因此网站内容运营的基础是发布尽可能多的、对用户有价值的网页内容。这样，当用户通过某种渠道来到网站时，就可以对用户进行重点推广。

站内内容资源推广的方式，通常通过下面两种常见的方式得以实现。

（1）利用重点网页实现推广。一个网站中可能含有众多网页，其中有些网页可能是最重要的，比如当前重点推广的产品、重要的企业新闻等，对这些内容页面应该比普通网页更为重视，在网页标题策划、内容摘要、关键词设计、内容写作及版面设计等方面应更加专业，为用户提供更有价值的信息。同时对于重要内容页面，可作为重要关键词词库的"着陆页"，成为页面链接的目标网页，并且在"页面推广专区"及"站内链接"中给予重点体现，创造被用户发现和浏览的更多机会。

（2）站内专题推广。除了"重点网页"之外，还可以根据需要开设"专题"，将一系列相关话题的页面组成一个专题页面，其表现形式类似于新闻网站中的专题新闻。比如一些旅行社网站通常会将"十一黄金周旅游""春天赏花""冬雪专线"等制作为专题来重点介绍当前的热点旅游产品。

不过，站内推广对网站运营状况有一定的要求，如果网站内容贫乏，缺乏有效的内容运营，那么网站内部推广也就无从谈起。

2. 站内广告资源

网页是网络广告载体，可以合理利用网页的广告区域为自己的企业/产品进行重点推广。站内广告以首页广告轮播图、网页顶端 BANNER、右侧图片或者文字广告等形式最为常见。资讯类网站的广告资源更为丰富，广告形式也多种多样。

在浏览门户网站新闻内容网页时,如果留意一下就会发现,除了正文区域之外,通常在右侧、下方还有一些相关的图片或者文字链接,其中主要是广告内容。事实上,一般商业网站的模板设计中,通常将正文区域、网页模版顶部和导航等公共区域之外的位置称为"推广区",以明确这些属于内容页面的推广专区。页面推广区主要通过文字、尺寸较小的图片(按钮广告)、摩天柱式广告等方式进行重要产品、服务或者专题报道的推广。

通过网页模版中的推广区域,也是实现站内关键词链接的常用方式,"站内链接"是搜索引擎优化中链接策略的基本组成部分。

3. 站内链接资源

超级链接是实现网页推广的重要方式之一,通过链接将用户引导到目标网页。网站链接包括站内链接和站外链接。

站内链接的形式比较广泛,导航菜单、站内文章列表等所包含的超级链接都可以认为是内部链接,不过作为网站内部推广形式的站内链接,特指为了达到推广的目的而专门建立的链接。这种狭义的站内链接的主要形式包括:网站首页或者栏目首页的重点推荐(如热门产品推荐等)、网页正文内容中的关键词链接、内容页面推广专区的推荐内容等。站内关键词链接在为用户提供站内信息引导的同时,也对网站的搜索引擎优化发挥了一定的作用。

站外链接,即链接到其他网站,主要形式包括网站首页专门规划的互换链接(友情链接)区域、网页内容正文中的相关关键词链接、内容页面推广区的文字链接等。其中互换链接是为了采用互换资源推广而设计的,用于与其他网站进行链接;正文中的链接通常为把相关内容链接到可靠的信息源网站,或者本公司相关业务的网站/网页;内容页面推广区的外部链接则用于对本企业的其他相关业务进行推广,这是关联网站推广常用的形式之一。例如,许多企业网站首页的右下方链接了若干个相关行业网站或者其他的专题网站的网页,就属于站外链接的一种表现形式。

4.3.3 电子商务网站平台内部资源推广方法

网上购物早已成为人们的日常生活方式,用户可以在一些大型企业的官方网上商城购物(如华为商城),也可以通过电子商务平台上的网上商店购物。淘宝网是大家熟知的电子商务平台,聚集着数以百万计的卖家和数以千万计的网络购物者,这一巨大的网站平台为企业开展网络推广和网上销售提供了广阔的空间。其他电子商务网站平台如京东商城、苏宁易购等也具有类似的网上商店功能。

企业如何利用电子商务平台网站的资源实现网络推广呢?首先,还是要从认识电子商务平台的价值及平台网络营销资源及价值开始。

4.3.3.1 电子商务平台的网络推广价值

建立在电子商务平台上的网上商店,核心目标是为了实现网上直接销售,网上商店同时也是企业可利用的网络推广平台,其主要网络推广价值表现在下列三个方面。

1. 增加信息传播渠道,扩大网络可见度

将有吸引力的产品信息发布在一个聚集网络人气的网络平台上,获得潜在用户的浏览,直接增加企业/产品的网络可见度,一些产品信息还可以通过搜索引擎检索、用户之间的信息分享传递等方式获得更大范围的传播。因此,借助于网店平台,通过专业的产品描述、附有吸引力的图片/视频信息,为产品网络推广增加了又一渠道。

2. 增加用户可信度

可信度是影响顾客购买决策的主要因素之一,尤其对于非知名品牌,获得用户信任的难度更大一些。建立在知名电子商务平台的网上商店,其网络行为受电子商务平台的规范和约束,因此会比一般企业网站销售更有保障,从而更容易获得顾客的信任。当网店积累一定顾客资源之后,顾客对商品和商家的好评,对增加可信度也有明显的帮助。

3. 对官方网站(或者关联网站)的辅助推广

网上商店是官方网站电子商务功能的延伸,同时网店平台也可以为官方网站(或者关联网站)发挥辅助推广的功能,两者相辅相成,实现网络推广资源价值最大化。由于网上商店平台商家可自主控制的功能有限,可引导用户到企业网站来获取更详尽的产品信息或者服务,从而实现企业网站的推广。同样,通过企业网站,可以把在线购买等功能引导到网上商店上进行。

此外,合理利用网店平台丰富的同类产品信息,可以收集大量有价值的竞争情报,了解同类产品的特点及网络推广手段,也可以了解用户评论等市场信息。

4.3.3.2 基于电子商务平台内部资源的网络推广方法

电子商务平台不仅功能强大、内部网络推广资源也非常丰富,例如淘宝、京东等大型平台,网店运营者从产品信息发布、商品管理、订单管理、物流管理、客服及售后、数据分析到广告发布及管理等都可以在平台内部完成,事实上大型电子商务平台也是网店最有效的网络广告平台。

关于电子商务平台广告,将在基于市场资源的网络推广策略中给予介绍,下面仅简要介绍利用电子商务平台内部资源推广的基本方法。相关的分析方法对其他第三方平台也具有适用性,可根据具体平台的特点进行相应的调整即可。

1. 网站平台的网络营销分析方法

一般的企业网站,总体说相对比较简单,我们可以采用网站基本要素分析的方法,根据网站结构、功能、内容和服务来分析网站可用的网络营销资源。但是,对于大型电子商务平台无论作为商家或一般用户,尽管都有较好的易用性,使用起来都比较简单,不过要完全弄明白平台的所有功能或服务,并不是很简单的事情,无论用网站要素分析,还是凭直观的观察,都很难理清平台资源及其相互关系。

电子商务平台是综合性的网络营销平台,因此也是网络营销信息传递原理的综合应用场所,通过网络营销信息传递系统分析,是认识平台网络营销资源的有效方法。

作为网络推广渠道,也就是商家系统通过平台传递给用户的营销信息,同时也是用户可以浏览及获取信息的渠道,因此,从用户和商家两个角度,对信息源的形式、来源渠道及交互方式进行分析,也就很容易理清电子商务平台的网络推广信息源及传递渠道。

电子商务平台网络营销资源分析可从下列四个方面进行。

（1）信息源分析。商家有哪些信息发布渠道，对信息发布者及信息源形式有哪些要求，各种信息源之间有什么关系？

（2）信息传递渠道分析：用户通过哪些方式获取信息？哪些属于用户主动获取信息，哪些属于网站平台推送信息，哪些是商家推送的信息，哪些是用户之间传递的信息。

（3）用户交互分析。网站用户之间有哪些交流方式，用户是否可进行分享传递信息，有哪些方式，这些用户交互是否具有信息传递的价值。

（4）运营数据分析：平台为商家提供的运营数据，在发挥数据分析价值的同时，实际上也包含了各种网络推广渠道的信息，可作为推广资源分析的参考。

从淘宝网店店主的角度试分析淘宝网站网络推广资源及应用方式。

2. 平台内外推广资源相结合扩大综合网络可见度

由于电子商务平台功能强大，网络推广资源丰富，有时会形成一种印象，在平台内部做一些网络推广已经够了。不过对很多商家来说，也面临这样的问题：电子商务平台营销模式操作简单的同时也存在一定的局限性，即所有的企业都只能采用同样模式化的操作方式，这在很大程度上限制了企业的个性化需求，并且不容易超越竞争对手。因此在条件具备的情况下采取平台内外推广资源相结合的方式，有利于扩大企业的综合网络可见度，为商家从多渠道带来用户。

多渠道网络推广，几乎所有的网络推广方法都是适用的，如企业网站内容营销、知识分享营销、搜索引擎营销、ASK网络社区营销、微博营销、微视频分享营销、病毒性营销、网络社群营销、网红营销、各类网络广告等。

4.4 社会化网络营销——基于社交关系资源的网络推广

本书的网络营销的定义突出了网络营销中人的核心地位，因为通过互联网建立的社会关系网络，核心是人，人是网络营销的核心，一切以人为出发点，而不是网络技术、设备、程序或网页内容。社会化网络营销是基于用户社会关系资源的信息传递及价值传递，体现了人在网络营销系统中的核心作用。

本书在介绍自媒体内容平台的特点时也提到，自媒体内容具有自动传播的功能，也就是说即使没有搜索引擎等互联网工具作为信息传递渠道，通过平台内部用户之间的转发分享等方式也可以实现网络推广的目的，其中发挥信息传递功能的，是各个用户之间相互关联的社交关系网络。

社会化网络营销（SNS营销）是基于社交关系资源的网络推广方法，基本形式包括基于社交资源的社会关系网络营销及社会化媒体广告。本节介绍社会化网络营销的基本原理及目前常用的方法,如微博营销、网络社群营销等。

4.4.1 社会化网络营销概述

社会化网络营销的基础是社会化网络服务(Social Network Service),简称社会化网络或社交网站(英文缩写为SNS),也可称为社会性网络、社交网络等,所代表的都是同一个意思。社会化网络是一个基于互联网联系、交流、分享信息的网络社区。由于在这个社区中通过各种关系集聚了数以百万甚至数以亿计的用户,这些用户通过各种关系连接起来,如朋友、同事、同一地区、兴趣、话题等,形成一个庞大的关系网络。

根据维基百科的定义,社会网络是由许多节点构成的一种社会结构,节点通常是指个人或组织,社会网络代表各种社会关系,经由这些社会关系,把从偶然相识的泛泛之交到紧密结合的家庭关系的各种人们组织串连起来。

可见,社会化网络的核心是连接,即通过互联网技术实现人与人关联的社会关系之间的联系和沟通,使得互联网不仅是计算机与网页之间的连接,同时也建立起人与人之间的连接。也就是说,社会化网络的核心是人,每个人都是网络上的一个节点,每个节点与更多的节点连接,形成一个庞大的关系网络,通过这个网络实现信息交流与传递。

由于社会化网络具备信息发布、传递与交互的功能,因而具备网络营销的基本属性,社会化网络营销也就应运而生。社会化网络营销源于英文 Social Networking Service Marketing(或者 Social Networking Marketing),其相近的一个词语是 Social Media Marketing(社会化媒体营销),大致意思都是基于社会化网络(社会化媒体网站)的网络营销形式(简称 SNS 营销,或者 SMM),这与搜索引擎营销等基于互联网工具/平台/服务命名的网络营销方法是类似的。

4.4.1.1 什么是社会化网络营销

社会化网络营销(SNS 营销)是利用社会化网络进行营销信息传递和交互的一种网络营销方法,其核心是通过人的信息资源及社会关系网络资源的扩展,实现信息分享和传播。SNS 营销实际上是一种网络口碑营销与传统信息发布方式相结合的综合网络营销模式,只是其主体不再局限于企业营销人员,从公司总裁到普通员工以及所有的社会关系节点都可能是 SNS 营销的一部分。

目前在全球范围内应用最多的、最有代表性的社会化网络站点如 Facebook、Twitter、新浪微博、微信等,其共同特点是:用户可以通过 SNS 平台实现与其他用户之间的沟通和信息分享,实现网络社交功能,同时还可以在不同的平台之间实现部分信息的分享与传播。

社会化网络与传统的在线沟通方式如即时信息聊天(IM)不同的是,SNS 具有开放和信息传播能力快速放大的特点,您所发布的信息不仅可以同时让您的所有好友(即您的社会网络关系圈)了解,还可以通过好友向他的社会关系网络传播信息,从而实现在更大范围内传播。

4.4.1.2 社会化网络营销与传统网络营销的比较

具体到社会化网络的网络营销应用方面,根据网络营销信息传递的一般原理,我们可以通过对信息源、信息传播渠道、用户接收方式以及信息传播的主要屏障等方面的比较来发现社会化网络营销的特点,如表4-2所示。

表4-2 SNS营销与传统网络营销的比较

类别	信息源创建方式	信息传播渠道及传播特点	用户接收行为方式及特征	信息传播的主要屏障
传统网络营销(以搜索引擎营销为例)	基于企业网站或者第三方平台的信息发布	多渠道传播,以外部网络传播渠道为主;互联网工具是传播主体	用户与信息源之间交互,用户之间无信息交互	孤立的信息源:信息孤岛
社会化网络营销(以微博营销为例)	基于SNS平台的信息发布	SNS平台内部用户间信息传播为主;用户是信息传播主体	用户是信息的发布者,同时也是信息接收者和传播者	孤立的用户关系:行为孤岛

通过上述比较可以看出,与传统网络营销方法相比,社会化网络营销的网络营销信息特点主要表现在下列几个方面(见图4-7)。

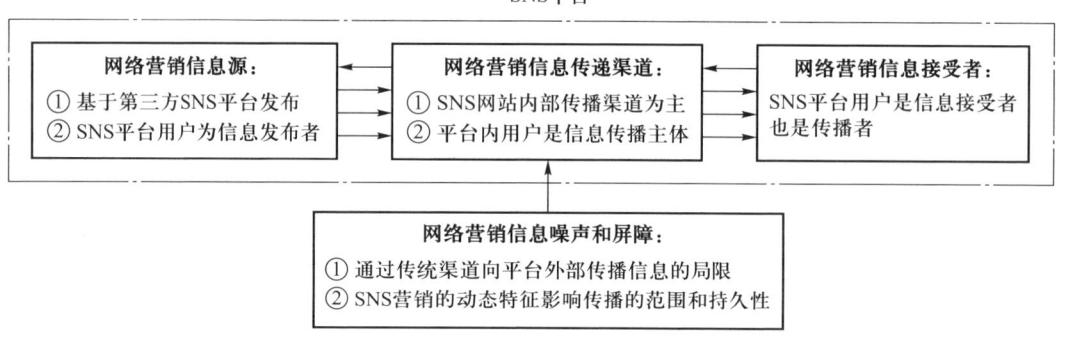

图4-7 SNS网络营销信息传播特点示意图

(1)社会化网络营销信息传播通常基于影响力较大的第三方SNS平台,在同一平台上实现信息源的发布及传播;

(2)SNS平台既是信息源发布媒体,也是信息传播渠道,SNS网站信息传播以站内渠道为主,外部信息传播渠道可能受一定的制约;

(3)人作为SNS信息传播的主体,无须依赖其他传统的互联网工具即可实现完整的信息发布及传递;

(4)SNS信息系统中,"行为孤岛"是信息传递屏障的主要因素,在社会关系网络中节点链接最多、链接强度最高的用户具有最强的信息传播能力;

(5)社会化网络营销信息是一种"临时非正式动态信息传播",信息传播的范围和持久性取决于SNS网络中共同关注该话题的用户,且具有动态特征。

综上所述,社会化网络营销与传统网络营销的显著差异在于,传统网络营销是以互联网工具为核心的信息传递与交互,社会化网络营销是以人为核心的信息传递与交互。两者的根本目的及基本原则是一致的,都是通过互联网向用户传递有价值的信息和服务,差别主要体现在基本策略和操作方式方面。

传统网络营销的基本策略是通过有效提升企业信息网络可见度获得潜在用户关注及转化(即网络可见度思维模式),主要内容包括网络营销信息源构建、信息传递渠道运营及推广、网站运营效果分析等,这些工作目前仍是网络营销的重要内容,但随着社会化网络的深入应用,网络可见度已经不再是网络营销的全部内容,对企业网络营销的贡献度受到较大的制约。

社会化网络营销的基本策略是以构建社交关系网络资源为基础建立网络可信度,通过社交网络平台发布信息,并通过社交关系的分享转发等方式实现信息传递。

社会化网络营销与传统网络营销实际上并不是替代关系,两者相互支持相互补充,共同发挥互联网工具资源及社交关系资源的网络营销价值。

4.4.1.3 社会化网络营销的一般方法及基本流程

社会化网络营销与搜索引擎营销模式不同,不过在操作思路上也有类似之处,即既可以采取自主运营自主推广的方式(类似于搜索引擎营销中的 SEO),也可以通过在 SNS 平台投放付费广告的方式进行推广(类似于搜索引擎广告)。当然两者也可以同时进行。这里仅介绍用户自行开展的社会化营销活动。为描述简单,以下所说的社会化网络营销不包括社会化媒体广告的内容。

与基于第三方平台开展网络营销的方法类似(如内容平台自媒体),社会化网络营销的基本流程也可分为三个部分:平台选择及账户设置、内容及互动、效果分析与管理,其中每个部分包括若干项任务或流程。

1. SNS 平台选择:开展 SNS 营销的基础条件

一般来说,只有在选定的 SNS 平台(包括手机 APP)上注册为用户才有资格使用平台的各种服务,如关注好友及获得好友的关注、发布信息、回复他人发布的信息等。所以,利用 SNS 平台开展网络营销的前提是选择目标用户参与的 SNS 平台注册账户,获得平台使用资格,并熟悉 SNS 平台的基本功能和规则。例如在 Facebook、Twitter、新浪微博、微信公众平台等网站注册自己的账号,并且设置合适的用户名称及展示方式等基本信息,如企业品牌标示等,有利于获得其他用户的关注和信任。

2. 建立关系网络:个人节点融入社会关系网络

SNS 营销是基于社会关系网络的营销,每一个用户是网络中的一个节点,都和"我"有直接或者间接的联系,"我"的每一条信息都是通过这些关系传播的,每个用户都是一个信息传播渠道。因此,当拥有自己的 SNS 平台账户之后,接下来就是建立个人的社会关系网络,并将个人节点融入社会关系网络,以个人为中心,形成一个关系网络。这里所说的"个人节点"并不仅仅局限于个人用户,也包括以企业或机构名称注册的用户,在社会网络关系中无论是企业还是个人,都表现为一个"关系节点"。

建立社会关系网络的途径有很多,例如,可以通过平台提供的好友查找或邀请等功能,关注自己希望关注的好友及有影响力的媒体或者个人,同时也获得已在平台上的好友关注,当然也可以把自己的用户信息以其他各种联系方式告知你所熟悉的人,如传统的网站、即时信息工具、电子邮件等。这些人将是自己的关系网络中的核心成员,也就是具有强相关关系。相应地,还有通过其他关系建立起来的相互关系,可能是弱关系,也可能是临时关系,例如通过朋友的关系联系起来的关系、通过某个共同话题建立起来的关系等。弱关系和临时关系的总数可能远远大于强关系的数量,是用户关系资源的重要组成部分。

强关系、弱关系和临时关系这三种社交关系组成了个人社交资源网络,如图4-8所示。

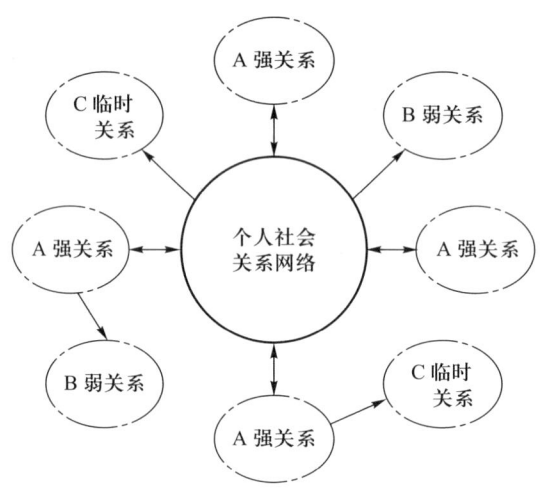

图4-8　个人社会关系网络中心示意图

对于该示意图的说明:在描述社会网络关系的方法中,社会网络分析法的研究已经比较系统和完善,有很多专业的术语和分析方法,这里仅为直观表达社会关系网络中的各种成分,不属于专业的社会网络分析,因而并未采用有关的规范分析方法。

3. 营销资源积累:持续积累用户资源

积累用户资源是建立社会网络关系的组成部分,之所以单独作为社会化网络营销的一项工作,是基于用户资源对SNS营销的重要意义。持续积累用户资源是社会化营销的长期工作(正如微信公众号运营的用户资源积累一样),用户资源的数量和传播能力也是社会化网络营销的评价指标之一。

如图4-8所示,在用户资源的三种关系类型中,强关系属于重要的少数,互相交往密切,具有信任感,通常可以通过直接联系等方式建立;而弱关系和临时关系则属于SNS运营过程中逐渐建立起来的关系,有些是通过强关系的引导建立的,有些是通过有效运营SNS内容或活动获得用户的关注而建立起来的。获得尽可能多的弱关系和临时关系是扩大关系网络资源的重要任务,这一任务往往也决定了如何制定有效的内容及互动策略。

4. 内容与营销:SNS营销的内容策略及实施

社会化网络营销通常也具有内容营销的一般特点,因而可以参照已经成熟的内容营销的一般规律。社会网络关系的建立和维护需要以不断更新信息为基础,只有内容获得用户的欢迎,才能留住用户并不断获得新的用户,在这方面与企业网站运营以及博客营销是类似的。归根结底,社会化网络营销也将遵循网络营销的一般原理——利用SNS平台向用户传递有价值的信息。于是，社会化网络营销的内容策略就显得十分重要。

在社会化网络营销模式下，内容仍然为"王"，只不过内容的表现形式及传播方式与传统网络营销有显著差异。SNS 的内容通常不再是一个个经过编辑发布的网页的形式，也不再依赖个人计算机才能浏览，而是适用于多种终端的多种形式的信息，同时，好的内容还需要有影响力的人来传播（而不是被动等待用户来搜索信息）。

从内容策略角度来看，与企业网站内容运营相比，SNS 营销不是更简单了，而是要求更高了。企业网站的内容通常时效性不是很高，而且对每天/每周的信息更新数量通常也不会有过多的要求，因此网络营销人员可以从容不迫地制作网站内容，并在合适的时间发布即可。在 SNS 平台上，获得用户长期关注的基本要求之一是成为活跃用户，要不断提供对用户有价值的信息，这当然不是简单的事情，因此需要制定系统的 SNS 内容策略，在实施过程中结合当前的热点问题以及用户的反馈信息不断调整和优化内容。

5. SNS 账户运营：信息发布与传播

与网站运营一样，社会化网络也需要有明确的运营计划和目标，其中信息发布与传播是 SNS 运营的基础工作（与企业网站内容维护及网站推广是同样的道理）。在 SNS 内容策略的指导下，将各种设计好的内容按照一定的时间进行发布及有效传播，是 SNS 营销的常规工作内容。从其他用户角度来看，他所看到的只是你的信息内容及传播的力度，如有多少人参与转播、多少人参与评论、多少人收藏等外在的表现，至于你的内容策略是如何制定的、内容素材源自何处以及创作的过程，用户也只能通过你发布的信息本身来体会。

在企业网站运营活动中，新的内容发布之后，除了对一些专题活动会进行大力推广之外，对于一般的网页内容，由于针对每个网页主动向用户推荐的渠道较少，因此通常就是被动地等待用户来访问。在社会化网络营销活动中，仅仅完成信息发布是远远不够的，还需要借助于各种社会网络关系通过多种互动传播推广才能扩大信息传播的范围。也就是说，SNS 营销是运营出来的，而不是被动等待的结果。同时，信息发布的时间和方式对信息传播的效果也有显著的影响，因此还需要对平台内用户的浏览习惯、参与偏好等进行系统的研究。

6. 效果分析与管理：SNS 营销效果评价

效果分析及管理是每个网络营销分支领域都要开展的工作，除了总体评价方法之外，各个领域还有相应的评价指标，如搜索引擎广告的点击率、微信公众号文章的转发率、网站的 IP 及 PV 数量等。相对于比较成熟的网络营销领域，SNS 营销的效果评估更为复杂一些，因此现阶段对 SNS 营销效果的评价往往比较表面化，通常以用户以及信息被关注的程度的量化数据作为主要指标。例如信息被阅读数量、新增粉丝数量、用户转发的次数、某项活动的参与人数等。

尽管社会化网络营销与传统网络营销方法在运营方式方面有明显的差别，但在某些方面仍然有相通之处，传统网络营销中的一些经典思想和方法仍有借鉴和遵循的价值，如用户价值原则、病毒性营销思想等。

4.4.2 应用：微博推广的常见方式

微博是信息发布与传递一体化的社会化网络平台，包含了从信息源发布、信息传播及推广、用户交互等整个信息传递流程,因此微博内容运营作为信息源策略的范畴,而微博内容推广又可以被归入网络推广策略的工作。

在第3章"企业微博内容运营策略"相关内容中,分析了微博传播的八种常见模式(见3.5.3),为开展微博营销、实现微博推广提供了思路和方向。接下来,从实施网络营销渠道策略的角度分析微博推广的常见方式。

企业微博内容策略开始实施之后,并不一定立刻获得很多用户的关注,一般来说还需要开展企业微博的推广活动。与企业网站推广类似,可以通过电子邮件、QQ、名片、印刷品、产品外包装等方式,把企业微博网址及二维码告诉更多的用户,同时也可以邀请更多用户加入微博阵营,让大家通过微博实现更好的沟通。但是,仅仅做这些工作往往是不够的,还需要通过"最微博"的方式放大微博信息的传播效应,也就是通过微博用户关系网络的多层次传播快速实现信息在更大范围的传播。

在第3章介绍的"微博内容传播的八种常见模式"中,"微博转发传播"出现在多种微博营销模式之中,微博转发对微博营销的重要性可见一斑。微博转发,既是基于微博社交关系的直接网络推广,也是社交关系资源合作推广的方式之一。事实上,获得尽可能多的转发,正是微博推广的主要工作内容。

实现微博转发推广的八种常见方式包括:内容驱动转发、好友友情转发、互换资源转发、关联账号转发、大号代理转发、利益驱动转发、互助联盟转发、微公益转发。

1. 内容驱动转发:粉丝自愿转发

微博营销是内容营销的形式之一,利用高质量的内容吸引粉丝自愿转发是微博运营效果的体现,粉丝转发体现了微博内容受欢迎的程度,说明微博运营卓有成效。内容运营是微博运营的重要工作之一,选择适合粉丝转发的内容,如热点、心灵共鸣、实用知识、有益于朋友的话题等,获得粉丝的关注和认同感,再以适当的方式鼓励转发,于是形成良性循环发展。不过,作为产品或服务类信息,如果没有精心的策划,要获得粉丝的自愿转发,还是有一定难度的,需要更好的创意,将"广告即内容"的营销思想落实到每条微博信息中。

2. 好友友情转发:社交人品价值

微博好友及忠诚的支持者是社交网络中的强关系,通常也是微博转发的核心力量。从一定程度上可以说,微博转发与否体现了你的社交人品。因此,维护社交网络强关系是需要特别重视的工作。网络社交与现实社交本质是一样的,用心关注、平等沟通、礼尚往来等社交礼仪对促进友情转发是必不可少的。不要总是到需要转发微博的时候才想起你的朋友。

3. 互换资源转发:粉丝资源合作

每个微博运营者都希望自己的微博内容获得他人的转发,在这种共同愿望下,相关内容的微博博主之间开展资源合作便具备了一定的基础,正如网站站长之间通过网站友情链接实现合作推广一样,可以通过沟通交流,与合适的微博博主开展合作,相互转发微博,发挥各自粉丝资源的营销价值,实现相互推广的目的。

4. 关联账号转发:求人不如求己

在前述企业微博账号共同体传播模式中提到过,企业各相关账号之间的相互关联,互为推广,要充分利用企业的微博社交关系资源。关联微博转发在某些方面效果更佳显著,如企业新产品发布、危机公关等。利用企业自己运营的微博账号体系,对重要的微博进行集中转发,几乎是每个企业都在运用的基本方式。关联微博转发在运营思路上和电商平台网店的"刷单"或"刷好评"类似,虽然不能完全反映用户的真实心声,但对于扩大网络可见度,的确是有一定效果的。

5. 大号代理转发:投放自媒体广告

大号转发微博是效果明显的推广方式之一,主要是基于大号众多的粉丝资源及个人品牌价值,尤其是产品推荐类微博,其他用户转发未必引起关注,但选择微博大号帮助转发可能会有较好的效果。事实上转发微博也是很多明星及公众人物"自媒体广告"常见的粉丝资源变现方式。如果没有微博大号朋友或对等的资源可以互换,通常是要为大号转发付费的,但这种自媒体广告往往没有统一的收费标准,也很难有专业的效果跟踪评价方式,因而可能要承担一定的风险。

6. 利益驱动转发:微博有奖活动

有奖转发通常会得到较多的响应,尤其是微博大V或者知名企业发起的活动,参与转发的人数众多。通过微博官方应用中的微博活动可实现有奖转发的整个流程及活动数据统计分析。当社会关系网络资源不足,或希望借助于微博平台的推动在更大范围内传播,设计对用户有吸引力的有奖转发活动,也不失为有效的方法。不过,这是典型的利益驱动型的微博转发活动,与网络可信度没有直接的关系。如果你拥有较多的粉丝,通常都不好意思为了抽奖而转发这样的微博活动。

7. 互助联盟转发:微博互推工具

一些账户因社交资源不足或其他方面的不足难以获得粉丝转发或合作转发时,可以考虑利用第三方微博互推工具实现转发。在微博应用广场有很多可以互粉及互相转发的应用工具,例如微博互推联盟就是其中的一个应用。微博互推联盟为普通用户提供了互粉、互相转发微博等服务,互推工具还可以监控不诚信的行为,保护多方合作者的权益。这种互推基于积分来实现,即你求他人转发要支付积分,而帮他人转发可以获得积分。互粉或互推的用户之间属于以利益为基础的临时社会关系。不过这种临时社会关系缺乏相关性及信任基础,在互助推广方面难免有一定的盲目性。

8. 微公益转发:微博转发捐助

通过公益转发获得用户关注,提升企业品牌形象,也是常见的微博转发形式之一。微公益转发捐助产品是一款主要针对企业用户需求的公益营销产品,通过公益活动和微博的传播有力地曝光企业正能量,实时进行营销效果分析,通过专属的公益页面和真实的爱心粉丝,将传播做到最大化。

以上八种微博转发推广方式,实际上可以归为四类网络推广资源:基于微博平台资源的推广(内容驱动转发、关联账号转发)、基于社交关系资源的推广(好友友情转发)、资源合作推广(互换资源转发、互助联盟转发)、付费推广(大号代理转发、利益驱动转发、微公益转发)。这与网络营销信息传递渠道策略的总体设计原则是类似的,网络推广不外乎这四类网络推广资源。

需要说明的是,无论实施哪种微博转发方式,都应当考虑到粉丝接受的程度,坚持信息适量原则,不要为过度追求微博转发而失去粉丝的信任。

另外,最重要的一点是,不要忘记实现微博营销的基础:成为微博活跃用户!微博是一项长期的持续活动,要获得尽可能多的用户的关注,自己首先成为活跃用户是唯一的选择。活跃用户不仅要经常发布有价值的信息,还要不断地关注其他活跃用户的信息、评论、回复、转发相关信息,经常参与或者发起微博上的相关活动等。

4.4.3 网络社群营销:概念与方法

如果说以微博为代表的社会化网络服务突出的仍然是社交关系网络中的用户(节点),那么基于社交关系网络形成的用户圈子则进一步弱化了个人的连接能力,而更加突出了一种群体特征,这种网络圈子,也就是网络社群。

网络社群,是指因某种关系而连接在一个圈子的互联网用户,如同一话题的参与者、同一用户(如明星)的共同关注者(粉丝)、同一旅游目的地的旅行者、同一本书的读者、同一个小区的居民、同一个学校的校友等。网络社群通常依托于某一社交关系网络平台,如建立在微博平台上的微博好友圈、QQ 用户建立的 QQ 聊天群、基于微信平台的微信聊天群及微信朋友圈等。可见,网络社群是以 SNS 平台为基础,实现平台功能的扩展,用户之间从一对一或一对多的信息传递方式,发展为多对多的信息传递。

以网络社群为信息发布、传递与交互的营销模式,也就是网络社群营销。网络社群营销是在网络社区营销及社会化媒体营销的基础上发展起来的用户连接及交流更为紧密的网络营销方式。这也就意味着,网络社群营销具有社会化网络营销的一般属性,同时又具有自身的特点。网络社群营销可以认为是社会化网络营销的一个分支领域。

4.4.3.1 网络社群营销的特点

与网络社群相关的一个概念是虚拟社区(或者叫网络社区)。在早期 PC 互联网时代,通常用虚拟社区来描述互联网用户之间的信息交流场所,如网络聊天室、BBS/论坛、留言板等。2000 年之前上网的用户对网易社区、新浪论坛等应该都不陌生,这些早期的网络社区满足了用户之间交流的需求。虚拟社区一词在 Howard Rheingold 于 1993 年出版的《虚拟社区》一书中被介绍,这可能是最早对互联网人际关系的研究。

网络社群的概念则是由于 WEB2.0 的发展尤其是社交网络的应用才逐步流行起来的。从 SNS 发展的时间上推测,网络社群的概念大约出现在 2006 年前后,社群经济、分享经济等概念也是在同样的背景下逐渐被认识的,可见社群是以社交为基础。根据网络营销的一般规律,有什么样的工具和平台,就会出现相应的网络营销方法,因此本书倾向于社群营销概念与社群的兴起出现于同一时代。2010 年《社群新经济时代》一书首次系统介绍了社群经济理论,但并非首次解释社群营销的概念。

由此可见,网络社群与网络社区之间既有一定的联系也有明显的区别。网络社群与网络社区之间的共同性在于,都是以交流沟通为出发点,但社群成员之间的连接及交流更紧密,可信度更高,更重视社群成员的参与感与归属感。实名制(或经过社交平台认证)成为用户展示个人信息的常见方式。网络社区的用户关联则较为松散,用户之间通常仅知道"网名",而并不公开真实的身份和联系信息,因而通常具有虚拟的性质。早期网络营销被称为"虚拟营销",也与这些因素有一定的关系。

但是社群与社区有时也难以明确区分,有些网络服务很难明确归为社区还是社群,如贴吧、网络百科、博客等。如果从英文名称来看,社群与社区都是 Community,表明社群与社区的同源性,实际上很难严格区分两者的差异。因此,本书的观点是,理解社区与社群的差异,更多的可从应用方面去考虑。

从网络营销的角度来看网络社区营销与网络社群营销的区别如下:

(1) 网络社区营销属于传统的基于互联网工具的网络营销方法,是对网络工具营销价值的合理挖掘及利用。也就是说,网络社区营销的核心是工具,通常是先有工具后有营销,通过工具实现营销信息的发布与传递。网络社区营销的方式,主要通过发广告、软文等方式进行,营销方式简单直接,不容易被用户接受,还可能受到社区管理的约束。

(2) 网络社群营销是在网络社会关系的基础上,将人和人连接起来,通过交流和分享等方式获得信任,通过人的关系网络传播营销信息并实现后续行为。网络社群营销的核心是人及连接,属于先有人后有营销的方式。网络社群营销的方式,主要通过连接、沟通等方式实现用户价值,营销方式人性化,不仅受用户欢迎,还可能成为继续传播者。

当然网络社群营销也离不开网络工具(通常是社交平台),但仅仅依赖工具本身,没有社会关系网络节点的连接和参与,社群网络营销是无法实现的。网络社群营销以社交平台为依托,构建了社会化网络关系的互动和信任,在此基础上实现价值传递。因此可以说,网络社群营销是最具活力的社会化网络营销形式。社群营销与社区营销的主要特点见表4-3。

表4-3 网络社群与网络社区营销特点比较

类别	出现时间	产生背景	核心思想	营销模式	典型代表
网络社区营销	1993年	网络交流	工具导向	广告、软文	论坛
网络社群营销	2006年前后	社交网络	关系网络	连接、沟通	微信群

4.4.3.2 网络社群营销的基本原理与功能

网络社群营销的目的,是通过用户连接与沟通获得用户的信任,与用户建立和维持长期的价值关系。本书作者认为,网络社群营销的本质是:基于社群成员期望及需求的未来营销方式。

社群营销不是立竿见影的网络推广手段,而是经过长期的资源积累逐渐形成的网络推广资源,网络社群营销的价值具有长期性和持续性。

那么,网络社群营销系统是如何构成的呢?根据社会化网络营销的一般原理,网络社群营销的基础是在社交网络平台上根据某种相关因素(如兴趣、行业、地点等)建立用户圈子、获得用户的参与、通过交流沟通获得群参与者的信任,在这种信任的前提下获得参与者"许可"发布具有营销性的信息,参与者通过营销信息成为最终的购买者或信息的传播者。从信息发布者的角度来看,便实现了网络营销信息传递的整个流程。

可见,网络社群营销的基本要素包括:网络社群技术支持平台(通常为社交网络平台或应用)、社群发起者(简称群主,是该群的管理者)、社群参与者(或称为群会员、群用户等)。一个社群的参与人数通常从几十人到几百人,多者可达到 2 000 人甚至更多,其中有些属于群内的活跃用户(经常分享各种信息,甚至被称为"话痨"),有些可能只是"潜水员"(只浏览信息但很少发布信息)。

不仅社群所侧重的方向不同,而且群成员的成分及活跃度也有较大差异。一般来说,一个有生命力的网络社群有类似的特点,比如:群主具有较强的影响力(通常是某一方面的意见领袖)、群内有一批乐于分享的核心成员、更多的是习惯于聆听大家声音的忠实听众。这样的社群不仅活跃度和稳定度较高,而且往往可以为参与者带来丰富的有价值的信息,更容易获得用户的认同感和归属感,从而为"未来营销"打下基础。当需要社群营销资源时,营销什么及如何营销也就是一种很自然的表现。

根据社会化网络营销的一般流程和方法,网络社群营销也有六项基本内容:

(1) 选择 SNS 平台建立用户社群。不同平台对社群可能有不同的名称和表现形式。

(2) 建立社群关系网络。将有兴趣的个人用户吸引到同一个群里,形成一个相对封闭的小圈子。

(3) 社群关系资源积累。持续积累用户资源,获得尽可能多的参与者。

(4) 社群内容运营与营销准备。一个有吸引力的社群,内容话题同样需要群主的精心策划和引导。

(5) 社群运营维护。与内容运营、信息传递渠道运营一样,社群运营也是一项长期的工作,包括内容准备、信息发布及用户交流、信息管理、用户管理等一系列工作都是必不可少的。

(6) 社群营销效果分析。尽管社群营销效果没有统一的评价指标,但是也并不是盲目的群友聊天,了解社群的网络营销资源价值及营销活动的一般效果还是必须的。

总之,网络社群具有网络营销信息发布、传递及用户交互的基本功能,表明其作为一个相对完整的网络营销系统是具有技术和理论支持的。例如:通过网络社群可以实现一对多或一对一的信息发布与传递、用户沟通、交易咨询、顾客服务、运营管理等功能,从而实现网络社群的网络营销价值。

4.4.3.3 网络社群营销的基本方法

开展网络社群营销的一般思路是:一方面尽可能构建及运营以本企业为核心的社群,另一方面可以参与尽可能多的相关社群,或者与资源互补的相关社群进行资源合作,合理利用第三方的社群资源在一定范围内实现社群营销的目的。

也就是说,网络社群营销包括两个部分:社群内部资源营销、社群外部资源合作营销。

1. 网络社群内部资源营销的基本方法

网络社群营销的六项基本内容是社群营销的基础工作,是社群内部资源营销必不可少的,也只有在这个基础之上,积累了一定的网络社群资源,才有可能开展社群外部资源合作营销。所以网络社群营销从社群构建及运营开始。

构建网络社群的基本问题包括：在哪里建群，建什么样的群，以及建多少个群等。建群的目的是为了运营，如果没有运营能力，盲目建群是没有意义的，正如内容运营一样，如果没有内容资源，即使建再多的网站、开设再多的微信公众号，也是没有实际意义的。

至于在哪里建群，主要取决于企业的用户群体，如果必要，可以在各主要社交平台建群，根据运营资源状况，可以建尽可能多的群。每个社群的运营者都希望建立多个用户数量大、活跃程度高、归属感强的社群集合，但实际上受到各种因素的制约，很难做到理想状态，因此就需要在各种类型的群形态中选择及尝试适合自己的社群形式及规模。

下面仅简要探讨一下建群的基本思路，即建什么样的社群，也就是对网络社群的类型做初步的分析，根据企业或个人的业务领域和营销目标选择适合的群类别。

一般来说，网络社群常见的有四种分类方法。

(1) 狭义的社群成员关系分类：在狭义的社群中（如微信群），根据群主与群成员之间的关系，可将社群分为交流型社群、通知型社群、不确定型社群。其中，交流型社群以群成员的交流互动为主，通常适用于有共同话题且有一定比例的活跃用户群体；通知型则主要由群主（发起人或运营人）向群成员发布消息，成员之间较少沟通，通常为群主权威性较高，成员以聆听为主；不确定型则兼具前两者的情况，没有明显的特点。

(2) 社群业务性质分类：根据社群的业务性质，可将网络社群分为服务型社群与订阅型社群，这也是借鉴了微信公众号的分类方式。服务型社群以用户服务为核心，注重互动咨询，增强用户的参与感。订阅型社群则偏重向用户传递有价值的信息，企业（社群运营者）是订阅型社群的核心，决定着信息传递的内容、频度及营销目标，属于粉丝思维的运营方式，是社群营销的基础。

(3) 社交关系强度分类：根据社群成员在社会关系网络中的连接强度，可将社群分为紧密型、松散型、无关联型三种类型。紧密型是社会关系网络中的强关系，松散型则是临时关系或弱关系。无关联型社群虽无直接沟通，但拥有共同的话题，可以发展成为松散型甚至紧密型，属于可发展的社群成员。例如网络百科同一词条或同类词条的编辑者，虽无直接关联（无相互关注及交流），但拥有共同的话题和行为，在一定的条件下可以发展转化。

(4) 社群资源的形式分类：根据社群建立的方式，可将社群分为社交平台内社群、跨社交平台社群、企业社群、个人社群等类型。一个企业的社群资源可能是单一形式，也可能是多种形式的组合，在这些社群方式中，社交平台内部社群是基础，包括微博营销、微信营销、Facebook营销等，是所有社群营销必不可少的社交资源。这再次表明，社会化营销是社群营销的基础，社群营销不可能脱离社会化营销独立存在。

选择哪种类型的社群，在运营维护时有各自的特点，这是在社群构建时就应明确的，正如信息源的发布及类型与信息传递方式密切相关一样，网络社群营销也需要建立在系统策划的基础上。

2. 网络社群外部资源合作营销方法

社交网络资源合作推广与网站链接推广一样具有普适性，即利用现有社交关系资源的连接关系，通过社会关系传播，获得更多的社交资源。同时，由于社交网络有一定的私密性，在某些方面与网站交换链接的思路也有一定的相似之处。在社交网络资源合作中，社群资源合作是常见的资源合作方式之一。

常见的网络社群通常由创建者、支持者和跟随者所组成,这些关系组成了一个具有可信度的微社区。网络社群需要持续的运营维护才能不断发展和扩大。社群的维护与网站运营维护又有一定的类似之处。例如,两者都需要不断为用户/会员提供新的内容,都需要一定的推广才能获得更多的用户(这里的"用户"也包含社群的成员),都需要建立必要的运营管理规范等。

经过多年的实践和总结,网站推广的方法已经比较丰富且具备可遵循的一般规律,而社群推广方法则比较分散,不同"社群主"可利用的资源及方法差异较大,因此社群资源合作也尚未成为成熟的社会化营销方法,通常需要社群主之间通过沟通才能达成最终的合作。

以下是网络社群资源合作营销的一些基本问题,可供实施社交资源合作营销时参考。

(1) 评估社群资源合作的基础。体现网络社群资源价值的基本形态主要体现在:社群的类型、社群成员数量及活跃度、保持群成员认同感和参与感的独特方法等。社群合作通常需要在相关或互补的其他社群之间进行,如同网站链接的"门当户对"一样,在自身社群资源欠缺的情况下是很难找到合作伙伴的。所以,创建和运营一定规模的社群是合作推广的基础,合作是在运营中进行的,是运营工作的组成部分。

(2) 明确社群资源合作的目的。与网站交换链接多方面的网络营销价值相比,社群资源交换的目的相对比较简单,主要包括:拓展社群成员来源渠道,扩大社群成员数量;利用合作伙伴社群资源直接推广产品或服务;通过合作伙伴社群网络建立企业/个人可信度等。

简单来说,可以从合作伙伴社群资源中获得潜在用户,或者直接推广产品和服务,但有必要明确的是,社群合作是利用合作伙伴的社群成员资源,如果有明显的"挖墙脚"或广告嫌疑,通常是不受欢迎的,这种合作也难以长期维持下去。

(3) 确认社群资源合作的方式

当拥有了社群资源并且明确了合作的目的之后,要确认到底开展哪些方式的社群资源合作。其实社群资源合作与网站交换链接一样,并没有多少技术含量,重要的是联系和沟通,只是相对于网站链接,社群合作并不具有规范性,沟通工作会更复杂一些。下面是一些具有可操作性的社群资源合作方式。

① 社交网络互相推荐:根据约定的内容和方式,在 A 的社群中推荐 B 的信息,同样,在 B 的社群内推荐 A 的信息,实现互相推广的目的。

② 聊天群成员互换:A 创建的聊天群邀请 B 加入,于是 B 便拥有了与 A 的群成员交流的机会,可以用适当的方式推介产品或建立个人可信度。

③ 内容资源互换:如同微博互相转发那样,在 A 的社群内发布 B 的内容,在 B 的社群内发布 A 的内容,有兴趣的成员可以关注相应的内容。

④ 内容授权输出:内容资源丰富但社群成员数量有限的企业或机构,可以将深度内容授权其他网络社群转发,约定保留版权人的重要信息,通过内容传播扩大可见度并获得更多的潜在用户。

社群资源如同网站一样,需要长期的运营和积累,因此社群资源合作也是一个动态管理过程,当合作伙伴的社群资源已不具备合作的基础,就需要适时调整合作对象及合作方式。如同网站交换链接一样,有时会因为合作网站改版、关闭等原因而不再具备合作条件,需要不定期回访以确认链接的正确性及相关性。

4.4.3.4 关于网络社群营销适用性的讨论

实践经验表明,成功的社群营销不是随便可以复制的,构建和运营一个好的社群绝不是简单的事情,即使掌握了所有的方法,也未必能实现预期的目标,更不要说通过社群获得理想的营销效果了。

建立和运营网络社群的条件包括:人力和资金、内容和服务、时间和耐心、产品及营销模式等。其运营模式和流程,与一般的SNS营销并无原则性差别,但对沟通和服务方面有更高的要求,而不是简单的通过社交网络实现"内容营销"。

也就是说,社群营销比内容营销和一般的SNS营销难度更高,需要更多的资源投入及用户资源积累,社群营销并不是立竿见影的营销方式,在短期内难以获得显著的投资收益。如果某些环节对用户没有产生价值或吸引力,即使经过较长时间可能也无法积累足够多的社群成员,这就意味着社群营销的失败。

可见,并非每个企业都有能力创建和运营自己的网络社群,也就意味着网络社群营销并非普遍适用的网络营销方法。不过,这并不是说,不具备条件的企业就无法利用社群营销,因为基于网络社群中的连接关系,每个节点都具备分享和沟通的机会,可以充分利用所参与的社群,以适当的方式传递企业的信息。当然不是简单的在社群内发布广告,而是通过积极参与社群活动、分享及互动,逐步获得群成员的信任和重视——建立企业的网络可信度,在此基础上利用社群资源实现营销的目的。

另外,网络社群营销在实际操作中也可能存在一些问题,由于群内用户之间通常以临时的交流沟通为主,虽然可实现信息发布和传递,但社群运营人员对用户数据掌控能力较弱,群成员之间通常以虚拟的昵称交流,用户真实的个人信息只有平台才能了解和利用。社群营销的长期价值具有不确定性。但无论如何,网络社群营销的价值已经得到显现,网络社群营销的运营模式和管理能力还有待进一步发展。

4.4.4 基于个人社交网络资源的社会化营销

前面介绍过,网络社群离不开群主,在这个相对封闭的圈子中,群主通常是一个社群的信息引导者,或称为意见领袖,不过在社群之外,群主通常并不一定是最有影响力的意见领袖。在微博等社交网络中,一些热点人物(也称网络大V)的粉丝数量往往多达几百万甚至几千万,其个人影响力可能超越很多传统媒体,这些网络大V,用专业的术语也就是"关键意见领袖"(Key Opinion Leader,KOL)。一个有影响力的KOL及其社交关系,实际上也形成了一个网络社群,不过相对于狭义的社群来说,KOL网络社群具有一定的开放性,而且群成员数量要远远大于封闭型网络社群,其核心价值在于KOL的个人社交资源,而其他成员之间的社交关系并不如网络社群那样直接。

除了KOL之外,基于个人社交网络资源的网络营销也包括近年来流行的网红营销等形式。从表现形式来看,网络红人(网红)也具有KOL的基本特点,网红营销与KOL营销也就同源同宗,并无本质的差异。

如果一个企业拥有一些个人社交网络账号粉丝众多的"关键意见领袖"或"网红",相当于拥有了非常重要的网络营销资源,可以为企业网络营销发挥积极的作用。不过,并不是每个员工都可以成为 KOL 或网红,但基于企业员工个人社交关系资源的网络营销仍然在社会化网络营销中发挥着积极的作用。社会化网络营销的特点是:每个用户都可以参与其中,实现真正意义上的全员网络营销。

作为企业的一员,即使没有成为 KOL,基于个人社交资源的网络营销价值仍然不可忽视。每个人都有一定的社交关系资源如微博粉丝、微信朋友圈好友等,再小的个体也是社交网络中的一个节点,也就意味着具有社会化网络营销的基本要素,可以实现在一定范围内的信息发布与传递。基于个人社交关系资源的营销,是网络营销社会化、普及化应用的表现,已成为社会化网络营销中不可忽视的资源。例如,微博转发、微信朋友圈转发、QQ 空间信息发布、微视频分享、网络直播等,都是个人社交资源营销的常见形式。

如果说网络社群营销是团体的力量、KOL 影响力营销是领袖的力量,那么基于每个用户个人社交资源的营销,则体现了群众的力量。

1. 个人社交网络资源有哪些

可以说,个人可以参与的所有社会化网络活动,在一定程度上都具有网络营销资源的价值。无论是初级的社会化网络应用如个人博客、参与 ASK 社区互动、编写 WIKI 词条等,还是目前主流的社会化网络应用,如微博转发、微信朋友圈转发、QQ 空间信息发布、微视频分享、网络直播等,都是个人社交资源营销的常见形式。

2. 如何将个人社交资源与企业网络营销相结合

作为知名企业高级管理人员具有较高的知名度,基于工作形成的社交资源已具有较高的网络营销价值(如微博大 V),将个人资源应用于企业网络营销也就理所当然了。不过对大多数企业,尤其是非知名企业来说,如果不是老板兼员工,似乎很少有员工愿意将个人社交资源用于企业网络营销,甚至不希望将自己工作的信息曝光于社交圈内。

其实,个人社交和工作的关系并不都是对立的,如果处理得当,是可以相互促进的。如果作为互联网相关工作岗位人员,尤其是社会化网络营销岗位的工作人员,就更有必要将工作社交与个人社交融为一体,这样在为企业社会化营销做出贡献的同时,通过与更多业内人士尤其是有影响力的人士互动互粉,也进一步增加了个人在行业内的人脉资源,扩大个人影响力。个人社交资源,除了原生亲戚关系和同学关系之外,更多的还是来源于工作形成的关系,在工作中扩展个人关系资源,将个人资源用于工作,形成一种良性的循环。

与企业相对比较严谨的社会化网络营销相比,个人资源的社会化营销则更为灵活和随意,在很多时候往往就是不经意间随手发布一下而已。将个人网络资源与企业网络营销相结合,通常也包括内容选题、信息发布及传递方式选择等。

(1) 关于个人社交资源营销的选题:前面在介绍博客内容选题时,和工作相关的博客话题,也被认为是常见的选题思路之一,其实也是工作与个人网络活动相结合的一种表现。无论是博客,还是其他社交网络,用合适的方式表现个人在工作中的成就、分享工作经验、发表你的专业观点、获得顾客的称赞等话题,对个人是一种成长记录,在社交关系网络中也是建立个人品牌、获得信任和被点赞的有效方式。见证企业的努力和成就,与企业一起成长,对个人来说，也是工作的快乐。

（2）关于个人社交资源营销的方式：作为员工参与企业社交网络营销活动的方式很多，如转发评论企业微博信息、关注企业微信公众号并参与互动、在朋友群分享企业新产品或优惠信息、通过短视频"炫耀"企业福利或企业文化活动等。当然，还有通过个人博客、个人自媒体平台等渠道发布文章等。由于社交化信息传播渠道众多，一般无法面面俱到，可根据个人的兴趣爱好、专长选择最能表现个性、发挥个人价值的方式。

总之，个人社交资源网络营销是网络营销意识和工作态度的自然体现，也是个人与时代同步的明证。至于成为网络大V，成为KOL，则是个人不断努力的自然结果，是个人资源，也是值得企业培养和保护的长期网络营销资源。

4.5　网络资源合作营销——基于合作资源的网络推广

所谓资源合作，是指以平等、互利、长效为原则，利用自己的现有资源与合作伙伴互补合作，换取同等或更多的资源，实现合作各方网络营销资源及效果的扩大。在本章有关网络社群营销中，介绍了网络社群合作营销的基本思路，资源合作的常见形式还有多种，如网站的互换链接、微信公众号文章互推、微博相互转发等，从本质上看都具有资源合作的共性特征。事实上资源合作一直是网络营销中长期有效的网络推广方法之一。

4.5.1　网络资源合作推广方法的起源

在浏览一些网站时是否注意过：在很多网站的下方，有一个"友情链接"区域，通过与部分相关合作网站的"交换链接"，实现相互推广的目的，这是互联网史上最早也是最简单的网络资源合作方式之一。

资源合作是资源扩展的常见形式，也是资源扩展营销模式的基础。提到网站友情链接，我们不妨进一步探索一下资源合作网络营销的起源：

互联网上最早的"合作"源于万维网网页上的超级链接，即通过浏览器浏览一个网页的信息时，通过点击该网页上链接的URL到达另一个网页，而这个超级链接的URL，可能是本网站内的网页，也可能是任何一个网站的网页地址，这就意味着，一个网页与另一个网页可以通过链接实现"合作推广"！在网站访问统计分析中的"用户来源网站"也是基于同样的道理，因而也称为引导网站或推荐网站。

因此可以说，是万维网的超链接技术开启了网络营销的资源合作思维。也可以认为，资源合作在网站诞生的那天起就已经具备了技术基础和先天的营销属性。资源合作作为一种网络营销方法，自始至终都存在并在不断发展演变。

在网站内部资源推广方法的相关内容中介绍过，当网站具有一定的访问量之后，网站本身也成了有价值的网络营销资源，除了有效利用网站内部资源获得更多用户访问之外，拥有网络资源的不同网站之间开展合作，同样可以达到充分利用网站资源互为推广的目的。所以也可以认为,网站资源合作的目的是扩展网站资源价值。

可见,网络营销资源合作是一种网络推广方法,也是一种网络营销思想。也就是说,可以利用一个网站的网页内容及用户访问量资源为其他网站进行推广,或者多个网站之间相互推广。这种资源合作的思想可以进一步推广到网络营销的多个领域,具有普遍的指导意义。

4.5.2 简单实用的网络资源合作方法——交换链接

网站之间的超级链接为用户提供了信息扩展,而用户通过其他网站上的链接来到自己的网站则实现了网络推广,事实上很多访问者都是通过其他网站的链接获得的。网站链接在网络推广中几乎随处可见:搜索引擎搜索结果中的网页 URL、网络广告、网络百科词条、博客文章、电子邮件内容中的链接地址等都利用超级链接的方式把潜在用户引入自己的网站……这些都可以理解为广义的网站链接推广。

下面介绍基于网络资源合作的最简单形式——网站交换链接,特指两个网站之间,或者多个网站之间以推广为目的而建立起来的链接关系。

4.5.2.1 网站交换链接的网络营销价值

在网络营销发展初期,交换链接是最常用的网络推广方法之一,具有其他网络推广方法无法替代的作用。即使现在,网站链接依然比较重要,只是链接的目的和方式在不断地发展演变。一个没有链接任何网站,也没有被任何网站所链接的孤立的网站,很难取得好的网站推广效果。

归纳起来,网站交换链接的网络营销价值主要表现在六个方面:提高网站的网络可见度、获得直接的访问量、增加网站在搜索引擎排名中的优势、增加网站的可信度、获得合作伙伴的认可、为用户提供网站延伸服务内容。

1. 通过交换链接提高网站的网络可见度

在多个相关网站上出现自己网站的名称和链接,是很多网站推广人员希望看到的结果,尤其是出现在业内知名网站上。这是网站链接获得的直接可见度,同时高质量的相关链接还可以获得搜索引擎可见度,可认为是间接提高网络可见度的方法。

2. 网站交换链接推广获得直接的访问量

具有一定访问量且内容相关的网站之间相互链接,可以为合作双方的网站带来一定的访问量。研究表明,网站链接是用户发现新网站的常见方式之一(例如中国互联网络信息中心的统计报告曾有相关调查),从网站访问统计数据中也可以看出部分访客来自于合作网站的链接。不过,随着用户获取新网站渠道的增加,尤其是搜索引擎成为最常用的互联网应用之后,通过网站链接直接获得访问量的推广效果相对降低。

网站交换链接之后是否可以从合作网站获得用户访问,主要取决于网站之间内容的相关性、合作网站所提供的链接位置和链接方式、合作网站的可信度和访问量等因素。一般来说,小网站被大网站链接、新网站被老网站链接获得的推广机会较多。但是往往又不容易实现这样"不对等"的链接,因此对网站链接获取访问量的目标不应有过高期望,毕竟网站链接还有更多其他方面的价值。

3. 网站链接增加网站在搜索引擎排名中的优势

根据现阶段常用的搜索引擎如百度、谷歌等的算法规则,一个网站要想获得搜索引擎收录并取得好的搜索排名,通常需要有一定数量的外部网站链接,尤其是高质量网站的网站链接,因此获取外部链接不仅是网站推广的直接需要,也是搜索引擎优化必不可少的工作内容。

需要说明的是,为了增加搜索引擎排名优势而进行的网站链接通常有多种表现形式,如网页内容中的文字链接、文章标题链接等,并不限于排列于首页"交换链接"区域的网站列表。

4. 网站交换链接增加网站的可信度

获得其他网站的链接,并不一定都能获得很多被点击的机会,即使被大型网站链接也不一定就能带来数量显著的用户访问,但这并不意味着这样的链接就没有意义。如果合作网站具有较高的可信度和较大的访问量,那么获得合作伙伴网站上的链接,可以增加用户浏览时的印象,在增加网站可见度的同时获得潜在的网络品牌价值,是网站可信度的具体表现。

5. 交换链接意味着获得合作伙伴网站的认可

交换链接的另一个无法用定量指标衡量的价值在于,通过建立网站合作关系而得到合作伙伴尤其是行业内伙伴的认可。建立网站交换链接的过程,也就是向同行或相关网站推广自己网站的过程,你的网站能引起对方的注意和认可,交换链接才能得以实现。因此,交换链接的意义实际上已经超出了是否可以直接增加访问量这一具体效果,获得合作伙伴的认知和认可,同样是一个网站品牌价值的体现,对网站品牌具有长期的意义。

6. 通过网站链接为用户提供延伸服务内容

对于大多数中小型网站来说,内容往往比较单一,尤其是许多小型企业网站,除了企业介绍、产品介绍之外,似乎很难提供其他更多有独特价值的内容,而用户对某个产品及其相关知识、销售渠道、用户评论、行业规范等往往需要有更多了解才能形成购买决策,因此通过企业网站链接到用户所感兴趣的其他网站,是为用户提供服务内容的一种延伸,是网站顾客价值体现的一个方面。因此一个好的企业网站往往比较重视与相关网站的合作。

在网站运营工作中,交换链接通常是一个阶段性的工作,在网站发布和推广的初期显得更为迫切。其实网站交换链接没有终止的时候,网站链接的数量和质量指标也没有严格的标准,需要根据网站运营工作的需要和机会而做出判断和决策。

4.5.2.2 网站交换链接的常见形式

在一些网站下方经常可以看到"友情链接"列表,罗列着各种网站的 LOGO 或者文字名称,这就是常见的网站交换链接,但并不是网站链接推广的全部形式,作为网站推广目的的网站链接有多种表现形式。

1. 互换链接

互换链接是两个网站之间的交换链接,即根据双方约定的链接方式,用 LOGO 或者文字链接到对方网站。由于合作的网站之间通常都具有相互了解的基础,并且网站内容有一定相关性,所以这种互换链接常被称为友情链接,适合于规模相当的网站之间直接沟通合作,这也是一般网站合作推广所采用的基本模式。

2. 循环链接

循环链接是多个网站之间的互换链接,即超过两个网站之间的单向循环链接,例如 A—B—C—D—A 四个之间形成的环状链接关系。这种循环链接常被一些拥有多网站群的机构所采用。

3. 轮辐式链接

轮辐式链接即一个网站作为核心,分别与其他多个网站建立相互链接或者单向链接,而其他被链接网站之间并不一定发生链接关系,这种链接模式常见于网站分类目录、行业龙头网站及收费链接网站等,一些拥有多网站集群的机构也可能采用这种模式。

4. 链接联盟

通过网站联盟程序实现多个网站之间的互相链接,例如,通过会员网站上放置联盟代码,A 网站上与联盟系统提供的 10 个网站建立链接,B 网站也与系统内的 10 个网站链接,但 A 和 B 网站之间是否有链接关系,并不是自己直接决定的,而取决于程序的设计规则。这种链接联盟,由于相互链接的网站之间相关性不高,对网站推广的实际价值不大,并且可能会被搜索引擎视为作弊行为,因而并非主流应用形式。

除了前述的网站链接方式之外,互联网上还存在形形色色的链接方式,不过大多属于垃圾 SEO 的手段,即用不正当的方式为网站获取外部链接。例如:用户不可见的链接,常用方式是利用网页上 1 个像素大小的图片链接到某个网址,或者用与网页背景色相同颜色的文字加超级链接等;用信息群发软件在 B2B 网站平台、论坛、博客文章后面的评论中大量发送含有链接的信息等。这些链接对互联网环境产生很大的干扰,正规网站推广运营不应该采取这些手段。

在本节下面的内容中,如无特别强调,均以两个网站之间的交换链接为对象。

4.5.3 网站交换链接的实施

网站交换链接看起来很简单,不过真正开始寻找合作伙伴时并不那么容易,对于没有多大访问量的小微网站来说,获得高质量的网站链接通常是比较困难的,甚至成为许多网站推广最难以解决的问题之一,因为即使愿意为之付费也未必能购买到自己希望的网站链接。所以,了解实施网站交换链接的方法和规律是非常必要的。

4.5.3.1 网站交换链接的实施方法

交换链接是网站资源合作的一种形式,其背后是潜在的商业价值,只有双方认为各自可以获得期望的价值,这种合作才能得以实现。也就是说,只有明确了自己的资源可以为合作伙伴带来的价值,并且对合作伙伴网站的价值进行评估,才能找到合适的合作对象。

网站交换链接推广的基本流程大致可以分为四个方面,即分析潜在的合作对象、合作联系与沟通、网站交换链接的实施和网站交换链接管理。

1. 分析潜在的合作对象

如果希望从合作伙伴网站的链接中获得一定的访问量或者给潜在用户留下好的印象，前提条件是合作网站的用户应该对你的网站内容有类似的兴趣或需求。如何才能找到这样的网站呢？

可以首先分析哪种网站的访问者可能对自己的网站感兴趣，同时分析自己的网站的访问者对这些网站是否会产生兴趣，找到那些双方的访问者可能互相有兴趣的网站，将这些网站列为重点目标。最简单的方法之一是到几个先于自己发布的，和自己实力、规模、经营领域最接近的网站去看看，逐个分析它们的交换链接对象，发现合适的，先作为备选对象，留待以后主动发出合作邀请。不过，由于新网站在不断涌现，这些早期网站链接的对象很可能不够全面，那么就需要做更多的调研。

2. 合作联系与沟通

当自己的网站经过充分测试可以正常运营之后，就可以考虑向目标网站发出互换链接的合作邀请了，合作邀请通常以电子邮件或其他社交工具作为主要沟通工具。这里说的网站正常运营，包括网站各栏目内容完整、无明显文字及链接错误、网站整体专业水平较高，并且，最好已经被主要搜索引擎收录，这时候才可以考虑寻求合作伙伴的链接合作。

作为一个新网站，或多或少总有一些不完善的地方，因此你的合作邀请不被重视是难免的，这时候就更应该注意沟通的技巧。下列几个方面可以作为参考。

（1）注意邮件的主题。明确地告诉对方你的目的和诚意，并对自己的网站给予简要介绍，这样可以让对方对你的网站先有个大概的了解，从而产生信任感，而且很可能在看你的简介的同时就已经决定同意互换链接的请求了。如果你事先已经为对方做了链接，就礼貌地告诉对方，这样效果可能会更理想。

（2）邮件抬头最好写清楚对方网站或者联系人的名称。合作邮件应该是一对一而不是群发邮件。首先要真正对潜在合作伙伴网站进行分析，有合作的必要和可能才进行联系，在邮件中应体现出自己对于这种链接的基础已经有一定的认识和研究。因此，至少应做到邮件是有针对性地一对一发送。如果以征求交换链接的名义大量发送垃圾邮件，这样不仅让邮件接收者觉得反感，也损害了自己的名声。

（3）信件的内容要礼貌。试想，如果你收到的请求交换链接的邮件在信中表述为："如果你愿意和我们做链接，请你先做好后通知我们。"你收到这样的邮件会考虑跟对方进一步联系吗？显然，这样的邮件除了招致反感，根本达不到实施网站交换链接的目的。然而实际工作中，时常可以收到这样的邮件。

（4）确认邮件。收件人收到邮件后并不一定立刻给予回复，如果几天后仍然没有回复，不妨再发送一次邮件询问，如果仍然没有结果，基本上可以理解为对方没有兴趣了。

另外，网站合作推广也可以不必局限于为了交换链接而交换链接，必要时除了首页链接之外，也可采取其他形式为合作网站进行推介，例如在博客、在线问答、WIKI 词条、自媒体内容等提及合作网站，并给予必要的介绍，这样也会增加合作伙伴的信任，为实现网站链接打下基础。

总之，交换链接是为了获得互相推广的效果。在这合作沟通过程中，网络礼仪很重要，尤其是电子邮件的几个要素体现了发件人的专业水平，也是影响合作成功的主要因素。因而企业需要认真撰写合作邀请邮件内容，经过充分测试和比较，对自己的邮件内容充满自信之后再发出链接邀请。一些网站在处理网站合作问题时往往会出现这样或那样的问题，在细节上不注意，结果失去了合作成功的机会。另外，如果两个网站之间差别太大，无论是规模还是共性方面都不存在合作的基础，那么无论你多么有诚意都很难受到对方的重视和认可。

3. 网站交换链接的实施

得到对方的确认后，应尽快为对方做好链接，同时回一封邮件告诉对方链接已经完成，并邀请对方检查链接是否正确，位置是否合理，同时也是暗示对方：希望尽快将自己的链接也做好。这实质上仍然是向链接网站推广自己的一种方式，许多网站之间的合作关系就是这样开始建立起来的，同时，也是在同行之间建立自己地位的一种有效措施。如果一个网站发布了很久，同一行业内的其他网站对此都没有印象，岂不是很失败吗？

4. 网站交换链接管理

随着时间的推移，合作伙伴的网站可能发生变化，例如网址失效、原网站内容改变、网站被搜索引擎惩罚、对方删除了自己的网站链接或者链接 URL 错误等，这样就将造成死链接，或者被动链接了质量低下、内容无关甚至低俗的网站，这些都会对自己的网站质量产生不利影响。因此网站交换链接不是一劳永逸的事情，当网站实现一定数量的交换链接之后，还需要不定期地对链接网站进行回访以确认链接的有效性。

如果在回访合作伙伴网站链接时发现对方遗漏链接或其他情况，应该及时与对方联系。如果某些网站因为关闭等原因无法打开，在一段时间内仍然不能恢复的时候，应考虑暂时取消那些失效的链接。不过，可以备份相关资料，也许对方的问题解决后会和你联系，要求恢复链接。同样的道理，要为合作伙伴的利益着想，当自己的网站有什么重大改变，或者认为不再适合作为交换链接时，也应该及时通知对方。

4.5.3.2 实施网站交换链接应注意的几个问题

网站互换链接方法并不复杂，但也不是随便什么链接都有意义。在网站链接的问题上，我们经常会看到一些极为不同的结果，有的网站不加区分地罗列着许多似乎毫无关联的网站，从化工建材到个人写真，以及形形色色的个人主页；也有不少网站，根本没有相关网站的链接，这两种情况都有些极端。即使对于比较正常的网站链接，也有一些方面的问题应该给予重视。

1. 网站互换链接的数量与质量

交换的链接一定要保证是高质量的相关网站的链接，低质量的链接不仅没有推广价值，相反会降低自己网站的可信度，因此在选择合作网站/网页时一定要谨记：宁缺毋滥！

网站交换链接的数量有没有标准？是不是链接越多越好？答案是否定的！一般的网站链接位于首页下方，在首页设置过多的外部网站链接是不合理的，因此建议一般中小型网站首页链接 10 个左右，最多不超过 20 个。

如果有几十个甚至数百个合作网站链接怎么办？有些网站采取一个专用的"网站链接"页面，把大量网站分门别类地排列到一个页面上，实际上这样安排也是不合理的，有两个方面的原因：第一，这样罗列大量网站链接的页面根本不能给对方带来任何推广效果；第二，同一个页面中出现大量的外部链接是不合理的，这个页面本身就是低质量的，无论对本网站还是对合作网站都没有意义。

因此，本书作者建议：对于一般中小型网站，要尽量限制网站交换链接的数量，仅选择若干个高质量相关网站进行链接，这样既可以满足一般搜索引擎对于链接广泛度的要求，又达到了在同行内相互推广的目的；对于规模较大的网站，当合作网站较多、链接较多时，最好用独立的链接页面，但一个页面的链接也最好不要超过100个。

此外，要特别强调的是，不要试图用自动链接的软件来实现交换链接的工作，更不要与"链接工厂"进行链接！

2. 不同网站 LOGO 的风格协调问题

交换链接有图片和文字链接两种主要方式。如果采用图片链接（通常为网站的LOGO），由于各网站的标志千差万别，即使规格可以统一（多为88×31像素），但是图片的格式、色彩等与自己网站风格很难协调，例如，有些图标是动画格式，有些是静态图片，有些画面跳动速度很快，这样会影响网站的整体视觉效果。将大量的图片放置在一起，不仅给人眼花缭乱的感觉，而且并不是每个网站的LOGO都可以让访问者明白它所要表达的意思，所以往往不仅不能为被链接方带来预期的访问量，对自己的网站也产生了不良影响。另外，首页放置过多的图片会影响下载速度，尤其这些图片分别来自不同的网站服务器时。因此，在做网站链接时，尽量不要在网站首页放过多的图片链接，如果有10幅以上不同风格的图片摆在一起，一定会让浏览者的眼睛感觉不舒服。

一般情况下，建议尽量使用文字链接，这样不仅可以减少图片杂乱的影响，文本链接对搜索引擎优化也可以发挥一定的作用。

3. 链接图片本地化

尽量不要使用对方网站给定链接代码的图片链接。为什么呢？这是因为，在正常情况下，尽管从你的网页上可以显示该图片，但是，实际上显示的是对方网站服务器上的信息，因而下载速度和显示效果都取决于对方的服务器。如果该服务器故障，或者图片所在的URL更换，结果将不能正常显示，那么，在你的网站上将不会显示这个图片，这样会影响网页的整体显示效果。另外，有可能造成图片下载速度过慢，而影响网页整体下载速度。

我们可以把合作网站的LOGO上传到自己的网站服务器上的相应目录中，在链接区域显示本网站的图片就可以了。

4. 链接使用打开新窗口功能

交换链接为自己的网站带来一定利益的同时，也带来一定的风险，因为访问者如果在你的网站友情链接的名单中发现一个自己有兴趣的网站，可能会点击那个网站的链接而离开你的网站，使用"打开新窗口"的方式可以在一定程度上减少这种风险。

操作方法也很简单，在为其他网站做链接时，只要在代码中加入 target="_blank"，这样，在访问者点击链接的网站时，会在客户端浏览器打开一个新窗口显示该网页的内容，原来的窗口显示的仍然是自己网站的内容。事实上，网站中的所有外部链接都可以采用打开新窗口的方式，除非你不介意用户从你的网站直接跳转到链接的网站上。

可以说，交换链接的思路和方法为网站资源合作推广提供了启蒙，其影响力将是深远而持久的。

4.6 病毒性营销——综合性网络推广方法

这里首先强调，病毒令人讨厌，尤其是经历过 2003 年"非典"和 2020 年"新冠"疫情的影响之后，对病毒避之唯恐不及，更不要说用于工作了。不过由于病毒性营销的概念远在"非典"之前就已经广为流传，作者也不得不继续使用这个容易让人产生联想的、令人不悦的名词，好在，病毒性营销与病毒没有关系，只是用以描述某些网络推广的思想和方法而已。

在本章介绍的网络推广方法中，有些以常用的互联网工具为信息传递渠道（如搜索引擎营销），有些以社交关系网络为信息传递渠道（如社会化网络营销），有些则以网站的网络营销资源为信息传递渠道（网站内部资源推广），还有的利用了合作伙伴网站的链接实现信息传递（互换链接推广）。这些网络推广方法表现形式有显著差异，不过有一个共同的特点，就是都需要利用某种明确的渠道来实现信息传递，无论是信息传递工具，还是社交网络平台或网站平台，否则将无法实现网络营销信息传递的完整流程。换句话说，通常所说的网络推广，本质上是企业对网络信息传递渠道的运营和利用，如企业网站、搜索引擎、社交平台账户等。

那么，如果企业没有自己可掌控或利用的网络信息传递渠道，网络推广还能实现吗？本节介绍的病毒性营销，也可以认为是一种综合了各种网络信息传递渠道的综合性网络推广方法，但与传统的网络推广方法相比又有明显的区别：信息传递渠道并不为企业所掌控，甚至不一定有明确的网络营销信息传递渠道特征。例如，网络文档分享、电子书下载、网络社群转发等，这些信息可以通过多种互联网工具进行传播，比如可以通过网站下载，也可以通过 Email、网络聊天工具、网络社交平台直接传递，也就是说，这类信息传递方式具有多渠道适应性。

这种听起来有点神秘的病毒性营销方法是如何实现的？其本质又是什么呢？

4.6.1 什么是病毒性营销

其实病毒性营销并不是新的网络营销概念，但在实践应用中形式不断翻新，总是给人一种历久弥新的感觉。本书作者在 1999 年从网上第一次看到"Viral Markleting"这一概念时，就有一种眼睛一亮的感觉，觉得很新奇，很有吸引力，似乎一下子表达了很多营销人想说而说不清楚的思路，用现在的话说，就是很标题党。

2000 年 2 月，本书作者在个人网站"网上营销新观察"发布了一篇翻译文章《病毒性营销的六个基本要素》，首次将"Viral Markleting"一词翻译为"病毒性营销"，随后几年进行了大量的实践和跟踪研究。经验表明,病毒性营销是一种经得起时间考验、经得起实践检验的实用型网络营销方法。

其实,病毒性营销既不神秘,也并不复杂,说起来相当简单,就是通过信息源的策划设计,利用其他用户的口碑自发传播这些信息,从而实现营销的目的,无论是口头传播,还是通过互联网及其他通信工具传播,其实这和几百年前唐诗的口头传播在本质上是一样的。

生活中类似的具有病毒性营销特征的例子还有很多,例如,支付宝推出的各种红包转发活动,当你把红包转发给好友时,自己也可以获得一定的利益,于是在各种网络社群中都是转发支付宝红包的信息,这其中就包含了支付宝网络推广的病毒性营销思想。

不过,病毒性营销方法也经常为网络骗子所利用,往往也会被不明真相的群众大量转发。不知道大家有没有关注过这样的信息:最近几年每到高考前夕,在微信群里总能看到转发的信息,内容是说,某某的准考证丢了,请大家转发信息,让丢失证件的人打某某电话联系。然而实际情况是,如果有人拨通电话就会被扣费。可见,骗子一旦掌握了网络营销,对社会的危害将是极大的。

大家想一想,为什么很多人不加判断就盲目转发呢?其实无非是两点:一是无须任何额外付出复制一下信息而已,二是人们总是怀着一些善意,以为自己的转发可以帮助别人,或者让更多的亲朋好友从中受益。骗子正是利用人们的同情心来营销的。

类似的网络骗局还有很多,例如转发若干群就可以收到电话费、QQ 昵称变成特殊颜色等,还有一些是捐献旧衣服到某边远地区学校,还公布了校长的电话号码。当然,也有一些善意的用户自愿转发,传播人间温情,同时也可能含有一定的营销信息。

可见,病毒性营销没有一定的模式,但是却有一定的规律,当我们掌握了这些规律,利用病毒性营销开展网络推广也就不会偏离大方向了。

为了说明病毒性营销的一般原理,我们先看一个互联网史上最早、最经典的案例之一。

 案例

Hotmail 的病毒性营销方法

1996 年,Sabeer Bhatia 和 Jack Smith 率先创建了一个基于 WEB 的免费邮件服务,后来成为微软公司所拥有 Hotmail 免费邮箱。许多伟大的构思或产品并不一定能产生征服性的效果,有时在快速发展阶段就夭折了,而 Hotmail 之所以获得爆炸式的发展,就是由于被称为"病毒性营销"的催化作用。

Hotmail 的用户数量是有史以来发展最快的,无论是网上还是网下,也无论是任何产品还是印刷品。Hotmail 是世界上最大的电子邮件服务提供商,在创建之后的 1 年半时间里,就有 1 200 万注册用户,而且还在以每天超过 15 万新用户的速度发展。在申请 Hotmail 邮箱时,每个用户被要求填写详细的人口统计信息,包括职业和收入等,这些用户信息具有不可估量的价值。

令人不可思议的是,在网站创建的 12 个月内,Hotmail 花在营销上的费用还不到 50 万美元,而 Hotmail 的直接竞争者 Juno 的广告和品牌推广费用是 2 000 万美元。在提供用户注册资料时,有些用户会担心个人信息泄露,因此比较谨慎,也就是说,免费邮件的推广也有一定的障碍,那么,Hotmail 是如何克服这些障碍的呢?答案就在于:病毒性营销。

当时,Hotmail 提出的病毒性营销方法是颇具争议性的,为了给自己的免费邮件做推广,Hotmail 在邮件的结尾处附上:"P. S. Get your free Email at Hotmail",接收邮件的人将看到邮件底部的信息,然后,收到邮件的人们继续利用免费 Email 向朋友或同事发送信息,会有更多的人使用 Hotmail 的免费邮件服务,于是,Hotmail 提供免费邮件的信息不断在更大的范围扩散。现在几乎所有的免费电子邮件提供商都采取类似的推广方法。因为这种自动附加的信息也许会影响用户的个人邮件信息,后来 Hotmail 将"P. S."去掉,将强行插入的具有广告含义的文字去掉,不过邮件接收者仍然可以看出发件人是 Hotmail 的用户,每一个用户都成了 Hotmail 的推广者,这种信息于是迅速在网络用户中自然扩散。

在这个病毒性营销的经典范例中,基本操作流程如下:

(1)提供免费 Email 地址和服务;

(2)在每一封免费发出的信息底部附加一个简单标签:"Get your private, free Email at http://www.hotmail.com";

(3)然后,人们利用免费 Email 向朋友或同事发送信息;

(4)接收邮件的人将看到邮件底部的信息;

(5)这些人会加入使用免费 Email 服务的行列;

(6)Hotmail 提供免费 Email 的信息将在更大的范围扩散。

病毒性营销与生物性的病毒不同,因为数字病毒可在国际不受制约地迅速传播,而生物病毒往往需要直接接触或其他自然环境的作用才能传播。尽管受语言因素的限制,Hotmail 的用户仍然分布在全球 220 多个国家和地区,在瑞典和印度,Hotmail 是最大的电子邮件服务提供商,尽管没有在这些国家做任何的推广活动。虽然 Hotmail 的战略并不复杂,但是,其他人要重复利用这种方法,却很难取得同样辉煌的效果,因为这种雪球效应往往只对第一个使用者才具有杠杆作用。

(资料来源:网上营销新观察官网。)

Hotmail 的病毒性营销案例是以提供免费邮箱服务为基础,在互联网发展初期,电子邮箱对用户来说是一项非常重要的互联网应用工具,而且无需电子邮件客户端软件,只需要浏览器即可登录邮箱,这在当年互联网并不普及的情况下为用户使用电子邮箱带来了极大的便利,而且,邮箱还是免费的。也就是说,Hotmail 通过提供对用户有价值的免费服务,在用户使用这一免费服务的同时,也就向邮件接收者传递了一个信息:Hotmail 是免费电子邮箱。

这样,每个用户都成为 Hotmail 的推广者,而且是免费的推广。这就是病毒性营销的基本流程。当然,这种"免费"仅仅是相对于一般的付费或投入其他资源进行网络推广而言,实际上为用户提供免费服务仍然是要付出设备及运营服务成本的,只是获得用户的成本相对较低。

在这个免费邮箱网络推广的活动中,实际上也包含着从信息源、信息传递渠道到用户交互的完整的网络营销信息传递流程:

第一,免费邮箱服务商设计一个小功能,可以在每封邮件内容后面附加一句宣传语,这就是网络营销信息源；

第二，用户使用免费邮箱发送邮件，邮件接收者注意到免费邮箱的推广信息，用户通过浏览器发送及接收邮件的过程，就是网络营销信息传递渠道；

第三，邮件接受者通过邮件内容下方的推广信息，点击网址链接进入服务商网站，注册为新的用户，并且继续使用这一免费邮箱给自己的好友发邮件，这就实现了用户交互。

这种网络方式后来被很多网络服务商所采用，几乎都获得很大成功，如国内最早的免费邮箱163电子邮局、网易免费邮箱、新浪免费邮箱等，在当时都获得了众多用户。尽管每个邮箱服务商的推广方式可能有一定差异，但都是符合病毒性营销的基本思想和一般规律。

除了免费邮箱之外，在互联网发展初期及后期，还有多种多样的病毒性营销工具，如聊天工具、免费软件、电子书、电子贺卡、在线祝福、微博邀请注册、手机短信息等。可见病毒性营销的形式多种多样，但都有共同的基本特征，即企业提供有价值的信息或免费服务、用户利用自己的渠道主动传播、获取信息的用户可能成为新的用户并继续传播。

通过上述案例和部分网络现象的分析，我们可以从网络营销的角度对病毒性营销做一个总结性的描述：

"所谓病毒性营销，是指通过提供有价值的信息或服务，获得用户的认可并主动传播信息，通过用户带来更多用户，使得信息传播像病毒传播那样快速蔓延，用低成本实现高效的网络传播效果。"

从根本上来说，病毒性营销是内容营销、网络分享营销、社交关系营销等方法相结合实现的多渠道传播。也就是在创建网络营销信息源时，要充分考虑到对用户有价值及传播的意愿和传播方式，从而可以通过用户及社会关系网络不断向更大的范围传递，实现"病毒性传播"的效果。

病毒性营销方法和病毒没有任何关系，真正意义上的病毒性营销不仅不具有任何破坏性，通常还能为传播者以及营销活动的实施者带来一定的价值（如心情愉悦、资料收集，或许还有某种利益）。病毒性营销是一种网络营销方法，也是一种网络营销思想，其背后的真正含义是如何充分利用外部网络资源（尤其是免费资源）扩大网络营销信息传递渠道。因此，可以简单地认为，病毒性营销是一种利用其他用户的资源免费快速传播信息的一种网络推广方式。

互联网工具在变，但互联网传递信息的实质不变，用户对有价值信息的需求也不会变化。同样，病毒性营销的载体和形式会变，信息传递方式会变，但病毒性营销思想及价值不会过时。病毒性营销具有可复制性、可操作性的特点，是一种经得起时间考验、经得起实践检验的实用型网络营销方法。

总之，病毒性营销不是营销策划、不是广告、不是网络公关，而是以用户价值为基础的网络传播和推广过程。

可能有人会有这样的疑问：网络谣言传播也很快，是不是也属于病毒性营销？可以肯定地说，网络谣言具有病毒性传播的特征，但是与网络营销所强调的用户价值相违背，只能称之为欺骗性病毒营销。事实上有些网络谣言的制造者正是通过这种方式获取利益的，比如，前几年有一些所谓网络公关公司，用"谣言止于下一个谣言"的方式不断制造各种谣言以达到其获利的目的。经过相关部门对网络信息的整治，这种网络谣言营销方式得到有效遏制。

4.6.2 病毒性营销的常见类型

病毒性营销的效果可表现在多个方面,如网络品牌推广、获得潜在用户、增加网站访问量、特色产品宣传、提高用户忠诚度等,不同的病毒性营销方案,将产生不同的效果。有些方案可能针对某一方面的预期效果而设计,有些则可能在多个方面产生影响;有的方案在短期内快速产生效果并快速结束,有些可能在很长时间内持续发挥作用。因此进行病毒性营销的方案设计时,应明确策划目标、传播渠道及效果预期,并对所需要的网络推广资源有明确的认识。从下面病毒性营销的常见类型中也可以看出其特点和差异。

病毒性营销方案的常见类型包括:免费服务型、大众娱乐型、独特情景型及价值传播型等。下面给予简要介绍。

1. 免费服务型病毒性营销方案

互联网免费服务的类型很多,如免费新闻、免费邮箱、免费供求信息发布、免费网络硬盘、免费个人空间/博客、免费软件等。在互联网的发展过程中,提供免费服务是最常见的模式之一,几乎每一种重要的互联网免费服务都可以获得较多的用户,从而推动了该服务的普及应用。许多免费服务都具有病毒性营销的一般特征,如果把这些特征经过合理的包装设计,则可以发挥快速传播的效果。

尽管各种免费服务的具体表现形式差异很大,但也有一个共同特点,即都正好在某个时间内通过某种信息或服务满足了用户的某种需求,即免费为用户提供了某种价值。例如,Hotmail 免费邮箱的成功,是由于当时很多用户尚没有自己的免费邮箱,因此用户会向自己的亲朋好友推荐 Hotmail。而在免费邮箱非常普及之后,许多后来者提供免费邮箱服务继续效仿 Hotmail 模式进行推广则收效甚微。唯一例外是 Gmail——Google 公司于 2004 年 4 月 1 日推出的大容量免费邮箱服务。Gmail 能再次用病毒性营销方式获得成功,则主要因为 Gmail 提供的是比当时流行的免费邮箱大得多的邮箱空间(一般为 5~10MB,Gmail 则高达 2.5GB,并且不断在增长,引发了免费邮箱空间大升级的一场革命),很多用户为获得一个 Gmail 邀请码而费尽心机,因而 Gmail 邮箱采用了将近 3 年的邀请注册模式并且获得了显著的"病毒性传播"效果。像 Gmail 这样的病毒性营销方案需要巨大的运营成本作为支持。

与 Gmail 的邀请模式类似的案例是初创期的新浪微博。新浪微博是国内首家提供微博客服务的门户网站,从 2009 年 9 月份开始公开测试,采用邀请注册的方式发展测试用户,在短短几个月内就有数百万用户注册,而后来加入微博阵营的网站,虽然也曾用邀请模式注册,但响应者远不及新浪微博。新浪微博的成功与恰当的时机选择有很大关系。当然,新浪微博强大的技术开发能力和卓越的用户体验设计也是这一服务迅速获得用户喜爱的重要因素。

从上述案例可以看出,免费服务型病毒性营销方案的主要特点是:可以在合适的时间提供与众不同且适合于公共需求的基础服务,这种服务一般是长期的,往往属于公司战略层次的营销方案。因此,免费服务模式的病毒性营销主要适用于经营资源雄厚的大型网站。

2. 大众娱乐型病毒性营销方案

娱乐型内容适应性广泛,几乎每个接收信息的人都会产生一定的兴趣,因而传播范围广。一个富有吸引力的方案很容易在短时间内获得巨大的传播效果。但由于娱乐元素占主导，营销信息的加入容易被用户忽略，因此这类病毒性营销的营销效果并不一定很显著，尤其是出自一些非知名的企业/网站，给用户留下的印象通常并不深刻。另外，能产生大众娱乐效果的内容对设计制作的专业性有较高要求，方案创意也有较高的门槛。

在微信、短视频等社交方式尚未被广泛应用之前，用 Flash 文件制作的流媒体视频很受欢迎，曾经让一些制作者很快受到关注；以 Flash 为信息载体的病毒性营销也曾经流行一时。常见的娱乐型病毒性营销包括在线视频、笑话、图片、手机短信等。

3. 独特情景型病毒性营销方案

独特情景型病毒性营销，利用某个特定节日（如愚人节、中秋节）、特殊活动或事件（如世界杯、日全食）、特色产品（iPhone 新产品）、特殊人物（如网络红人、知名公众人物）等受人关注的机会，通过独特的创意和设计，迅速获得众多用户的关注和传播。这种病毒性营销传播形式多种多样，可以是一段视频、一封电子邮件、一个网页小游戏、一张图片等，主要通过 SNS 网站、QQ 在线聊天工具等方式快速传播，其适用范围也较广。

4. 价值传播型病毒性营销方案

价值传播型病毒性营销，也就是参与传播信息的人从中可以获得一定的价值，比如免费获得优惠券、专业资讯、积分、电话费、数字礼品等方式进行的营销。这种方式不限于特殊日期，也不仅限于知名度高的网站采用，只要传播内容和形式获得用户的认可，就可以不受时间限制、在较长时期内发挥作用，因此是应用最为广泛的病毒性营销方式。

例如，用免费电子书作为病毒性营销工具，是知识营销的常见传播模式之一。新竞争力网络营销顾问在网络营销理念传播中经常采纳这种模式，例如免费电子书《网站推广 120 种方法》《微博七日通》《搜索引擎优化（SEO）知识完全手册》《博客营销研究》等。这是因为知识资源是新竞争力的核心优势资源之一，也是可以持续发挥传播效果的网络推广模式之一。这种基于知识的病毒性营销方案需要投入大量专业人员从事研究工作。

综合对比各种病毒性营销方案可以发现，病毒性营销的效果往往是各种营销策略水到渠成的自然体现，刻意追求所谓的病毒性传播反而不一定能成功。病毒性营销常与其他网络推广方法结合应用，如 Email 营销、博客营销、SNS 营销等，很多时候病毒性营销的效果是通过各种综合网络推广得以实现的，离开网络运营的总体环境而单独创建一个广为传播的病毒性营销方案，通常是不太容易做到的。而且，这种被认为是"免费"的营销方式也受资源的制约，一般来说大型知名网站的病毒性营销效果更为显著，不过中小型网站也可以在某些方面获得在一定的传播效果，只是在病毒性营销方案设计时应量力而行并且不要把期望目标定得太高。

4.6.3 实施病毒性营销的五个步骤

在对病毒性营销进行系统研究，并实施了多个成功案例之后，本书作者于 2005 年总结了成功实施病毒性营销的五个步骤，经过多年的实践检验，具有长期的规律性。

与各种内容运营（如网站内容、订阅型内容）的选题、创作、发布、运营推广等步骤类似，实施病毒性营销的五个步骤包括：病毒性营销方案的规划和设计、病毒性营销创意、信息源和传递渠道的设计、原始病毒性营销信息的发布和推广、病毒性营销效果跟踪管理。

1. 病毒性营销方案的规划和设计

病毒性营销绝不是随便可以做好的，首先要有规划及方案设计，并付出心血制作让人眼前一亮并产生转发冲动的内容。病毒性营销方案规划，包括营销目标计划、用户价值分析、内容策划、传播方案、预期效果等。在进行方案规划时，应确认方案符合病毒性营销的基本思想，即传播的信息和服务对用户是有价值的，并且这种信息易于被用户自行传播。

2. 病毒性营销创意

病毒性营销需要独特的创意，并且要精心设计病毒性营销方案（无论是提供某项服务，还是提供某种信息）。最有效的病毒性营销往往是独创的。独创性的计划最有价值，跟风型的计划有些也可以获得一定效果，但要做相应的创新才更吸引人。同样一件事情，同样的表达方式，第一个是创意，第二个是跟风，第三个做同样事情的则可以说是无聊了，甚至会遭人反感，因此病毒性营销之所以吸引人就在于其创新性和独特性。在方案设计时，一个需要特别注意的问题是，如何将信息传播与营销目的结合起来？如果仅仅是为用户带来了娱乐价值（例如一些个人兴趣类的创意）或者实用功能、优惠服务而没有达到营销的目的，这样的病毒性营销计划对企业的价值不大。反之，如果广告气息太重，可能会引起用户反感而影响信息的传播。

3. 信息源、信息发布渠道和信息传播渠道的设计

虽然说病毒性营销信息是用户自行传播的，但是这些信息源、信息发布和传递需要进行精心的设计。例如要发布一个节日祝福的动画或小视频，首先要对祝福内容进行精心策划和制作，使其看起来更加吸引人，并且能让人们自愿传播。仅仅做到这一步还是不够的，还需要考虑这种信息的传递渠道是在某个网站下载（相应地在信息传播方式上主要是让更多的用户传递网址信息），还是用户之间直接传递文件（通过电子邮件、IM、社交软件等）或者通过微信群、朋友圈转发？如果希望适用于多种传播方式，就需要对信息源进行相应的配置和管理。

4. 原始病毒性营销信息的发布和推广

最终的大范围信息传播是从比较小的范围内开始的，如果希望病毒性营销方法可以很快传播，那么对于原始信息的发布也需要经过认真筹划。原始信息应该发布在用户容易发现，并且用户乐于传递这些信息的渠道（比如活跃的网络社区、微信公众号、微信群等），如果必要，还可以在较大的范围内去主动传播这些信息，等到自愿参与传播的用户数量比较大之后，才让其自然传播。

5. 病毒性营销效果跟踪管理

当病毒性营销方案设计完成并开始实施之后（包括信息传递的形式、信息源、信息发布渠道、信息传递渠道），病毒性营销的最终效果实际上是无法控制的，但并不是说就不需要对这种营销效果进行跟踪和管理。实际上，对病毒性营销的效果进行分析是非常重要的，不仅可以及时掌握营销信息传播所带来的反应（例如对于网站访问量的增长、微信粉丝增加数量等),也可以从中发现这项病毒性营销计划可能存在的问题,以及可能的改进思路,将这些经验积累为下一次病毒性营销计划提供参考。

总之,病毒性营销具有自身的基本规律,成功的病毒性营销策略必须遵循病毒性营销的基本思想,同时病毒性营销也是一项艰苦的创意性活动,不要指望会有自发形成的完全没有资源投入的病毒性营销。

本 章 小 结

网络营销信息传递渠道策略,也就是构建有效的企业网络营销信息传递渠道体系,将企业信息源通过适当的方式传递给目标用户,包括企业可控的渠道、可用的渠道,以及通过资源合作、付费使用的渠道等。网络信息传递渠道策略的原则是:信息传递渠道应尽可能多并且尽可能短。渠道策略的核心工作就是通常所说的网络推广。网络推广是网络营销信息传递系统中连接信息源与用户的通道、过程和方法。由于网络信息传递渠道的多样性,因此在网络营销策略体系中,网络推广的内容非常丰富。本章介绍了三类信息传递渠道中的部分常用网络推广方法:互联网工具和平台传递渠道——搜索引擎及网站内部资源;社会关系网络资源传递渠道——网络社群及个人社交资源营销;综合型网络信息传递渠道——资源合作及病毒性营销。

搜索引擎的网络营销价值归纳为四个方面:信息源构建及维护价值、网络信息传递渠道价值、用户连接及交互价值、网络营销环境资源价值。搜索引擎营销的常见形式包括搜索引擎优化(基于自然搜索结果,SEO)和搜索引擎广告(在搜索结果页面投放的商业广告)。搜索引擎营销所关注的内容包括用户的搜索行为、信息源对搜索引擎收录及引导信息的影响、搜索结果页面生成的规则、不同搜索引擎的差异等。搜索引擎、用户、信息源及搜索结果的引导信息等共同组成了搜索引擎营销的基本内容。搜索引擎营销的工作内容也包括网络信息源优化、搜索引擎收录及管理、用户搜索行为及后续行动等。

网站平台内部资源推广,从本质上是基于网站链接关系的推广,属于互联网工具资源推广的延伸,也就是网站通过互联网工具或其他方式的网络推广获得了用户访问,再通过网页链接的方式引导用户访问更多的网页资源或转化为顾客。网站内部资源营销的基本思想是:合理利用网站的功能和服务,为用户提供更多有价值的信息和服务,从而获得用户更多的关注和交互。

社会化网络营销的基本形式包括基于社交资源的社会关系网络营销及社会化媒体广告。社会化网络营销与传统网络营销两者相互支持相互补充,共同发挥互联网工具资源及社交关系资源的网络营销价值。微博包含了从信息源发布、信息传播及推广、用户交互等整个信息传递流程,本章总结了实现微博转发推广的八种常见方式。网络社群营销以 SNS 平台为基础,实现了平台功能的扩展,用户之间一对一或一对多的信息传递方式,发展为多对多的信息传递。个人可以参与的所有社会化网络活动,在一定程度上都具有网络营销资源的价值,基于个人社交关系资源的营销,已成为社会化网络营销中不可忽视的资源。

作为综合型网络信息传递渠道策略的常用方法之一,资源合作在网站诞生的那天起就已经具备了技术基础和先天的营销属性。资源合作是指以平等、互利、长效为原则,利用自己的现有资源与合作伙伴互补合作,换取同等或更多的资源,实现合作各方网络营销资源及效果的扩大。网站互换链接、微信公众号文章互推、微博相互转发等都是资源合作营销的具体形式。病毒性营销是通过信息源的策划设计,利用其他用户的口碑自发传播这些信息,通过用户带来更多用户,用低成本实现高效的网络传播效果。从根本上来说,病毒性营销是内容营销、网络分享营销、社交关系营销等方法相结合实现的多渠道信息传播。

复习思考与实践:

1. 在常见的信息传递渠道形式中,你认为哪种渠道可操作性更强或者信息传递效果更好?试从该类渠道的发展演变历程进行分析。

2. 请选择一个网络热点事件(如某一部电影、某个网红餐馆等),分析其信息传递渠道的组成及信息传递的可持续性。

3. 基于传统互联网工具的信息传递渠道与社会化网络信息传递渠道之间是否可以建立相互融合、相互促进的组合策略?请选择若干具体事例说明。

第 5 章
网络营销的用户及交互策略

从网络营销信息源策略到信息传递渠道策略,目的都是为了获得用户,"获得"意味着同用户建立连接关系,这是用户策略的开始。建立用户连接、维护用户关系、构建用户价值及利益体系、创造用户价值与利益关系,获得用户长期资源价值,是网络营销用户策略的基本内容和目标,而用户数据分析则为制定和实施用户策略提供了决策支持(如图5-1所示)。

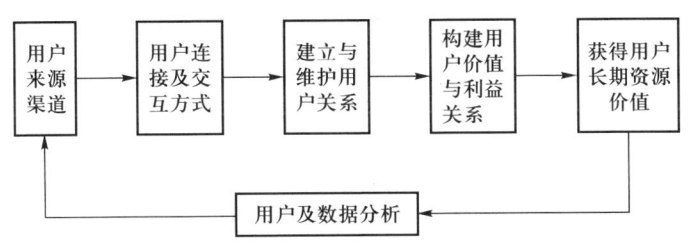

图 5-1　网络营销用户策略框架示意图

基于本书对网络营销中用户的认识,本章进一步分析用户来源渠道、用户类别及用户连接方式等问题,概括网络营销用户策略的基本内容,提出网络营销用户数据分析的基本思路,并以网站访问统计分析为例详细介绍网站用户指标的含义及分析方法。

5.1　用户的来源渠道及类别特征

本书第 2 章有关网络营销的用户及交互研究(2.4),介绍了用户的含义及其网络营销意义,为了全面认识网络营销的用户策略,还需要更深入地理解用户。例如,用户从哪里来,不同类型的用户有哪些特点,如何与用户建立连接和沟通,如何维护用户关系,如何与用户成为价值及利益共同体,如何发挥用户更大的价值,等等。

5.1.1 用户来源渠道

网络营销信息传递渠道策略中的各种网络推广方法都是企业获得用户的基本手段,企业通过各种网络推广渠道获得用户,也就是建立了与用户连接的机会。网络营销中的用户可能来源于网络营销信息传递的各个渠道,或者说,用户可以获取信息或参与信息交互的每个环节都成为潜在的用户来源。例如,通过搜索引擎的引导链接传递,获得了企业网站访问用户;通过订阅型内容传递,获得了订阅用户;通过社交网络的用户关注,获得了社交关系用户;通过网店平台获得了在线销售用户……

与网络推广方法繁多相应的是,用户的来源渠道众多,那么如何辨析用户从哪里来,以及用户的后续行为呢?网络推广渠道和用户获取信息渠道,是同一个问题的两个方面。从用户获取信息方式的角度来看,用户的来源渠道可以分为四种基本形式。

1. 用户主动获取企业信息

网络营销为用户主动获取企业信息提供了多种选择。例如,直接访问企业网站或 APP,通过第三方网站平台获取信息(如网络百科、电子商务平台),通过搜索引擎搜索企业或产品信息,主动订阅企业信息(如邮件列表、微信公众号),关注企业社交网络账号(如企业微博)等,这些方式几乎包含了大部分企业常用的网络营销方法,或者说,大部分网络营销方法都应考虑到用户主动获取信息的特点。同样的信息源,用户可能直接进入,也可能通过企业的网络推广而进入,这两种形式并不矛盾。

主动获取企业信息的用户的特点主要体现在:有了解企业或产品信息的主观意愿,有明确的目的,相应地,用户对企业信息有一定的判断分析能力。企业获得主动用户的数量,取决于企业网站/APP/SNS 账户等信息传递渠道的品牌影响力和运营能力等综合因素。

2. 通过社交关系分享推荐获取信息

社交关系传递,是社会化网络阶段影响用户获取信息的重要因素之一,通过用户社交关系分享获取信息有可信度基础,更容易让用户接受,这是现阶段各种 SNS 营销方法受到重视的原因所在。与用户主动获取企业信息的方式不同,通过社交关系获取信息与每个用户在社会关系网络中的位置有一定关系,取决于其社交关系网络规模及关系链紧密度等因素,并且通过社交网络获取的信息有一定的偶然性,这就意味着企业对用户通过社交关系分享获取信息的可控程度比较弱,用户个人意愿占主导地位。

用户通过社交分享获取信息的特点包括:用户易受到社交关系推荐的影响,对企业信息源是否来自企业官方重视程度较弱,具有一定的从众心理。

3. 用户被动接收企业信息

在用户主动获取信息及通过社交关系获取信息之外,企业主动推送且用户无法拒绝的某些网络广告信息对用户的影响仍然不可忽视,例如 Email 广告、某些网页或应用软件的弹出广告、手机 APP 开屏广告、APP 推送信息以及网络视频中的植入广告、贴片广告和暂停广告等,这些属于用户被动接收的企业信息。相对而言,部分具有原生广告特征的广告形式如搜索引擎关键词广告、社交网络信息流广告、网络红包广告等形式更容易为用户所接受。不过用户被动接收信息的现象在短期内仍不会消失。

这种状况对企业网络营销的启示在于：合理利用信息推送规则，也是现阶段企业常用的网络推广方法，尽管对用户而言有一定的强制性，但总有企业在使用，放弃这种方式，也就意味着可能减少部分获得用户的机会。

4. 通过用户与企业的连接沟通获取信息

通过信息源构建及合理的网络推广，当用户与企业建立连接关系之后，用户获取信息的方式将更为通畅，可通过多种渠道与用户建立信息连接。除了单纯的主动或被动接收信息之外，用户获取信息的方式主要有两种：一种是用户可以主动联系获取他需要的信息，另一种是企业也可以根据用户的需求分析主动为用户提供他可能感兴趣的信息、推荐相关的产品或服务等。企业和用户之间建立起和谐的生态关系，通过利益和价值连接，用户也可能成为企业的合作伙伴或推广资源，如通过用户社交网络或内容平台实现的信息分享及口碑传播、通过用户社交关系资源或网络流量资源实现的价值传递等。

可见，与用户建立连接，是网络营销信息传递的新起点，可实现多层面的用户运营策略。

从以上用户来源渠道来看，无论是用户主动获取信息，还是被动获取信息，或者受社交关系影响而获取信息，在一定程度上都会受到网络营销内容运营和渠道运营的影响，也就是说，企业的网络营销活动对用户获取信息的方式产生直接的影响，这也从用户的角度说明网络营销的有效性。相对而言，用户与企业连接和沟通的方式，对于用户获取信息及合作推广等行为的作用更为直接，也更具针对性，是用户来源渠道中对维护顾客关系、发挥用户价值、促进用户转化最活跃的方式之一。所以，获得用户仅仅是网络营销效果的第一步，有效的用户策略组合才是网络营销发挥最终效果及长期效果的保证。

5.1.2 用户类别及连接方式

基于对用户来源渠道的分析，根据网络营销信息传递系统中企业与用户之间的连接关系，可将用户分为五类。

1. 临时用户

通过某种方式浏览企业信息源或使用某些服务之后即离开的用户，属于临时用户。这类用户的特点在于有明确的需求但通常比较简单，获得满足之后即行离开，可能会重复访问，也可能只是一次性的。

2. 注册用户

注册用户意味着用户可能需要长期的服务，用户愿意为网站提供必要的个人信息，双方建立较为紧密的连接关系。

3. 活跃用户

注册用户中也存在一定比例的"无效用户"，例如注册之后忘记了密码，或者注册后很少使用网站的服务等，这些用户的实际意义并不大。活跃用户则是经常会登录网站/手机APP/其他应用平台等，与网站之间保持较为紧密的关系。

4. 价值用户

价值用户即可以为网站带来高价值的用户,主要包括 KOL 用户、头部用户、可作为网络推广的伙伴用户等,这类用户在网站营销生态系统中通常处于核心地位,既是直接顾客,也是网络推广资源。

5. 噪声用户

顾名思义,就是在企业网络营销信息系统中产生不符合企业期望信息的用户,例如专门发布企业负面信息或差评的用户。这类用户并不是网络营销用户的主流,但往往发挥着明显的负面作用。噪声用户可能来自不正当竞争者,也可能产生于经历过不愉快体验的其他用户。

显然,对不同的用户类型,企业应采用不同的方式,从临时用户、注册用户到活跃用户及价值用户,争取可能多的有效用户,并积极面对和处理噪声用户及其带来的负面影响。

5.2 用户策略的基本内容

本章开篇介绍了用户策略的一般框架(图 5-1),主要包括用户连接及交互方式、建立与维护用户关系、构建用户价值及利益体系、获得用户长期资源价值,并通过用户数据分析获得用户策略的决策支持。根据这一框架,可进一步构建系统的用户策略内容及相关方法(图 5-2)。

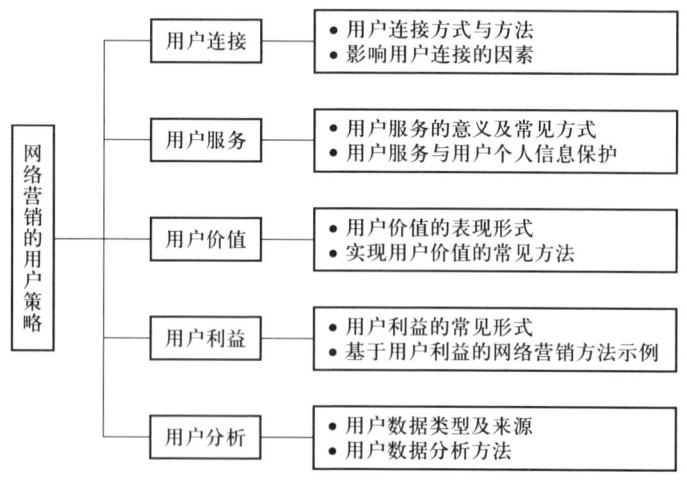

图 5-2 网络营销用户策略的基本内容

5.2.1 用户连接:建立企业与用户的关联关系

企业与用户的关系越密切,用户对企业的价值越高。正因为如此,才有了形形色色的会员卡、VIP 会员、星级会员等形式,企业的目的是为了从具有高消费能力的用户那里获取更多的利益。会员是传统企业与用户建立连接的常见方式之一,通过会员提供的联系信息,企业可以实现与用户的信息传递与交互并最终扩大销售,用户可以获得更多的优惠和服务。实现企业与用户双方的价值,是用户连接的最终目的。

在企业网络营销系统中,用户连接的方式更多,信息传递效率也更高。从网络营销的角度来看,用户连接是指通过互联网应用与用户之间建立的关联关系,其目的是为了向用户传递有价值的信息、提供顾客服务、增进顾客关系、提升顾客价值并发挥用户资源价值。

与网络营销信息传递的方式(也就是企业获得用户的方式)类似,实现用户连接的方式也有多种,例如信息连接、功能连接、服务连接、用户关系连接、社交关系连接、价值连接、利益连接等。从网络营销信息源、信息传递渠道,到用户交互的整个流程中,都可能产生企业与用户之间的连接关系。

因此,实现用户连接的方式,可以根据前述用户的常见类型进行分组,从临时用户到价值用户,用户连接的方式呈叠加关系,如图5-3所示。可见,企业与用户的连接渠道越多,与用户的关系越紧密,用户及企业双方的价值也越高。

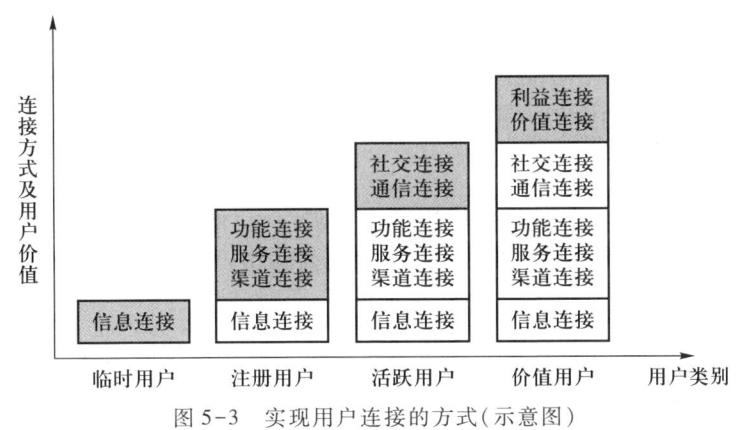

图 5-3　实现用户连接的方式(示意图)

常见用户连接方式及其意义包括如下八个方面。

1. 信息连接

用户通过常用信息获取方式来到网站浏览期望的信息,与网站建立临时性的连接关系,成为临时用户,通过网站信息可能进一步使用网站的其他功能和服务,或者转化为注册用户。实现信息连接的基础是信息源构建与维护,包括企业网站、APP、企业自媒体等。

2. 渠道连接

渠道连接即用户可以用来发现企业网站信息的所有网络工具和平台,如其他网站的链接、搜索引擎、媒体网站广告、自媒体内容广告、电子商务平台、企业官方旗舰店等。网络推广方法是实现渠道连接的主要途径。

3. 服务连接

用户为了获得某种服务而来到网站,例如天气查询、飞机票查询、在线地图、专业文档下载、驱动程序下载等。设置服务连接本身也具有一定的网络推广功能,可以获得临时用户或注册用户。

4. 功能连接

利用网站的某些功能实现与用户之间的紧密联系,如在线订购、网上调研、网络红包、视频分享、云存储等。功能连接对建立长期用户关系具有重要的作用。

5. 通信连接

通信连接即通过常用通信方式与用户保持联系,例如呼叫中心、电话、手机短信、电子邮件、在线聊天工具、在线客服等,属于企业与用户之间常规的沟通和交互方式。通信连接在用户服务和用户关系方面仍然是必不可少的。

6. 社交连接

社交连接指通过企业官方社交账户建立与用户之间的关注或关联关系,例如官方微博、微信公众号、小程序、网络社群等。社交连接是开展社会化网络营销的重要渠道,在企业信息发布、用户服务、用户沟通等方面具有其他连接方式不可替代的作用。

7. 价值连接

为用户提供直接的价值,是实现用户价值的必要手段,也是建立用户连接的有效方法,例如积分兑奖、在线优惠券、网络红包、用户信用升级等。价值连接在提升用户感知价值的同时,也是企业提高收益的常用方式。

8. 利益连接

利益驱动对用户来说比一般的价值连接更有吸引力,例如用户专属钱包、分销联盟、分享返利、自媒体广告收益分成等。利益连接是维持活跃用户及头部用户的有方式,让用户资源成为企业的网络推广渠道,也是网络营销生态思维的体现。

从图 5-3 也可以看出用户连接方式从信息连接到利益连接的层级关系,也正是用户类别从临时用户到价值用户升级的表现。

总之,实现多渠道用户连接,增强与用户的连接强度,是提高用户资源价值的重要手段。一般来说,用户连接渠道越多,用户沟通越畅通,用户对企业的信赖程度和满意程度也会越高,意味着可以为企业带来更大的价值。

 案例

携程网的用户连接渠道

作为携程网的资深用户,本书作者对携程网之间的连接关系有一定的体会。

这是我使用携程网印象较深的一些经历:一般来说,需要通过预订机票或宾馆时,我会通过电脑登录携程网站,或者用手机 APP 登录,完成预订后通常会收到携程网发来的确认短信,在出行之前,还会收到含有目的地天气等信息的短信提醒。旅行前后如果遇到问题,可以通过客服电话咨询或办理变更。当旅行结束,如果某些项目有返现优惠,一般会收到携程网发来的电子邮件,通过电子邮件中的链接登录携程网站完成确认流程。由于在携程上预订宾馆和机票等可能有积分或优惠券,所以平时也有可能登录携程网站使用积分兑换奖品等服务。几年前关注了携程网官方微博,在服务方面遇到问题,也曾经通过微博提出后很快得到回复。另外,不定期会接收到携程的短信促销信息。也就是说,我与携程联系的主要方式包括手机、短信、网站、APP、Email、微博等,常用的服务主要包括在线预订、客服、会员服务、积分兑换、返现优惠及在线优惠券等。通过多种方式的连接,我与携程网之间建立起比较紧密的关系,预订旅行产品时首先会考虑到携程网的服务。

根据对携程网站用户连接方式的分析,我个人常用的仅仅是一部分,事实上,携程网提供及利用了当前几乎所有常用的用户连接渠道,以多渠道实现信息传递及价值传递。例如:

(1) 通信工具连接:呼叫中心、短信、Email、QQ;
(2) 网络平台连接:官方网站、APP、用户评论、网络分享;
(3) 社交网络连接:官方微博、微信公众号、微信订阅号、小程序;
(4) 利益与价值连接:积分、钱包、优惠券、分销联盟;
(5) 网络渠道连接:搜索引擎、网络广告平台、电子商务平台产品销售……

此外,针对某些具体服务,还通过以"兴趣"划分的主题微信群,将同一目的地的旅游者与携程建立起互动交流关系,这种被称为"微领队"的社群活动,可成为又一种用户连接与产品营销模式。

互联网发展至今,用户在网络营销中的地位日益重要,经历了从虚拟、松散、注册、联系、关联到社群关系的演变,企业与用户的连接方式、信息传递方式及价值传递方式也更加丰富。携程旅行网的用户连接方式在大型电子商务网站中有一定的代表性,表明用户连接能力已成为社会化网络时代企业竞争优势的基础之一。

5.2.2 用户服务:建立与维护用户关系

随着用户连接层次的提升,企业与用户的关系更为紧密,同时也意味着企业需要为用户提供更多的服务,尤其用户遇到问题需要咨询和解决时,用户服务就显得更加重要。可见,用户服务是建立与维护用户关系不可缺少的内容。

1. 用户服务的意义及常见方式

用户服务的内容和方式很多,本书重点介绍在线服务的意义及常见方式。在线服务是通过互联网工具为用户提供的服务,其主要作用表现在三个方面:增进用户关系并提升用户满意度;提高用户服务效率;降低用户服务成本。

在线服务的基本形式包括两种:用户自助服务和人工服务。

自助服务是用户通过网站上的说明信息寻找相应的常见问题解答(FAQ)、观看在线演示,或者加入网络社群等方式获取自己所需的信息。人工服务则是需要根据顾客提出的问题,通过客服人员人工回复的方式给予回答,如通过电子邮件、在线聊天工具、微博私信或@客服、微信群提问等。

从在线服务所需要的互联网工具来看,主要包括网站FAQ、电子邮件、即时信息(包括普通聊天工具及专用在线客服工具)、论坛、微博、微信公众号、QQ群等,其中以FAQ、即时信息、微博、微信社群等应用最为普遍。

由于各种在线聊天及社交工具已非常普及，几乎所有上网用户都非常熟悉，这里就不再介绍，仅简要介绍在线服务的经典方式——常见问题解答(FAQ)。

FAQ 是常见问题解答的英文 Frequently Asked Questions 的缩写，即把一些功能和服务的常见问题罗列出来供用户自主查看。在利用一些网站的功能或者服务时往往会遇到一些看似很简单，但不经过说明可能很难搞清楚的问题，有时甚至会因为这些细节问题的影响而失去用户。其实在很多情况下，只要经过简单的解释就可以解决这些问题，这就是 FAQ 的价值。网站上的 FAQ 是一种常用的在线帮助形式，一个好的 FAQ 系统，应该至少可以回答用户 80% 的一般问题，这样不仅方便了用户，也大大减轻了网站工作人员的压力，节省了大量的顾客服务成本，并且增加了顾客的满意度。因此，一个优秀的网站，应该重视 FAQ 的设计。

例如，Google AdWords 和 AdSense 的常见问题解答均多达数百条，而且还在不断增加中。新浪微博在线帮助同样提供了主要产品常见的热点问题，并设置了一些重要应用的快捷入口为用户提供方便。在本书作者 2004 年为一个新发布的营销资讯类网站所准备的 FAQ 中，总共写了 1 万多字，分 8 个类别，有几十个问题，但仍觉得有些问题没说清楚，一些内容还需要在网站运营中不断补充和完善。

FAQ 之所以很重要，是基于两个基本事实：一是当用户到一个新网站时，难免会遇到这样那样不熟悉的问题，有时可能仅仅是非常简单的问题，但可能导致用户使用过程出现困难；二是绝大多数用户在遇到问题时，宁可自己在网站上找答案，或者自己不断试验，而不是马上发邮件给网站管理员，何况即使发了邮件也不一定能很快得到回复。

网站的 FAQ 一般包括两个部分：一部分是在网站正式发布前就准备好的内容，这些并不是等用户经常问到才回答的问题，而是一种"模拟用户"提出的问题，或者说，是站在用户的角度，对于在不同的场合中可能遇到的问题给出的解答；另一部分是在网站运营过程中用户不断提出的问题，这才是真正意义上的用户问题解答。不过，通常并不需要对这两部分的内容做严格的区分，都通称为 FAQ。如果网站发布前的 FAQ 设计比较完善，那么在运营过程中遇到的问题就会大大减少，因此，比较理想的状况是，前期准备的问题应该至少包含 80% 以上的内容。

通常情况下，一个网站从规划、设计，到功能开发、测试，这些工作一般不可能一个人完成，各个环节的人员对一个网站各项功能和要素的理解不可能都站在顾客的角度考虑，也不可能都按照网络营销的思想来处理问题。当各个部分的工作基本完成之后，还需要对网站进行总体的"调试"，对于用户(尤其是新用户)在各个环节可能产生的疑问分别给予解答，这是一项很重要的工作内容。相对而言，国内一些知名网上零售网站的 FAQ 体系设计比较完善，一般针对用户在购物流程、商品选择、购物车、支付、配送、售后服务等方面分别给出一些常见问题解答。

根据作者的调查，也有很多网站对 FAQ 重视不够，不少大型企业网站甚至根本没有这项内容，一些网站仅仅是流于形式，不仅内容贫乏，甚至答非所问，这样不仅解决不了顾客关心的问题，在一定程度上也损害到网站的形象。

除了企业专属的在线服务之外，对于一些公共的问题如生活常识、交通信息、健康、经验等，公共网站平台如经验分享网站、ASK 社区、贴吧、搜索引擎等也在一定程度上承担了网站外部的在线客服功能。也就是说,将一些用户咨询较多的问题发布到第三方网站平台或社区,也是为用户提供服务的补充方式。

此外,在线客服与手机短信相结合的服务模式也得到广泛应用,尤其在对用户信息安全性要求比较高的电子商务领域,如网络银行、密码修改、订单确认、物流信息等方面,通过短信验证增加安全性,提高用户服务的专业性。

2. 用户服务与用户个人信息保护

从用户服务的方式可以看出,用户服务的内容可以分为通用服务和个性化服务,对于常规的问题解答等,通用服务方式即可解决,但部分用户可能面临一些个性化的问题,或者企业对不同类型的用户可能提供不同的服务方式,于是就具有个性化服务的需求。基于个性化服务的营销也称为个性化营销。

个性化服务满足了用户的特定需求,如产品使用中的异常问题、非常规的服务需求等。为了提供个性化服务,往往需要对用户个人信息有进一步的了解,如性别、年龄、收入、爱好、地理位置、通信方式,甚至身高、体重等。在大数据时代,个性化服务并不少见,但都是建立在获得尽可能详尽的用户个人信息和上网及消费行为数据的基础上的,于是也就提出了在线服务与个人信息保护的关系问题。

一些网站/APP用不适当的方式收集用户个人信息,并且缺乏严密的保护个人信息措施,有关网站滥用个人信息或者泄露个人信息的问题时有发生,对用户信息安全造成很大威胁,甚至成为严重的社会问题,而用户保护个人信息的手段较少或者程序复杂成本过高,于是出现了形形色色的问题。因此在收集用户个人信息及开展在线服务时,应遵照个人信息适量原则,并注意保护用户信息。

 拓展阅读

用户个人信息保护与个人信息适量原则

在填写网站注册资料时,一般要求用户公开的个人信息越多、信息受关注程度越高,参与的用户将越少。为了获得必要的用户数量,同时获取有价值的用户信息,需要对信息量和信息受关注程度进行权衡,尽可能降低涉及用户个人隐私的程度,同时尽量减少不必要的信息。即在网络营销中获取用户个人信息应适量,这样才能保证网络营销与个人隐私的和谐。

本书作者总结了"个人信息适量原则",作为在开展个性化营销及顾客服务中应遵循的一般原则。个人信息的适量原则可以从两个方面来理解:一方面,在用户可以接受的范围内获取尽可能多的用户信息;另一方面,应当以尽可能少的、最有价值的用户信息来保证网络营销的需要。

根据这一原则,在各种注册程序中对于信息选项进行充分的论证,既要考虑到用户公开个人信息的心理承受能力,又要保证获得的用户信息都有切实的价值。对于可有可无的信息,坚决取消,而对于用户关心程度较高的信息,则应采取慎重的态度,只有到非常必要时才要求用户提供,同时不要忘记公开个人隐私保护条款,尽可能减少用户的顾虑。个人信息适量原则与个人信息保护政策是同一问题的不同表现方式,应作为网络营销的一条重要法则。

(资料来源:冯英健. 网络营销基础与实践.5. 北京:清华大学出版社,2016年:第8章。)

5.2.3 用户价值:构建用户价值体系

如何理解网络营销中的用户价值?用户价值的表现形式有哪些?实现用户价值的主要途径包括哪些方面?

1. 认识网络营销视角的用户价值

用户价值看起来是一个无需解释的概念,但又往往很难准确描述。"物超所值""物有所值"等都是描述用户购物价值的一些常用词汇,但用户价值实际上是很难细化和量化的,值得或不值得,通常是个人的感觉,而且是相对而言的。

例如,通过搜索引擎了解某个概念或某个问题的解决方法,从某个网页的信息中得到了自己需要的答案,这是一种信息获取的价值,在信息源(网页)及信息传递渠道(搜索引擎)中都得到了满足。又如,用户通过某个网站以适当的价格购买到自己需要的商品,这是一种购物所获得的价值。至于用户通过这些行为获得的价值到底是多少则无法度量,即使一些网站提供了用户评价的功能,也只能在一定程度上反映用户的满意程度。

尽管有一些学者研究了各种用户价值的量化方法,但离实际应用还有一定的距离。因此本书并不主张用严密的量化方式来描述用户价值,仅从网络营销实践应用层面,力求理解用户价值的主要内容和形式,并探索实现用户价值的主要方法。

从网络营销用户策略的角度,本书将用户价值理解为:通过网站(或其他应用)提供的功能、内容和服务,用户通过自己的方式获得了所需要的信息或服务,并且在这个过程中感觉符合自己的期望。用户价值中包括两个基本元素:一个是来自网站方面的基本要素;另一个是来自用户的感觉,包括满足感(获得了所需要的结果)和满意感(过程中的体验顺利)。

因此可以认为,用户价值对于网站方面来说,是网站基本要素应具备的价值,对于用户方面来说,是一种"虚拟价值",只是用户的个人感受和主观结论。这里所指的用户价值与市场学中的"顾客感知价值"概念有一定的类似之处,但所包含的内容又具有网络营销的特殊性,主要体现在网络营销信息传递流程的各个环节,例如信息源中的顾客价值、用户交互中的顾客价值等,但从用户的角度有时又难以明确区分属于哪个环节。

仍以搜索引擎获取信息为例,在搜索结果中选择了某项搜索结果,点击进入到信息源网页,但发现内容和期望差距较大,或者根本没有所需要的有效信息,在这个过程中,用户是对搜索引擎的搜索结果(渠道)还是对网页内容(信息源)产生不满意的感觉呢?其实是没有严格界限的,事实上也无法严格区分,总之是这次获取信息的用户价值不高。但对于企业而言,应该明确问题的所在,从各个环节满足用户价值需求。

2. 用户价值的表现形式

用户价值可以体现在用户所感觉到的舒适感、愉悦感、信任感、满足感、自豪感、成就感等,总之是一种愉快的过程体验。例如,用户通过一个网站轻松找到自己需要的产品信息,用低于心理预期的价格购买、售后服务沟通顺畅满足了自己的诉求等,这样的体验就意味着获得了较高的用户价值。

根据网络营销信息传递系统的流程,从企业的网络营销基本要素来看,用户价值体系主要包括三个方面:

(1) 信息源的用户价值表现:信息源内容全面,视觉等表现形式符合用户习惯,浏览和分享信息便利,在为用户提供有价值信息的同时为用户带来成就感。例如网站的易用性与信息的有效性都是影响用户价值的因素。

(2) 信息传递渠道的用户价值表现:企业信息源有较高的网络可见度,用户通过多种常规网络渠道可以进入企业信息源,例如搜索引擎、社交网络平台、知识分享平台、电子商务平台等。

(3) 用户交互的用户价值表现:用户连接渠道全面,联系和沟通流程通畅,用户服务水平专业等。

可见,用户价值是系统性的体现,网络营销过程中的任何一个环节都可能影响用户体验,从而降低用户价值,在一定程度上可以说,用户体验与用户价值密不可分。

3. 实现用户价值的主要途径

认识了网络营销中用户价值体系的内容,也就不难理解从企业角度实现用户价值的途径和具体方法了。实现用户价值的主要途径包括以下五个方面。

(1) 网络信息源要素完备。在网络营销信息源策略指导下,完善各类信息源的基本要素,例如网站的基本功能、内容和服务,企业自媒体的内容质量和互动性等。

(2) 提高企业信息的网络可见度。根据网络营销信息传递渠道策略,尽可能通过多种网络推广方法扩展信息传递渠道。

(3) 增强用户连接和交互能力。在网络营销系统中的各个环节建立与用户多渠道多层次的连接和交互,关注用户在各环节的行为和需求,切实解决用户遇到的问题,提高用户服务水平。

(4) 提高企业信息的网络可信度。用户信任涉及多方面的因素,大到企业规模、品牌形象、信用、企业领导人的影响力等,小到一个网页内容的具体表现、企业在搜索引擎中的引导信息源等都可能影响用户对企业信息可信度的判断。从网络营销可操作性层面来看,网络可信度是信息源、信息传递渠道及用户交互的综合体现。

(5) 全面提升用户体验。早期的用户体验,从网站的用户体验开始,重点关注网站基本元素方面,例如网站导航结构、网页下载速度、页面布局、视觉设计、业务流程等。实际上用户体验涉及各个方面,尤其一些复杂的流程中的意外情况,如果无法得到合理的解决,往往会严重影响用户体验和用户价值。例如,复杂的用户注册或修改个人信息流程,尤其是需要在极短的时间内填写手机短信验证码,但又不能及时收到验证码的时候,那种焦躁的心情,如何让人产生愉悦的感受呢?

从上面归纳的部分用户价值实现途径来看,会发现实际上这些都体现在网络营销策略包含的基本内容中。所以,可以认为,用户价值实际上并非一项专门的工作,而是在网络营销各个环节中都要体现以用户为核心,以用户价值为最高指导原则。

还有一些用户体验的反例，例如，部分共享单车为用户退押金设置各种壁垒，某些网站利用大数据分析"杀熟"，等。即使这些网站的网页做得再精美、流程再通畅，对用户来说也没有实际价值，企业的经营思想本身就违反了用户价值原则，不难推测这些企业可能得到的结果。

5.2.4 用户利益：创造用户利益生态关系

一个网站或应用不仅可以为用户提供有用的信息和有价值的服务，有可能为用户带来实际的收益，甚至成为网络创业的平台，或者企业的业务合作伙伴。简单来说，用户利益是用户在正常的信息及服务之外，还可以通过与平台之间建立业务关联而产生收益，这种关联可能是紧密型，也可能是松散型。例如，将网约车、软件下载、网络红包等信息分享给好友，分享者可以获得一定的优惠或奖励，用户和平台之间并没有紧密的业务合作关系，是否分享这类信息，取决于用户的意愿。

1. 用户利益与用户价值的区别和联系

用户价值与用户利益从字面上看有一定的相似或关联，实际上并不是一个层面的意义。为了避免混淆，这里对两个概念的区别和联系做必要的说明。

首先，用户价值和用户利益，都来自网站平台提供的基础服务，但两者与用户的连接关系层次不同。从用户与平台的关系来看，两者分别属于价值连接和利益连接型用户，后者的连接更为紧密。也就是说，用户价值和用户利益之间是叠加关系，即在获得所有用户可享有的常规用户价值基础之上，通过与网站平台之间的利益连接关系，获得其他真实的收益。

其次，获取用户价值和用户利益的方式不同。用户价值表现在，作为用户在正常使用网站服务的同时，无须投入额外的资源而可以得到的价值，包括会员优惠、用户体验、成就感、归属感，乃至一定的收益（例如付费下载、网上销售）。

也就是说，用户价值是网站为了自身利益而主动为用户提供的服务或优惠，而用户利益则来自用户和网站之间的一种类似业务合作关系（可能是紧密型或松散型），除了常规的用户价值之外，还可以通过用户的资源投入获得额外的收益，包括更多的优惠措施、收益分成、推广佣金等。这也就是生态型网络营销的常见形式，例如分享信息得佣金或优惠、微信分销、网站联盟、搜索联盟等。

2. 基于用户利益的网络营销——生态型网络营销思想

基于用户利益的网络营销，实际上具有生态系统的基本特征，因而被称为生态型网络营销思想。与自然界的生态系统类似，网络营销生态系统是由营销活动范围内所涉及的相互依存或影响的组织、人员、网络平台、营销环境等所组成，包括网络营销信息创建者、信息发布渠道（企业网站、网络广告媒体、社交网络等）、信息传播渠道（搜索引擎、即时信息、电子邮件、社交网络等）、第三方服务商、信息获取者、消费者（销售者）、管理机构等。

一个理想的生态型网络营销系统应该具备的基本特点包括：

（1）系统中各成员或组织之间有相互依存的关系，但并不限于业务关系。

（2）系统中各成员或组织之间有明确的价值传递关系，且具有长期性。

（3）系统中各成员或组织共同形成一个社会化网络子系统。即每一个生态型网络营销系统也是一个微型的社会化网络，具备社会化网络的基本特点。

这种微型社会化网络并不一定依托于公共社交平台，可以是自成体系，相对独立。其中最重要的特征之一是，系统不具有强制性，成员可以自由加入和退出，无须支付费用（或低于正常市场价格），并且经过自己的努力，利用自己的网络资源（如网站访问量资源或社会关系资源）可以获得收益、获得低于市场价格的优惠，或者其他潜在的价值（如成就感、优越感、归属感、社交地位等）。这就意味着，在这个系统中，存在着明确的价值链，包括营销支持平台、营销资金提供者（例如广告主企业或网店店主）、参与者（推广者或分销者）、最终用户（消费者或推广信息接收者），所有参与者根据营销效果获得佣金或收益，而最终用户则获得优惠购买或其他利益。

可见，生态型网络营销的基本组成要素包括：

（1）营销支持平台：生态性利益链规则的制定者和技术支持平台，例如微信公众平台、百度搜索、淘宝网等。

（2）用户利益来源：利用营销支持平台实现推广价值的企业，提供营销资金或产品，通常为企业广告主或产品提供者，可笼统称为"营销主"。营销支持平台也可能同时作为用户利益来源。

（3）平台用户：即平台的一般用户，可以仅作为最终用户，也可以成为利益用户。平台用户是平台的核心资源。

（4）利益用户：用户利益的真正受益者。在一般用户的基础上，可以成为营销平台的推广者或分销者，利用自己的资源为营销主提供网络推广或分销渠道，也是生态型营销的主要受益者。用户的资源类型及资源价值决定了可以获得的实际利益。

（5）新用户：通过平台本身的推广及利益用户的推广，可以为平台带来新的用户。这是营销支持平台在实现营销主价值和用户价值的同时，可以为自身带来的新价值。

总之，生态型网络营销的意义在于，体现了网络营销中的价值关系，实现信息传递与价值传递相结合，丰富了网络营销的内涵，是对网络营销思想的扩展。同时，生态型营销也使得顾客关系营销及顾客价值营销理论具有可操作性。

基于用户利益的网络营销方法具有强大的生命力，并且在网络营销方法体系中占有重要位置，在本书有关生态型网络营销方法的内容中，将以网络会员制营销原理为例，详细介绍系统组成元素及各方的价值关系。

5.2.5 用户分析：通过用户数据分析获得用户长期资源价值

网络营销中的数据通常是用户的参与或交互而产生的，如网站的注册用户数量、网站浏览量、广告点击率、文章转发量等，都与用户的行为有关。有价值的数据来源于用户连接，在每个数据的背后都是用户的行为。可见网络营销中所说的数据，实际上也就是用户数据，用户分析的基础是在整个网络营销信息传递及交互过程中的用户行为记录。了解用户数据类型与数据来源，也就成为用户分析策略的基础。

用户数据是用户信息及行为的量化记录，用户信息的范围很广，例如用户个人信息（性别、年龄、职业、联系方式等）、用户的社交关系信息、用户使用搜索引擎的记录、在社交网站发帖的记录、回复或转发其他用户的记录、在网上商店发布的产品评价、在线购买产品的订单记录、每笔订单的金额、一个月内网上支付的金额、支付的方式等。可以说，只要上网，就会留下各种用户信息。每个用户的信息及行为记录，是用户数据统计的基本单位，将同一网站所有用户或某种共同属性的用户信息进行统计，就成为具有一定网络营销意义的用户统计数据，例如某网站在某时间内的访问量，某网店在某个时间内的订单总数及人均订单金额等，这些数据便具有了网络营销分析的意义。

因此，网络营销中用户数据分析的主要内容包括：网络营销流程用户信息的数据化、数据分类汇总、特定数据分析、分析结果及预测等。

在网络营销的用户策略体系中，用户数据分析并非一系列网络营销方法的组合，而是对其他网络营销策略及方法的分析评价，相对独立且自成体系，在网络营销用户策略中发挥着总结和调节的作用。因此，本章接下来将用专门的章节，介绍用户数据分析方法及应用实例。

5.3 网络营销中的用户数据类型及应用领域

用户数据分析的目的是为了更好地实现用户策略，而用户分析的基础，是获得用户相关的数据。一般来说，用户数据的网络营销意义包括：掌握用户数量、类别及活跃程度；了解信息源被用户的浏览情况；了解用户的来源渠道，及时总结分析网络营销渠道策略；分析用户连接及用户价值的关联关系；等等。

事实上，网络营销与用户数据具有天然的联系，例如网络广告的点击率，自网络广告诞生至今，一直是必不可少的一项重要统计指标，可见数据分析在网络营销中一直是不可缺少的基础性工作。在众多的网络营销数据中，网站访问统计分析是应用最早、技术最成熟的数据分析方法之一，对网络营销效果管理具有重要作用。

5.3.1 用户数据的类型及来源

除了网络广告点击率、网站访问量等常见数据之外，可记录的用户数据还有很多，例如用户使用搜索引擎的偏好、获取及浏览信息的特点等，都具有数据分析的意义。由于用户数据范围非常广泛，需要进行适当的分类，才能为获取和分析用户数据提供支持。

在传统的市场细分中，通常依据人口统计信息及个人偏好等方面对用户进行分类，比如用户性别、年龄、所在地区、教育程度、收入范围、消费目的、消费偏好等。这些信息实际上仅仅是用户的基础信息。在网络营销中，用户数据信息更为丰富，可以记录的用户行为数据更多，且用户行为有一定的分散性，这也为数据分类带来一定的困难。

对网络营销分析有价值的数据，可以从微观和宏观两个角度来考虑：微观数据，既包括与企业直接相关的用户数据，通常可通过一定的技术方法自行收集和统计，例如网站访问量、注册用户信息等,也包括相关平台或服务商可以提供的数据,例如微博账号的粉丝数及微博浏览量等;宏观数据,是与整个互联网应用环境相关的数据,例如上网人口数量及各省市所占比例,网络营销服务市场规模及各种网络营销服务所占份额,在线销售网站数量及年销售额等。

微观数据和宏观数据对网络营销研究都有重要作用,不过考虑到宏观数据通常由国家相关部门、第三方行业协会或调查研究机构统计和发布,企业通常并不参与数据的统计分析过程,因此在网络营销中以微观数据的获取和统计分析为主。

从企业的角度来看,由于只有与用户连接,才能产生并记录用户数据,因此基于用户来源渠道及连接渠道的分析,网络营销分析中常用的数据可分为以下四种类型。

1. 用户个人信息

用户个人信息,也是用户的基础信息,在与企业建立连接之前同样存在并有一定的稳定性,自用户进行信息获取准备开始,用户的个人信息就成为可记录的用户行为数据,而当成为网站的注册用户或在线购买用户,还将提供更多的个人联系方式等信息。

常见的个人信息包括性别、年龄、职业、学历、收入水平、地区、联系方式、在线订单记录等。

用户个人信息数据来源:注册用户在线提交。注册方式包括在某网站自行注册或者授权第三方服务商使用的信息等。例如,作为携程网的注册用户,在使用携程网合作伙伴提供的用车服务之后,你的个人信息可能也会被提供用车服务的商家所利用。商家在获取用户个人信息时,应注意个人信息保护。

2. 用户来源渠道信息

除了用户直接访问企业网站之外,用户还可能通过第三方渠道(例如搜索引擎)的引导来到企业信息源页面,也可以通过第三方平台(例如微博、电子商务平台)获取企业的信息,用户与第三方渠道或平台连接产生的数据由相应的网站掌握。不过多数第三方网站都提供了部分可以利用的数据,其中包括用户的总体行为数据,以及为平台注册账号提供的专属统计数据。这些大型网站平台拥有大量的用户数据,也是互联网行业大数据的主要来源。

数据来源:取决于第三方网站平台可以提供的信息。

例如,企业网络营销分析可以利用的部分第三方网站数据包括:

(1) 部分搜索引擎提供的公共数据:百度指数、百度精算、搜狗指数、谷歌趋势等;

(2) 微信公众平台为订阅号提供的统计数据:关注人数及变化、文章阅读人数、分享人数等;

(3) 淘宝网站为卖家提供的统计数据:流量来源分析、订单详情分析、商品成交分析等;

(4) 新浪微博为注册用户提供的数据:粉丝数、微博阅读数、转发数、评论数、点赞数等。

此外,如果选择了付费网络推广,还可以利用网络营销服务商提供的专题统计数据,例如搜索引擎广告统计数据、网络广告统计数据、分类广告统计数据、视频广告统计数据等,每一种服务都有相应的统计指标,如展示次数、点击次数、送达率、浏览量、阅读量、互动量、转化率等。

3. 用户访问网络营销信息源的数据记录

当用户来到企业信息源网站/APP,也就进入了企业可掌控用户数据的领域,通过网站统计分析工具,可以获得详尽的用户访问记录,成为企业第一手用户数据分析资源,也是最全面、最完整的用户行为统计数据。

数据来源:企业网站自行收集和统计。可利用统计软件,也可以利用第三方平台提供的网站统计服务(如百度统计)。

本章后续内容系统介绍网站访问统计指标的含义及网站访问统计分析方法。

4. 通过定向调查获取的数据

并非企业需要的所有信息都可以通过网站用户数据获得,有些方面的数据企业可根据需要进行定向调查获取,至于调查的方式,可自行开展调查,也可以委托专业机构进行。在线调研是获得企业所需专项数据的常用方式,例如用户对某品牌产品的认知度调查、用户满意度调查等。同时,在线市场调研也是网络营销的基本职能之一。

严格来说,定向调查数据与其他类型的用户数据有显著的差异,在线调研属于样本调查的方式,并没有大数据的一般特征,在数据分析方法上与其他直接来源于用户的信息有较大差别,不过在一定程度上可以获得对特定问题的认识,因此在线调研仍然有存在的价值。

 拓展阅读

在线调研的常用方法

常用的网上市场调研方法包括:网上搜索法、网站及邮件跟踪法、网站用户抽样调查法、网站投票法、固定样本调查法、在线调查问卷等。其中在线调查问卷是应用最广,也是专业程度最高的网上调研方法之一。

1. 开放性市场资料收集:网上搜索法

网上搜索是最简单、最有用的网上调研方法之一,利用搜索引擎,可以获得大量有用的市场资料,可用于市场调查数据收集、行业竞争分析等。网上检索通常作为收集第二手资料的手段,但是利用搜索引擎强大的搜索功能也可以获得大量第一手资料,例如大型调查咨询公司的公开性调查报告,大型企业、商业组织、学术团体、著名报刊等发布的调查资料,政府机构发布的调查统计信息等。

2. 行业网站资料收集:网站及邮件跟踪法

由于互联网数据的开放性和动态性,利用搜索引擎收集市场资料通常适用于临时性的调研,对于需要长期跟踪收集的行业网站资料,则可以利用网站及邮件跟踪的调研方法。一般来说,可以提供大量第一手市场信息和第二手资料的网站有:各类网上博览会、各行业经贸信息网、电子商务网站、行业门户网站、大型调研咨询公司网站、政府统计机构网站等等。此外,关注相关网站的社交网络信息(如官方微博等)也是收集最新资料的有效方式。

3. 网站用户满意度调查:网站用户抽样调查法

网站用户抽样调查法,常用于对本网站易用性、用户满意度等方面的调查,即将事先设计好的调查问卷,通过技术方式随机发放给网站的浏览者,浏览者填写问卷并提交即完成了一个样本的调查过程。这是一种综合性的网上市场调研方法,集问卷调查、投放、回收于一体。网站用户抽样调查的基本原理是,利用设定好的规则对网站访问者进行跟踪分析,对于符合要求的用户在访问网站时弹出一个调查说明及问卷,这种方式与传统市场调查的拦截调查方式是类似的。例如在某一天或几天中某个时段访问网站的用户,或者对来自某些地区、某些IP地址段等条件的访问者,当进入网站打开一个网页后,弹出调查问卷,等待用户填写并提交。

4. 简易网络小调查:网站投票法

登录自己的微博,除了发布图片和文字等基本信息之外,还有"投票功能"。基本元素包括投票标题和自己定义的若干个投票选项,此外还有一些高级设置,如单选/多选、投票结束时间、用户参与投票成功后的文字说明等。这就是一个典型的网站小调查,也称为网站投票。在很多网站都可以看到类似的网站小调查功能,在一些新闻网站的内容页面下方,有时也会出现用户观点的小调查。在微信公众平台的功能管理中,也有类似的投票管理功能,可以将投票插入到微信公众号文章内容中。

这种调查方式也属于在线问卷的一种,只是通常比较简单,只有几个可选的项目,用户选择后点击提交即完成了一次在线调查,不会占用太多时间,很多用户也就乐意随手参与一下调查。这种简易的网络调查,可以用于多种目的,尤其是了解用户对某事件的看法,当参与用户数量较多时,调查结果是相当有说服力的。

5. 长期调研:固定样本调查法

为获得长期调研结果并使得调查结果具有可靠性和可比性,一种专业的市场调研方法是固定样本调查。同传统调查中的固定样本连续调查法原理一样,根据调查目的的要求,用合理的抽样技术选定固定样本用户,当然,这些用户必须是经常上网的用户,对固定样本用户给予必要的培训,说明调查目的,提出一定的要求,由各样本用户按照要求将所要调查的内容记录下来,定期提交给市场调研项目的负责人,资料提交形式既可以通过网站提交在线表单,也可以通过电子邮件、微信等方式发送。

6. 专业在线调查问卷:在线调查问卷

利用在线调查问卷获取信息是最常用的在线调研方法,也是在线调研的重点内容。在线调查问卷广泛地应用于各种专业的调研活动,这实际上也就是传统问卷调查方法在互联网上的表现形式。最简单的调查问卷可能只有几个问题需要回答,或者几个答案供选择,一个复杂的在线调查可能有几十个甚至更多的问题。

例如,中国互联网络信息中心(CNNIC)所发布的中国互联网络发展状况统计中的部分内容就利用在线调查问卷来收集有关信息,调查的内容涉及用户的上网习惯、个人资料、对互联网领域一些热点问题的看法等,通过对这些调查数据的整理,形成了内容丰富的调查报告。

开展在线调查问卷工作除了需要专业的调查问卷设计之外,网站还需要相应的技术功能支持。开发一个完善的在线调查系统其实并不简单,尤其当被调查用户较多、调查数据量较大时,对在线调查系统的要求还是比较高的,相应的开发和维护成本也很大。因此很多专业的调查往往委托第三方专业在线调查机构来操作。非商业性的在线调查,也可以考虑采用一些网站提供的免费在线调查系统(例如腾讯问卷)。

(资料来源:冯英健. 网络营销基础与实践. 5. 北京:清华大学出版社,2016:第8章。)

除了上述数据类型外,在网络营销的具体方法中可能还会用到更多类型的数据,例如在搜索引擎营销中提到的用户搜索行为数据、用户注意力的 F 现象、搜索结果页面的相关搜索等。事实上,还有更多的用户数据可能没有被详细记录,或者难以给出明确的定义,这种状况可能与多种因素有关,如对用户行为数据认识的欠缺,或者记录用户行为的技术限制等原因。不过可以肯定的是,与网络营销相关的数据会越来越多,数据来源渠道也会更加多样,相应地,网络营销数据分析方法和能力也需要不断发展和提高。

5.3.2 用户数据分析的常用领域

用户数据很多,但并不是所有的数据都具备可以分析的基础,这就要求从获取数据开始就要有明确的分析导向,而且掌握必要的数据分析方法,简单来说就是要有数据意识和数据分析能力。

所谓数据意识,就是在网络营销日常工作中尽可能记录和积累各种数据,把日常运营工作内容数据化,从信息源构建、维护、推广到用户沟通,建立整个流程的数据化规范。

例如,在阅读有些手机推送内容时,你是否注意过类似这样的提示:"本文约 3 000 字,阅读全文大约需要 6 分钟。"看似很简单的一句提醒,其实就包含着数据意识,此举也有助于提升用户体验。其实,很多工作都可以数据化。比如发布一篇微信公众号文章,如果粗略地记录,大概只有发布时间、内容字数、用户阅读数量等常规数据,如果用数据思维挖掘,则可以记录更多更详尽的数据。例如,文章的总字数,文章标题字数,核心关键词数量,图片数量,发布后 4 小时的阅读量,发布后 8 小时、24 小时、48 小时的阅读量……这些数据经过长期积累之后,将可以发现很多有关信息源与用户阅读量之间有价值的分析结论。可见,在网络营销工作中并不缺少数据,只要有足够的数据意识,就会有丰富的数据资源。

网络营销实践应用较多的数据分析领域通常包括两类:一类是企业自主运营数据的分析,另一类是付费类网络推广服务的数据分析。一般来说,企业自主运营数据分析应用相对较薄弱,而付费推广类数据分析应用较为普遍,比如网络广告投放效果分析、搜索引擎关键词广告效果分析、社交媒体信息流广告分析等。其中主要原因在于,作为网络推广服务商,为广告客户提供专业的效果数据及分析是理所当然的服务内容。但是,自主运营数据资源的价值是不可替代的,因为具有自主可控性,且可以实现长期连续的原始数据积累,能更系统地反映企业网络营销的运营状况。因此,在网络营销实践应用中对两类数据都应该给予足够的重视。表 5-1 总结了部分网络营销数据分析的应用及主要数据指标。

表 5-1 部分网络营销数据分析应用

应用示例	数据来源	主要数据资源	主要分析指标
内容运营分析	自主运营信息源创建及发布数据记录	信息发布渠道数量,每个信息发布渠道信息总数量及每月新增数量	信息发布数量、发布渠道数量、每月新发布数量
注册用户分析	网站/APP 运营统计数据	注册用户总数、每天每月新增数量	注册用户数量及增长率

续表

应用示例	数据来源	主要数据资源	主要分析指标
网站访问统计分析	网站用户访问记录	每日页面浏览数、独立用户数、用户来源URL、每个网页的浏览量	网站访问量、用户来源渠道、用户访问页面
搜索引擎可见度分析	根据各搜索引擎搜索记录进行统计	各搜索引擎收录网页数量，主要关键词在SERP的位置	网页收录数量、前10~100核心关键词的排名位置及每日用户点击次数
内容分享记录	内容分享平台发布信息记录	内容分享类平台发布数量及浏览量	博客平台发文数量、网络百科平台及词条数量、文档分享数量、图片及视频分享数量、ASK社区分享数量
订阅型内容运营分析	内容平台提供的统计信息	订户数量、发文数量、阅读量、互动量	信息送达数量、点开率、阅读量、订户数量及增长率
社会化网络资源分析	社交网络平台提供的统计信息	社交平台账户数量、信息发布数量、关注者数量、互动量等	社交账号关注者数量、信息浏览量及转发量、推广活动参与用户量
展示类网络广告效果分析	网络广告平台或媒体提供的统计信息	网络广告形式、展示位置、展示量、点击数量	千次展示费用（CPM）、展示总数、点击总数、点击率、转化率
搜索引擎关键词广告效果分析	搜索引擎平台提供的统计信息	广告展示位置、展示数量、点击数量、点击率、每次点击价格（CPC）	关键词广告每日费用、每次点击费用、点击总数、点击率、转化率
社交媒体广告效果分析	社交网络平台提供的统计信息	广告形式、展示位置、浏览数量、互动数量	广告浏览量、点击率、新增用户数量

除了表5-1中列出的常见数据分析应用领域之外，各种专题网络推广活动通常也离不开数据分析，例如某个特殊节日在某内容平台投放的品牌广告、用某种特定推广方式开展的促销活动等。一般来说，数据分析指标大多与运营/推广效果有一定关系，可见对网络营销效果分析的需要是数据分析受到重视的原因之一。不过，效果分析并非数据分析的全部，数据分析对于网络营销日常运营管理及诊断也是必不可少的。

拓展阅读

《大数据时代》的经典案例及对用户策略的启示

在《大数据时代》一书中，有两个经典案例被多次提及，对数据分析的意义有一定的启发。这两个案例也经常在一些大数据相关的文章中被提及。

1. 大数据案例之一：谷歌通过搜索数据预测流感

2009年，谷歌公司通过大数据分析准确预测到甲型H1N1流感爆发，这比官方数据提前了几周，因此，"谷歌成了一个更有效、更及时的指示标"。谷歌公司通过观察人们在网上的搜索记录来完成这个预测,而这种方法以前一直是被忽略的。谷歌保存了多年来所有的搜索记录,而且每天都会收到来自全球超过30亿条的搜索指令。谷歌公司把5 000万条美国人检索频率最高的词条和美国疾控中心在2003年至2008年间季节性流感传播时期的数据进行了比较,他们希望通过分析人们的搜索记录来判断这些人是否患上了流感。为了测试这些检索词条,谷歌公司总共处理了4.5亿个不同的数学模型。在与2007年到2008年美国疾控中心记录的实际流感病例进行对比后,他们的预测与官方数据的相关性高达97%。和疾控中心一样,谷歌可以判断出流感是从哪里传播出来的,而且非常及时,不会像疾控中心一样在流感爆发后一两周才能做到。

2. 大数据案例之二:亚马逊网站的商品推荐系统

相关商品推荐现在几乎被用于所有电子商务网站,似乎是一项司空见惯的功能,不过在1998年还处于电子商务网站发展的初期,这的确是一项重大创新。这项创新来自最大的电子商务网站亚马逊。据说,亚马逊销售额的三分之一都来自它的个性化推荐系统。这一推荐系统就源于对用户购买行为历史数据的分析,结合当前的浏览行为进行综合分析而实现的。

3. 大数据分析的特点及意义

从上述案例可以看出,拥有大数据资源并具有专业的分析能力和创新应用能力,是大数据发挥价值的重要前提,不仅可以及时发现当前正在发生的问题,也可以有效预测未来即将出现的结果。《大数据时代》书中这样描述大数据与预测的关系:"大数据的核心就是预测。它通常被视为人工智能的一部分,或者更确切地说,被视为一种机器学习"。

4. 大数据案例对网络营销用户策略的启示

大数据来源于用户,也将服务于用户。将大数据分析方法应用于用户策略,可以得出更多有意义的结果,既可以为用户提供专业的深度服务,也可以通过精准营销为企业带来更大的收益。不过,掌握大数据的企业,也有可能采取"大数据杀熟"的方式,从"忠诚用户"身上获取超额利益,这种情况媒体时有报道。可见,即使是大数据应用,也应提倡遵循顾客价值原则。

与大数据分析的核心思想相比,传统的网络营销数据分析更多在于对历史数据的总结,并作为网络营销运营诊断及效果评价的依据,同时也有一定的预测分析能力。例如,在网站流量统计分析系统中,根据每小时用户数量的历史数据及当日统计数据,可以预测当日网站的访问量,只不过这种预测方法的应用领域较小,对网络营销用户策略的支持还需要更多的研究。

(资料来源:维克托·迈尔-舍恩伯格,肯尼斯·库克耶. 大数据时代. 盛杨燕,周涛,译. 杭州:浙江人民出版社,2013。)

5.4 用户数据分析应用:网站访问统计分析

数据分析一直是网络营销的基本内容,也是网络管理工作的内容之一,其中网站访问统计分析是应用最早、技术最成熟的用户数据分析方法。网站访问统计分析,也就是记录用户访问网站的各种信息,以数据化的方式展现,并经过分类统计,呈现一系列可以反映网站被访问状况的数据,例如在一定时期内网站网页被访问的次数、用户的来源网站、用户停留时间等。网站访问统计分析数据可用于网站运营效果评价、了解用户访问网站的规律、分析网站可能存在的问题等。

网站访问统计分析是网络营销中应用最成熟的数据分析领域之一,是大数据在网站运营中的一种具体形式,具有信息全面、完整、实时的特点,在各种网络营销数据来源中,也是获取最方便的数据源。大数据的特点不仅在于数据量巨大,而且不断产生新的数据,将实时数据分析和历史相关数据相结合,就可以做出合理的预测。预测,而不仅仅是历史数据的总结,这是大数据分析的意义所在。

一般来说,网站访问统计分析对网络营销管理的意义主要表现在下列几个方面:
(1) 及时掌握网站运营状况,减少盲目性;
(2) 分析各种网络营销手段的效果,为制定和修正网络营销策略提供依据;
(3) 通过网站访问数据分析进行网络营销诊断,包括对信息源运营状况及网络推广活动的效果分析等;
(4) 了解用户访问网站的行为,为更好地满足用户需求提供支持;
(5) 网站访问量等可以作为网络营销效果评价的参考指标。

那么,在网站运营中可以获得哪些网站访问统计数据?这些数据有什么网络营销意义?如何进行网站访问数据分析呢?

5.4.1 网站访问统计中的数据信息

网站访问数据来源于用户访问网站的整个过程,几乎所有的浏览行为都可以被记录下来,包括进入网站的方式、浏览的网页网址及网页数量、在每个页面停留的时间、离开网站的方式等。获得网站访问统计数据的方式通常有两种:一种是通过专用软件对网站访问日志进行分析,另一种方式是通过专业的网站统计分析平台获得访问数据及分析结果。大多数中小型网站,通常采用后一种方式。

通过对网站统计平台的指标类别,也可以看出网站统计分析的主要数据。表 5-2 是百度统计(https://tongji.baidu.com)和 51yes 网站统计系统(http://count.51yes.com)提供的主要统计信息。

表 5-2 部分网站访问统计平台的主要统计数据

指标	百度统计	51yes 网站统计
网站访问概况	当日实时访问量及预测、来源网站及受访页面等部分排行数据	同时在线人数、最近百位访客 IP、当日实时访问量及预测
流量分析	实时访客、访问量趋势分析、PC/APP 占比跨屏分析	访问量每日分时分析、每星期分析、每月分析、每年分析
用户来源分析	搜索引擎及关键词、外部链接、广告跟踪	用户来源网址、受访页面网址、搜索引擎及关键词、用户回访率、广告来路

续表

指标	百度统计	51yes 网站统计
用户信息统计	用户职业、性别、新老访客比例、地理区域、上网设备类型、屏幕分辨率、浏览器类型、操作系统类型等	用户性别、年龄、学历、收入、地理区域、上网设备屏幕分辨率、浏览器类型、操作系统类型等
优化分析	网站安全性、网页搜索引擎抓取、网站速度、网站外链等	无

资料来源：根据百度统计及 51yes 网站统计后台整理。

从表 5-2 中的比较可以看出，不同的网站统计平台所统计的指标有一定的共性。某些具体指标的定义和数据获取方式可能存在一定差异，但总体来说，网站访问统计的基本数据不外乎这几个方面：用户的基本信息，用户浏览信息的设备及方式，用户获取信息的渠道（即来源网站或引导网站），用户访问网站的行为（访问了哪些网页、停留了多长时间、是第一次访问还是重复访问），网站被用户访问的结果（为网站带了多少访问量），网站问题诊断分析等。从网络营销信息传递的要素来看，这些指标可以归为四类：网站信息源被访问的指标（网站访问统计指标）、网络营销信息传递渠道指标（用户来源及行为指标）、用户信息及上网方式指标、网站环境状况指标。其中每类指标中又包含若干数量的具体统计指标。

下面简要介绍各类指标所包含的常用具体指标。

1. 网站访问统计指标

网站访问统计指标，即作为信息源的网站被用户访问的网页数量，也就是网站的访问量，是评价网站运营效果的主要指标，其中包括：

（1）独立访问者数量（Unique Visitors，UV）：在一个统计周期内（通常为 24 小时）访问网站的总人数。

（2）独立 IP 地址数量：在一个统计周期内访问网站的总 IP 地址数，如果多个用户共用一个 IP 地址，则显示为一个 IP 地址。独立 IP 地址数量通常小于独立访问者数量。

（3）重复访问者数量（Repeat Visitors，RV）：在一个统计周期内多次访问一个网站的访问者的数量。

（4）页面浏览数（Page Views，PV）：在一个统计周期内所有用户浏览的网页数量总和。一般来说，一个用户多次重复浏览一个网页，只记录为一个 PV。

（5）每个访问者的页面浏览数（Page Views per User）：每个用户访问不同页面的总数。

（6）某些具体文件/页面的统计指标，如页面显示次数、文件下载次数等。

2. 用户来源及行为指标

用户来源及行为指标主要反映用户是如何来到网站的（即通过哪些信息传递渠道的引导）、在网站上停留了多长时间、访问了哪些页面等，主要的统计指标包括：

（1）受访页面，即用户来到网站所访问的网页（URL）；

（2）访问时间，用户来到网站到离开之前所经历的时间；

（3）用户来源网站（也叫引导网站），即用户通过什么网站的链接来到网站；

（4）用户所使用的搜索引擎及其主要关键词，这是搜索引擎引导分析的重要指标；

（5）一天之内用户在不同时段访问网站的数量等。

一些网站访问统计工具甚至可以进一步分析访客在网页上的点击行为,即在这个页面上点击了哪些链接,也就表明用户对哪些信息关注程度更高,对分析网页的信息及布局具有重要参考价值。

3. 用户信息及上网方式

这类指标反映了用户的基本信息及用户浏览网站的方式,主要包括:

(1) 用户的基本信息,包括性别、年龄、学历等;

(2) 用户上网设备类型,PC或智能设备;

(3) 用户浏览器的名称和版本;

(4) 用户计算机分辨率和显示模式;

(5) 用户所使用的操作系统名称和版本;

(6) 用户所在地理区域分布状况等。

4. 网站环境状况指标

网站环境状况指标主要反映了网站的基本状态,是网站诊断的重要参考依据,主要包括:

(1) 网页打开时间:用户从点击一个网页链接到网页全部下载完成所需要的时间,也就是网页访问的速度;

(2) 跳出率:即用户来到某网页之后离开该网站的比例;

(3) 错误率:用户访问网页出错的比例。

此外,部分网站统计平台提供网站安全性分析评价(如百度统计),主要是基于网站数据的分析对网站进行综合评价,存在风险的网站将被搜索引擎、浏览器等提示网站访问有风险,甚至被降低在搜索结果中的权重。

5.4.2 网站统计指标的网络营销意义

当数据与具体的应用相结合,数据才具有真正的意义。在网站访问统计数据中,了解每项指标的网络营销意义,是网站访问统计分析的基础。其中比较重要的指标包括网站页面浏览数、独立访问者数量、用户来源网站、用户搜索关键词等。

5.4.2.1 网站页面浏览数

网站页面浏览数(Page Views,PV),也称为网页浏览数、网页展示数、页面下载数,是指在一定统计周期内所有访问者浏览的网页数量总数。页面浏览数也就是通常所说的网站流量,或者网站访问量,常作为网站流量统计的主要指标。针对一个网页来说,所有访问者浏览的次数,就是这个网页的阅读数。例如一些自媒体文章向用户公开展示的阅读数,就是该网页(文章)被浏览的次数总和,而自媒体平台为作者提供的数据分析则可能提供该文章每天的浏览次数及累计总数(各平台提供统计数据的方式可能有所差异)。

在网站访问统计数据中,网页浏览数的通常会按每小时、每天、每月等方式出现,可以供网站运营人员了解网站内容被访问的情况。可见,网页浏览数的基础意义在于体现网站/网页的访问量,也就是网站运营的流量效果。不过,除了直观反映当前的网站运营效果之外,基于网页浏览数的数据分析还有以下四个方面的网络营销意义。

1. 网页浏览数历史数据分析

当前的访问量具有现实意义,而页面浏览数的历史数据则具有分析网站运营状况的价值。例如,将最近 3 个月网站每天的页面浏览数进行分析,从中分析网站流量的发展趋势,并且将这些数据与网站所处阶段及所采用的网络推广策略结合分析,可以发现网站访问量是否与网站发展阶段特点相吻合,以及网络推广手段对访问量是否有显著提升,从中发现网站推广与访问量增长的相关关系,为实施网站运营策略提供支持。

当然,根据历史数据的特征,还可以发现更多有价值的信息,例如每天、每周、每月的访问量高峰和低谷,某日最高访问量与网络推广活动的关联等。比如在每个星期一到星期四,访问量明显高于星期五到星期天,而在同一天中,上午 10 点和下午 3 点可能是网站访问的高峰,掌握了这些规律之后,可以充分利用用户的访问特点,在访问高峰到来之前推出最新的内容,这样便于最大可能地提高网站信息传递的效果。

2. 分析当前网页浏览数反映出的信息

除了当天用户网页浏览数之外,一般的网站统计系统会有更多的信息,当前按小时的网页浏览量、同时在线人数、当前在线人数、实时 IP 地址跟踪等,这些数据对于分析当前网页浏览状况很有价值,可以实时了解用户正在访问哪些网页,这些用户分别来自什么 IP 地址等。如果网站同时在线人数突然变为 0,那就很可能意味着网站出现了无法访问的问题,如果同时在线人数过多,就需要考虑网站服务器是否能满足用户访问的峰值。可见,当前网页浏览数除反映网站访问量状况之外,还有更多的现实意义。

3. 通过每个访问者的页面浏览数分析信息源的价值

与网页浏览数相关的流量指标还有一项——每个访问者的页面浏览数(Page Views per User)。这是一个平均数,是在一定时间内全部页面浏览数与所有访问者相除的结果,即一个用户浏览的网页数量。这一指标表明了访问者对网站内容或者产品信息感兴趣的程度,也就是常说的网站"黏性",在一定程度上反映了信息源网站内容的价值。一般来说这个平均数越高,说明用户获取的信息量就越大(一个例外情况是,网站提供的信息对用户有价值,但用户获取信息不方便而造成平均页面浏览数过大,如需要多次点击、查找信息不方便、每个页面的信息量过小等)。

如果大多数访问者的页面浏览数仅为一个网页,表明用户对网站没有多大兴趣,或者只是通过某种渠道(比如搜索引擎)临时获取某方面的信息,达到目的之后即离开网站。但应注意的是,由于各个网站设计的原则不同,对页面浏览数的定义不统一,同样也会造成每个访问者的页面浏览数指标在不同网站之间的可比性较低。

4. 通过网页浏览数的类别占比分析可以发现的信息

一个网站的网页浏览数实际上包含了不同类型的网络浏览量,例如网站首页、网站栏目(频道)首页、产品类别页面、详细内容页面等。不同类别的网页访问量可以反映相应的网站运营信息。例如,一个极端的例子,假定某网站的网页访问量全部来自网站首页,则意味着其他网页内容没有被用户浏览。实际上,一个详细内容页面提供的信息才最全面、最具体,对用户的引导和转化也更有价值。

通过对各类网页浏览数的比例分析,可以看出用户对哪些信息比较关注,也可以获得访问网站首页的用户比例等信息。这些数据对各个重要网页的重点推广具有重要意义。例如,可根据自己的期望决定采用搜索引擎关键词广告推广时应该链接到哪些页面,即哪些页面作为广告推广的着陆页,哪些页面作为外部链接的对象等。

关于网页浏览数的分析及其意义,除了上面介绍的一般内容之外,在网络营销管理实际工作中还可以获得更多有价值的信息。比如,对某些重要页面的跟踪分析,可以获得在一个时期内的访问统计规律,或者对某项网站推广方案进行相关分析,从而判断网站推广的效果等。

5.4.2.2 独立访问者数量

独立访问者数量(Unique Visitors,UV),有时也称为独立用户数量或者独立IP数量(尽管独立用户和独立IP之间并不完全一致),是网站访问统计分析中另一个重要的流量指标,并且与浏览数分析之间有密切关系。独立访问者数量描述了网站访问者的总体状况,指在一定统计周期内访问网站的用户数量(例如每天、每月),每一个固定的访问者只代表唯一的用户,无论他访问这个网站多少次。独立访问者越多,说明网站推广越有成效,也意味着网络营销的卓有成效。相对于页面浏览数统计指标,网站独立访问者数量更能体现出网站推广的效果,因此是最有说服力的评价指标之一。

一些机构的网站流量排名通常都是依据独立访问者数量。如调查公司Media Metrix和Nielsen//NetRatings对美国最大50家网站访问量排名就是采用独立访问者数量为依据,统计周期为一个月,无论用户在一个月内访问网站多少次,都记录为一个独立用户。不过值得说明的是,由于不同调查机构对统计指标的定义和调查方法不同,对同一网站监测得出的具体数字并不一致。

在网站访问统计分析中,独立访问者数量(独立用户数量)对网络营销的意义主要表现在以下几个方面。

1. 比较真实地描述了网站访问者的实际数量

相对于网页浏览数和点击数等网站流量统计指标,网站独立访问者数量对网站访问量更有说服力,尽管这种统计指标本身也存在一定的问题。目前对独立访问者数量的定义,通常是按照访问者的独立IP地址来进行统计的,这实际上和真正的独立用户之间也有一定差别,比如多个用户共用一台服务器上网,使用的是同一个IP地址,因此无论通过这个IP地址访问一个网站的实际用户数量(自然人)有多少,在网站流量统计中都算作一个用户,而对于采用拨号上网方式的动态IP地址用户,在同一天内的不同时段可能使用多个IP地址来访问同一个网站,这样就会被记录为多个"独立访问者"。

2. 可用于不同网站访问量的比较分析

对于不同的网站,用户每次访问的网页数量差别可能较大,对于新闻、专题文章等内容的网站,用户可能只是浏览几个最新内容的网页,而对于一些娱乐性的网站如音乐、图片、明星八卦等,则很可能每次访问会浏览几十个甚至更多的网页,这样仅仅用网页浏览数量就很难比较两个不同类别网站的实际访问者数量,因此独立用户数量是一个通用性的指标,可以用于对各种不同类型网站之间进行访问量的比较。

3. 可用于同一网站在不同时期访问量的比较分析

与不同网站的用户平均页面浏览数有较大差别类似,同一个网站在不同时期的内容和表现会有较大的调整,用户平均页面浏览数也会发生相应的变化,因此在一个较长时期内进行网站访问量分析时,独立用户数量指标具有较好的可比性。

4. 是反映网站访问者的行为指标的基础

除了网站的"流量指标"之外,网站统计还可以记录一系列用户行为指标,如用户计算机的显示模式、操作系统、浏览器名称和版本等,这些都是以独立用户数量为基础进行统计的。同样,在一个统计周期内同一用户的重复访问次数也可以被单独进行统计,从而为分析用户访问网站的行为提供了更为丰富的基础信息。

5.4.2.3 用户来源网站统计指标

用户来到一个网站的方式通常有两种,一种是在浏览器地址栏中直接输入网址或者点击收藏夹中的网站链接;另一种则是通过其他网站的引导而来(包括搜索引擎),也就是来源网站。用户来源网站,也称为引导网站,或者推荐网站(Referring Site),即用户访问某个网站的"上一站"。通过用户来源网站数据,可以了解到你的用户来自哪里,以及各个来源网站占多大比例等。

通过用户来源网站统计,可以了解到用户来自哪个网站的推荐、哪个网页的链接,如果是通过搜索引擎检索,还可以看出是来自哪个搜索引擎、使用什么关键词进行检索,以及你的网站(网页)索引出现在搜索结果的第几页第几项。一般来说,通过网站流量统计数据可以获得的用户来源网站的基本信息包括:

(1) 来源网站(网页)的URL及其占总访问量的百分比;
(2) 来自各个搜索引擎的访问量百分比;
(3) 用户检索所使用的各个关键词及其所占百分比。

在获得上述基础数据的前提下,可以继续分析获得更加直观的结果:

(1) 对网站访问量贡献最大的引导网站;
(2) 对网站访问量贡献最大的搜索引擎;
(3) 网站在搜索引擎检索中表现最好的核心关键词。

访问者来源统计信息为网络营销人员从不同方面分析网站运营的效果提供了方便,至少可以看出部分常用网站推广措施所带来的访问量,如网站链接、分类目录、搜索引擎自然检索、投放于网站上的在线展示类网络广告等。以搜索引擎为例,通过来源网站的分析可以清晰地看出各个搜索引擎对网站访问量的贡献,每个搜索引擎的重要程度如何,是不是值得去购买其付费搜索服务,应该就很清楚了,这样更有利于选择对网站推广有价值的搜索引擎作为重点推广工具,从而减少无效的投入。

不过,这些基本统计信息本身所能反映的问题并不全面,有些隐性问题可能并未反映出来。例如，根据分析，某个关键词对于一个网站可能很重要，但是通过对主要搜索引擎带来访问量的分析发现，只有其中一个搜索引擎带来了访问量（通过自然搜索而不是付费推广），但并不能因此而否定其他搜索引擎的价值，还需要做进一步分析才能知道是自己网站本身的问题，还是搜索引擎的问题。另外，网站访问量增长（或者下降）的原因，是因为某些推广措施所引起，还是另有其他原因？对这些问题的深度分析，则需要考虑更多的关联因素。

一个企业网站被竞争者所关注是很正常的事情，竞争者访问的频度如何，主要关注哪些内容等，都是值得研究的问题。根据详细的网站访问统计，甚至可以据此分辨出"谁是我们的朋友，谁是我们的竞争对手"。

5.4.2.4 用户使用的搜索引擎和关键词统计

在用户来源统计分析中，可以看出用户是来自哪些网站的引导，其中也包括搜索引擎的引导，用户通过某个搜索引擎检索并来到一个网站，这个搜索引擎便成为引导网站中的一个。对于来源于搜索引擎的用户，通过网站统计数据可以获得更多的信息，其中对搜索引擎营销最有价值的一项统计信息是，用户通过什么搜索引擎，及使用什么关键词进行检索。这些统计信息对了解用户使用搜索引擎的习惯很有价值，对这些数据的分析结论可以用来更有效地改进网站的搜索引擎推广策略。

从网站推广管理的角度来看，在所有的网站访问量统计资料中，搜索引擎关键词分析的价值甚至远高于独立用户数量和页面浏览数这些被认为是最主要的网站流量统计指标，因为用户搜索统计信息会告诉网络营销人员，用户是怎么发现你的网站的，他们使用哪些搜索引擎检索，利用这些关键词检索时你的网站在搜索结果中的排名状况，这些通过自己的主观想象往往是做不到的。但是，从大量零散的搜索引擎关键词信息中获得非常有价值的结论，并用于改进网站的搜索引擎推广策略，并非简单的事情，需要专业人士的综合分析。有关搜索引擎关键词的分析方法，将在本节后面进行实例分析。

5.4.2.5 其他网站访问统计指标及其网络营销意义

除了前面介绍的重要网站访问统计指标之外，还有一些值得关注的网站访问统计信息，这里一并介绍如下。

1. 某些具体页面的统计指标

通过网站访问量统计，可以获得某些具体页面被访问和下载的次数，也可以统计出每个页面访问量占总访问量的比例。这种统计信息为跟踪分析某项具体的网络营销活动提供了方便。例如，为了评价某个新产品的情况，在新发布的产品页面，可以看到这个页面每天被浏览/显示了多少次，如果提供了产品说明书下载或者在线优惠券下载，还可以从用户的下载次数来评价网络营销所产生的效果。这一指标通常被用作对某些推广活动的局部效果评价，将网站统计资料与所采取的网站推广手段相结合进行分析，可以得出网站访问量和营销策略之间的联系。例如，一个网站在10月份进行了一次有奖竞赛活动，根据该月网站访问量的变化情况可以检验这次活动的效果如何。

2. 用户访问最多的页面（受访页面）

有些网站首页是用户访问最多的页面，但并不都是这种情况，实际上许多网站首页访问占全站访问量的比例可能不足10%。这是因为用户可能从多个页面进入网站,尤其是当网站内容页面的搜索引擎优化状况比较好时,通过内容页面来到网站的比例会更高一些。通过网站访问统计数据,可以清楚地看到哪些网页对网站访问量的贡献最大,同时,对于那些比较重要而没有获得用户充分关注的网页,可以通过分析找出问题所在,经过优化设计获得更多的访问者。

3. 用户访问量的变化情况和访问网站的时间分布

大多数网站统计分析系统都提供了按不同时间单位的用户数量分布数据。例如每天统计报告中按照小时的访问量统计,每月统计报告中则以每天的访问量为单位,这样既可以从一段较长的时期来了解网站访问量的变化情况,也可以详细了解1天中每个小时的网站访问量情况。从月统计报告中可以看出每个星期中哪几天是访问高峰,而每天的统计报告则可以看出每天出现的访问高峰时间,从而在进行网站维护时可以充分利用这些信息。例如,在访问高峰期到来之前更新网站内容,在网站访问量最低的阶段进行数据备份、服务器维护、在线测试等,以免影响用户的正常访问。

4. 用户浏览器的类型

微软IE浏览器一直占有浏览器市场最大的份额,现在浏览器越来越多,虽然大多数浏览器以IE为内核,但不同浏览器的界面设计及部分处理功能有所差异,即使同样是IE浏览器,不同版本的特性也有所不同,这样如果针对某一版本的浏览器进行设计的一些功能,在其他版本中可能无法正常工作。另外,新的浏览器还在不断出现,也会吸引一部分用户使用。从用户浏览器类型的统计中,也可以发现一些有价值的问题。比如,随着智能手机浏览器用户数量的增加,网站设计的浏览器兼容性问题需要重新得到重视,否则可能出现令网页设计师感到难堪的结果。同样,早期的网站设计即使在当时对各种浏览器的适应性都很好,但在新浏览器中可能会出现一些兼容性问题,如果是重要的内容,就有必要对前期的网页模板进行适应性调整。

5. 用户上网设备分辨率和显示模式

与用户使用浏览器的特征类似,访问者上网设备分辨率设置的变化情况也可以通过网站访问统计获得。早期的很多网站上往往有这样的提示:"建议用户采用800×600像素模式获得最佳显示效果。"如果没有注意到用户浏览习惯已经发生变化,将无法提供符合大多数用户浏览习惯的网站设计。这些用户访问网站的信息,都可以通过网站访问统计数据获得。由此也说明,网站访问统计并不仅仅是为了评价网站的访问效果,而是具有多方面的价值。

6. 用户所使用的操作系统

通常情况下,用户使用不同的操作系统与网络营销之间没有直接的联系,不过当需要对用户行为进行深入的监测时,了解用户使用的操作系统就有独特价值。比如,苹果iPad或者Android操作系统用户比例的增加,可以认为是平板电脑或者手机访问者的增加,那么目前的网站设计对平板电脑及手机的适应性如何?这就需要进行测试并根据发现的问题对网站模板设计进行调整,以便为移动上网用户提供更好的浏览效果。对用户操作系统的统计是网站流量统计软件的基本功能之一,一般的统计系统都提供这一数据。

7. 每个访问者的平均停留时间

访问者停留时间的长短反映了网站内容对访问者吸引力的大小,通过对每个访问者平均停留时间的分析,可以得出许多有价值的结论:一方面,如果许多访问者在 30 秒内离开你的网站,很可能是由于页面下载速度太慢,也可能是由于内容贫乏或其他设计缺陷;另一方面,如果你发现许多访问者在某些页面停留的时间过长,那么可能要对其他页面进行改进。不过,由于每个人的阅读速度和网络接入速度不同,阅读同样数量的网页所花的时间可能有一定的差别,不同网站网页的平均信息量也不相同,因此这些信息也只能在一定范围内进行粗略的判断。

8. 访问者所在地区和 IP 地址

本书认为网络营销不是虚拟营销,其中原因之一就在于,网站的每个访问者的所在地区、IP 地址和在网站上的点击行为等信息都可以通过网站流量统计系统被详尽地记录下来。一般来说,用户来自各地,用户 IP 地址也比较分散,不过从一个较长的时期来看,可以获得用户来源地区的有关统计信息特征,这对于开展地区性网络营销具有一定参考价值。

5.4.3 网站访问数据分析方法:一个实例

了解了网站统计的指标及其意义,接下来就可以进行网站统计数据分析了。网站统计数据分析大致包括五个部分:拟定数据分析目的;获取详细数据资料;数据分类、聚类、统计;相关因素关联分析;数据分析结果与统计分析报告。

如前所述,网站访问统计数据包含了从信息源、信息传递渠道到用户行为及网络环境所有环节的信息,可以说内容非常详细而全面,但在实际应用中,并不一定需要各个方面的详细分析结果,这就需要从全面的数据中,选择所需要的信息,得出所需要的分析结论,也就是说,需要首先拟定网站访问数据分析的目的。

一般来说,网站访问统计分析的目的包括两个方面:常规性网站运营状况分析及特定主题的网站访问统计分析。

作为网站运营的一项常规工作,网站运营状况分析报告表现形式为周期性的网站访问统计分析报告(例如周报、月报),内容通常包括访问量及增长率、用户来源的主要渠道、用户访问量最大的网页及所占比例、用户来源地区等。统计分析报告以汇总网站访问统计数据为主,兼顾运营问题分析并提出相应的建议,这是网站统计分析中最简单的工作,这里不做详细的介绍。

常规性网站访问统计分析报告,以网站访问量统计分析为主要目的,反映的是网站运营的总体状况,但对一些具体问题还要做专题的分析,例如,用户来源渠道分析、搜索引擎引导分析、网络广告推广分析、网站链接分析、某些网页的访问状况分析等。

搜索引擎是用户获取网站信息的重要渠道之一,其作用是其他信息渠道无法替代的,因而通过搜索引擎带来的访问量也就成为网站流量统计分析中最受关注的指标之一。前面已经介绍,通过网站流量统计数据可以看出用户来自哪些搜索引擎、用户使用哪些关键词进行检索、各搜索引擎带来的访问量等基本信息。通过这些信息如何对网站的搜索引擎营销状况进行分析呢?

下面通过一个实例,介绍网站统计分析中的搜索引擎关键词分析方法。

1. 搜索引擎访问统计分析的目的

中小企业网站获得潜在用户的主要途径之一是搜索引擎,尤其是通过搜索引擎自然检索带来的流量,一直是最重要的用户来源渠道。搜索引擎访问统计分析的主要目的在于:

(1)分析网站的搜索引擎营销效果,制定有效的网络营销渠道策略;

(2)判断网站的搜索引擎优化状况,分析影响因素,确定是否需要进一步进行网站优化;

(3)研究用户的搜索行为,优化网站的内容策略,提升网站信息源的专业水平。

2. 搜索引擎访问统计数据

根据网站访问统计原始信息,对搜索引擎相关的统计信息进行初步的整理。表5-3是某流水线设备生产企业网站访问统计的真实数据。这里仅列出了网站在一个月的统计周期内通过搜索引擎带来访问量的基本数据,其中包括用户使用检索数量最多的前10个关键词及其占全部检索数量(2 111次)的百分比,以及用户搜索使用的全部(8个)搜索引擎及每个搜索引擎带来的访问量占全部搜索的比例。

表5-3 某网站一个月的访问统计数据

关键词	检索次数	占检索总数比例	搜索引擎	搜索数量	占搜索总数比例
流水线设备	64	3.03%	百度(Baidu)	1269	60.11%
生产流水线	61	2.89%	谷歌(Google)	318	15.06%
自动化设备维修	49	2.32%	360搜索	229	10.85%
发动机装配线	35	1.66%	搜狗(Sogou)	166	7.86%
流水线	31	1.47%	腾讯SOSO	79	3.74%
装配流水线	27	1.28%	微软Bing	44	2.08%
皮带输送机安装	27	1.28%	Yahoo搜索	5	0.24%
摩托车生产线	27	1.28%	网易Youdao	1	0.05%
生产流水线设备	23	1.09%			
流水线管理制度	23	1.09%			
合计	367	17.39%	合计	2 111	100%

资料来源:利用51yes网站统计工具获得的统计数据。

通过该网站的访问统计数据可以看出:

(1)用户检索所使用的关键词是比较分散的,前10个检索最多的关键词数量合计仅占全部关键词数量的17.39%;

(2)用户使用搜索引擎是比较集中的,带来访问量最大的三个搜索引擎占检索总数的86.02%。

此外,通过网站用户来源统计数据分析可以看出,在这期间,搜索引擎带来的用户量(IP地址数量)占全部用户量的比例为55.95%,用户自行输入网址(或通过收藏夹)的比例为

27.43%,通过其他网站链接来访的用户占16.62%。

可见,网站访问统计数据告诉我们这样的基本事实:搜索引擎是用户获取网站信息的首要渠道,用户检索行为的分散性以及用户使用搜索引擎的集中性都很明显。

3. 分析:网站统计数据之外的信息

用户所有的检索行为都会被记录在网站流量统计报告中,并且可以直观地看出搜索引擎的引导情况,但是,网站流量统计数据仅仅是用户访问网站的记录,有些数据可能无法通过流量报告反映出来,这些问题就需要进行专业的分析了。

仍以表5-3的网站统计数据为例,除了表中列出的用户搜索关键词之外,还有其他产品名称没有用户搜索访问网站的记录。假定该公司另外有一项重点产品"手机装配流水线",通过网站访问统计报告,如果很少甚至没有用户利用相关词汇检索来到网站,对于这种情况,是什么原因造成的?

初步分析,可能有下列三种原因:

(1)用户原因。产品名称不被用户所了解,因此用户一般不使用这个产品名称相关的关键词进行检索。

(2)网站内容原因。该产品相关的网页设计不合理,例如网页标题没有含有核心关键词,网页内容中的关键词设置不合理,在产品列表页面没有使用正确的产品名称而是用产品型号作为关键词等。

(3)行业环境原因。利用"手机装配流水线"及其长尾关键词检索,在搜索结果中,竞争者网站获得了绝对优势,很难看到本企业网站的相关信息。

在上述三种原因中,第二种原因造成的结果可能性较大,同时也是企业可以主动控制的。根据分析,对相关网页进行诊断,就可以发现问题所在,根据问题进行相应的优化处理,对下一阶段的搜索引擎推广具有积极意义。

当然,这个假定的情形所反映的只是隐藏在网站流量统计数据背后现象的一种,类似的问题可能还有很多,比如,为什么用"流水线设备"检索时用户主要来源于百度,而通过其他搜索引擎获得的访问者寥寥?这种情况下应该采用哪些方法获得最佳推广效果?

对这类现象的分析,可以为搜索引擎推广带来这样的启示:

(1)有些重要的关键词为网站带来了可观的访问量,由于在各个搜索引擎中的表现情况并不一致,如果从网站流量统计数据中发现了这个问题,就可以采取针对性的措施,进一步扩大搜索引擎推广的效果。

(2)同一个关键词在不同的搜索引擎中检索,检索结果往往是不同的,对于若干个重要的关键词,有必要对各个主要搜索引擎进行逐个研究,从而发现自己网站的搜索引擎优化总体状况。

(3)有些关键词在一定时期内可能有较多的用户检索,但可能随着时间的推移而发生变化,从而对网站访问量造成影响,这些信息同样可以通过搜索引擎关键词统计数据分析发现,因此对网站流量统计数据进行定期分析是必要的。

(4)网站流量统计分析不仅要分析统计数据本身,还要对数据之外的相关因素进行分析,从而对搜索引擎营销过程进行跟踪,不断改善影响搜索引擎营销效果的因素。

4. 内容:网站流量统计中的搜索引擎关键词分析

通过前面对有关网站访问的真实数据和假设问题的分析发现,在网站流量统计分析中,搜索引擎关键词分析有两个特点:第一是用户所使用的关键词的分散性为网站流量分析带来困难;第二是同一个重要关键词在不同搜索引擎中检索时网站排名状况的差异,以及同一关键词在不同时期的用户关注程度转移等问题。因为这些数据分析的复杂性使得要获得专业的网站流量统计分析有一定的难度,甚至会有些无从下手。

例如:对于一个为自己网站带来访问量很少的搜索引擎,是什么原因导致带来的访问量低?是该搜索引擎的用户搜索数量本来就少,还是自己的网站在该搜索引擎中的排名位置有问题?是否可以改善这种状况?又如:对于一个重要的关键词,假如占全部搜索访问量的比例为5%,如果我们想进一步知道,这个关键词在每个搜索引擎中的表现情况,该怎么办呢?诸如此类的问题,一般的网站流量统计系统都不会做得非常深入,通常只是一些大致的数据分析,对于了解网站的运作情况可以发挥初步的作用,但对于专业的网络营销分析,就显得远远不够了。

那么,通过搜索引擎关键词分析期望获得的有价值的结果有哪些呢?这里归纳如下:

(1) 关于各个搜索引擎重要程度的统计。哪些搜索引擎为网站带来了访问量?在统计结果中应包含各个搜索引擎的名称,在一定统计周期内(比较理想的是每周和每月)每个搜索引擎为网站带来的用户数量,以及每个搜索引擎占总搜索访问量的百分比。

(2) 关于关键词使用情况的统计。用户利用哪些关键词进行检索?在关键词应用状况的统计中,应包括在一定统计周期内(比较理想的是每周和每月)若干个重要关键词为网站带来的访问量(用户数量),以及每个关键词占总搜索访问量的百分比。

(3) 关于最重要的搜索引擎分析。对于前面已经列出的若干个重要关键词(假定为10个),每个关键词在最重要的搜索引擎(占搜索访问量比例最高的搜索引擎)中的排名情况如何?这些可能需要根据用户通过搜索引擎的来源路径查看才能知道。

(4) 关于最重要关键词的分析。用户使用比例最高的重要关键词(比如5~10个)在每个搜索引擎中的表现如何?

(5) 关于分散关键词的分析。如果前10个关键词带来的访问量不到搜索引擎总访问量的40%,可以肯定具有非常明显的关键词分散性;超过搜索总访问量60%的关键词,具有哪些特征?

(6) 搜索引擎带来的访问量占网站总访问量的百分比。这项数据反映了搜索引擎对一个网站推广的重要程度,也是制定网站推广策略的重要参考指标之一。一般来说,内容丰富且网站优化状况较好的网站,搜索引擎带来的访问量占总访问量的60%以上都是正常的。但是一个网站的访问如果严重依赖搜索引擎,也可能说明一些潜在问题,例如用户回访率较低,企业或产品品牌知名度不高等。

根据基本的网站搜索引擎关键词统计信息,当获得了上述六个方面的分析结果之后,就可以初步断定该网站用户使用搜索引擎的一般特征,并据此改善搜索引擎营销的策略。

5. 总结:网站流量统计中的搜索引擎关键词分析方法

由于用户利用搜索引擎检索关键词的分散性,为网站流量分析带来了很大的难题,虽然网站流量统计数据中的统计信息让网络营销人员可以了解用户通过哪些搜索引擎以及使用哪些关键词来到网站,但是要从中获得系统的分析结论是比较困难的,这就需要采取一定的方法对这些分散的关键词进行分析。

针对关键词分析的特点,下面介绍一些有效的搜索引擎关键词分析方法,包括关键词聚类统计、关键词排名深度分析、针对重要网页跟踪统计等常用方法,供在进行网站流量分析时参考。

(1) 搜索引擎关键词分析方法之一:关键词聚类统计分析。关键词聚类统计分析方法,就是根据网站流量统计获得的基本信息,对类似的关键词进行聚合归类,将大量分散的关键词归纳为若干小的类别,这样每个类别中的关键词数量相对集中,比较容易看出用户使用关键词检索的规律。这种方式虽然不够严格,但对于了解用户检索的一般特征具有统计意义,因此常作为关键词分析的方法之一。

(2) 搜索引擎关键词分析方法之二:关键词排名的深度分析。所谓关键词排名分析,就是根据用户使用各种关键词的频率选出若干个最重要的关键词。这些基本数据在一些网站流量统计分析软件的分析结果中可以获得,比如,在网站流量统计结果中分别列出前十位关键词所占的比例,这些信息反映出用户使用关键词的大致特征,但由于关键词分散的因素,最重要的关键词所占的比例可能也不到10%,使用率最高的前十个关键词占全部关键词的比例总计也许还不到30%。

这样对于大量的关键词就无法进行研究,而这些重要关键词在不同搜索引擎中的表现也可能有很大差异。为了充分利用这些有限的关键词统计信息,就需要对这些关键词进行深度分析以获得更有价值的结论。关键词深度分析的方法很多,例如,选取用户使用率比较高的5~10个关键词,研究这些关键词是否覆盖了网站所需要的主要关键词,以及每个关键词在各个主要搜索引擎中的表现,对于关键词表现不佳的搜索引擎采取针对性的措施,如进一步进行优化设计、购买关键词广告、加大竞价排名每次点击费用等。

(3) 搜索引擎关键词分析方法之三:对重要网页分别跟踪统计。网站流量统计可以对整个网站进行统计,也可以对某个页面进行单独统计。由于整个网站内容较多,关键词分散是在所难免的,而对于某个具体网页/栏目/频道,由于内容集中于某一领域,用户通过搜索引擎检索来到网站使用的关键词相对也比较集中,有望获得若干具有集中趋势的关键词。通过对一些重要页面(比如首页以及产品介绍等期望用户发现的网页)的分别跟踪统计,比较容易获得部分重要关键词的统计规律。这种针对重要网页分别跟踪统计的方法是常用的网站分析方法之一,在搜索引擎关键词分析中发挥了重要的作用,大大降低了由于关键词的分散性造成的网站流量分析难度。

网站流量统计分析工作包含的内容很多,搜索引擎关键词分析的方法也不止上述三种,在网络营销管理的实际工作中还可以总结出更多的经验和分析方法。这里介绍的三种针对用户关键词检索分散性的分析方法,实际上也反映出一种具有普遍意义的网络营销管理思想:用户访问网站的行为千差万别,网站流量统计分析软件的功能也不可能尽善尽美,但仍然可以采取一些方法对网站统计数据进行有效的分析,其中实践经验具有举足轻重的作用。这也进一步说明了本书所强调的网络营销的基本特征之一是实践性:没有深入的实践体验,对网络营销的理解只能是空洞的、表面的。

本 章 小 结

因为有用户,开展网络营销才有意义。网络营销的用户策略,就是为了更好地理解用户、服务用户、为用户创造价值。制定和实施网络营销用户策略的基本问题包括:用户从哪里来,如何与用户建立连接和沟通,如何维护用户关系,如何与用户成为价值及利益共同体,如何发挥用户更大的价值,等等。获得用户,也就是与用户建立连接关系,是网络营销效果的第一步,有效的用户策略组合才是网络营销发挥最终效果及长期效果的保证。

实现用户连接的方式,从临时用户到价值用户呈叠加关系,本章总结了8种用户连接方式:信息连接、渠道连接、服务连接、功能连接、通信连接、社交连接、价值连接、利益连接。一般来说,用户连接渠道越多,用户沟通越畅通,用户对企业的信赖程度和满意程度也会越高,意味着可以为企业带来更大的价值。用户价值是在网络营销各个环节中都要体现以用户为核心的原则,实现用户价值的五个主要途径包括:网络信息源要素完备,提高企业信息的网络可见度,增强用户连接和交互能力,提高企业信息的网络可信度,全面提升用户体验。

用户价值是网站为了自身利益而主动为用户提供的服务或优惠,而用户利益则来自用户和网站之间的一种类似业务合作关系(紧密型或松散型)。除了常规的用户价值之外,还可以通过用户的资源投入获得额外的收益,包括更多的优惠措施、收益分成、推广佣金等。

网络营销中所说的数据,也就是用户数据,用户分析的基础是在整个网络营销信息传递及交互过程中的用户行为记录。网络营销中用户数据分析的主要内容包括:网络营销流程用户信息的数据化、数据分类汇总、特定数据分析、分析结果及预测等。网络营销实践应用较多的数据分析领域通常包括两类:一类是企业自主运营数据的分析,另一类是付费类网络推广服务的数据分析。一般来说,企业自主运营数据分析应用相对较薄弱,而付费推广类数据分析应用较为普遍。

作为数据分析的典型应用领域之一,网站访问统计分析是应用最早、技术最成熟的数据分析方法,是指记录用户访问网站的各种信息,以数据化的方式展现,并经过分类统计,呈现一系列可以反映网站被访问状况的数据。网站访问统计分析数据可用于网站运营效果评价、了解用户访问网站的规律、分析网站可能存在的问题等。网站访问统计分析也是大数据在网站运营中的一种具体形式,具有信息全面、完整、实时的特点,在各种网络营销数据来源中,也是获取方式最方便的数据源。

复习思考与实践:

1. 请总结归纳用户在网络营销策略中的地位和作用以及企业获得用户的常用方法。
2. 用户数据作为重要的营销资源可能被商家过度利用,从用户的角度分析,商家的数据应用中哪些是有价值的,哪些是被滋扰甚至因此受损失的。
3. 以某个常用的网络平台为例(例如某旅游网站、知识分享网站等),分析该平台的用户策略有哪些独特之处;作为用户,如何利用平台获得更多的价值和利益。

第 6 章 网络营销环境与资源策略

企业可以自行掌控的网络营销资源是有限的,企业网络营销策略在很大程度上受到网络营销环境因素的影响。网络营销环境因素主要包括网络营销服务市场、网络营销合作资源、行业竞争者、公众及用户等。网络营销环境策略的基本思路是,识别并有效利用环境资源,为实现网络营销总体目标提供支持。

本章介绍部分网络营销环境与资源策略及方法,并以综合应用实例解释以环境资源为基础的生态型网络营销方法的基本思想和系统组成,如图6-1所示。

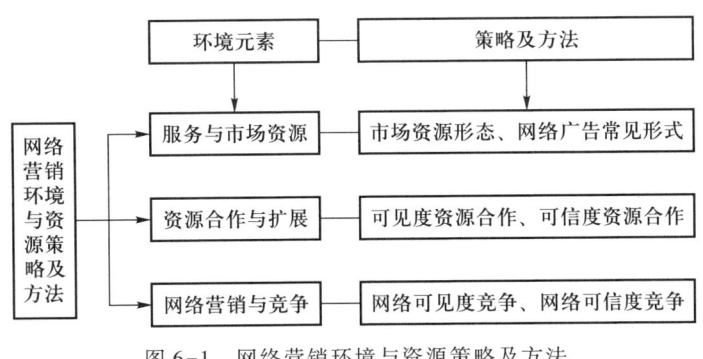

图 6-1 网络营销环境与资源策略及方法

6.1 网络营销环境策略概述

企业网络营销策略系统处于互联网应用环境之中,是一种社会性的活动,涉及服务商、用户、合作伙伴、竞争者、管理机构等多种商业机构或互联网用户,网络营销活动也就是与环境中各种元素建立和营造和谐关系的过程。

随着网络营销策略和方法的不断扩展,从信息源构建到网络推广渠道运营及用户策略,网络营销涉及的因素越来越多。这些因素,有些是企业可以自主掌控的,有些则与网络营销环境密切相关,例如越来越多的互联网推广平台,越来越多的网络广告形式及投放方式等,都为企业网络营销策略带来很大的扩展空间。事实上,仅仅依赖企业可以自行掌控的网络营销资源已显得越来越力不从心,企业网络营销在很大程度上受到网络营销环境因素的影响。

传统市场营销理论认为,市场营销环境是企业难以控制的影响企业营销活动的外部因素,可分为微观环境和宏观环境。微观环境是指直接影响和制约企业营销能力的外部因素,包括其他企业、顾客、竞争者、公众等;宏观环境包括人口、法律、技术、自然环境等。

这些分析方法对于网络营销环境同样是适用的。从宏观或微观层面来看网络营销环境有不同的内涵。宏观环境因素包括互联网法律法规、互联网技术、上网人口数量等;微观环境是指对企业网络营销策略产生直接影响的因素,也就是对信息源策略、网络渠道策略以及用户策略具有促进或制约的因素,如网络营销服务市场(包括各类互联网服务平台)、合作伙伴、竞争者、潜在用户等。本章有关的网络营销的环境与资源策略仅考虑微观环境因素。

网络营销环境策略的主要影响因素及其意义如下:

(1) 网络营销服务市场:为企业开展网络营销提供了丰富的外部资源,通过一定的资金投入获得必要的专业服务,可以更快地实施网络营销策略。

(2) 网络营销合作资源:通过与合作伙伴建立有效的资源合作模式,以互惠互利为基础获得更多的资源,是企业开展网络营销的必要补充。

(3) 行业竞争者:竞争者为企业获取信息、制定和实施网络营销策略提供了参照和借鉴,同时也为吸引潜在用户提供了机会。

(4) 公众及用户:所有用户都是社会化网络营销资源,通过尽可能多的渠道获得用户的关注,增强用户连接能力,是提升企业网络营销竞争能力的重要途径。

网络营销环境策略的基本出发点在于识别有价值的环境资源,并以适当的方式有效利用环境资源,为实现网络营销策略提供支持。表 6-1 简要总结了网络营销环境策略的主要资源、可用元素及应用方法。

表 6-1 网络营销环境策略的主要资源及应用方法

影响因素	网络营销资源	可用的网络营销元素示例	应用思路及方法
服务市场	网络营销产品和服务	网站建设、APP 开发、网络广告平台、社交网络、电子商务平台、内容智能分发平台	购买产品服务、投放网络广告、平台账户运营
合作伙伴	网站/内容访问量及潜在用户	网站主、自媒体、社交网络 KOL、行业网站	构建可见度及可信度资源合作模式
行业竞争者	信息源借鉴、有交集的潜在用户群体	竞争者企业网站、网络广告、媒体新闻、社交网络账号、内容平台账号等	借鉴、比较,吸引潜在用户
公众及用户	社会化网络营销资源	信息订阅者、社交网站关注者、用户社交资源	构建用户连接渠道、用户价值及用户利益

从表6-1也可以看出,网络营销环境资源相当丰富,有些与网络营销信息传递的基础资源是同样的元素,只是从不同角度来看有着不同的网络营销价值及相应的应用思路。如前所述,网络营销环境与资源策略在网络营销策略体系(见第2章的图2-2)中发挥着支持和补充的作用,体现在网络营销信息传递系统的整个流程中,例如增强信息源、扩展信息传递渠道、增加用户数量、降低信息传递噪声等。

6.2 网络营销服务市场资源概述

网络营销服务市场,与网络营销几乎同时诞生,经历了从域名注册、网站建设等基础服务到各种网络推广等多层次服务的发展过程。例如网页上的网络广告、社交媒体信息流广告、网络红包广告、各类在线优惠券等,都是网络营销服务市场的表现形式。

在网络营销内容体系中,网络营销信息源发布及维护、网络信息传递渠道建设、用户及数据分析等都属于专业的网络营销工作,需要专业的网络营销人员来操作,但在现实中并不是每个企业都有足够的专业人员,或者有些方面每个企业独立运营投入资源过高,因此需要由第三方专业服务来完成。例如,在线调查系统、网站联盟系统虽然都可以由企业自行开发,但可能存在开发成本高、利用率低等问题,采用第三方平台服务更为合算。又如,企业新发布一款产品,如果利用自有网络资源渠道推广,可能需要较长的时间,会错过市场机会,利用网络广告服务商的现有资源进行推广,则可以获得快速占领市场的机会。

网络营销服务商及网络营销产品是企业网络营销的外部资源,企业开展网络营销需要合理利用内部资源与外部资源。事实上没有一个企业自己可以完成所有的网络营销工作而不与任何网络营销服务商打交道,因此充分认识网络营销服务的价值,了解网络营销服务行业的网络营销服务商以及他们的主要产品及服务是非常有必要的。

一般来说,网络营销服务市场的意义主要体现在下列三个方面:

(1) 行业价值。网络营销市场化,有利于增加社会对网络营销的整体认识,实现合理的行业分工,对网络营销领域的发展具有一定的促进作用。

(2) 资源价值。网络营销产品和服务是企业外部的网络营销支持系统,企业通过一定的资金投入即可获得必要的网络营销资源,如企业官方网站建设、APP开发、网络推广、平台账户运营等,快速实现将资金转化为网络营销效果。

(3) 检验价值。有效果的网络营销服务才有生命力,从网络营销市场产品的应用状况,也可以从一定程度上检验该产品的网络营销价值。曾经热门的服务,在一段时间之后可能无人问津退出市场。例如,收费登录分类目录网站曾经作为付费网络推广服务有一定的市场,随着搜索引擎收录信息方式的演变而逐步被淘汰;随着搜索引擎广告、社会化媒体广告等网络广告新形式的发展,电子邮件广告市场份额越来越小,也反映了企业越来越不重视这种推广方式。

此外,网络营销服务市场发展状况也反映了网络营销领域的创业机会,为网络营销创业方向提供了参考。

6.2.1 网络营销服务市场的基本组成及特点

根据网络营销信息传递及网络营销策略系统原理,网络营销服务市场同样可以分为三个基本类别:网络营销信息源服务、网络营销信息传递渠道服务、用户及交互服务。也就是说,在网络营销信息传递流程的各个环节,都有相应的市场服务资源。蓬勃发展的网络营销服务市场,为企业开展网络营销提供了丰富的外部资源。

1. 网络营销信息源服务市场概况

网络营销信息源服务,是指为企业构建及维护网络营销信息源所提供的网络环境、技术开发、策划、设计、信息发布及存储等一系列服务,包括企业自行控制的官方信息源,也包括基于第三方网站平台付费信息源等。

常见的信息源构建支持服务包括域名注册、虚拟主机/云主机、网站策划、网站建设、网页美工、企业商城系统、企业邮箱、自助建站平台、企业APP开发、微商城开发、企业网站代运营、企业新闻写作、企业视频制作、产品图片拍摄等。

大部分网络营销信息源服务属于互联网基础应用服务,其中域名注册及网站建设又是基础中的基础,在以企业网站为主导的网络营销内容体系中,域名注册、虚拟主机和网站建设被称为网络营销服务"老三样",由此可见一斑。

一般来说,互联网基础服务领域企业数量众多,产品应用范围较广,单位产品价格相对较低,用户对产品有一定的认知,对选择服务商有明确的需求及价格预期。

2. 网络营销信息传递渠道服务市场概况

相对于网络营销信息源服务市场,网络营销信息传递渠道市场的服务相当广泛,几乎所有具有网络推广功能的服务,都可以归为信息传递渠道服务市场,或简单归为网络推广服务市场,例如B2B电子商务平台、搜索引擎广告及代理服务、网络展示广告、网上商店平台、分类目录、在线黄页、网站联盟广告、Email广告、网络视频广告、分类广告、社交媒体广告、内容平台自媒体广告、关键意见领袖推广等。

从网络推广服务的形式来看,主要特点表现在:多数服务实现了平台式、规模化运营,用户可自主操作或在客服的指导下操作,例如B2B电子商务平台推广、分类网络广告、搜索引擎广告等。网络推广服务既有在互联网发展中具有长期生命力的网页展示类网络广告,又有不断出现的各种新型网络推广方法。

作为付费网络推广服务,无论具体表现形式如何,都有一个共同特征:网络营销服务以网络推广效果为核心。从网站推广对访问量、注册用户数量的要求,到网上商店运营对订单数量和销售额的目标,以及社交网络推广所期望的粉丝数量和用户参与数量指标,网络推广服务都是以效果为导向,企业通过向服务商付费,获得所期望的网络推广效果。可见,付费网络推广服务,表现了企业对网络营销效果的期望。在本书第5章有关网络营销用户数据分析的常用领域(5.3.3)也提到,作为网络推广服务商,为广告客户提供专业的效果数据及分析是理所当然的服务内容。

至于影响网络推广服务效果的因素则是多方面的,例如,网络推广服务产品的形态,企业对网络推广平台的应用水平,企业所选择的推广策略组合、投入推广服务的预算,对推广效果的管理控制能力等。

3. 网络营销中的用户交互及数据服务市场概况

与前两类网络营销服务相比,用户交互及数据服务市场相对较为专业,市场规模较小,但对于提升网络营销效果具有不可忽视的作用。

用户交互及数据服务的基本需求是:以用户为基础,通过与用户的连接获得用户数据,通过数据分析改善网络营销活动,提升网络营销效果。用户交互及数据服务常见的形式包括:网络推广效果管理工具、在线客服系统、网站流量统计、大数据服务、咨询及培训、舆情分析、网络营销市场研究等。

用户交互及数据服务市场的特点主要表现在下列几个方面:

(1) 企业的需求不明确或具有非紧迫性。没有网络推广可能就没有用户,但没有用户交互及数据服务,其影响可能并不会立刻显现出来,因此企业对相应的网络营销服务需求就可能滞后,甚至没有明确的需求。从网络营销信息传递系统来说,这种状况对网络营销策略来说是不完整的,对网络营销势必产生不良影响。

(2) 网络营销服务产品标准化程度较低。与企业需求个性化特征相应的是,产品及服务标准化程度较低,而且各服务商提供的服务产品及专业水平可能有较大差异,使得用户交互及数据服务参差不齐,进一步为企业选择服务商带来了困难。

(3) 对网络营销人员专业水平要求较高。由于用户需求及服务的非标准化,需要更专业的人员为客户提供咨询服务,但要组建一个稳定的网络营销专业人才队伍并不容易。人才短缺也是影响用户交互及数据服务行业发展的长期制约因素。

由于企业需求、服务商及产品、专业人员等方面的影响,用户交互及数据服务的市场规模及发展速度都会受到一定的制约。随着一些大型平台云数据服务商的出现,有望逐步提高相关服务的普及应用程度。总之,用户交互及数据服务市场对企业网络营销策略具有不可忽视的作用,并且是一个具有长期生命力的专业领域。

本节仅以网络广告为例,介绍部分常用的网络广告服务,信息源及用户交互与数据服务不再做系统的介绍。

6.2.2 网络广告市场资源简介

在网络营销服务市场中,网络广告是网络推广资源最重要的组成部分。网络广告以用户向网络广告媒体或广告服务商付费为基础,获得网络推广资源,用资金换取网络推广的效果,是最直接、高效的网络营销方法之一。从网络营销信息传递方式来看,网络广告属于链接信息传递,网络广告发挥着信息引导的作用,是付费获得的信息引导型网络推广。

本节介绍网络广告的常见形式及信息传递特点等。

6.2.2.1 网络广告的类别及主要形式

从1994年网络广告出现至今已经有20多年的历史,网络广告的形式一直处于发展演变之中。有些广告形式发展缓慢(例如邮件广告),有些广告形式因具有一定的强制性而逐渐被冷落(例如弹出广告),有些广告形式获得快速发展(例如搜索引擎关键词广告),有些广告则更符合移动化、社交化网络用户获取信息的习惯(例如SNS信息流广告)。不过值得一提的是,最早的横幅广告形式一直延续到现在仍是常用的网络广告格式,表明其一直体现着网络广告内在的本质特征。

到目前为止,互联网上有哪些主要的网络广告形式?他们各自有哪些特点?美国交互广告署每季度及每年发布美国网络广告市场的收入报告,其中的网络广告形式也成为分类的主要参考依据。美国互联网广告署IAB(Internet Advertising Bureau,IAB)成立于1996年,会员包括交互式广告和营销领域的知名公司,2001年初IAB更名为交互广告署(Interactive Advertising Bureau)。IAB通过对网络广告的收入进行跟踪,按季度发布调查报告,这些调查结果也成为分析和认识网络广告发展状况的重要依据。根据IAB 2000年以来发布的《美国网络广告收入报告》整理出的各年度不同类别的网络广告形式如表6-2所示。

表6-2 美国网络广告形式分类(2000—2020年)

年度	网络广告形式
2000年	旗帜广告(Banners,也称标准标志广告、Banner广告)、赞助式广告(Sponsorships)、分类广告(Classifieds)、推荐式广告(Referrals)、插播式广告(Interstitials)、邮件广告(E-Mail)、富媒体广告(Rich Media)、关键词广告(Keyword Search)、其他形式(others),9种形式
2001年	旗帜广告、赞助式广告、分类广告、推荐式广告、插播式广告、邮件广告、富媒体广告、关键词广告、上架费(占位费)广告(Slotting Fees),9种形式 注:2001年将上架费广告替换了2000年的其他形式广告
2002年	同2001年
2003年	展示性广告(Display Ads)、赞助式广告、分类广告、推荐式广告、插播式广告、邮件广告、富媒体广告、关键词广告、上架费(占位费)广告(Slotting Fees),9种形式 注:2003年IAB将旗帜广告(Banners)的概念替换为展示性广告(Display Ads)概念
2004年	展示性广告、赞助式广告、分类广告、推荐式广告、邮件广告、富媒体广告、搜索引擎广告(Search)、上架费(占位费)广告,8种形式 注:2004年IAB将关键词广告(Keyword Search)概念替换为搜索引擎广告(Search);其次,对比2003年的数据,IAB将插播式广告归入富媒体广告概念,因此网络广告形式由9类减少为8类
2005年	展示类广告(Display Related)、分类广告、引导/推荐式广告(Lead Generation/Refferals)、邮件广告、搜索引擎广告,5种形式 注:2005年的展示类广告概念包括了2004年中展示广告、富媒体广告、赞助式广告以及上架费广告4种形式;而2005年引导广告(Lead Generation)的加入强调这部分广告收入统计来源于广告客户因为网络广告而获得回报所支付的网络广告费用
2006年	展示性广告(Display Ads)、赞助式广告、分类广告、引导广告(Lead Generation)、邮件广告、富媒体广告、搜索引擎广告,7种形式 注:2006年IAB又将展示类广告(Display Related)和展示性广告(Display Ads)的概念重新进行了替换
2007年	展示性广告(Display Ads)、赞助式广告、分类广告、引导广告、邮件广告、富媒体广告、搜索引擎广告、数字视频广告(Digital Video),8种形式 注:2007年IAB新增加了数字视频广告形式
2008年	标志广告(Banner Ads)、赞助式广告、分类广告、引导广告、邮件广告、富媒体广告、搜索引擎广告、数字视频广告,8种形式 注:2008年IAB将展示性广告(Display Ads)替换为标志广告(Banner Ads)

续表

年度	网络广告形式
2009 年	展示性/标志广告(Display/Banner Ads)、赞助式广告、分类广告、引导广告、邮件广告、富媒体广告、搜索引擎广告、数字视频广告,8 种形式 注:2009 年用展示性/标志广告替换了 2008 年的标志广告
2010 年	同 2009 年
2011 年	搜索引擎广告、展示类/旗帜广告、分类广告、数字视频广告、引导广告、手机广告(Mobile)、富媒体广告、赞助式广告、邮件广告 注:2011 年首次引入手机广告形式
2012 年	搜索引擎广告、展示类/旗帜广告、分类广告、手机广告、数字视频广告、引导广告、富媒体广告、赞助式广告、邮件广告 注:广告形式同 2011 年,但市场份额排序有所变化,手机广告份额上升
2013 年	搜索引擎广告、展示类/旗帜广告、手机广告、数字视频广告、分类广告、引导广告、富媒体广告、赞助式广告 注:与 2011 年相比,广告形式减少了邮件广告;手机广告市场份额继续上升到第 3 位,分类广告下降到第 5 位
2014 年	搜索引擎广告、手机广告、展示类/旗帜广告、数字视频广告、分类广告、引导广告、富媒体广告、赞助式广告 注:与 2013 年相比,手机广告市场份额继续上升到第 2 位,首次超过展示类广告份额
2015 年	广告形式同 2014 年。显著变化是,手机广告市场份额占据第一位。2015 年全年手机广告市场份额(35%)超过了搜索引擎广告(34%),Banner 广告占 16%,视频广告占 7%,其他广告形式占 8%。在手机广告形式中,展示类广告占 45%,搜索广告占 44%,视频广告占 7%,其他类型占 4%
2016 年	广告形式同 2014 年。手机广告市场份额继续扩大。2016 年全年手机广告市场份额达 51%,搜索引擎广告市场份额继续减少(占 24%),Banner 广告占 12%,视频广告占 7%,其他广告形式占 6%。在手机广告形式中,展示类广告占 47%,搜索广告占 38%,视频广告占 11%,其他类型占 4%。表明手机广告市场在快速增加,其中视频广告增长显著
2017 年	广告形式分为 4 类:搜索广告、Banner 广告(包括展示类广告、富媒体广告、赞助式广告)、视频广告、其他广告形式(包括分类广告、引导广告、音频广告、其他未明确的广告等); 2017 年网络广告市场份额:搜索引擎广告(46%)、Banner 广告(31%)、视频广告(13%)、其他广告形式(9%)。手机广告收入占 56.7%,桌面广告收入占 43.3%。 在桌面广告中,Banner 广告占 24%,搜索广告占 48%,视频广告占 15%,其他类型占 13%。 在手机广告中,Banner 广告占 37%,搜索广告占 44%,视频广告占 12%,其他类型占 7%
2018 年	广告形式同上一年度。2018 年网络广告市场份额:搜索引擎广告(45%)、Banner 广告(31%)、视频广告(15%)、其他广告形式(9%)。手机广告收入占 65.1%,桌面广告收入占 34.9%。 在桌面广告中,Banner 广告占 23%,搜索广告占 48%,视频广告占 16%,其他类型占 13%。 在手机广告中,Banner 广告占 36%,搜索广告占 43%,视频广告占 15%,其他类型占 6%
2019 年	广告形式同上一年度。2019 年上半年网络广告市场份额:搜索引擎广告(45%)、Banner 广告(31%)、视频广告(16%)、其他广告形式(8%)。手机广告收入占 69.1%,桌面广告收入占 30.9%。 在桌面广告中,Banner 广告占 19%,搜索引擎广告占 50%,视频广告占 17%,其他类型占 13%;在手机广告中,Banner 广告占 36%,搜索广告占 42%,视频广告占 16%,其他类型占 6%(据发布于 2019 年 10 月份的 2019 年上半年统计数据)
2020 年	根据以往惯例,IAB 每年 4—5 月份发布上年度全年网络广告市场份额统计报告

资料来源:根据 IAB 发布的美国网络广告收入报告(2000—2020 年)整理。

表 6-2 中的有关资料表明,2007 年到 2011 年,IAB 将网络广告的形式主要划分为 8 种,仅仅在是否展示性广告(Display Ads)、旗帜广告(Banner Ads)以及展示性/旗帜广告(Display/Banner Ads)方面有一些区别(为了了解这些常见广告形式的发展趋势,我们将这些近年来名称不太一致的 Display/Banner Ads 统一称为"展示性广告"),这些也是比较成熟的网络广告形式。2014 年之后,网络广告形式趋于稳定,主要包括:手机广告、搜索引擎广告、Banner 广告、视频广告、其他广告形式。2017 年后广告形式分类再次进行微调,简化为两大类:桌面广告和手机广告。桌面广告和手机广告都包括 4 类广告形式:搜索引擎广告、Banner 广告(包括展示类广告、富媒体广告、赞助式广告)、视频广告、其他广告形式(包括分类广告、引导广告、音频广告、其他未明确的广告等)。总体来说,近年来网络广告形式在相对稳定的同时不断创新,尤其是人工智能和大数据的应用,广告投放和展示形式相比传统的网页广告发生了很大变化。

在用户浏览网络广告所使用的设备方面,基于传统计算机展示的桌面网络广告与手机广告所占比例近年来发生了较大的变化,手机广告占网络广告市场的比例越来越高。从 2011 年开始,手机广告快速发展,在 2011 年的网络广告收入报告中 IAB 首次引入了手机广告形式(报告发布日期为 2012 年 4 月),手机广告的市场份额逐年扩大,到 2014 年已超过展示类广告份额,占据继搜索引擎广告之后的第二位。2016—2019 年手机广告所占比例分别为:51%、56.7%、65.1%、69.1%。尽管桌面广告收入所占比例逐年减少,不过在可以预见的未来,尚不会完全被手机广告所取代。

6.2.2.2 部分常见网络广告形式及特点

根据上述资料,截至 2019 年,无论桌面广告还是手机广告,市场份额前三位的网络广告形式是:搜索引擎广告、展示类广告、数字视频广告。除了这些基本形式之外,网络广告还有更多的新形式或概念,如社会化媒体广告、原生广告、信息流广告、植入广告、游戏广告、APP 广告、电商平台广告、自媒体广告、网络红包广告等。

本节介绍部分网络广告形式及信息传递特点,主要包括:展示类广告、搜索引擎广告、分类广告、电子邮件广告、手机广告、网络视频广告、社会化媒体广告、原生广告、电子商务平台广告等。

1. 展示类广告

展示类广告是目前常见的网络广告形式,通常是在网页上出现的各种规格的图片或动画广告。展示类广告最早的形式称为旗帜广告,也称为标准标志广告或 Banner 广告,译为标准标志广告或旗帜广告,一般以图片形式放置在网页上,在用户浏览网页信息的同时,吸引用户对广告信息的关注,点击广告后来到广告着陆页,为用户提供更详细的产品信息及订购方式或者注册、参与调查等,从而实现企业的网络营销目的。

展示类广告有多种表现规格和形式,其中最常用的是 486×60 像素的旗帜广告。随着网络广告的不断发展,新形式和规格的网络广告不断出现,因此 IAB 也在不断颁布新的网络广告标准。到 2004 年年初,IAB 制定了一系列新的展示类广告标准,包括方形广告、弹出式广告和摩天大楼形广告,目前仍然是网络广告设计参考的标准(见表 6-3)。

表6-3 广告规格　　　　　　　　　　　　　　　　　　　单位:像素

广告形式和名称	规格
大长方形广告	336×280
中长方形广告	300×250
长方形	180×150
垂直长方形	240×400
正方形弹出式广告	250×250
摩天大楼形广告	120×600
宽摩天大楼形	160×600

除了IAB推荐的标准规格之外,不少网络媒体还自行制定了一些广告规格,有些远远大于IAB的标准,这些不规范现象为网络广告投放和管理带来了一定的混乱。

展示类网络广告的作用及特点包括:

(1) 广告效果持久。展示类广告是互联网最传统而且多年来一直具有较高市场份额的网络广告形式,其主要作用在于提升企业品牌形象和企业品牌认知度,至今仍是最常用的网络广告形式,无论在计算机端还是手机端都得到广泛应用。

(2) 表现形式丰富。展示类广告在网页上以图片或富媒体形式展示,可以是静态图片或动画图片,也可以具有交互功能。展示类广告规格多样,表现形式灵活,通过广告可传递丰富的信息吸引用户关注。

(3) 丰富网页内容。展示类广告一直是网页上不可缺少的元素之一,对于规范网页布局、延伸网页内容、合理利用用户注意力等发挥着积极作用。

2. 搜索引擎广告

如前所述,搜索引擎关键词广告是企业常用的搜索引擎营销方式之一,适用于用户通过搜索引擎主动获取网页信息的方式,具有其他网络广告不可替代的作用。详见本书第4章的介绍(4.3.6)。

3. 分类广告

分类广告一般发布在按地区、按行业或应用领域等方式设置的专业的信息发布网站,如租房、搬家、二手家具出售、本地招聘等。例如,赶集网和58同城是目前国内最有影响力的综合分类广告网站。美国较大的网络分类广告网站包括Craigslist(http://www.craigslist.com)、Backpage(http://www.backpage.com)等。此外在各个行业也都有一些具有影响力的行业分类广告网站。

一般的分类广告都放置在专业的分类广告网站或者是综合性网站开设的相关频道或栏目,主要借助平台的大流量获得用户关注。由于网络分类广告按照主题归类,消费者可以自主选择感兴趣的主题,为用户获取相关信息提供了方便。

网络分类广告的主要特点包括以下三个方面。

(1) 简单实用。广告形式简单,通常为文字及图片信息,无须专业的网络广告设计,也无须太多的专业知识,一般计算机或手机上网用户都可以操作,是一种简单实用的网络推广方法。

(2) 信息集中。一个分类清晰的分类广告网站,每一类下面都可能集中了大量的同类信息,为用户选择提供了便利,查看分类广告的人一般对信息有一定的主动需求,意向明确,这也是分类广告的优势所在。

(3) 沟通及交易便捷。与 Banner 广告或搜索引擎广告相比,分类广告可以承载更多的信息,详细描述及联系方式甚至在线订购均可在一个网站或一个网页内完成,用户通过一个网页浏览即可获取全部信息甚至完成沟通及交易。

4. 电子邮件广告

电子邮件广告,是许可电子邮件营销的一种,是通过专业邮件列表服务商的用户邮件地址资源发送的商业广告信息。

根据用户电子邮件地址资源的形式,可将电子邮件营销分为内部电子邮件营销和外部电子邮件营销,或者简称为内部列表和外部列表。内部列表是一个企业/网站利用一定方式获得用户自愿注册的资料来开展的电子邮件营销,而外部列表是指利用专业服务商或者具有与专业服务商一样可以提供专业服务的机构提供的电子邮件营销服务,自己并不拥有用户的电子邮件地址资料,也无须管理维护这些用户资料。此外,免费邮件服务商通常也提供电子邮件广告投放服务。

电子邮件广告的格式没有固定的模式,可以是专题介绍,可以是软文广告,也可以是图片广告或文字链接广告,或者嵌入新闻邮件或文章内部的广告链接等。电子邮件广告通常是通过外部列表实现企业营销信息传递的。

电子邮件广告的主要特点包括以下五点。

(1) 用户定向。规范的电子邮件广告经过用户许可发送,且通过邮件服务商的用户分类筛选,在一定程度上实现定向投放。

(2) 见效迅速。无须经过漫长的用户资源积累,根据需要随时将营销信息直接传递给潜在用户。

(3) 价格可控。电子邮件广告通常按发送邮件数量付费,可根据营销预算控制广告费用。

(4) 形式灵活。电子邮件广告可以个性化定制,可以是引导型信息传递,也可以是完整的推广内容,表现方式也更为灵活。

(5) 效果管理专业。与其他网络广告服务商一样,专业电子邮件服务商提供从邮件发送到效果管理的一系列专业服务,为广告客户提供专业的效果统计数据,如发送量、送达率、打开率、回复率等。

5. 手机广告

手机广告并非单一的广告形式,而是包括了所有适合在手机上展示/播放的网络广告,如 Banner 广告、数字视频广告、赞助式广告、富媒体广告、搜索引擎广告等。同时也包含一些手机专用的广告形式。手机广告中社会化媒体广告(如 Facebook 广告、微博广告等)占比较高。

2016 年之后,手机广告已经成为网络广告市场的主流,且仍在快速增加中,因此手机的网络广告价值也日益重要。IAB 统计报告中将手机广告分为三类:手机展示广告、手机搜索广告及其他形式。这说明,展示类广告及搜索引擎广告在移动互联网中仍然占有重要地位。

在移动营销发展历程中,早期基于 GSM 网络及 Wap 上网的手机广告形式主要是短信、彩信广告及部分图片广告,现在 IAB 统计的手机广告基本上是基于智能手机的广告形式。随着 HTML5 标准的广泛应用,通过手机浏览器几乎可以实现所有传统计算机端的网络广告展示,除了搜索引擎广告、Banner 广告、数字视频广告、社交媒体信息流广告等形式在手机上继续适用之外,又出现了一些专门适用于手机的广告形式,如 APP 开屏广告、社交网络红包广告、LBS 广告、移动 WIFI 广告等。

由于智能手机形态在不断变化,手机新应用也在不断出现,手机广告仍然处于不断发展演变之中,因此本节仅作为一个引子,对手机广告的形式及特点还需要给予更多的关注。

6. 网络视频广告

或许我们都有这样的经历,在观看网络视频时首先要播放一段视频广告,这是视频分享网站的主要营收模式。视频广告无论是在计算机、IP 电视、平板电脑还是智能手机上都有广泛的应用,常见形式包括贴片广告、暂停广告、角标广告等。

贴片广告是在视频内容正式播放之前插播的一小段广告,广告时长通常为 5 秒、15 秒或 30 秒,这也是最常见以及给浏览者留下印象最深的广告形式之一。暂停广告是用户点击暂停播放按钮后出现的一幅广告,用户点击关闭广告或重新开始播放视频时广告自行关闭。角标广告与传统电视节目的角标一样,在视频播放过程中在屏幕右下角出现的文字或图片广告,角标广告通常不会占用很大的屏幕位置,是一种对用户观看干扰较小的广告形式。

根据 2019 年优酷视频内资源广告刊例,在优酷视频中投放的视频广告的主要形式包括:开机视频、APP 启动画面、开机图、信息流等。收费模式为按播出次数收费(CPM)和按时间(天)等。

根据美国 IAB 网站发布的"数字视频广告形式指南及最佳实践"(Digital Video Ad Format Guidelines & Best Practices),数字视频广告可以分为两大类别:线性广告(Linear Video Ads)和非线性广告(Nonlinear Video Ads)。两者均可在视频区域之外展示伴随广告(Companion Ads)。伴随广告并不影响视频播放,可以理解为一种辅助性的广告展示。

7. 社会化媒体广告

社会化网络媒体,简称社会化媒体(Social Media),是上网用户交流、分享、获取信息、发布个人观点及动态的网络平台,包括网站及手机 APP 等多种形式,如 Facebook、Twitter、微博、微信、QQ 空间等。社会化媒体广告也叫社交媒体广告或简称为社会化广告、社会广告、SNS 广告,简单来说,是在社会化网络媒体上投放的广告,是社会化网络营销的方式之一(利用用户粉丝资源自行发布的推广信息不属于社会化广告的范畴)。

但社交网站上的广告并非都属于社会化媒体广告(例如在网页上展示的 Banner 广告即不属于),而只有当具备某些社会化的属性时才能称之为社会化广告。美国 IAB 于 2009 年 5 月为社会化广告的定义是:

"社会化广告是一种融合了消费者同意展示及被分享的用户交互广告,在广告内容中有发布人的图像或用户名,使得用户可以与广告发布者产生交互。"

社会化广告定义所指出的基本属性包含三个方面的含义:

第一,用户同意广告出现在个人的社交信息中(如微博信息流);

第二,广告发布者也是一个社交媒体的"用户",有发布人的明确信息,如头像或用户名;

第三,用户可以在社交网络中与广告发布者交互,如关注、转发、评论等。

从这些属性来看,目前的社会化网络服务(SNS)中,在微博、微信朋友圈等信息流中投放的广告属于社会化广告的范畴,而这些广告也被称为"原生广告"。不过原生广告的范围更广一些,并不限于信息流广告,可简单理解为原生广告包含了社会化广告。

至于社会化广告的具体形式,则比较个性化,比如一段文字加网址链接、一个可以直接提交结果的小调查、一张图片、一段视频等,只要适合通过社交网络发布的内容,都可以成为社会化广告的具体形式。

社会化广告的收费模式,也有多种形式。例如微信广告包括朋友圈信息流广告、公众号内容展示广告、小程序广告等;计费模式有按展示数量收费的,也有按效果收费的。这也从一个侧面说明,无论网络广告的形式如何变化,网络广告的基础统计指标仍然是有效的,浏览数和点击数是网络广告效果评价的基础。

作为一种与用户互动性强的广告形式,广告主对社会化广告有更多的评价指标而不仅仅是浏览和点击。例如,微博广告可在微博平台内部甚至用户个人页面之内完成广告的传播和转化,因此用户互动指标也就在一定程度上反映了广告的效果,包括获得用户关注(增加粉丝量)、用户参与微博活动(评论、转发、@更多好友)等。

总之,社会化网络媒体在不断发展变化,社会化广告的形式也在不断创新,目前很难说已经形成了哪些固定的模式,需要在发展中不断探索和总结。另外,除了微博、微信这些用户普及程度高的社会化媒体,其他社会化网络如开放式在线百科、在线问答、在线点评及本地生活社区类网站等都在不断推出各种形式的广告,这些都是社会化广告值得关注的领域。

8. 原生广告

原生广告(Native Advertising)概念诞生于 2012 年。顾名思义,原生广告是天生的、本地化的一种广告形式,简单来说就是网络媒体、内容与广告的相互融合,广告也成为网络媒体中有价值的内容的一部分。

原生广告并不是一种专用的广告形式,而是网络广告的一种表现形态,其格式包括文字、图片、视频等常见的内容形式,也与社会化媒体广告、信息流广告等概念有一定的重叠或交叉。之所以可以称之为原生,主要原因在于,传统的网络媒体中内容与广告相对独立,而原生广告在这一点上有显著的差异。

比如,搜索引擎关键词广告及社交媒体的信息流广告,从形式上看就是原生广告的感觉,实现了广告内容与网页正文内容的融合,但这些广告是否可以被定义为原生广告并没有统一的结论,因为有些广告实质上和原有的网络广告没有差异,广告和用户之间未建立起"原生"的关系。相对而言,微信朋友圈及 QQ 空间等社交平台的信息流广告则更接近原生的特性。

2015 年 6 月,IAB 在"IAB Native Advertising Playbook"文档中罗列了六种原生广告形式的例子:

(1) 信息源单元(In-Feed Units);

(2) 付费搜索单元(Paid Search Units);

（3）推荐工具（Recommendation Widgets）；

（4）促销列表（Promoted Listings）；

（5）原生元素的内置广告（In-Ad（IAB Standard）with Native Element Units）；

（6）用户定制或以上未包含（Custom /Can't Be Contained）。

可见，原生广告的形式是多样的，并不局限于社交媒体的信息流广告，而广告是否具有原生的属性，除了形式之外，更在于用户的感受，即是否具备原生的效果。参考IAB、维基百科等机构或网站对原生广告的有关描述，结合本章前面提出的网络广告的本质特征，本书认为，原生广告应体现广告主、网络媒体及用户之间的交互关系。

原生广告的主要特点包括以下三方面：

（1）针对性及原创性。广告主根据特定媒体的特点专门设计的、符合用户获取信息特点的广告形式。当然，原生广告应当是广告主原创且直接投放到特定媒体的。

（2）视觉效果融合性。从用户浏览效果来看，原生广告与界面的其他内容在形式上是一个整体，并没有像传统网络广告那样争夺用户注意力或强制阅读，不过为了明确广告与内容的差异，在广告周围通常会有明显的标注信息，如广告、推广、赞助等。

（3）用户价值导向性。尽管看起来原生广告是内容的一部分，但用户可以明确看出广告与其他内容的差异，点击或浏览广告，是出于兴趣或者价值而不是被网络媒体强制展示，用户甚至可以选择是否显示或关闭广告。

总之，原生广告本质上仍然是广告，与企业软文或植入广告从表现形式到本质都不相同，具有网络广告的一般特征。

因为原生广告具有这些特点，所以其设计及投放管理难度较大，初期只有一些大品牌在大型社交网络上率先投放原生广告。随着社交平台广告系统的不断完善及门槛的降低，广告用户可以自主管理、自主设定广告预算及分析广告效果，原生广告才具备更大的发展空间。Facebook、Twitter、新浪微博等，目前都具备了中小企业乃至个人投放原生广告的基本条件。

9. 电子商务平台广告

电子商务平台是国内企业开展网上销售的主要渠道之一，由于平台功能完善且集聚了大量的潜在用户，因此电商平台是投资少见效快的电子商务模式之一。电商平台不仅吸引了大量中小企业进入，同时众多大型品牌企业也纷纷在电商平台开设官方旗舰店。京东商城、淘宝、天猫、苏宁等电商平台对国内企业开展网上销售发挥了非常重要的作用，在电商平台进行付费推广（广告）也就成为企业扩大站内信息可见度从而获得顾客的重要手段。

电商平台网络广告的特点主要包括：

（1）高效率的广告投放。平台广告媒体属于内部资源，广告主来自入驻平台的商家。作为一项延伸服务，站内网络广告投放及管理更便捷高效，商家无须从第三方购买广告媒体资源，即可获得快速推广的效果。

（2）全信息广告流程。通过站内广告链接，用户点击后可直达商家商品页面或促销页面，无须制作专用的广告着陆页即可展示完整的产品信息并直接订购，在平台内部完成从推广到购买的整个流程，因此电商平台的内部广告可认为是信息量最大的网络广告形式。同时由于广告效果与销售直接关联,数据分析更有说服力。

(3) 平台广告的原生属性。当用户浏览电商网站的产品页面或搜索结果页面,网站内容与广告内容都属于相关产品,两者共同组成了用户所浏览的网页内容,广告具有明显的原生属性,为用户获取相关产品信息提供了方便,更容易被用户所接受。

电商平台的内部广告具有多方面的优点,是入驻商家不可忽视的站内推广方式。

电商平台网络广告与搜索引擎广告有类似之处:用户的自然搜索或浏览,相当于搜索引擎营销中的搜索引擎优化,而付费推广则类似于关键词广告。当然电商平台广告的形式并不仅仅是搜索广告,也包括展示类广告或其他赞助类广告等。下面以淘宝直通车和京东快车为例简单介绍电商平台广告的形式。

电商平台网络广告示例:

(1) 淘宝直通车(https://subway.simba.taobao.com/indexnew.jsp)。

官方介绍:"让您的宝贝出现在手机淘宝/淘宝网搜索页的显眼位置,当买家进行关键词搜索时,以优先的宝贝排序获得买家的关注。同时,只有买家点击了你的宝贝时才需付费,系统智能过滤无效点击,时刻为你精准定位适合的买家人群。"

淘宝直通车与关键词广告有一定的相似之处,是基于站内搜索、按点击付费的关键词广告形式。当用户搜索产品关键词时,商家的广告信息(图文信息)会出现在搜索结果页面右侧,广告信息位置会根据商家出价高低排序,付费越高被用户发现的机会越大。

(2) 京东快车(https://jzt.jd.com/study/kuaichemedia/1014.jhtml)。

官方介绍:"京东快车是基于京东站内推广,按点击付费(CPC)的实时竞价类广告营销产品。通过对搜索关键词或推荐广告位出价,将您的推广商品、活动或店铺展示在京东站内丰富的广告位上。精准的定向工具更能为您打造个性化的营销方案,将目标人群和潜在用户一网打尽。"

早期的京东快车站内推广方式与淘宝直通车有很大的区别,不仅仅是站内广告,还结合了站外推广资源,包括京东联盟网站广告及电子邮件推广。不过就本书写作调研期间来看(2020年4月),京东快车与淘宝直通车的推广方式具有一定的相似之处。

尽管每个电商平台的广告形式可能会有一定的差异,并且在不同时期也会有所不同,但都具有重要的网络营销价值,是开展电子商务的常用网络推广手段。

网络广告的形式还在不断发展和创新中,有兴趣的读者请关注网络资源及专业文献的相关介绍。

拓展阅读

网络广告的常用概念和术语

说明:网络广告的名称大多来源于英语,其中有些概念已成为互联网的常用术语,如Page View、CPC等,有些则较为少见,需要专业的解释。本书作者根据美国交互广告署官方网站的"Glossary of Interactive Advertising Terms"中列举的词汇选编译了部分概念和术语,包括网络广告的基本概念、网络广告效果测量及定价模式三个方面共计30多条,供读者参考。

1. 关于网络广告的基本概念

Interactive Advertising：交互式广告，指具有交互性的各种形式的广告，从广告媒体上看，包括网络广告、无线广告、交互电视广告等；从广告形式上看，包括 Banner、赞助式广告、电子邮件广告、关键词检索、推荐式广告、分类广告等。

Interstitial Ads：插播式广告。在两个网页内容切换的中间间隙显示的广告，也称过渡页广告。相近的术语还有 Intermercial Ads、Splash Pages、Flash Pages。

Transitional Ad：过渡页广告，也称插播式广告，与"Interstitial Ads"意义相近。

Pop-up Ad：弹出式广告。在已经显示内容的网页上出现的具有独立广告内容的窗口，一般是网页内容下载完成后弹出式广告也随之出现，因而对浏览网页内容产生直接影响。

Pop-under Ad：隐藏式弹出广告。形式与一般的弹出式广告相同，不同之处在于这种广告是隐藏在网页内容下面，刚打开网页时并不会立即弹出广告，只有当关闭网页窗口，或者对窗口进行操作如移动、改变窗口尺寸、最小化时，广告窗口才会弹出来。

Skyscraper：摩天大楼型广告。一种窄、高垂直放置的网络广告形式。IAB 推荐的标准目前有两个规格：120×600 和 160×600。

Rich Media：富媒体。Rich Media 并不是一种具体的媒体形式，而是指具有动画、声音、视频或交互性的信息传播方法，包含下列常见的形式之一或者几种的组合：流媒体、声音、Flash，以及 Java、JavaScript、DHTML 等程序设计语言。富媒体可应用于各种网络服务中，如网站设计、电子邮件、Banner、Button、弹出式广告、插播式广告等。

2. 关于网络广告效果测量

Ad View：广告浏览。广告被用户实际看到一次称为一次广告浏览。广告浏览数是最早的定价基础之一，但由于出现的广告是否被浏览实际上无法测量，因此现在已经不用这一概念。现在采用的最接近广告浏览的概念是"广告显示"。

Page View：页面浏览。即用户实际上看到的网页。由于页面浏览实际上并不能准确测量，因此现在采用的最接近页面浏览的概念是"页面显示"。

Ad Impression：广告印象。广告印象包括两个方面，即服务器端和用户端。网络广告可以来自服务器为用户浏览器提供的广告显示，也可以来自用户浏览器的请求。对广告印象有不同的测量方式。粗略地说，广告印象和页面显示、广告下载比较接近。

Impression：印象。同 Page View，指受用户要求的网页的每一次显示，就是一次印象。

Ad Impression Ratio：广告印象率。点击数与广告印象数的比例，同点击率。

Ad Click：广告点击。是用户对广告的反应形式之一，通过对广告的点击引起当前浏览内容重新定向到另一个网站或者同一个网站的其他网页。

Click Through：点击次数。即网络广告被用户打开、浏览的次数。

Click-through Rate：点击率。网络广告被点击次数与显示次数的比例。

Ad Display/Ad Delivered：广告显示/广告传递。一个广告在用户计算机屏幕上完全显示称为一次广告显示/广告传递。

Ad Download：广告下载。服务器完整地将一个广告下载到用户的浏览器称为广告下载。如果用户的请求并没有被完全执行，广告下载不完整或者没有被下载，就不存在广告浏览。广告下载与广告显示意义相近。

Transfer/Ad Transfers：传送/广告传送。传送是指服务器对来自网页请求的成功反应，也指浏览器接收到来自服务器的完整网页内容。广告传送是指用户点击一个广告之后成功地显示广告客户的网站。当一个网络广告被点击之后，正常情况下将重新定向或者为用户的浏览器"传送"广告客户的网站内容。如果用户浏览器成功地显示广告客户的网站内容，那么就形成了一次广告传递。否则，将只有点击而没有形成传递。

Reach：送达。有两个方面的含义：①在报告期内访问网站的独立用户，以某类用户占全部人口的百分比表示。②对于一个给定的广告所传递到的总的独立用户数量。

Unique Visitor：独立用户数量。指在一定的统计周期内访问某一网站的所有不同用户的数量。

Return Visits：重复访问数量。用户在一定时期内回到网站的平均次数。

Repeat Visitor：重复访问者。在一定时期内不止一次访问一个网站的独立用户。

Traffic：访问量。来到一个网站的全部访问或访问者的数量。

ROI(Return on Investment)：投资收益率。即净利润除以投资额。

3. 关于网络广告的定价模式

CPA(Cost-per-Action)：每次行动的费用。即根据每个访问者对网络广告所采取的行动收费的定价模式。对于用户行动有特别的定义，包括形成一次交易、获得一个注册用户或者对网络广告的一次点击等。

CPC(Cost-per-Click)：每次点击的费用。根据广告被点击的次数收费。如关键词广告一般采用这种定价模式。

CPM(Cost per Thousand Impressions)：每千次印象费用。广告条每显示1 000次(印象)的费用。CPM是最常用的网络广告定价模式之一。

CPO(Cost-per-Order)：也称为Cost-per-Transaction，即根据每个订单/每次交易来收费的方式。

PPC(Pay-per-Click)：是根据点击广告或者电子邮件信息的用户数量来付费的一种网络广告定价模式。

PPL(Pay-per-Lead)：根据每次通过网络广告产生的引导付费的定价模式。例如，广告客户为访问者点击广告完成了在线表单而向广告服务商付费。

PPS(Pay-per-Sale)：根据网络广告所产生的直接销售数量而付费的一种定价模式。

CPTM(Cost per Targeted Thousand Impressions)：经过定位的用户(如根据人口统计信息定位)的千次印象费用。CPTM与CPM的区别在于，CPM是所有用户的印象数，而CPTM只是经过定位的用户的印象数。

(资料来源：根据IAB网站的相关资料编译整理。)

6.2.3 KOL营销

在社会化网络营销相关内容中，介绍过KOL的概念(Key Opinion Leader, KOL, 见

4.4.4），即作为"关键意见领袖"的网络推广价值。除了企业内部 KOL 之外，也可以通过向其他 KOL 付费的方式获得网络推广的机会。这种付费 KOL 营销事实上已成为社会化媒体营销的常见方式之一，也是网络大 V 们将粉丝和流量变现的主要方式之一。

利用 KOL 的资源开展网络推广，从形式上看，可以认为是企业与自媒体之间的资源合作，实际上也是一种在自媒体中投放广告的形式，只不过由于每个 KOL 的内容领域以及植入广告的方式不同，KOL 广告与规范的网络广告形式有明显的差异。由于企业要与 KOL 沟通并支付网络推广费用，所以从付费推广的角度看，又有一定的网络广告的特征，但 KOL 代言的推广信息没有固定的模式，总体来说，属于内容与广告相融合的软广告形式。

6.2.3.1 KOL 营销的特点

利用意见领袖资源推广，具有内容营销的基本要素和特征，由于具有一定的网络可信度基础，因而也具有软营销的基本特征等。

KOL 推广的主要优势在于：减少企业自主运营自媒体的资源积累的时间，用资金换资源，快速获得用户的关注。

KOL 推广的主要缺点在于：可持续性较差，一次推广活动结束之后难以保持长期的推广效果，推广费用相对较高。另外，相对于社交媒体广告和 SNS 用户转发推广模式，对推广内容和形式要求较高，需要和 KOL 深入合作才能得到体现，也就是说广告投放成本较高。

在付费网络推广资源中，KOL 推广有一定的特殊性，有必要对 KOL 的形式及推广方式做一定的了解。

6.2.3.2 KOL 营销的常见形式

在互联网发展历程中，每个阶段、每一种常用的互联网信息发布及传递工具都会产生一批意见领袖，如论坛、博客、微博、微信公众号、短视频、网络直播等。由于意见领袖通常能聚集某个垂直领域的一群支持者，且具有一定的话语影响力，因此 KOL 便具备了网络营销价值。

总体来说，KOL 出现于用户活跃度较高且具有较强互动功能的平台上，用户数量及互动性是 KOL 营销价值得以体现的基础。例如，去某短视频平台上获赞过万的网红餐厅打卡，被微博大 V 推荐的产品深度种草，就是 KOL 营销的表现形式。

在不同的网络平台，KOL 营销的形式也会有所不同。在现阶段内容平台中，常见的 KOL 营销形式包括下面七种。

1. 微信大号软文广告投放

符合一定条件的公众号运营者可以申请成为广告流量主，将公众号指定位置分享给广告主作广告展示，按月获得广告收入。除此之外，微信大号还会自己承接广告，将推广的产品或品牌信息润物细无声地植入到公众号文章中。

2. 微博大号转发或直发

微博大号将广告主提供的文案内容通过自己的账号直接发出，或者转发已有的微博内容。借助微博大号的影响力和号召力,以达到品牌推广、提升销量的目的。

3. 自媒体平台 KOL 评测

在今日头条、搜狐、网易、百家号、一点资讯等主流自媒体平台找到合适的 KOL,商谈好合作事项后,KOL 通过自己的账号发布试用评测内容,以"中立"的身份推荐产品。"用户评测"与一些畅销书的知名人士推荐一样,实际上很可能是企业事先设计的 KOL 营销方案。

4. 内容外包,自主分享传播

KOL 营销作为内容营销的形式之一,从长期效益来看,创建企业自主掌控的个人 KOL 也非常必要,在不具备自我创建高质量内容的时候,可以采用内容外包加工的方式,专业生产,贴自己的品牌,通过自己的账户分享传播。例如,可通过专业人士或机构拍摄创意视频,通过当前热门的视频分享平台发布,利用内容吸引用户关注。其实,付费推广和企业的内容营销,有时候已难以明确区分,可以相辅相成同步发展。

5. 利用网红达人主播推荐产品

在淘宝直播、京东直播、花椒直播、一直播、斗鱼直播等主流直播平台,请明星或数个不同级别的网红达人做直播,可以直接销售产品,也可以提升品牌曝光。

6. 利用好友社交资源进行推广

前面介绍过,每个人都有一定的社会关系资源,好友数量众多或者在某一领域具有影响力的名人,个人社交资源的营销价值同样较高。寻找高营销价值的好友,在微信朋友圈等社交网络发送指定的内容,通常也会产生显著的效果。

7. 关注当前热门应用及细分领域应用

除了大众型社交网络平台及内容分享平台,一些专业领域的知识分享平台或娱乐平台,同样具有 KOL 营销的应用,例如小红书达人笔记、知乎、简书等。

可以合理推测,随着 KOL 营销应用的逐渐成熟,其内容形式也会越来越丰富,有望成为社会化网络营销中的一个新领域,成为更多企业可以利用的网络推广资源。

6.2.3.3 KOL 推广模式选择

与传统网络广告投放有成熟的定价模式不同,KOL 推广模式具有较高的灵活性,从推广方式到定价模式都具有非规范性。从目前的实践应用状况来看,KOL 推广模式大致可分为三类:企业与 KOL 直接沟通、通过代理商联系、利用第三方服务平台。三种 KOL 推广模式各有特点,见表 6-4。

表 6-4 企业 KOL 推广模式比较

KOL 推广模式	操作步骤要点	特点
与 KOL 直接沟通	通过目标用户关注的热词、话题,在相关平台搜索,例如微信、微博、抖音、小红书、自媒体平台、直播平台,从中筛选出合适的 KOL,通过邮件、私信、留言等方式寻求合作	优点:与目标用户匹配度高,可建立长期合作关系 缺点:联系成功率低,洽谈过程复杂

续表

KOL推广模式	操作步骤要点	特点
通过KOL代理联系	代理商通常掌握一批KOL资源，通过代理联系沟通、策划和实施推广流程	优点：专业，KOL资源丰富，省时省力 缺点：推广成本较高
利用第三方服务平台	第三方服务商平台连接了品牌主、KOL、MCN机构。注册成为第三方平台的广告主，可以直接通过平台匹配KOL资源并实现推广流程	优点：价格透明，安全，数据全面 缺点：缺乏个性化灵活性

确定了企业与KOL合作的方式，接下来就是网络推广策划、实施及效果管理等一系列常规流程了，这里不再做进一步的介绍，仅总结一些KOL营销的实践经验供参考。

（1）KOL营销资源也需要不断积累和维护，从长期来看，建立企业自己的KOL资源库是必要的；

（2）KOL营销属于内容营销的范畴，并不是简单的广告或产品推荐，需要一定的创意；

（3）KOL营销是网络推广策略的一部分，仅靠这一种推广方式通常是不够的，需要构建企业网络推广组合策略。

除了已经比较成熟的网络广告市场、社交网络及内容平台的KOL营销之外，基于网络营销服务市场资源的网络推广服务仍在不断发展之中，网络营销形式推陈出新是必然的趋势，在关注现有推广资源的同时，对网络营销服务市场资源的发展动向应给予必要的关注。

6.3 网络营销的资源合作策略

开展网络营销离不开必要的工具和资源，企业的网络营销能力在一定程度上也就表现为对资源的利用能力。除了企业可掌控的内部资源及付费服务资源之外，资源合作也是扩展网络推广渠道的有效方法，通过与其他网站互惠合作或者通过利益关系建立的合作伙伴关系，也体现了企业与网络营销环境之间协调发展的运营思想。

6.3.1 网络营销资源的基本形态

根据企业对网络营销资源的掌控方式，可以将企业网络营销资源分为两大类：内部资源和外部资源。

（1）内部资源：即企业可完全掌控的网络营销资源，包括企业官方平台资源（网站、APP等）、内容资源、网站访问量资源、注册用户资源、大数据资源、社会关系资源、营销能力资源等。

（2）外部资源：即企业可使用的但不能完全掌控的网络营销资源，主要是基于第三方服务平台的工具和资源，包括第三方平台信息发布资源、第三方信息引导资源、社交网络用户关系资源、网络广告媒体资源、合作伙伴网络资源等,具体如可利用的电子商务平台、微博、微信、博客、网络百科、网络社区、搜索引擎、网络广告联盟平台等。

对于企业的内部网络营销资源,基本策略是充分利用现有的资源,并不断扩大和挖掘潜在资源。而对于外部网络营销资源,应合理选择适合于本企业并且价格适中的网络营销资源,同时对于新出现的以及未曾利用过的外部资源,应给予密切关注并积极尝试,了解各种资源的价值,作为制定网络营销策略的参考依据。

总之,网络营销资源策略的基本思想在于,充分认识企业内部资源与外部资源的本质及其网络营销价值,以充分利用内部资源,合理利用外部资源,实现网络营销价值的最优化。

6.3.2 网络营销资源的扩展

从资源可利用的角度来看,无论是内部资源还是外部资源,都可以分为三类:现有资源、潜在资源和可扩展的资源。现有资源是已经存在并且可用的,潜在资源是可以通过正常运营转化为现有资源的资源,可扩展资源则是通过合作、分享等方式转化为潜在资源的资源。

在企业网络营销资源体系中,无论是内部基础资源还是社会关系资源,都需要一定的积累才能逐步发挥作用,而资源积累的方式,并不限于原有资源基础之上的自然增长,还可以通过合作与分享等方式获得资源的扩展,使得网络营销资源价值最大化。而这种合作与分享模式,与内部资源一样可以发挥长期效果,而且并不是通过一般的付费服务可以达到的。资源合作与分享模式符合互联网开放与分享精神,在共享经济模式中发挥着更为显著的作用。

网络营销资源合作及扩展,是以现有资源为基础,通过合作、共享、转化等方式,扩大资源的可用性,并为未来积累新的营销资源。根据资源扩展的本质特征,本书将网络资源扩展营销模式归纳为三种基本形态:资源合作、资源共享、资源价值转化。三者的表现形式和营销思想有一定的关联,也有显著的差异,每一类都有若干种网络营销方法,共同组成了基于可扩展资源的网络营销方法体系。

1. 网络资源扩展营销模式的基本形态

(1)资源合作:以平等、互利、长效为原则,利用自己的现有资源与合作伙伴互补合作,换取同等或更多的资源,实现合作各方网络营销资源及效果的扩大。资源合作的常见类型包括网络可见度资源及网络可信度资源合作,比如网站的互换链接、微信公众号文章互推、微博互转、网络社群互换等。

(2)资源共享:以社会化网络的连接为基础,将个人资源(如知识、经验等)与社会关系网络共享,通过社会化网络获得更多有价值的资源。资源共享的常见方式包括信息分享、知识分享、互助问答等。

(3)资源价值转化:将传统网络营销资源形式转化为具有可比性的一般资源(如浏览量、转发量、收益率、佣金),通过价值转化和利益传递从而在更大范围内发挥资源价值。资源价值转化的常见方式包括分享返利、有偿邀请、按效果获取推广佣金等,如网站联盟、微商分销链等都属于这种模式。

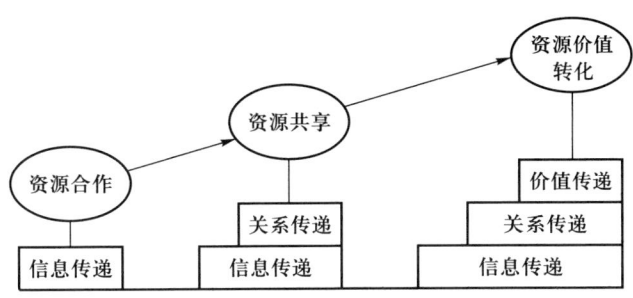

图 6-2　网络资源扩展营销模式示意图

从网络资源扩展营销模式示意图(图 6-2)可以看出,在资源扩展的三种基本模式中,从资源合作、资源共享到资源价值转化,三者之间具有一定的层级关系:资源合作是最基本的形态,主要体现在信息传递层面,通常属于网站之间或企业之间的相互合作;资源共享则是基于社会关系网络的关系传递和信息传递,通常并不仅仅是双方合作;而资源价值转化则是在信息传递及关系传递的基础上实现价值传递及利益共享,具有网络营销生态思维的表现,是资源扩展营销的综合形态。

因此可以说,网络资源扩展营销模式处于不断发展演变之中,到目前经历了三个阶段,即从信息传递、关系传递到价值传递。事实上,资源扩展模式的每一个层次与网络营销的发展阶段和思维模式的演变也是密切相关的,这也从另一个方面验证了网络营销思维模式发展演变的规律。

2. 网络资源扩展营销模式的特点及适用性

一般来说,资源合作的方式简单明了,针对性强,但选择合作伙伴及沟通效率较低,因而也存在一定的限制,通常为用户规模和资源相近或互补同时又非直接竞争关系的企业;资源共享借助于第三方互联网平台,并不需要双方一对一沟通,提高了效率同时也大大扩展了合作的范围,不过又缺乏一对一资源合作模式的针对性;资源价值扩展模式,则以利益为纽带将企业、网站平台、用户等关系网络连接起来,提高参与者的主动性和积极性,具有快速放大并持续发展的特点。表 6-5 简要总结了三种资源扩展模式的特点。

表 6-5　网络资源扩展的三种基本模式比较

比较项目	资源合作模式	资源共享模式	资源价值转化模式
基础条件	网站流量或社交关系资源	内容资源、知识资源、第三方平台、社交关系资源	企业提供确实的价值及利益
操作方式	一对一沟通	通过平台多对多连接	一对多或多对多
技术要求	操作简单	依托于第三方平台	第三方平台或自行开发
基本特点	简单,直接,效率低,效果不确定	效率高,针对性不强,效果不确定	利益明确,快速扩展,效果与投入相关
核心思想	网络信息传递	社交关系传递	用户价值传递
适用范围	规模及资源相当的相关网站	无规模限制,适用面广	营销投入较大或返利较高的产品
方法示例	网站交换链接、微博互转、网络社群合作	文档及图片视频分享、WIKI 词条营销、ASK 社区营销、经验分享	网络红包、分享返利、微信分销、网站联盟

在网络营销实际应用中,上述三种资源扩展模式可独立使用,也可以根据三者的特点交叉进行。资源扩展策略的一般流程:分析现有资源的类别、存量、价值、扩展预期,分析可能的扩展模式,寻找合作伙伴或扩展渠道;分析评价资源扩展网络营销方法的效果。

从表面来看,无论哪种资源扩展方式都不复杂,但在实际操作中仍需要不断探索各种具体方法的规律,获得资源扩展价值的最大化。本章将分别介绍部分典型方法的原理、操作要点及一般规律。

6.3.3 网络营销资源合作的模式

资源合作营销的基本出发点是利用自己的资源与合作伙伴互补合作,换取同等或更多的资源,实现网络营销资源及效果的扩大。资源合作通常以平等、互利、长效为基础,并不以支付费用为基本手段。资源合作的营销思想经过不断发展,演化出多种模式和方法,其中有些成为成熟的网络营销方法,有些还需要进一步探索和完善。

本书第4章以网站之间的链接合作为例,介绍了网络资源合作推广方法的起源(见4.5.1),并且认为网络营销资源合作是一种网络推广方法,也是一种网络营销思想。这种资源合作的思想可以进一步推广到网络营销的多个领域。据此认识,我们可以深入分析一下网络资源合作营销的表现形态及方法。

尽管资源合作在网络营销中长期存在并发挥着不可忽视的作用,但在传统的以互联网工具为主导的方法体系中,资源合作方法一直未成为主流,并且未形成完整的体系,显得比较分散。本书作者提出(2016年)将资源合作与分享作为网络营销五大方法的类别之一,提升了网络资源合作方法的地位,也为进一步研究提出了方向和思路。

本书基于企业网络营销资源视角的研究方法,将网络资源合作模式作为网络资源扩展的基础形态,将以网络营销信息传递为目的的网络可见度资源合作及网络可信度资源合作统称为"网络资源合作",而"网络分享式资源合作"则作为网络资源共享的组成部分,并且在资源合作及资源共享的基础上发展了网络资源转化的高级资源扩展形态。

网络资源合作模式的基本形态可从网络可见度及网络可信度两个方面来描述。

1. 基于网络可见度的资源合作

传统的网络营销大多以浏览器为获取信息的工具,以增加网页浏览量为主要目标,因此网络推广的主要目的是增加企业信息在互联网上的曝光度,即网络可见度。因此,企业(或者其他组织、机构、网站、个人,同样适用)必须首先有自己可掌控的网站内容和访问量,通过与内容相关、流量规模相近的网站合作实现访问量的共同提升。

正如在第4章中从网络推广的角度介绍的网站互换链接(详见4.5.2),通过网站内容及访问量的合作实现了相互推广。尽管这种交换链接的资源合作方式看起来非常简单,但在互联网发展初期曾发挥了重要作用,是网站推广的常用方法之一,其更重要的意义在于,交换链接开启了网络可见度资源合作推广的思维模式。除此之外,还出现了多种基于网站访问量及网站链接的网络推广模式,如分类目录、交换广告、网络广告联盟等。

事实上,多种形式的网络广告,其原理与网页链接推广也是一样的,例如展示类网络广告,用户通过点击某网站的广告来到目标网站,搜索引擎关键词广告,用户点击搜索结果页面的广告链接,来到广告客户网站的着陆页面。只不过网络广告是需要为广告媒体支付费用才能获得网络推广的机会。由此可见,基于网络可见度的网络推广在网络营销中具有重要意义。

2. 基于网络可信度的资源合作

网络可信度合作推广,简单来说,就是通过合作伙伴的社会关系网络进行的信息传播,目的在于利用合作方的资源进行推广,进一步增加用户、粉丝数量或者浏览量。因此可信度资源合作的基础是合作方各自拥有一定的用户资源及社会关系资源,这与网络可见度资源合作各方必须拥有网站内容及访问量资源是同样的道理。

与网络可见度资源合作通过网页链接实现推广不同,网络可信度资源合作是通过用户及社会关系网络实现信息传播的,这种社会关系网络通常需要建立在第三方社交网站平台上,而不是双方各自的用户资源。在合作推广效果方面,除了网络可见度及访问量的增加之外,也包括用户及粉丝资源的增加。可见,网络可信度合作是社会化网络营销的方式之一,也是企业合理利用外部资源的扩展形式。

网络可信度合作典型的方法包括邮件列表联合订阅(即订阅邮件列表 A 同时可收到 A 推荐的邮件列表 B 的内容)、微信公众号文章转发到朋友圈、微博转发、网络社群资源交换合作等。

表 6-6 网络资源合作营销的两种基本形态比较

比较项目	基于网络可见度的资源合作	基于网络可信度的资源合作
合作资源	企业网站及内容、网站访问量	社交网站平台及企业账户运营、粉丝量及活跃度
合作目的	提高可见度、增加访问量	提高可见度及可信度、增加粉丝量
合作形式	网站链接、广告链接、内容链接	内容互转、群资源互换
合作方式	合作方直接沟通	合作方直接沟通
操作难点	寻找合作伙伴效率低难度大	寻找合作伙伴效率低难度大
效果评价方式	获得链接数量、获得引导流量	合作伙伴数量、获得用户资源
常用方法示例	交换链接、交换广告、广告联盟	微信转发、微博转发、社群合作

如表 6-6 所示,尽管基于网络可见度与网络可信度的资源合作具有简单、直观的特点,两者的形式和目的有一定差异,但操作方式及操作难点是类似的,主要表现在效率较低、效果具有不确定性等方面。因此,总体来说,资源合作属于资源扩展营销的初级形态。

6.4 网络营销的竞争策略

竞争无处不在,通过网络营销获得用户的过程,实际上也就是与同行竞争的过程,每个企业作为网络营销环境中的一个元素,从信息源、信息传递渠道到用户交互,每个环节都无法避免竞争,也就意味着企业开展网络营销必须要有竞争意识。

6.4.1 网络营销竞争的表现与本质

既然互联网可以成为营销媒体,可以成为赚钱的渠道,那么也就意味着,随着对金钱的追求也将产生各种违背商业道德甚至违法的事情。事实上,在互联网发展初期,网络营销中的不正当竞争事件就时有发生。

比如,1997年7月,美国科罗拉多州地方法院受理了一项有关搜索引擎引起的商标权纠纷案。这个案件的原告是一家专利法律服务公司(Oppedahl & Larson),他们在诉讼状中说,在通过搜索引擎(AltaVista)用与原告品牌相关的关键词"Oppedahl""Larson"检索时发现,在搜索结果中出现另一家公司的信息,即本案被告 Advanced Oncepts 公司。也就是说,被告在自己的网站上设置了原告公司的信息,搜索引擎根据搜索结果排名规则,在用户搜索原告公司信息时,却被引导到被告公司的网站。

当时处于互联网发展的初期阶段,肯定不会有针对互联网或者搜索引擎方面专门的法律条款,不过根据诚信原则和一般的商业伦理来看,不难断定,这个被告公司的做法影响了原告的商业利益,显然是不会受到法律保护的。最后法院的判决结果是,禁止被告未经许可在自己的网站上使用原告公司品牌相关的信息。这一判决可谓公正合理。不过,很多年后,这样通过搜索引擎截取竞争对手潜在用户,或者诋毁竞争者的情况仍然时有发生。可见互联网商业环境从来都不是那么纯净的。

其实,在网络营销的各种策略中都要考虑到竞争的影响。例如,强调信息源构建更专业、更全面的网络信息传递渠道以及建立用户连接、提供用户价值等,既是获得和维持用户的基础,同时也具有防御竞争的作用。在总结搜索引擎的网络营销价值时,也提及利用搜索引擎建立竞争壁垒,即网络营销工具同时也具备网络竞争的功能。

网络营销竞争可能有多种表现形态,例如可见度竞争、可信度竞争、资源竞争、潜在用户竞争等,归根结底,网络营销竞争的本质,是网络营销信息传递的竞争。这就意味着,在网络营销策略系统中,从信息源、信息传递渠道到用户连接与交互,构成了网络营销竞争策略的整个流程。

6.4.2 网络营销竞争战略模型

从网络营销的不同阶段来看,以信息传递为基础的网络营销竞争的核心内容也有一定的差异,自从2009年社会化网络逐渐兴起之后的十多年间,网络营销正经历以互联网工具资源为核心向用户社会关系资源为核心的转变阶段,因此网络营销竞争也处于从网络可见度到网络可信度转变的时期,两者共同构成了网络营销竞争战略的核心要素。

影响网络营销可见度竞争的主要因素包括:企业网络信息源数量及质量(包括内部信息源及外部信息源)、网络营销渠道资源应用水平、行业竞争状况、对潜在用户获取信息行为的掌控能力等。

影响网络营销可信度竞争的主要因素包括:行业竞争状况、信息源的数量及用户关注度、社交网络渠道资源状况、用户资源数量、用户连接能力(连接渠道及关系强度)、用户的价值及交互意愿等。

可见,从网络可见度到网络可信度竞争,两者既有共性,也有各自的侧重点,都离不开基础信息源及信息传递、用户行为及竞争环境等网络营销信息传递系统的基本要素,因此总体来说两者并无本质的区别,并且在一定程度上是相互依赖不可分割的。网络营销竞争战略的核心实际上是两者的融合,也就是通过创建网络可见度与可信度,获得潜在用户的关注,通过互联网工具及用户社会关系网络资源实现网络营销信息传递与交互,并最终实现企业的营销目标。

因此,这里用一个融合性的词汇来表示网络可见度与网络可信度的集合——网络营销竞争力,表示网络营销的竞争状况,并且将影响网络营销竞争力的因素归纳为信息源、渠道、用户、环境与资源四类主要因素,由此构建网络营销竞争战略模型,如图6-3所示。

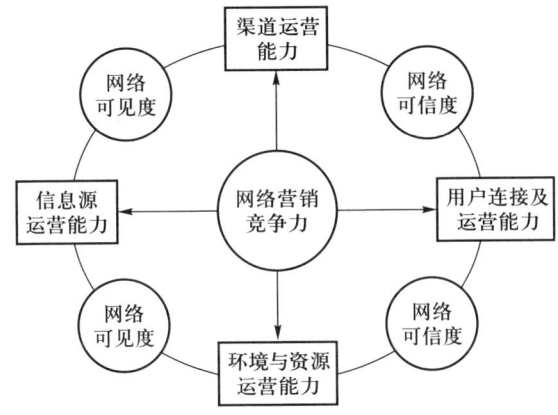

图 6-3　网络营销竞争战略模型示意图

可以看出,企业网络营销竞争力主要体现在网络可见度及网络可信度两个方面,影响因素主要包括四个方面:网络营销信息源运营能力、网络渠道运营能力、网络营销环境及资源运营能力、用户连接及运营能力。这四个方面也正是网络营销运营策略的基本内容。下面对网络营销竞争战略各要素做简要介绍。

(1) 网络营销竞争力:用来描述企业网络营销竞争能力的综合水平,包括企业网络可见度及网络可信度,取决于信息源运营能力、网络渠道运营能力、环境与资源运营能力及用户连接与运营能力的综合作用。

(2) 信息源运营能力:通过创建发布信息源的数量与质量,结合网络营销信息传递渠道及环境资源,提升企业网络营销信息可见度,获得潜在用户的关注,从而提升企业网络营销竞争力。

(3) 渠道运营能力:承担着网络营销信息传递的基础功能,对发挥信息源的价值,实现企业网络可见度具有不可替代的作用,也是实现网络可信度的基本策略。

(4) 环境与资源运营能力:是网络营销渠道运营的补充,重点在于利用市场及合作伙伴资源实现网络营销信息传递及与潜在用户的连接,兼具实现网络可见度及可信度的功能。

(5) 用户连接及运营能力:用户连接渠道、连接方式及紧密度、用户价值和用户利益等决定了用户的数量及用户资源的网络营销价值,是影响网络可信度的重要因素。

从网络营销竞争战略模型图中也可以看出,网络营销竞争战略模型与网络营销信息传递模型有一定的相似之处,区别主要在于对网络营销环境的适应以及资源的应用,而不仅仅是关注信息传递的屏障。这也表明,网络营销信息传递原理已经明确了竞争战略的基本思想,在此原理指导下的网络运营策略也是提升企业网络营销竞争力的基本途径。事实上,企业网络营销系统框架与网络营销竞争战略模型所包含的基本内容也是类似的,只是从不同的角度认识网络营销的策略。

网络营销竞争战略模型的意义在于:第一,树立了网络营销运营策略的竞争意识,进一步明确了网络营销竞争优势来源于网络营销的基本策略;第二,作为网络营销竞争状况分析的指导,强调了企业网络营销竞争力总体水平取决于网络营销策略各个环节的运营能力的合力作用,即网络营销策略体系的系统性。

在网络营销实践中会发现,除了网络营销运营策略的竞争,企业经常还会面对形形色色的不正当网络竞争,例如:混淆是非、煽动造谣的网络水军,雇佣刷单团队和专业差评队伍,针对网站的网络攻击,利用虚构账号进行针对性的陷害,复制信息淹没企业官方信息……

尽管不正当竞争的具体形式多样,不过从网络营销信息传递流程来看,仍然可以从信息源、信息传递渠道及用户交互三个环节来划分。例如前述搜索引擎法律纠纷,是以信息传递工具为主的不正当竞争,而虚假信息主要体现在信息源方面,以扩大网络可见度为主要竞争目标,向用户传递不利于本企业的信息;网络水军则利用公共网络平台从信息源发布到用户传播及交互为一体,主要从网络可信度方面对企业造成不良影响。

总之,当企业掌握了网络营销竞争战略的一般规律,无论是主动提升企业竞争力,还是防御不正当竞争,都将有章可循,应对自如,确保持久竞争优势。

6.5 环境与资源策略应用:构建生态型网络营销系统

本书在用户策略中介绍过基于用户利益的网络营销——生态型网络营销思想(5.2.4),认为"生态型网络营销的意义在于,体现了网络营销中的价值关系,实现信息传递与价值传递相结合"。在传统以工具和方法为主的网络营销内容体系中,环境与资源策略研究一直比较分散,未形成系统的体系,但并不缺乏相关的网络营销方法,例如网络会员制营销、微分销等,都是具有一定影响力的网络营销方法,具有"生态型网络营销"的性质,是网络营销环境与资源策略的具体表现形式。

6.5.1 经典生态型网络营销系统——网络会员制营销

在手机浏览微信公众号等内容平台自媒体文章时,在文中可能看到广告展示,这些广告通常并不是自媒体运营者投放的广告,很可能是来自内容平台基于对自媒体文章内容属性的分析而投放的相关广告。在这种看似简单的网络广告背后,是一种价值型网络营销系统,通过流量和利益关系,将内容平台、广告主、自媒体运营者连接起来,形成一种相互关联的生态系统:广告主投入资金获得广告展示及转化收益,自媒体内容通过流量转化为广告佣金收益,内容平台获得用户资源及广告收入。

其实这种广告形式从原理来看并非新生事物,在基于浏览器展示的网页内容中早已出现,得到早期的个人网站及中小型内容网站的积极参与,至今仍然是内容网站的主要收益模式之一。这就是网络会员制营销,简称网站联盟。

网站联盟与一般的网络广告有相似之处,但在广告投放及管理方面又有很大的差异。无论是传统的网页展示类网络广告,还是基于个人自媒体的KOL推广,这些网络广告投放和管理的形式不同,但都有一个共同的特点,即网络广告媒体是固定的,也是有限的。也就是说,在推广活动之前,企业就已经确定了是在某些网站或是在某些KOL自媒体中投放广告,这些广告信息通常不会出现在其他网络广告媒体。对于企业营销人员来说,选择网络广告媒体就成为一项复杂的工作,而且由于资源限制,一般不可能选择在很多媒体同时投放广告。有没有更简单的方式,在众多网站或自媒体内容中投放广告呢?

网络会员制营销完美地解决了这个问题,并且并不仅如此,网络会员制营销还有其他多方面的优点。例如,我们在一些网站浏览网页内容时,会看到网页上出现的百度联盟的展示类广告,在阅读微信订阅号内容时,会在内容中或内容下方看到腾讯社交媒体广告,这些很可能就是企业通过网站联盟平台投放的广告。

其实很多网站或手机应用都采用了这种生态型网络营销系统,例如许多联盟广告系统,如淘宝客、微信广点通、百度联盟、搜狗联盟、当当联盟、京东联盟、携程网站联盟等,都是基于广告或销售利益分成的价值型生态网络营销系统。本书采用传统的定义,将各种网站联盟、广告联盟等统一称为网络会员制营销。

那么,什么是网络会员制营销?这种网络推广资源有哪些特点?对企业网络推广有哪些价值?企业又如何利用网站联盟开展网络推广呢?

6.5.1.1 网络会员制营销的含义

网络会员制营销(Affiliate Programs)是一种基于利益关系的网络推广方法,在大型电子商务网站得到广泛应用,如亚马逊网站联盟、Google Adsense、当当联盟、百度联盟、携程网站联盟、网易网站联盟、淘宝客等等,并且逐渐应用于众多领域。

最初的网络会员制营销,简单来说就是通过"联盟"程序,商家的广告可以发布到各个"联盟会员"网站上,当联盟会员网站的访问者通过联盟广告的引导到达商家网站,并且实现购买之后,联盟会员网站可以获得订单金额一定比例的佣金。从会员网站角度来说,通过为商家投放广告而获得了推广收入,对商家来说,则是通过在会员网站支付广告费获得了推广效果。

商家和会员网站之间,表面看起来是一种按订单金额支付佣金的简单的广告投放关系,实际上和传统的一对一网络广告投放有很大的不同,一个商家的广告可以同时在多个联盟会员网站展示,同一个会员网站也可能通过多个商家的联盟程序投放广告。

本书作者出版于2002年1月的《网络营销基础与实践》一书中就对网络会员制营销进行了系统的描述。"如果说互联网是通过电缆或电话线将所有的电脑连接起来,因而实现了资源共享和物理距离的缩短,那么,网络会员制计划则是通过利益关系和电脑程序将无数个网站连接起来,将商家的分销渠道扩展到地球的各个角落,同时为会员网站提供了一个简易的赚钱途径。"

可见,这种模式最初是一种商家与加盟会员利益共享的网络营销方法,而不仅仅是通过会员网站投放广告,通常是支付销售额一定比例作为会员网站的佣金。通过会员制程序,连接了网站平台运营者(联盟主)、网络媒体内容提供者(网站主)、网络广告投放者(广告主)及最终消费者之间的价值关系,从一定意义上讲,形成了价值共生的生态系统,具备生态型网络营销的雏形,为基于顾客价值为核心的社会化生态网络营销的产生奠定了成熟的理论基础和实践的检验。

网络会员制营销起源并成功应用于在线零售网站,此后应用领域不断扩展,在搜索引擎、域名注册、网上拍卖、内容销售、网络广告等多个领域都普遍采用,经过20多年仍然具有强大的生命力,不仅是基于价值关系的生态型网络营销系统的鼻祖,而且是生态型网络营销的中坚力量。

一般认为,网络会员制营销(Affiliate Programs)由亚马逊公司首创。亚马逊公司于1996年7月发起了一个"联合"行动,其基本形式为:一个网站主注册为亚马逊公司的会员,然后在自己的网站放置各类产品或标志广告的链接,以及亚马逊提供的商品搜索功能,当该网站的访问者点击这些链接进入亚马逊公司网站并购买某些商品之后,根据销售额的多少,亚马逊公司会付给这些网站一定比例的佣金,最高可达到15%。从此,这种网络营销方式开始广为流行并吸引了大量网站参与——这个计划后来被称为"网络会员制营销"。

根据亚马逊的介绍,目前加入亚马逊网站会员制计划的网站超过了100万个,而且还在不断增加中。国内的网络会员制营销起步较晚,2003年之后才进入快速发展时期,随着第三方网络联盟服务的兴起,网络会员制营销模式在国内的应用逐渐接近成熟。

网络会员制营销资源网站 AffiliateManager.net 的发行人、《成功的网络会员制营销》一书作者 Shawn Collins 的研究表明,其实早在亚马逊创立会员制营销体系之前两年,就已经出现了网络会员制营销的雏形,只不过当时没有系统的描述。在亚马逊公司之前实施会员制计划的公司主要有:PC Flowers & Gifts.com(1994年10月)、AutoWeb.com(1995年10月)、Kbkids.com/BrainPlay.com(1996年1月)、EPage(1996年4月)等。

尽管网络会员制营销的概念不是由亚马逊公司首创,但是谁也不能否认,是亚马逊公司将会员制计划发展得如此完美,并为这种营销方式的普及起到了至关重要的作用,从这种意义上来说,将亚马逊公司视为网络会员制营销的鼻祖也并不过分。人们大都通过亚马逊公司才真正认识了网络会员制营销,许许多多的小网站也正是通过加入亚马逊公司的会员计划赚到了网上的第一张支票。

国内的网络会员制营销开始于1999年底前后,不过在此后的3年内并没有显著的发展,随着部分知名电子商务网站和搜索引擎广告服务商网站联盟的推广,才带动国内网络会员制营销的发展,如网上零售网站当当网、卓越网、百度搜索联盟、阿里联盟等。尤其是Google自从2005年8月正式进入中国之后,Google AdSense获得了快速发展。2006年下半年,国内主要IT门户网站以及大型门户网站等都曾加入Google AdSense广告投放,网络会员制营销模式在国内的发展达到一个新的历史时期。经过十几年的发展仍历久不衰,除了传统的电子商务、搜索引擎广告等领域之外,在基于社会化网络平台的自媒体领域也得到广泛应用。

6.5.1.2 网络会员制营销的原理及价值传递关系

从网络会员制营销的基本关系可以看出,网络会员制营销的基本原理是这样的:一个网络会员制营销程序应该包含一个提供这种程序的商业网站(联盟主,同时也是广告主)和若干个会员网站(网站主),联盟主通过各种协议和程序与各网站主连接起来,网站主网站的访问者则成为联盟主的潜在用户。另外,广告主或联盟主也可以采用第三方网站联盟平台提供的专业服务,通过平台招募网站主,而网站主则为广告主或联盟主带来用户,通过用户的浏览、点击或在线购买实现网络营销信息传递及转化。

事实上,网络会员制营销是一个基于价值连接的网络营销生态系统,在这个系统中,无论是网站自行开展网络会员制营销计划,还是借助于第三方网站联盟平台,都可以通过适当的方式发挥网络会员制营销的价值。经过 20 多年的实践和研究,网站联盟的网络营销价值关系已经比较成熟和清晰。

网络会员制生态系统各方连接及价值关系包括如下几个方面(如图 6-4 所示)。

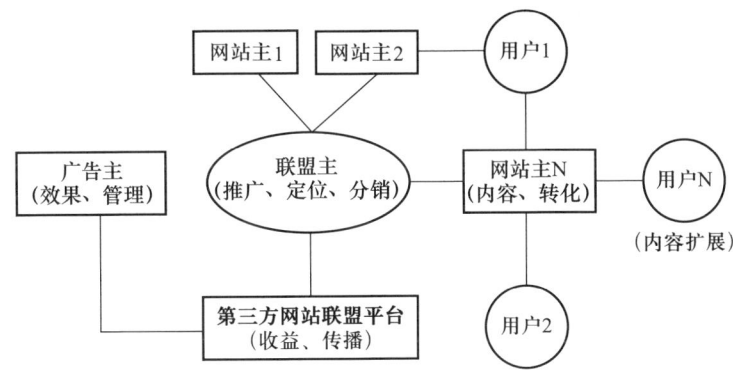

图 6-4 网络会员制营销系统连接及价值关系示意图

1. 对联盟主的价值

联盟主是网络会员制营销系统中的核心,承担着招募会员(网站主)及会员管理、广告制作及投放、效果跟踪、数据处理及佣金发放等整个活动流程。对于联盟主来说,可以获得的网络营销价值包括以下三个方面:

(1)扩展了网络广告的投放范围。通过网络会员制程序,可以轻易实现在众多网站投放及管理广告,大大扩展了网络广告的投放范围。在数以万计甚至百万计的网站上展示广告,而不是仅仅在少数大型门户网站上展示。

(2)提高了网络广告投放的定位程度。基于内容定位的网络广告真正做到了广告内容与用户正在浏览的网页内容相关。例如搜索引擎广告联盟(Google AdSense、百度联盟、搜狗联盟等)提供了极好的案例实证。

(3)扩展了商家的网上销售渠道。网络会员制最初就是因网上销售渠道的扩展取得成功而受到肯定,其应用向多个领域延伸并且都获得了不同程度的成功。直到现在,网络会员制营销模式仍然是在线销售网站拓展销售渠道的有效策略之一。例如,当当网自 2001 年开始采用当当联盟,亚马逊中国也在 2004 年开放了网站联盟并一直沿用至今,这充分说明了网上零售商对网络联盟价值的肯定。

2. 对广告主的价值

广告主包括自行实施网络会员制营销的联盟主,也包括第三方网站联盟平台的所有广告主,以及第三方电子商务网站平台上的广告客户,如在百度联盟投放关键词广告的企业。主要价值包括按效果付费及广告管理便利。

(1) 按效果付费,节约广告主的广告费用。网站联盟普遍采用按效果付费,包括按每次点击费用、每次转化费用、每个订单的百分比等方式支付会员网站广告费或销售佣金。这样不会为无效的广告浏览支付费用,因此网络广告费用更为低廉。

(2) 为广告主投放和管理网络广告提供了极大的便利。在传统网络广告投放方式中,广告主通过广告代理商或者直接与网络媒体联系。由于各个网络媒体对广告的格式、尺寸、投放时间、效果跟踪方式等有很大的差别,一个企业如果要同时面对多个网络广告媒体的话,工作量是巨大的。网络联盟完全改变了传统网络广告的投放模式,让网络广告分布更为合理,广告主对于网络广告的管理也比传统方式方便得多。例如,有些网络广告内容的有效生命周期不长,或者时效性要求较高,如果要在大量网站上更换自己的广告,操作起来也不方便,采用网络联盟模式之后,只要在自己的服务器上修改一下相关广告的内容,不希望出现的广告即刻消失,而新的广告立刻就会出现在加盟网站上。

3. 对网站主的价值

网站主,也叫联盟会员、内容发布商等,是指拥有自己可掌控的内容资源并加入了某个网络会员制营销程序的网站运营者,通过在自己的网站上投放联盟广告获得销售佣金或广告费。

(1) 为会员网站创造了流量转化为收益的机会。一些网站可能拥有可观的访问量,但因为没有明确的赢利模式,通过参与会员制计划,可以依附于一个或多个网站联盟,将网站流量转化为收益。对于以内容为主的网站,通过加盟广告主的联盟计划而获得广告收入,是比较理想的收益模式。浏览一些资讯网站时可以发现,很多网页上显示的广告都是百度联盟或 Google 提供的广告,这些都是联盟广告。

(2) 丰富了会员网站的内容和功能。对于内容型网站来说,放置网络广告是网页的"标准配置",不仅让网页内容看起来更丰富,也对用户获取更多信息提供了方便,尤其是当网络广告信息与网站内容相关性较强时,广告的内容便成为网页信息的扩展。如果网络联盟计划中提供了会员网站可以利用的功能,则进一步扩展了会员网站的功能。如 Google AdSense 除了提供基于内容定位的广告之外,还为会员网站提供了搜索功能,用户利用 Google 搜索,如果点击了搜索结果中的关键词广告,同样也会为会员网站带来获得收益的机会。

4. 对网站用户的价值

通过浏览网页获取有价值的信息,是网站为用户提供的基本价值。与网页内容相关的网络广告,将网页内容延伸到相关的产品或服务,可认为是一种附加价值。尤其是当网站联盟程序通过用户获取信息的行为进行分析后提供更为精准的广告,对用户的价值更为显著。例如,你打算做一个内蒙古大草原的旅游计划,当你通过搜索引擎搜索过相关的关键词之后,在浏览联盟网站时,搜索引擎会根据用户本地搜索记录在联盟会员网站投放相关的广告,为用户提供更多的选择。

不过,考虑到网站联盟广告的点击率通常仅有0.5%左右,表明联盟广告对绝大多数用户的价值并不显著,用户对联盟广告习惯性忽略,或者对广告没有兴趣。在传统的"原生态网站联盟系统"中,为最终用户提供的价值过低,或许是制约网站联盟进一步发展的关键。如何通过网络会员制程序为用户提供更大的价值,尤其是直接获得收益或者优惠,是网站联盟价值体系设计值得重视的问题。

5. 对第三方联盟平台的价值

第三方联盟平台为联盟主提供了方便,为网站主提供了更多比较和选择的机会,在网站联盟系统中发挥着连接联盟主与网站主的作用。网站主展示的广告为联盟主带来了收益,联盟平台从中获得一定份额的佣金或其他服务费用,这是联盟平台的直接收益。同时,联盟平台还可以获得联盟广告的"病毒性营销收益",即广告主发布的广告展示在网站主的网站上,广告内容中会出现联盟平台的信息,网站主及联盟广告越多,联盟平台收到的传播价值越大。可见,连接更多的联盟主与网站主,是第三方平台价值的基础。

通过上述分析可以看出,通常只有实施网络会员制计划成为联盟主,并且有一定数量的网站主加盟,网络会员制营销才能得以实现。现实中并非所有企业都具有这种资源和能力,如同网络社群营销一样,对于大多数中小企业可能并不适用,不过可以利用某些联盟平台的服务,在联盟平台的网站主网站上投放广告。例如大型搜索引擎联盟,广告主可以自行选择是否将关键词广告展示在联盟网站,甚至可以根据一定的条件选择合适的会员网站进行投放。

6.5.1.3 如何利用网站联盟资源开展网络推广

从企业网络推广的角度来看,网站联盟是一种按效果付费的网络推广方法,通过联盟系统,将企业的广告信息发布到会员网站,获得用户关注、点击,并来到信息源网站获取信息的网络营销信息传递流程。在这个过程中,涉及联盟平台、会员网站、广告形式、广告效果等,与传统的网络广告投放流程相比,特殊之处在于,企业通常不需要与网络媒体直接联系,而是只需要与联盟平台发生联系即可。

网络会员制营销系统连接及价值关系表明,网站联盟为广告主向众多网站同时投放广告提供了极大的便利。利用网站联盟推广,主要的环节包括:选择网站联盟平台、跟踪广告效果、屏蔽点击作弊网站广告展示、调整点击率过低的网站投放等。这其中除了选择网站联盟平台之外,其他一些环节通过联盟平台系统可以自动实现,或者,至少可以为企业提供便捷的跟踪管理功能。

所以,利用网站联盟推广最重要的工作,也就是联盟平台(联盟主)及管理的选择问题,主要包括三个方面:

第一,首先应了解网站联盟平台的种类、功能及特点;

第二,选择适合的网站联盟平台,加盟成为广告主,并做好网络广告投放准备工作;

第三,跟踪分析联盟广告投放效果,不断优化广告形式及投放范围。

关于网站联盟的基本形式,一般有两类:一类是大型商业网站提供的网站联盟系统,其特点是网站本身有自己的业务,例如亚马逊网站联盟和百度联盟,网站本身既可能是广告主,又可能为平台上的商家提供联盟推广服务;另一类是第三方网站提供的网站联盟系统,平台仅提供网站联盟服务,商家(广告主)和会员网站(流量主)通过联盟平台实现信息连接。

1. 网站平台自主运营的网站联盟

前面介绍过会员网站加入亚马逊网站联盟的一般流程。亚马逊网站作为联盟主,会员网站可以通过联盟链接代码展示广告主的网络广告,而这些网络广告是广告主通过亚马逊网站联盟来管理的,广告主是付费给亚马逊网站,再通过联盟程序,由亚马逊网站向会员网站支付佣金。也就是说,广告主首先是亚马逊联盟的客户,或者说,是广告主选择了亚马逊网站联盟投放广告,那么广告主所投放的广告,只能在亚马逊联盟会员网站上展示。这也意味着,广告主投放网络广告的媒体和效果,受亚马逊联盟会员数量和浏览量等因素的影响。

网站平台自主运营的网络会员制营销系统也不尽相同,包括广告定价模式、会员网站广告展示方式等都不尽相同。

 拓展阅读

Google Adsense 与搜索引擎广告联盟

传统的搜索引擎关键词广告,出现在搜索结果页面的广告区域,与自然搜索结果共同组成了搜索结果页面的内容。由于搜索结果页面广告资源有限,在一定程度上制约了搜索引擎关键词广告的发展。网络会员制营销成功地突破了这种限制,大大扩展了搜索引擎广告资源。

2003 年 3 月,全球最大的搜索引擎 Google 将网络会员制营销(网站联盟)的原理应用于搜索引擎广告,创造性地发明了基于网页内容定位的网络广告(Content – Targeted Advertising),其正式名称为 Google Adsense。2004 年 10 月开放了中文网站的 AdSense 会员注册,本书作者当时的个人网站"网上营销新观察"是国内最早成为 Google Adsense 会员(内容发布商)的网站之一,也可能是国内最早拿到 Google Adsense 佣金的网站(Google 美元支票上显示的签发日期是 2004 年 11 月 22 日)。

基于网页内容定位的网络广告是关键词广告的一种扩展形式,可以让关键词广告出现在内容有一定相关性的会员网站上,于是大大扩展了搜索引擎关键词广告的空间,不再局限于搜索引擎检索结果页面的有限位置和纯文字广告形式(如多种规格的图片广告、文字连接广告、自适应广告、手机广告、原生广告等),因此让搜索引擎的营销价值再提高一个层次,让全球众多的网站都可能成为 Google 网页内容定位广告的载体。到 2006 年,通过 AdSense 内容发布商获得的关键词广告收益已经超过 Google 总收入的 40%,可见其对 Google 搜索引擎市场的重要意义。

根据 Google 网站的解释:Google AdSense 是一个快速简便的网上赚钱方法,可以让具有一定访问量规模的网站发布商为他们的网站展示与网站内容相关的 Google 广告并将网站流量转化为收入。如果一个网站加入 Google AdSense,即成为 Google 的内容发布商,可以在自己网站上显示 Google 关键词广告,Google 根据会员网站上显示的广告被点击的次数支付佣金,当某个月底佣金累计达到 100 美元时即可向用户支付广告点击佣金。这只是从会员网站角度的介绍。

会员网站可以展示联盟广告并获取点击佣金的前提,是有广告主在 Google 投放关键词广告,并且许可通过 Google AdSense 联盟系统投放广告。只有建立起网络会员制系统中各方的价值传递关系,这种网络推广流程才能得以实现。

其实,Google 并不是关键词广告及按内容定位广告的首创者,也不是这个领域唯一的经营者。其当时的主要竞争对手 Overture 也推出了类似的广告形式"按效果付费"。Overture 的这项 Pay-For-Performance 服务,可以将赞助商的广告链接出现在许多合作伙伴的网站上,其中主要是与搜索有关的业务。Overture 后被 yahoo 收购。MSN 搜索等也相继提供类似的关键词广告联盟。此后不久,国内最大的中文搜索引擎百度也推出了类似的服务如"网站搜索联盟和主题推广",后来统称为"百度联盟",可以在会员网站展示百度的广告。

(资料来源:网上营销新观察。)

亚马逊网站联盟及搜索引擎关键词广告联盟 Google AdSense 的广告投放及效果体现模式不同:作为在线销售网站,亚马逊联盟推广最终要在亚马逊网站实现购买,广告主才需要支付佣金,而 Google AdSense 搜索引擎广告联盟,只要有用户点击广告,广告主就需要为点击付费。

不过,各个网站自主运营的网站联盟,从网站联盟的连接关系来看,都有一些共同之处,主要包括:

(1) 联盟主也是广告主。大型网站采用网站联盟的首要目的是扩展自己的业务,例如作为分销渠道推广自己的产品,或者扩展广告媒体投放渠道获得更多的广告空间。当然这类网站联盟也可以为自己网站的商家进行推广,但开放性不如第三方专业平台,商家的自主性可能受到一定的制约。

(2) 联盟主决定了联盟系统的营销价值。由于联盟主承担会员网站(流量主)的招募、管理等一系列流程,如果某些方面比较薄弱,可能对联盟系统产生不利影响。

作为企业,利用网站平台专有的联盟资源开展网络推广时,充分了解联盟系统的功能和会员网站的信息是非常必要的,并且首先要成为该网站平台的客户(包括入驻商家、广告主等形式)。

2. 第三方网站联盟平台

除了网站自己运营的联盟平台,可以利用的网络推广资源还包括第三方网站联盟平台,即由专门提供网站联盟服务的网站为其他网站提供这种联盟技术服务。一个网站通常既可以采用第三方联盟平台的服务,也可以用自己的联盟平台开展网络营销。正如一些航空公司的网站自己在线销售机票的同时,也通过携程等第三方机票代售网站销售。

全球最大的网上拍卖网站 eBay,在网络推广初期,既有自己的网络会员制营销系统,也利用第三方网站联盟平台进行推广,并且取得了出色的推广效果。

> 拓展阅读

eBay 利用第三方网站联盟平台实施的网络会员制营销

eBay 是利用第三方网站联盟平台开展网络推广的成功案例之一。eBay 成立于 1995 年 9 月，是世界上最大的网上拍卖网站。根据 Jupiter Media Metrix 发布的 50 家最大网站排名，2001 年 5 月 eBay 的独立用户数量为 1 923.6 万人，排名第 12 位。从销售收入来看，根据 Nielsen//NetRatings 和 Harris Interactive 的研究报告，2001 年 5 月，网上拍卖网站收入达到 5.56 亿美元，比上年同期的 2.23 亿美元增长了 149%，eBay 在 2001 年 5 月份的收入占全部网上拍卖的 64%，收入为处于该领域第二位公司的 4 倍，让竞争对手望尘莫及。而且 eBay 的访问者转换率也是最高的，将近 1/4 的网站访问者成为购买者。

eBay 的会员制营销开始于 2000 年 4 月，当时是与 ClickTrade 合作开展的，这个会员制营销计划提供的佣金是按照注册用户数量来计算的，从会员网站链接来的访问者成为注册用户，会员可以获得 3 美元的佣金。eBay 在与 ClickTrade 合作的一年中有 20 000 个会员网站加盟。2001 年 4 月 18 日，eBay 开始与 Commission Junction 合作，不过 ClickTrade 的会员制程序在一定时期内还可以继续使用，以后逐步转移到 Commission Junction 的系统中。Commission Junction 是第三方会员制营销方案提供商，提供第三方的用户访问跟踪、实时报告系统、佣金结算，并解决会员账号管理中的一切问题。

eBay 与 Commission Junction 合作开始第 2 个会员制营销计划的同时，也将佣金水平从原来支付给每个注册用户 3 美元上升到 4 美元，这样又大大地激发了会员的积极性，新计划实施 1 周后，就有 3 000 个网站加盟成为会员，6 个星期后会员数量达到 12 000 个。有数字表明，在 2001 年 5 月中的一个星期，通过 Commission Junction 会员制程序获得的点击次数超过 50 万，简直不可思议。

与一般网站花费大量金钱吸引用户的做法不同，eBay 并没有为用户提供什么特别的激励手段，没有优惠券，也没有免费送货政策，用户加入 eBay 完全是出于自愿。根据 eBay 2001 年第一季度的财务报告，获得每个注册用户的平均成本为 14 美元，而通过会员制营销计划支付给会员的佣金为 4 美元，显然，这个佣金支出是很合算的。

（资料来源：网上营销新观察。）

美国的第三方网站联盟服务非常成熟，提供这种服务的网站很多，例如在 Affiliate Marketing & Programs Directory，这个网站上列出了很多提供网站联盟业务的网站以及第三方联盟平台。

国内目前也有许多第三方网站联盟平台，由于占据主导地位的不多且经常处于变化之中，因此这里不再列举具体网站平台的名称，大家可根据需要随时通过搜索引擎、第三方推介等方式了解当前有影响力的第三方网站联盟平台。

一般来说，第三方网站联盟平台上集聚了众多广告主和会员网站，为企业开展网络推广提供了更多便利。选择第三方网站联盟平台开展网络推广，应重点关注平台的功能、服务、广告付费方式、佣金比例、会员网站数量及行业分布等，选择最适合本企业的网络推广资源。

综上所述,网络会员制营销不外乎构建生态型网络营销系统,或选择加入现有生态型网络营销系统,可根据企业的营销战略及营销资源进行决策,为本企业设定合适的模式,利用生态系统资源为企业创造价值。

6.5.2 基于社会化网络的生态型网络营销——微分销系统

如果说网络会员制营销是生态型网络营销思想的起源,其目标在于提高企业的网络可见度,那么在社会化网络营销环境下出现的各种具有生态思维的网络营销方法,则是利用用户的社交关系资源,通过网络可信度实现企业的网络营销目标。微分销就是典型的基于社会化网络的生态型网络营销应用之一。

1. 微分销的基本原理

微商是近年来热门的移动电子商务概念之一,通常是指通过移动社交网络的信息传递实现的销售模式,其中通常会涉及微营销、微分销及朋友圈营销等概念。微营销包括两个方面的含义:第一,是通过微博、微信等移动社交网络开展的网络营销活动;第二,是在个人社交圈子这个相对微小的范围内进行信息传递及交易。微营销实际上是市场细分原理在移动电子商务中的具体应用,也就是面向个人社交网络的市场营销活动。

微分销则是通过微博、微信、微店等方式进行网络推广和销售,形成销售之后,参与分销(转发信息)的用户可获得一定比例的佣金。狭义的微分销则特指为微信分销,也就是通过微信公众平台实现的多级分销、三级利益模式。微信分销是一个比较具体的概念,已经有成熟的产品和技术支持,已成为众多微商常用的微营销模式。下面以微信分销为例,探讨微生态营销关系及问题。

微分销是在信息传递的基础上与价值传递相结合,通过用户的利益预期提高用户主动参与信息传递的积极性,具有一定的生态型营销思维。可以认为,微信分销的原理源于多层次营销(Multi-level Marketing,MLM),也就是营销人员除了直接销售产品之外,还可以通过发展下级销售商(或称代理商、分销商)实现多级销售佣金,但与传统的多层次营销又有显著的区别,主要体现在营销层次限制在一定的范围之内。

根据业内人士的普遍共识,微信分销属于多级分销、三级利益关系的结构。也就是说,并不是金字塔式销售,每个销售人员在不同的层级中实际上是平等的地位,每个人的利益都只能来自下方一级和二级代理的销售。例如,我邀请我的朋友购买了某互联网金融公司的理财产品,朋友又邀请朋友成功购买了该产品,那么我将从朋友及朋友的朋友实现的销售中获得一定的佣金,朋友的朋友再邀请更多的朋友、实现再多的销售,也与我的利益无关。如果利益关系超出了三级,就涉嫌多层次营销或网络传销。

由于利益驱动,这种微生态营销系统在应用中也可能存在一定的潜在风险,需要在法律的约束下不断完善。最典型的问题之一是,微分销与网络传销的关系在实际操作中有一定的混淆,有些微分销变成了实际上的网络传销,对用户个人利益及社会关系资源都造成了严重的伤害。例如,有些企业或组织,以微分销名义发展多层次营销,有些甚至多达十个层级以上,成为典型的网络传销。网上搜索"网络传销"可以发现,此类案件层出不穷,且形式多变,具有较大的欺骗性。

这里以基于微信社交网络的微分销模式为例,介绍微分销生态的价值传递关系,其他社交网络的微分销原理也是大致类似的。

一般来说,实现微信分销三级返利的基本流程和条件如下:

(1) 我:直接关注企业微商城微信公众号,或者通过我的好友分享关注后,进入企业微信公众号,生成自己的微店或推广二维码(有些可直接开通,有些可能需要一定的操作),根据指定的方式分享给微信好友(如微信分享二维码或指定的链接);

(2) 我的微信好友:通过我的分享关注企业微商城公众号,直接进入我的微店购买产品,或者继续分享给微信好友;

(3) 微信好友的好友:重复微信好友的动作,购买产品或继续分享给自己的好友。

以此类推,可实现无限级别分销和推广。在这个流程中,每个被推荐并关注企业微商城微信公众号的用户,都可以拥有一个和企业微商城同产品、同价格的下级微商城,或者类似的代理资格。一般来说,在其他用户看来,我的微店和企业微商城没有区别,这样,当下级好友购买产品后即可获得一定比例的佣金,具体的佣金比例则由企业自主设定。根据企业的分销政策,当佣金达到一定比例后可提现或转做其他用途。

总之,微信分销是通过微信平台的用户连接,以利益为导向实现的企业与用户之间、用户与用户之间的价值传递。图6-5是微信三级返利营销系统示意图。

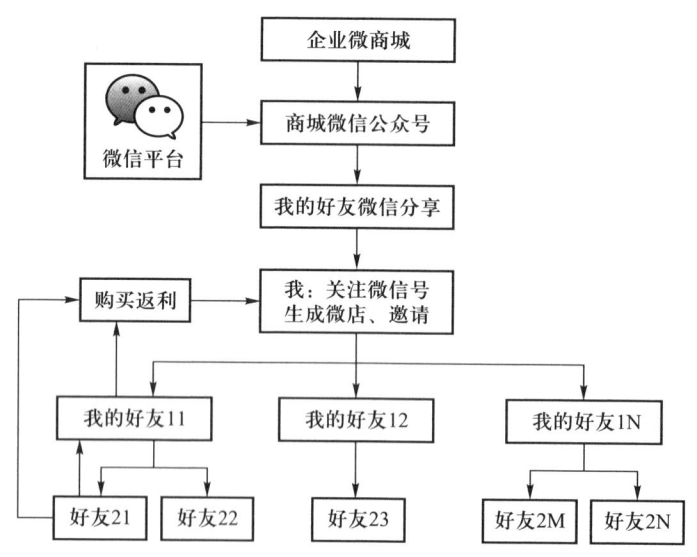

图6-5 微信三级返利营销流程示意图

(资料来源:冯英健. 网络营销基础与实践. 5版. 北京:清华大学出版社,2016.)

图6-5中利益关系为:我邀请我的好友11购买了产品并且成为下级分销商,他邀请的好友21也购买了产品并继续成为他的下级分销商,于是我将从我的好友11及他的好友21的购买中获取一定的佣金。邀请的其他好友没有形成交易的话就没有佣金收益,不过这些被邀请关注微信号的好友及好友的好友,仍然是在我的利益链上,是潜在收益资源。

2. 构建和谐的微生态营销系统

微信分销模式是微商得以快速发展的基础,数量庞大的微信用户的社交关系网络与利益关系相结合,微信分销模式得到快速发展,为众多微店、微商城所采用,成为社群网络营销的常用方式之一。

不过,微信分销在快速发展的同时也面临一定的风险,有些方面值得引起重视,以免在实践中发生重大损失。例如:法律风险,也就是上面提到的如何把握三级返利分销与多层次营销的界限的问题;社交关系风险,透支个人社交信用,损害社交关系资源;企业信誉风险,等等。

作为微生态营销模式的代表之一,微信三级分销有其优势,也存在一些潜在的问题,并且可能出现变相的多层次传销活动。因此应在发挥这种营销模式的优势同时尽可能避免潜在风险,建立持久的、和谐的微生态营销系统,比短期获得快速裂变式发展更有长期价值。

借鉴微信分销模式,我们不妨从其他形态做一些分析,将会带来更广阔的思路。例如,对于非实物商品交易的微信分享推广,如注册会员,假设每注册一个会员由商家给予2元奖励(现金或提供某种优惠券),其中发送邀请的人和被邀请的人各得1元,这样,不管处于多少层次之下,邀请者和被邀请者的权益总是平等且互利的,同样是利用微信邀请好友加入的方式,但明显与多级返利或多层次营销有着本质的不同,真正形成了一种消费者也是营销者、人人参与、人人受益的生态关系。事实上,这种模式在支付宝红包、滴滴打车、e袋洗等优惠券分享式营销中取得了很大成功。

将这种思路应用于实物产品的微营销,利用微信三级分销的思路,经过适当的修正,仍然可以发挥很好的裂变式营销效果。例如,通过销售渠道体系扁平化设计,即不设置传统的一二三级代理关系,每个用户都是企业微商城的代理同时也是消费者,用户获得利益来自两个方面:一是自行消费获得的返利(即相当于代理价购买);二是邀请好友加入,好友消费时获得一定的佣金(即作为推广者获得的收益),但被邀请的好友并非下级代理关系,是同等的伙伴关系,即好友再邀请好友加入与我不发生利益关系。

由于这种模式可以用"代理"的价格消费,同时又可以作为"推广者"分享给好友获得营销收益,所有用户地位相等,权益相等,处于一个和谐的生态关系中。这种微生态营销系统,不存在通过获得多级利益而暴富的幻想,但为所有参与的成员带来实际的价值。

综合网络会员制营销的原理及微分销系统的特点,将一个和谐的微生态营销系统应具备的条件总结如下(如图6-6所示):

(1) 两级相关利益。除了我的消费优惠利益之外,社交推广仅和我相邻的上下两级之间发生利益关系,隔级则无利益关系,体现了付出才有收获的公平原则,同时有动力推荐更多的直接好友加入微生态营销系统。

(2) 用户地位及利益均等。每个用户既是消费者又是推广者,在系统中推荐人和被推荐人均可获得同等的利益,避免被推销或被发展下线的嫌疑,有利于维持长久的可信任的社交关系。

(3) 企业信誉保证。系统中的优惠及利益来自发起的企业。由于用户与企业之间可能经由多级社交关系推荐,每级用户关注企业是出于用户之间的信任传递,可能对企业及产品一无所知,因而用户与企业之间的信任关系并不稳固,出现纠纷将无从追究企业责任,因此参与微生态营销的企业应具备良好的信誉保证。

(4) 社交平台的技术及用户支持。微生态系统用户来自社交网络,需要以公共社交平台的技术支持和用户群体为基础。完善的用户加盟管理及效果跟踪管理系统是所有生态型网络营销方法的基础,微生态营销平台在保证与微信平台无缝连接的基础上,同时应具备易用、快捷、稳定的基本要求。

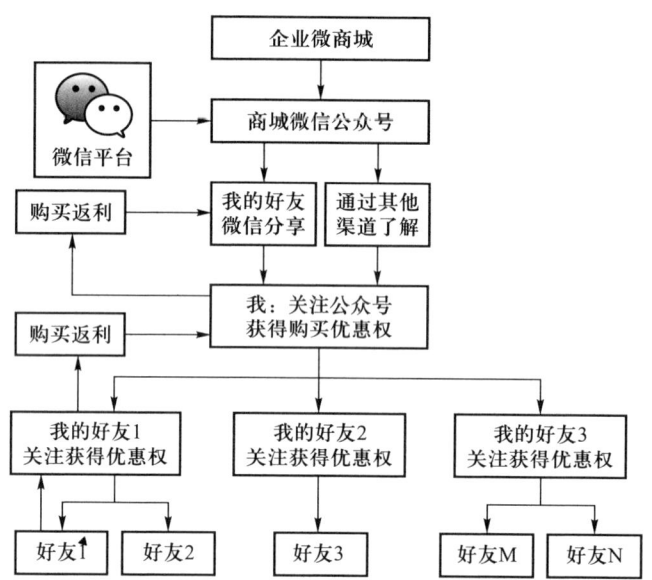

图 6-6 "和谐号"微生态营销系统示意图(以微信平台为例,其他 SNS 平台原理类似)
(资料来源:冯英健. 网络营销基础与实践. 5 版. 北京:清华大学出版社,2016.)

微生态营销思想和方法不仅适用于企业产品和服务推广,其他社会组织或个人的营销活动同样适用。可见,微生态营销不仅是一种网络营销方法,也是一种适应性很广的网络营销思想。其实本书介绍过的很多网络营销方法也包含着相应的网络营销思想,例如内容营销、病毒性营销等。

上面介绍的两种生态型网络营销系统,两者所依赖的网络营销资源不同,因而其表现形态和操作模式也有显著的差异,不过又具有较多的共性特征,在具备生态型营销思想的同时,又具有病毒性营销的基本属性,经过不断进化和发展,生态型网络营销将具有更强的生命力。

本 章 小 结

网络营销环境与资源策略在网络营销策略体系中发挥着支持和补充的作用,体现在网络营销信息传递系统的整个流程中,例如增强信息源、扩展信息传递渠道、增加用户数量、降低信息传递噪声等。网络营销环境因素包括网络营销服务市场、网络营销合作资源、行业竞争者、公众及用户等。网络营销环境策略的基本思路是,识别并有效利用环境资源,为实现网络营销总体目标提供支持。

网络营销服务市场是企业网络营销的外部资源,企业开展网络营销需要合理利用内部资源与外部资源。网络营销服务市场资源可分为三类：网络营销信息源服务、网络营销信息传递渠道服务、用户及交互服务。也就是说，在网络营销信息传递流程的各个环节，都有相应的市场服务资源。在网络营销服务市场中，网络广告是网络推广资源最重要的组成部分，也是最重要的互联网应用领域。

资源合作也是扩展网络推广渠道的有效方法，通过与其他网站互惠合作或者通过利益关系建立的合作伙伴关系，也体现了企业与网络营销环境之间协调发展的运营思想。网络营销资源策略的基本思想在于，充分认识企业内部资源与外部资源的本质及其网络营销价值，以充分利用内部资源，合理利用外部资源，实现网络营销价值的最优化。网络资源扩展营销模式包括三种基本形态：资源合作、资源共享、资源价值转化。

通过网络营销获得用户的过程，实际上也就是与同行竞争的过程，企业开展网络营销必须要有竞争意识。网络营销竞争可能有多种表现形态，例如可见度竞争、可信度竞争、资源竞争、潜在用户竞争等，归根结底，网络营销竞争的本质，是网络营销信息传递的竞争。企业网络营销竞争战略模型表明，企业网络营销竞争力的影响因素主要包括四个方面：网络营销信息源运营能力、网络渠道运营能力、网络营销环境及资源运营能力、用户连接及运营能力。这四个方面也正是网络营销运营策略的基本内容。网络营销信息传递原理已经明确了竞争战略的基本思想，在此原理指导下的网络运营策略也是提升企业网络营销竞争力的基本途径。

复习思考与实践：

1. 比较企业利用内部资源和外部资源开展网络营销的特点，举例说明如何有效地制定企业环境资源策略。
2. 列举若干网络营销中的不正当竞争行为，提出企业应如何采取针对性的策略。
3. 以网络直播带货、网红代言等应用为例，分析企业利用这类网络资源营销的主要特点及可能出现的问题。

第 7 章 网络营销管理与诊断

在网络营销策略体系中,网络营销管理与诊断、网络营销环境与资源策略、网络营销的技术支持体系三者同属于网络营销策略的支持系统。网络营销管理包括网络营销日常工作管理及阶段性、专题性工作分析总结等,网络营销管理与日常网络营销活动流程相互融合,同时两者又有一定的区别。网络营销诊断,是为了实现有效的网络营销信息传递及价值传递,对网络营销策略及实施过程中的问题进行分析判断。网络营销诊断是网络营销管理的组成部分,也是网络营销管理的基本手段。网络营销规范是在运营管理实践及经验总结的基础上形成的具有一般规律性的操作指南。

网络营销运营与管理、诊断、规范之间相互关联和融合,各自又有一定的独立之处。本章探讨网络营销管理的基本内容、网络营销诊断的一般流程和常用方法、制定网络营销运营管理规范的意义及流程等(如图 7-1 所示)。

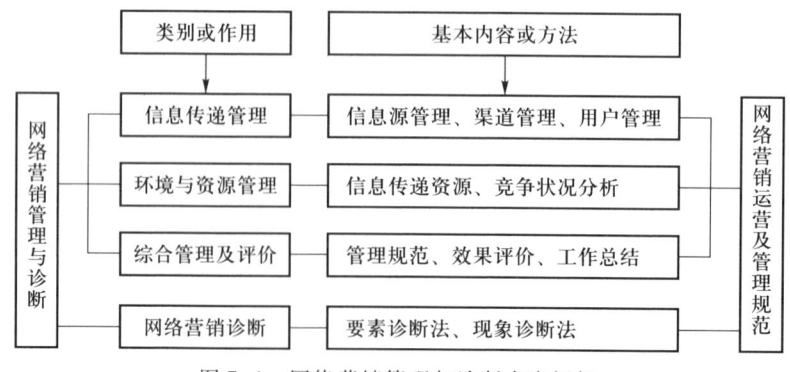

图 7-1 网络营销管理与诊断内容框架

7.1 网络营销管理概述

开展网络营销管理的基础是日常的网络营销运营工作,在明晰网络营销运营与网络营销管理之间关系的基础上,构建系统的网络营销管理内容体系,为有效实施网络营销策略提供坚实的支持。

7.1.1 网络营销运营与网络营销管理的关系

网络营销策略是通过日常的网络营销运营管理来实现的,运营管理的工作内容既包括日常的运营即各种网络营销方法的实施,也包括实施过程和结果的管理。网络营销运营与管理是网络营销策略实施过程中相互关联、相互融合的活动内容,两者目标一致但具体工作内容和作用又有各自的侧重点。网络营销运营的主要作用表现在日常维护、资源积累、显现效果等方面,网络营销管理则主要发挥着诊断、评价、分析、总结等作用。

以第3章中介绍过的企业网站运营维护工作内容为例(见 3.2.2),这是实施网络营销信息源策略的工作内容,其中既包括网站运营的基础内容,也包括维护管理工作,基础运营与管理既有差异又有一定的交叉之处。例如,网站内容维护中的内容规范和产品管理、客户服务中的会员管理和订单管理等都有一定的管理功能,而运营管理中的工作日志、访问统计等实际上也属于日常运营工作的内容。

下面从三个方面归纳网络营销运营与网络营销管理之间的关系。

(1) 层次性:网络营销运营是网络营销管理的基础,网络营销管理是对网络营销运营工作的规范和提升。

(2) 融合性:网络营销运营与网络营销管理两者目标一致,相互关联和融合,但不能完全相互替代。

(3) 差异性:网络营销运营通常包括分散性、重复性、创新性的工作,而网络营销管理工作则表现为系统性、目的性、规范性。

正是由于这些相互依存和交叉的关系,企业在构建网络营销管理体系时应明确网络营销运营和网络营销管理各自的职能,以免在实际工作中造成职责不清甚至不同岗位之间的矛盾。

总体来看,构建网络营销管理体系的意义主要表现在四个方面。

(1) 明确网络营销管理地位。将网络营销运营工作中已经被确认的以及可能是零散的或具有不确定性的管理工作系统化,使之成为常态化的日常工作。

(2) 降低网络营销策略风险。依据对网络营销运营过程及结果的诊断分析,为网络营销策略实施纠正偏差、降低风险、提高有效性提供决策支持。

(3) 建立网络营销评价指标。通过建立网络营销效果评价指标体系,对阶段性网络营销工作进行总结和评价。

(4) 制定网络营销运营规范。根据实践经验和规律制定合理的工作规范,提高网络营销运营工作的规范性。

尽管有如上积极意义,但建立完善的网络营销管理体系并非一蹴而就的事情,相对于较为成熟的网络营销方法体系,网络营销管理体系的研究和实践仍在发展之中,还有待进一步提升和完善。

7.1.2 网络营销管理体系的基本内容

构建网络营销管理体系,离不开对网络营销管理的内容进行合理的分类。尽管目前相关研究并不完善,但仍然可以在现有实践经验的基础上,勾画出网络营销管理内容体系的初步框架。

7.1.2.1 网络营销管理体系分类方法

根据研究和应用的不同角度,可以用多种方法对网络营销管理体系进行分类。

1. 参照管理学方法的网络营销管理分类

参照管理学的研究方法,按照网络营销管理的形式,可以将网络营销管理的内容分为:网络营销计划管理、网络营销人事管理、网络营销组织管理、网络营销策略实施管理、网络营销效果评价和控制等。每一项网络营销管理职能都可以细化为若干具体的工作,并且可与网络营销具体策略的实施建立对应关系。

这种分类方法的特点是具有管理规范性,但在实际应用时会显得有些过于宏观和理论化,并非每个企业都具备规范化的基础条件,也并不是所有的网络营销工作都可以建立在完整的系统计划基础之上。因此这种管理思想仅可参考,实践性较弱。

2. 根据网络营销活动流程对网络营销管理分类

按照开展网络营销活动流程的阶段,可以将网络营销管理分为:网络营销总体策划阶段的管理、网络营销准备阶段的管理、网络营销实施过程的管理、网络营销效果控制与评价管理等。

这种分类方法,主要适用于某项具体的网络营销活动过程的管理,显得清晰而规范,但对于网络营销日常活动管理及企业网络营销资源管理等方面显得无能为力。

3. 根据网络营销活动的类型和性质分类

按照网络营销活动的类型和性质,可划分为专项网络营销策略管理、阶段性网络营销管理、日常网络营销管理。

专项网络营销策略管理是针对某一项具体的网络营销活动;阶段性管理主要是针对某个时期,或者网络营销发展的某个阶段进行的临时性管理措施,如在网站建成之后进行的不同阶段的推广计划和效果评价等;日常网络营销管理是一项连续性的工作,具有长期性、重复性的特征,如网站内容维护管理、官方微博运营管理等。

按网络营销活动类型和性质分类,将网络营销管理与方案实施工作相结合,可操作性强,缺点是,网络营销管理的系统性比较欠缺,尤其是缺乏管理的高度。

4. 根据网络营销的职能分类

按照本书提出的网络营销的八项基本职能,可以将网络营销管理分为:网络品牌管理、网站推广管理、信息发布管理、在线顾客关系管理、在线顾客服务管理、网上促销管理、网上销售管理、网上市场调研管理。

此分类与管理学的方法类似,虽有一定的规范性但与网络营销工作内容融合性不高,管理成为一项附加的工作,可操作性不强。

5. 根据网络营销信息传递系统分类

根据本书提出的网络营销信息传递原理,网络营销管理的内容可分为:网络营销信息源管理、网络营销传播渠道管理、用户管理、网络环境及资源管理、网络营销效果管理等。

这种分类方式的网络营销管理的思想相对比较清晰,但对于网络营销信息传递系统中每个要素管理的内容需要进一步具体化,并归纳出管理的一般任务及规范,才有可能与网络营销的具体方法相结合,成为网络营销工作的组成部分。

根据长期的实践经验,与网络营销系统相适应的分类方法,更具有可操作性和长期价值,也就是基于网络营销信息传递系统的各组成部分,对网络营销管理相关的内容做进一步的分析,发现其一般规律,构建系统的网络营销管理体系。

通过网络营销各种不同的分类方式及其包含的内容可以看出,网络营销管理的内容相当繁多,对网络营销管理的认识和完善,仍需要一个相当长的阶段。

7.1.2.2 网络营销管理的基本内容

对网络营销管理分类方式的分析,体现了不同视角下网络营销管理的表现形式和包含的主要内容,使得网络营销管理的内容体系逐步清晰化。为了进一步明确网络营销管理的一般框架和内容,下面以网络营销信息传递系统分类思路为基础,结合网络营销实际工作流程和主要内容,初步勾画现阶段网络营销管理内容体系的一般框架。

根据网络营销策略系统设计,网络营销管理工作可归纳为下列五个方面:

(1) 网络营销信息源管理:目的在于保证信息发布渠道畅通,并且信息源与传递渠道及用户需求相适应,充分发挥信息源的网络营销价值。

(2) 网络信息传递渠道管理:掌握网络营销信息传递渠道的功能、发展演变规律及应用规则,扩大企业信息源的网络可见度及可信度,获得更多用户的关注及转化。

(3) 网络营销用户资源管理:为实现用户连接有效性,传递用户价值,以及发挥用户资源的价值所采取的研究、分析及管理活动。

(4) 网络营销环境资源管理:为扩展网络营销信息传递资源、了解网络营销竞争状况等所进行的调研、合作、数据收集等一系列工作。

(5) 网络营销综合管理及效果评价:除了各分项管理活动之外,还需要网络营销总体策略层面的管理规范、效果评价、阶段性工作总结等,这类工作通常属于网络营销综合管理的范畴。

以上各类管理工作的常见内容及应用示例如表7-1所示。其中(1)、(2)、(3)是网络营销管理的基本组成部分,由于在实际工作中三者之间往往有一定的关联,因此,这三个方面也可以合称为"网络营销信息传递管理"。

表 7-1　网络营销管理内容体系

网络营销管理类别	主要管理内容	应用示例
（1）信息源管理	信息发布渠道维护规范、信息源数量和质量指标、信息源创建及发布规范、信息源安全规范	网站易用性及用户体验、网站诊断、网站运营管理规范、企业负面信息跟踪管理、博客管理规范
（2）信息传递渠道管理	常用工具和平台资源管理、平台账户运营管理规范、网络推广活动管理及效果评价	网站搜索引擎优化诊断、企业信息网络可见度、企业微信公众号运营数据管理、企业微博管理规范
（3）用户资源管理	用户数据备份、用户反馈信息管理、用户数据分析	在线顾客服务、网站访问统计分析、平台运营用户分析
（4）环境资源管理	市场服务商资源、合作网站管理、竞争状况分析	搜索引擎可见度分析、网络广告优化、竞争者跟踪分析
（5）综合管理及评价	综合效果评价、管理报表、网络营销能力管理、网络营销管理信息系统	网络营销综合诊断、网络营销效果评价体系、网络营销人员能力

从表 7-1 中可以看出，网络营销管理的内容比较广泛，多数工作与网络营销运营策略相融合，并且各类管理工作之间也有一定的交叉，但总体来说，网络营销管理是对网络营销日常工作的总结及规范化，是网络营销系统性的体现。

从网络营销管理的应用现状来看，目前总体来说还不够系统，有些方面经过长期的实践已接近成熟，例如网络营销信息源管理、效果评价管理等方面，主要应用形式包括网站诊断及用户体验、网站建设及运营管理规范、网站推广效果评价、网站访问统计分析等方面。这些网络营销管理工作已经广泛应用于企业网络营销活动之中。

7.2　网络营销诊断

在网络营销实践中往往会发现，企业制定了系统的网络营销策略、建立了必要的运营管理规范，但经过实施之后，仍然会发现难以实现预期的效果，那么问题出在哪里了？是策略设计的问题，还是实施方法的问题？或者规范本身存在不专业之处？其实，每个环节、每个流程都可能存在一定的问题，多种细小问题的积累就可能形成结果的重大偏差。如果企业在网络营销运营过程中可以及时发现问题并进行调整和优化，就可以得到纠正，不至于出现严重的后果。实际情形是，网络营销人员往往不知道哪里出了问题，或者无法确认问题的性质和原因。网络营销诊断，就是为了解决这类问题而提出的。

简单来说，网络营销诊断，是为了实现有效的网络营销信息传递及价值传递，对网络营销策略及实施过程中的问题进行分析判断。网络营销诊断与网络营销管理的目的是一致的，可以认为是网络营销管理的组成部分。网络营销诊断既有定性的诊断，也有基于数据分析的量化的诊断。

7.2.1 网络营销诊断的起源

网络营销诊断这一概念,听起来似乎有点空泛,只有当与具体的被诊断对象联系在一起时,才能形成比较确切的印象,例如企业网站诊断、网站搜索引擎优化状况诊断、网站的用户体验诊断、网站的网络营销功能诊断等。网站诊断是网络营销诊断应用最成熟的领域,网络营销诊断的思路大体上也是源于网站诊断。与网站诊断相关的概念还有网站测试、网站易用性、用户体验等。

我们知道,在网站正式发布之前,都需要经过测试环节,测试的内容包括技术测试、用户体验测试、后台管理测试等,涉及多个方面的指标,例如网页下载速度、最大在线人数、内部链接错误率、浏览器兼容性、手机阅读适应性、网站导航测试等,这些工作可以认为是网站正式发布前的诊断,更多的是网站的技术问题。而在网站开始运营之后,仍然可能发现其他影响用户浏览网站信息或使用网站服务的问题,其中有些可能属于网站技术问题,有些属于网站运营的问题。以网络营销为目的的网站诊断,通常属于网站运营阶段,其中典型的应用之一是用户体验。

用户体验看起来同样是一个比较笼统的概念,例如用户对一个网站的视觉感受是用户体验,对网站访问速度的快慢、网站导航是否合理、产品介绍信息是否详尽、在线购买流程是否便捷、在线客服回复是否及时和满意等都与用户体验有着直接的关系。与用户体验相比更为直观的一个概念是网站易用性,通常为了说明网站是否方便快捷。

1. 什么是网站易用性

网站易用性(Website Usability,有些文献翻译为"网站可用性")这一术语在国内并不流行,而且所表达的意义也不够直观,不过在美国则具有较大的影响。其主要原因在于,美国有一家专门研究网站易用性的咨询公司 Nielsen Norman Group(www.nngroup.com),该公司的主要成员之一尼尔森(Jakob Nielsen)于 1999 年 12 月出版过一本有关网站设计方面的书籍《Web 可用性设计》(*Designing Web Usability*),从网站用户使用网站的角度介绍了网站设计的一些重要因素,对网站设计人员产生了较大影响。

《Web 可用性设计》被翻译为 20 多种语言在全球发行,不过该书的中译本《Web 可用性设计》(人民邮电出版社,2000 年 11 月)并未像在美国那样引起广泛的重视,至少没有广为流传,不过网站易用性研究对网络仍然具有启发性,对网站建设与网络营销的关系有独到的价值。

网站易用性的核心思想在于,网站设计以用户为导向,通过最简单、醒目、易用的网站要素设计,使得用户可以更方便地获取信息。网站易用性主要表现在合理的网站栏目结构和导航设计、清晰的字体和链接、网页标题和内容的可读性、网页设计对搜索引擎友好、网页设计浏览器兼容性、合理利用音频视频等多媒体文件、多语言版本以及适应不同用户群体的浏览等。这些与本书作者提出的系统的网站优化的思想也是一致的。

在新竞争力网络营销管理顾问发布的《企业网站优化策略研究报告》(2010 年)结论中,列举了一些常见的企业网站基本要素设计不合理的问题,例如网站导航不清晰、网页标题设计不合理、网页内容贫乏等,实际上也可以归结为网站易用性问题,因为这些问题导致用户获取信息的障碍。同时,网站易用性也会引起网络营销信息传递渠道的障碍,尤其是影响搜索引擎收录网页信息,将进一步影响企业网站的价值发挥。

2. 网站易用性与网站诊断

本书作者提出网络营销导向企业网站研究的四个层次及每个层次包含的若干重要问题(如图7-2所示),进一步明确了企业网站的基本要素、运营管理、易用性、网站诊断等与网络营销价值的关系。

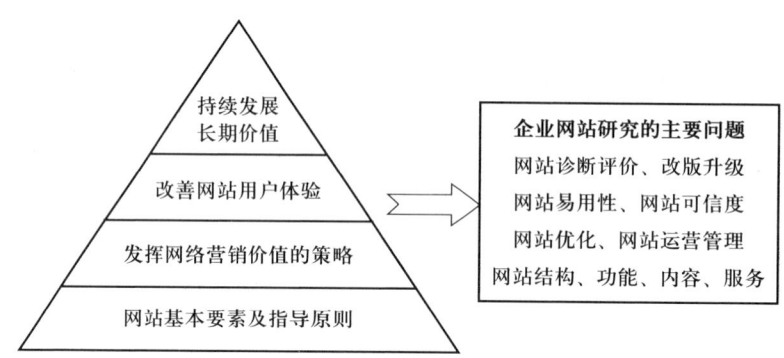

图 7-2　企业网站研究的层次及问题内容示意图

(资料来源:《网络营销基础与实践》第4版第3章,清华大学出版社,2012年)

从网络营销流程来看,这四个层次并不完全属于递进关系,各个层次之间有一定交叉和关联,之所以这样划分,主要是为了研究的需要,使得研究的阶段和层次更加清晰。

除了上述基本问题之外,涉及网站建设的问题还很多,如技术架构、网页模板甚至图片处理等都对网络营销发挥着直接影响,实际上网站建设本身就是一门相对完善且内容繁多的课程,这些内容无法在网络营销内容体系中逐一进行探讨,还需要在实践工作中不断观察分析并找到最合理的解决方案,从而让网站对网络营销的支持达到最佳状态。

可以说,企业网站研究层次的提出,为网站诊断提供了理论依据,并理清了实现路径。而网站诊断作为网络营销管理的重要内容,开启了全方位网络营销诊断的思维方式。

3. 网站诊断的一般流程

网站诊断的一般流程包括三项重要内容:制定网站诊断指标、选择网站诊断时机、确定网站诊断方案。

(1) 制定网站诊断的指标及评价方法。首先需要根据网站的类别例如新闻资讯类网站、B2B电子商务网站、B2C电子商务网站、信息发布类企业网站等,设计诊断指标。评价指标体系是否专业及完善,是决定网站诊断价值的基础,而评价方法及诊断人员的专业水平对网站评价指标的确认又有一定的主观影响。

例如,新竞争力网络营销管理顾问制定的企业网站专业性评价体系共有十个类别、120项评价指标,包括:网站整体策划设计、网站功能和内容、网站结构、网站可信性、同行比较评价等十个方面,每类指标包含若干项详细评价指标。该评价指标体系以网络营销导向的企业网站建设为基本思想,在对数千个网站进行深入研究的基础上逐步制定并不断完善,这一评价指标体系,也是中国互联网协会《企业网站建设指导规范纲要》内容的主要来源。

又如，美国专业电子商务资讯网站 btobonline 网站评价方法是：网站总分为 100 分，对每个网站重点进行 5 个方面指标的考核：网站信息质量高低、网站导航易用度、网站设计优劣、电子商务功能、网站的特色应用等，每类指标包含若干项具体的评价元素。此外还有 30 分属于其他特色方面的评价。

(2) 选择网站诊断的时机。网站专业性诊断评价的时机可以分为两种情况：一是在网站建设完成正式发布之前进行，二是在网站经营到某个阶段后根据网络营销策略的需要进行评价。

了解网站的专业水平，最理想的状况是，在企业网站正式发布之前进行一次全面的专业性诊断评价。这里所指的网站发布，包括企业第一次完成网站建设，也包括对原有网站进行升级改造完成之后的重新发布。企业网站在建成后的一定时期内，网站在技术功能等方面具有一定的稳定性，网站一旦正式运营则不太方便从网站结构、功能等方面进行重大调整，如果网站建设在某些方面具有重大缺陷，则无疑会对正常运营带来不利影响。尤其是，如果企业网站是外包给网站建设服务商来完成的，一旦交付使用意味着项目告一段落，因此网站评价也是对网站建设服务商提供的网站建设服务项目的检验。此外，专业机构提供的网站专业性综合评价报告中有关竞争者对比分析的内容，有助于了解网站的专业性与主要竞争者相比的优势和差距，基于第三方中立的观点更为公正性。

随着网络营销应用的深入，对企业网站功能、内容、服务等方面的要求也会越来越高，并且竞争者的网络营销水平也可能在不断提高，这就对企业网站的专业性提出了更高的要求。因此，除了网站发布之前的专业性综合评价之外，在网站运营过程中，还应根据网络营销策略的需要适时地进行调整，相应的也需要进行必要的诊断。总之，在企业网站发布之后的运营过程中，当网站推广运营中发生一些明显的信号时，就有必要对企业网站进行全面的诊断评价，并根据网络营销专业人士的建议对企业网站进行必要的改进。例如：当网站进行了常规的推广，甚至采用多种付费推广之后并没有取得明显效果；网站在搜索引擎中的表现不佳；网站运营进入稳定期难以再进一步提高访问量；竞争者的网站专业性水平远远领先等。

(3) 确定网站诊断方案。确定了网站诊断指标和时机，就可以确定网站诊断方案了，即选择第三方机构还是企业自行诊断。两种方案各有特点，可根据网站运营状况及诊断目的来确定。一般来说，第三方的诊断评价比较全面而中立，但可能针对性不足，重点不突出，而且企业需要支付费用。企业自行诊断则可以针对已经发现的问题随时进行，缺点是对诊断指标的把握可能比较欠缺，也可能忽略一些熟视无睹或者长期存在但难以解决的遗留问题。

4. 网站诊断对网络营销诊断的启示

网站是企业信息源的主要发布渠道之一，从网站诊断可以扩展到所有信息发布渠道的诊断，以及信息源策略的诊断。同样，搜索引擎作为主要的信息传递渠道之一，从网站的搜索引擎优化状况诊断，可以扩展到其他信息传递渠道以及整个信息传递渠道策略的诊断。从信息源策略诊断、信息传递渠道策略诊断，到整个网络营销信息传递系统的诊断，都可以参考网站诊断的基本思路。从长期的实践经验总结形成的网站诊断方法，对网络营销诊断思想及内容体系的形成，具有启示和指导意义。

虽然网站诊断的方法并不能全盘复制到网络营销的各个环节，但可以在一定范围内参考并采用。作为一个具体的被诊断对象,网站具有明确的构成要素,具有相对稳定的运营管理规律,因而具备清晰的诊断方法,同时,企业拥有自主掌控网站的权力,对于诊断发现的问题,可以根据运营需要自主解决。而建立在第三方平台上的信息源及信息传递渠道,由于受到平台功能和管理规定的制约,只能在一定范围内适应平台的环境和要求,在运营维护方面确定企业可以诊断及修正的因素。例如,对于企业官方微博,可以针对微博账户设置、内容策略、推广策略、用户互动等方面做出诊断分析,也就是微博运营诊断,这种诊断同样可以在运营之前及运营过程中的某个阶段实施,这种基本思路与网站诊断是类似的。也就是说,网络营销诊断可以是整体性的,也可以是局部性的,例如,可以是针对信息源策略的诊断,也可以是针对某种信息源的某个属性或应用方面的诊断。

7.2.2 网络营销诊断的常用方法

尽管网络营销诊断的内容和形式多样,但都可归属于网络营销策略体系的各个组成部分,包括信息源策略诊断、信息传递渠道策略诊断、用户及交互策略诊断、网络营销环境资源诊断等。网络营销诊断的方法有多种,不过诊断的一般流程是类似的。

无论是针对哪个项目的诊断,都可以参照网站诊断的一般流程:制定诊断指标、选择诊断时机、确定诊断方案。

与网络营销管理一样,网络营销诊断的目的也是更有效地实现网络营销信息传递及价值传递,因此各种网络营销诊断的基本原则是一致的:有利于增加企业的网络可见度及网络可信度。在这一原则指导下,对于不同的诊断项目,可以针对性地设计相应的诊断指标,可将诊断评价融入日常的网络营销管理工作中。

事实上,大多数网络营销诊断工作都与日常运营相融合,而真正系统的诊断通常只是在某些重要阶段或出现严重问题时才会受到重视,例如网站改版升级完成、用户日活量达到某个里程碑后出现停滞甚至明显下降、企业自媒体账户长期运营状况不佳等。所以,下面将要介绍的网站诊断方法大多与网络营销工作相融合,成为日常工作或阶段性工作总结的组成部分。

根据网络营销实际工作经验,本书总结了部分网络营销诊断的常用方法及适用范围考,包括网络营销要素诊断法及网络营销现象诊断法两个方面,每个方面包含若干个具体的诊断项目或方法。

7.2.2.1 网络营销要素诊断法

网络营销要素诊断法是指根据网络营销策略体系的组成要素,对每个要素中具备诊断条件的项目进行针对性的诊断分析,也可以称为面向对象的诊断。网络营销要素诊断的内容可分为网络营销信息源诊断、信息传递渠道诊断、用户及交互诊断、环境及资源诊断等几个要素,每个要素又包括一个或多个诊断项目,如企业网站诊断、内容平台策略诊断、用户连接渠道及连接能力诊断、网络营销合作资源诊断等。

1. 网络营销信息源诊断

网络营销信息源包括内部信息源及外部信息源,根据网络营销信息传递原理,信息源应尽可能全面而详尽,因此,信息源诊断的总体目标是,信息源的种类是否完备,是否便于用户获取信息,以及信息源的内容和形式是否满足用户对信息的期望。例如,以企业网站为代表的内部信息源诊断,反映的是企业官方网站信息源的可用性及完备性。随着信息源形式的多样化,仅仅关注企业网站是不够的,还需要对其他形式的内部信息源及建立在第三方平台的信息源进行全面的诊断,如企业官网微博、企业自媒体、企业新闻发布以及其他自媒体中涉及的企业信息等。

2. 信息传递渠道诊断

网络营销信息传递渠道与信息源应相互协调才能实现有效的信息传递,以及实现多形式的信息源及用户获取信息方式的多样化,因此信息传递渠道诊断的总目标是,信息传递渠道可以有效地实现信息源的传递,其主要因素包括信息传递渠道的类别及数量、适用性及传递效果等。例如,APP作为企业信息源的一种形式,就需要有相应的用户下载渠道来实现信息传递,如果下载渠道受限制(例如手机应用市场未收录或难以被用户发现),就意味着信息传递渠道存在障碍,势必影响网络营销信息传递系统的有效运转。

3. 用户及交互诊断

在网络营销策略系统中,用户及交互环节值得诊断的项目很多,例如用户连接渠道与交互能力、用户浏览行为、用户体验、用户活跃度、用户增长率等。用户是网络营销的出发点和最终目的,以用户为中心,对于已经发现及可能存在的问题进行及时的诊断分析,将用户相关的诊断融入网络营销运营及管理的日常工作中,成为相对规范的管理诊断项目,是非常必要的。

4. 环境及资源诊断

无论是企业内部资源,还是网络营销服务市场资源或合作伙伴资源,资源的应用模式都很难做到长期稳定,一方面是因为资源的可用性及形式在发生变化,另一方面是由于企业、市场或者合作伙伴本身也在发展变化之中。没有永久的资源,只有随着资源的变化对资源应用策略不断做出调整,才能持续发挥资源的价值。环境及资源诊断的主要项目,是跟踪分析企业可用的资源及变化情况,及时清理无效的资源,对可用的新资源进行分析评价。

网络营销要素诊断法与网络营销策略体系相对应,在实践应用中清晰直观,具有相对规范的网络营销诊断项目及诊断方法,具备作为网络营销管理规范的基础。

7.2.2.2 网络营销现象诊断法

网络营销现象诊断法是根据网络营销运营过程中出现的问题,针对具体问题诊断分析其产生的原因并提出改进措施,也可以称为面向问题的诊断。网络营销可能出现问题的主要包括:技术支持系统的问题、运营数据发现的问题、用户反馈的问题、竞争状况问题等。相应地,网络营销现象诊断可分为技术诊断、数据诊断、用户反馈诊断、竞争地位诊断等。

1. 技术诊断

技术支持系统是网络营销策略体系得以正常运营的基础,技术故障会直接影响到网络营销的各个环节。最常见的技术问题包括网站无法正常访问、运营人员不能发布信息、用户无法登录网站系统、电子邮件系统不能正常收发信息、与第三方平台的接口程序故障等。技术诊断应作为网络营销诊断中的常规工作，成为日常运营工作的一部分，尽可能做到未雨绸缪，至少在发现问题时可以快速解决。

2. 数据诊断

作为一种常用的管理手段，从用户数据分析中发现运营的问题，是网络营销诊断的常用方法之一。例如网站访问统计数据、社交网络用户数量及活跃度数据等。数据诊断方法的优势在于结果明确，对问题的影响可以做出明确的判断，缺点在于对数据的分析判断与分析人员的实践经验和分析能力有较大关系，同样的数据，不同人员可能得出不同的分析结论，也就是说从数据中揭示出的问题可能具有一定的隐蔽性或不确定性。另外，数据分析往往是事后诊断，不一定能及时发现运营中出现的问题。

3. 用户反馈诊断

网络营销的用户交互策略为企业获得用户反馈信息提供了便捷的渠道，无论是电话、电子邮件、在线反馈、即时信息聊天工具，还是社交网络账户、内容分发平台用户交流，都是获得用户反馈信息的常规途径。通过用户反馈的信息，尤其是网络营销流程中存在的问题，针对问题做出及时的诊断和改进，有利于提升用户体验及网络营销系统的有效性。在某些方面，一个用户提出的反馈问题可能代表多个用户共同遇到的问题。重视用户反馈信息，也是网络营销以用户为核心的体现。用户反馈诊断的方法也很多，例如在线调查、用户咨询问题诊断、用户评论分析、用户访问网站特定页面的数据分析等。

4. 竞争地位诊断

竞争地位诊断，也就是在某些领域里的同行比较分析，例如网络可见度比较、网站专业性比较、内容平台运营策略比较、搜索引擎广告可见度比较等。凡是涉及同行直接竞争的领域，都可以作为比较诊断项目。与环境资源诊断方法类似，竞争地位诊断的基本内容是同行企业数据收集、分析与变化情况比较，通过诊断分析及时发现竞争者的网络营销策略变化信号，从而及时做出相应的对策。

总之，网络营销现象诊断法具有针对性的特点，诊断内容和方法灵活，适合在网络营销运营过程中根据需要灵活采用。

7.2.3 网络营销诊断应用中的问题

尽管网络营销诊断对网络营销策略的有效实施具有重要作用，但在实际应用中网络营销诊断还存在较多的问题，使得网络营销诊断的价值受到一定的制约。

1. 对网络营销诊断的认识问题

对网络营销策略和方法体系的研究已日趋成熟，但对于网络营销诊断的内容还缺乏系统性的研究，在实践应用中通常以各种网络营销运营为重点，对诊断分析没有足够的认识。同时，网络营销诊断指标和手段都不完善，对实践应用产生明显的影响。

2. 网络营销环境变化问题

网络营销环境处于快速发展之中,网络营销信息源的形式、信息传递方式及用户获取信息的行为都在不断变化,部分网络营销策略和方法需要不断尝试和探索,不具备长期稳定性的基础条件,为网络营销诊断指标设计和评价带来一定困难。所以,网络营销中重运营轻管理的现象一直较为普遍。

3. 网络营销管理职责问题

在很多企业中,网络营销管理岗位设置可能不健全,网络营销人员集运营与管理为一体,如同对企业网站运营中长期存在的问题可能熟视无睹一样,对其他网络营销工作同样也可能存在一些行为规范性问题。即使有专职的网络营销管理人员,如果对一些非本质性的日常工作问题进行严格控制,可能形成小题大做的印象,甚至挫伤网络营销实施人员的积极性。

尽管网络营销诊断在实际应用中存在种种问题,但其对网络营销策略有效性的价值是值得肯定的。如何确立并规范网络营销诊断在网络营销策略系统中的地位,仍然需要更多的实践和探索。

7.3 网络营销管理规范简介

网络营销规范是在运营管理经验总结的基础上形成的具有一般规律性的操作指南。在网络信息源策略及渠道策略的相关内容中,涉及多种运营管理规范,如网站运营规范、微博运营管理规范等,可见,建立网络营销管理规范是网络营销运营及管理不可缺少的工作内容。其意义在于:第一,网络营销工作内容制度化、长期化;第二,发挥网络营销运营经验及数据资源的价值;第三,有利于增加网络营销运营工作的有效性。

经验表明,建立网络营销管理规范的一般原则是:第一,经过长期运营实践经验的总结,符合网络营销运营的一般规律,具备可持续性运营的客观条件;第二,可以为网络营销运营过程实现数据化管理提供支持;第三,网络营销规范具有可操作性,遵照规范的操作效率更高。

这样就意味着,网络营销规范不是凭空建立的管理制度,临时性的网络营销活动、不成熟的实践应用等不具备建立运营规范基础条件,而纯粹理念性的指导思想以及理论等都与网络营销规范的原则不相符,因此也不属于规范的范畴。

一般来说,建立某项网络营销管理规范要经过从调研、试行到确认的流程,主要包括:

(1) 运营状况分析:该岗位是否具备长期运营的基础,是否具有一般规律性,规范化是否有利于信息构建、发布、传递及交互的有效性等。

(2) 准备规范素材:包括建立规范的目的、规范的适用范围、规范纲要内容及相关问题解释等。

(3) 收集意见反馈:规范制定过程中的调研、试用中的问题收集、相关岗位人员的意见等对建立规范都是必不可少的。

（4）规范试行与确定：对建立的规范应经过一段时间的试运行，对发现的问题进行完善之后，可以正式发布并实施规范。

（5）规范修订或终止：随着网络营销环境的变化，当规范不再适用时，就有必要及时进行修订，当运营策略发生重大变化时，应及时终止该规范。

从规范的影响范围来看，网络营销规范可分为行业规范、第三方平台规范、企业规范等。行业规范通常由行业协会或有影响力的第三方机构制定，推荐企业参考实施。第三方平台规范通常由互联网平台服务商提供（例如某搜索引擎为企业制定的搜索引擎优化规范），利用该平台开展网络营销的企业参照执行。企业规范又可分为各种运营策略规范、专业岗位规范、专题活动规范等，由企业自主制定并实施。本书第 3 章介绍的企业网站运营规范属于行业规范，而企业微博运营管理规范则属于企业规范。企业规范经过发展和完善也可能成为行业规范的基础。

例如，新竞争力网络营销管理顾问根据长期的网站运营经验总结的网站运营管理规范包括《企业网站内容运营维护规范》《网站优化规范》及《企业网站管理规范》等，规范形成于 2005—2006 年期间，后经不断修正完善，成为系统性的企业网站运营规范体系。其中部分内容被列入由本书作者起草、于 2007 年 5 月发布讨论稿、2009 年 7 月正式发布的《中国互联网协会企业网站建设指导规范》的相关类别，成为网站建设行业规范的组成部分。

在现实的网络营销工作中，相关的岗位规范还有很多，比如开展付费搜索引擎广告业务时将需要有相应的搜索引擎广告管理规范，如果企业作为大型 B2B 平台的付费会员，同样需要针对付费会员业务的管理制订相应的规范。这些运营管理规范，并没有固定的框架，都是在工作中逐步总结和归纳出来的，是实践经验的积累和提升，对网络营销具有长期的价值，值得认真总结并遵照规范实施。

综前所述，网络营销运营、管理、诊断、规范之间相互关联和融合，各自又有一定的独立之处。经验表明，三者共同包含部分通常具备制定运营管理规范基础条件，可称之为"准规范区域"（如图 7-3 所示）。例如，企业网站运营中的技术维护及内容维护，都可以通过一定的手段或指标进行诊断分析，同时也是运营管理的内容，因而可以制定相应的管理维护规范。

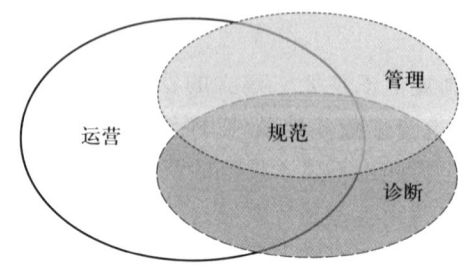

图 7-3 网络营销运营、管理、诊断与规范关系示意图

网络营销管理的内容还有很多，例如运营报表管理、效果评价管理、用户行为管理等，由于当前的研究和实践总结还不够系统，因此可以说网络营销管理还处于初级阶段，需要在实践应用水平不断深入的基础上做进一步的分析和总结。

本 章 小 结

网络营销管理与诊断是网络营销策略的支持系统之一。网络营销管理与日常网络营销活动流程相互融合，同时与日常运营又有一定的区别。网络营销诊断，是为了实现有效的网络营销信息传递及价值传递，对网络营销策略及实施过程中的问题进行分析判断。网络营销规范是在运营管理及经验总结的基础上形成的具有一般规律性的操作指南。网络营销运营与管理、诊断、规范之间相互关联和融合，各自又有一定的独立之处。

网络营销管理工作包括五个方面：网络营销信息源管理、信息传递渠道管理、用户资源管理、环境资源管理、综合管理及效果评价。网络营销管理的多数工作与网络营销运营策略相融合，并且各类管理工作之间也有一定的交叉。总体来说，网络营销管理是对网络营销日常工作的总结及规范化，是网络营销系统性的体现。

网络营销诊断是网络营销管理的组成部分，既有定性的诊断，也有基于数据分析的量化的诊断。网络营销诊断的常用方法包括网络营销要素诊断法及网络营销现象诊断法两个方面，每个方面包含若干个具体的诊断项目或方法。

建立网络营销管理规范的一般原则是：第一，经过长期运营实践经验的总结，符合网络营销运营的一般规律，具备可持续性运营的客观条件；第二，可以为网络营销运营过程实现数据化管理提供支持；第三，网络营销规范具有可操作性，遵照规范的操作效率更高。

复习思考与实践：

1. 网络营销工具和方法处于快速发展变化中，网络营销管理如何与运营策略相适应？
2. 选择一个网络营销较为活跃的企业（例如消费电子或化妆品企业），分析其网络营销策略设计，并给予诊断分析。
3. 以某电子商务网站、搜索引擎、网络媒体等大型网站平台为例，选择其中某个与企业网络营销相关模块或流程（例如网络广告投放、网络分销或网站联盟等），以用户身份进行体验，深入了解其功能、使用流程、收费模式等。假定你所在企业长期采用该平台开展网络推广，请为该推广活动制定一个专项运营管理规范。

参考文献

[1] 詹姆斯·格雷克.信息简史.高博,译.北京:人民邮电出版社,2013.
[2] 菲利·普科特勒.营销管理.11版.梅清豪,译.上海:上海人民出版社,2003.
[3] 张文焕,刘光霞,苏连义.控制论·信息论·系统论与现代管理.北京:北京出版社,1990.
[4] 李开复,王咏刚.人工智能.北京:文化发展出版社,2017.
[5] 维克托·迈尔-舍恩伯格,肯尼斯·库克耶.大数据时代.盛杨燕,周涛,译.杭州:浙江人民出版社,2013.
[6] 艾瑞克·奎尔曼.社群新经济时代.洪慧芳,译.北京:财信出版,2010.
[7] 尼尔森.Web可用性设计.潇湘工作室,译.北京:人民邮电出版社,2000.
[8] 吴健安,钟育赣,胡其辉.市场营销学.六版.北京:清华大学出版社,2018.
[9] 冯英健.Email营销.北京:机械工业出版社,2003.
[10] 冯英健.实用网络营销教程.北京:清华大学出版社,2012.
[11] 冯英健.网络营销基础与实践.北京:清华大学出版社,2002.
[12] 冯英健.网络营销基础与实践.4版.北京:清华大学出版社,2013.
[13] 冯英健.网络营销基础与实践.5版.北京:清华大学出版社,2016.
[14] 冯英健.新网络营销.微课版.北京:人民邮电出版社,2018.
[15] Seth Godin. Permission Marketing: Turning Strangers into Friends, and Friends into Customers, Simon & Schuster, 1999.
[16] Day, G. S. The Capabilities of Market-driven Organizations. the Journal of Marketing, 58(4), pp:37-52,1994.
[17] Hooley G Broderick A, Moller K. Competitive Positioning and the Resource-based View of the Firm, Journal of Strategic Marketing, 1998, 6: 97-115.

教学支持说明

建设立体化精品教材,向高校师生提供整体教学解决方案和教学资源,是高等教育出版社"服务教育"的重要方式。为支持相应课程教学,我们专门为本书研发了配套教学课件及相关教学资源,并向采用本书作为教材的教师免费提供。

为保证该课件及相关教学资源仅为教师获得,烦请授课教师清晰填写如下开课证明并拍照后,发送至邮箱:zengfh@hep.com.cn,也可通过管理类专业教学交流 QQ 群 234904166,进行索取。

咨询电话:010-58581020,编辑电话:010-58581771。

证　　明

兹证明＿＿＿＿＿大学＿＿＿＿＿学院/系第＿＿＿＿学年开设的＿＿＿＿＿＿＿＿＿＿课程,采用高等教育出版社出版的《＿＿＿＿＿＿＿＿》(主编)作为本课程教材,授课教师为＿＿＿＿,学生＿＿＿＿个班,共＿＿＿＿人。授课教师需要与本书配套的课件及相关资源用于教学使用。

授课教师联系电话:＿＿＿＿＿＿＿＿　E-mail:＿＿＿＿＿＿

学院/系主任:＿＿＿＿＿＿＿＿(签字)
(学院/系办公室盖章)
20＿＿年＿＿月＿＿日

郑重声明

高等教育出版社依法对本书享有专有出版权。任何未经许可的复制、销售行为均违反《中华人民共和国著作权法》，其行为人将承担相应的民事责任和行政责任；构成犯罪的，将被依法追究刑事责任。为了维护市场秩序，保护读者的合法权益，避免读者误用盗版书造成不良后果，我社将配合行政执法部门和司法机关对违法犯罪的单位和个人进行严厉打击。社会各界人士如发现上述侵权行为，希望及时举报，我社将奖励举报有功人员。

反盗版举报电话　　（010）58581999　58582371

反盗版举报邮箱　　dd@hep.com.cn

通信地址　北京市西城区德外大街4号　高等教育出版社法律事务部

邮政编码　100120